信息管理与信息系统创新应用系列教材

信息资源评估理论与实践

胡泽文 主编

科学出版社
北京

内 容 简 介

本书融合信息资源评估生态链的各个环节，环环相扣，首先介绍各类信息资源（涵盖图书、期刊、论文、专利、网站）的内涵外延、特点及其之间的层次逻辑关系，以及资源的检索平台、方法和过程。进而详细阐述信息资源的各类通用评估方法和特色评估方法以及各类信息资源的评估指标体系。最后从信息资源的评估指标设计、评估方法选择、评估过程和评估结果分析四个方面，对期刊、图书、网站和专利的评估实践进行典型案例分析和解读。

本书是为图书情报学、信息资源管理、图书馆学、科技评估与科技政策、科研管理、科技文献出版、期刊编辑、科学计量学、网络计量学、信息计量学和文献计量学等领域的研究与从业人员编写的一本理论与实践教材。可作为大学生、研究生教材和专业培训教材，也可供同等学力人员申请硕士学位时学习参考。

图书在版编目（CIP）数据

信息资源评估理论与实践/胡泽文主编. —北京：科学出版社，2018.6
信息管理与信息系统创新应用系列教材
ISBN 978-7-03-058067-2

Ⅰ. ①信… Ⅱ. ①胡… Ⅲ. ①信息资源-资源评估-高等学校-教材 Ⅳ. ①G203

中国版本图书馆 CIP 数据核字（2018）第 132722 号

责任编辑：惠 雪 曾佳佳/责任校对：彭 涛
责任印制：徐晓晨/封面设计：许 瑞

科学出版社 出版
北京东黄城根北街 16 号
邮政编码：100717
http://www.sciencep.com

北京凌奇印刷有限责任公司 印刷
科学出版社发行 各地新华书店经销
*
2018 年 6 月第 一 版 开本：720×1000 1/16
2019 年 6 月第二次印刷 印张：21 3/4
字数：433 000
定价：69.00 元
（如有印装质量问题，我社负责调换）

《信息资源评估理论与实践》编委会

主　编

　　胡泽文（南京信息工程大学）

编　委（排名不分先后）

　　Burak Sungu （英国雷丁大学）

　　曹　玲（南京信息工程大学）

　　袁军鹏（中国科学技术大学）

　　赵　星（华东师范大学）

　　赵宇翔（南京理工大学）

　　刘　硕（南京信息工程大学）

　　冯　睿（南京信息工程大学）

　　刘　宇（上海大学）

　　高继平（中国科学技术信息研究所）

　　户海潇（河南省生产力促进中心）

　　韩正彪（南京农业大学）

　　王聚杰（南京信息工程大学）

前　言

随着互联网和大数据技术的快速发展，海量无序的信息资源开始成为人类发展历史的一个核心要素，人们无时无刻不在产生信息资源，甄别和利用信息资源为人们的工作、生活和学习服务。在 21 世纪之初，人类正进入以信息技术为核心的知识经济时代，信息资源已经和材料、能源一起成为人类的三大支柱资源。在当今互联网和大数据技术主导的智能生活社会，信息资源的地位尤其重要。信息资源具有无限性、可再生性、可共享性等特性。人类在宇宙中存在之日起，就在不停地消耗物资和能源，同时也源源不断地生成了大量的信息。信息的存在，犹如原野上的小草，野火烧不尽，春风吹又生；犹如波涛汹涌的大海，起伏不息；犹如沙漠中的一口泉眼，路人皆可享用。人类在产生信息的同时，信息也在反哺人类，为人类提供各类知识和情报（有用的信息），促使人类做出正确的决策，降低物质和能源的消耗。然而，由于信息资源的无限性和可再生性等特性，人类世界中的信息资源数量呈指数级速度增长，并永不停歇。在这海量无序的信息资源海洋中，必定有人见人爱的美人鱼、海豚和海鸥等，当然也会有人见人怕的鳄鱼、鲨鱼，甚至让人恐怖的食人鱼、尖牙鱼和章鱼等。信息诈骗正是因为信息资源海量无序、良莠不齐而导致一些信息生产者和发布者乘虚而入，利用编造的虚假信息欺骗对信息来源及其质量不了解的人。

在信息资源的海洋中，人类生活过程中总会面临一些难以抉择的问题，例如，购书网站上这么多书，该选择哪本书？相关的信息这么多，该相信哪条信息，哪个信息源比较可靠？学者在创作自己的科研成果时，面对海量的图书、期刊和论文，如何选择相关性高、内容新颖和质量较高的图书、期刊和论文来学习参考？网上购物时，该选择哪个购物网站，如何从购物网站上购买到物美价廉的物品？高考后如何选择心仪的大学？如何方便快捷地利用有用信息解决生活中面临的问题？

信息资源评估可以指导人们如何评估、如何甄别质量可靠的信息资源，从而很好地解决上述问题。此外，评估的最终结果是向你展示和提供有用的知识和情报，比如，各类高校质量和影响力排名、图书质量排名、网站质量和声誉排名、信息源质量排序、购物网站商品质量价格和好评排序等各类信息资源排名和评估报告。这些知识和情报能够使人更加理智和做出更加科学精确的决策。评估无处不在，无论人们看到任何事情或做出任何决策，都会做一定的评估。其中智者更会通过一些指标和周密的思维对事物做出一定的判断和评价,并预估该事物的作用、影响或价值。当有人想和你交朋友时,你的第一反应大概是思考此人怎么样,值不值得交往。当你购物时,你可能想买到物美价廉的商品。当你选择哪家餐厅就餐时,你会从餐厅外观内质、食物色香味、价格和网络评价方面进行综合评估。当你想购买一只股票时,你更会从各个方面,如公司收入与利润、业务范围、宏观环境、人才战略和未来业务拓展预期等对公司综合评估。当你想入手一本书时,你会从书本内容质量、著者知名度、图书价格、图书下载与引用、评论等指标综合衡量是否购买该书。

本书通过相互关联、层次清晰的六大章节,全面系统性地梳理了信息资源评估的内涵和过程、意义和进展、信息资源类型、通用评估方法和特色评估方法、信息资源的评估指标体系和评估实践案例,以期让读者和学生了解和掌握信息资源评估领域的基本理论、评估方法、指标体系和评估实施过程。

第1章信息资源评估概述。概述了数据、信息、文献、信息资源、知识和情报的基本概念及其之间的相互关系,并简要介绍了信息资源评估的相关概念、过程、意义和进展。

第2章信息资源类型。在明确信息资源类型的基础上,重点介绍了信息资源评估的对象:文献信息资源及其具体类型——图书、期刊、专利和论文,网络信息资源及其典型类型——网站。同时也介绍了信息资源评估实践使用的常用数据库、检索方法和检索案例,以期对信息资源评估的对象有个初步认识和了解。

第3章信息资源通用评估方法。通过借鉴融合现有科学研究方法,重点阐述了信息资源通用评估方法的基本原理和实施过程。信息资源通用评估方法涵盖:信息熵评价法、综合指数法、TOPSIS法、层次分析法(analytic hierarchy process,AHP)、模糊综合评价法和灰色关联分析方法、社会网络分析评价方法、多元统计分析评价方法、德尔菲法和同行评议法。

第4章特色评估方法。概述了期刊和文献评估领域的特色评估方法:布拉德福定律、洛特卡定律、齐普夫定律、文献老化律、引文分析法,以及引文分析法的创新发展——引用认同评估方法。同时本章也概述了网络资源评估领域的链接分析法。

第5章信息资源评估指标。在前述信息资源分类基础上,全方位展示和阐释五类重要信息资源:期刊、图书、论文、专利、网络信息资源(包含网站),以及信息资源的主要创造者和载体——高校的主要评估指标,以及各指标的名称、概念及计算方法。

第6章信息资源评估实践。从信息资源的评估指标设计、评估方法选择、评估过程和评估结果分析四个方面,对图书、期刊、网站和专利的评估实践进行典型案例分析和解读。

本书各章节涉及信息资源评估的各个部分，涵盖评估内涵、资源类型、资源采集与处理、资源评估指标、评估方法和评估实践，各部分相互衔接，承前启后，互为一体。通过本书的学习，学生能够全面系统性地理解和掌握信息资源评估的基本理论、方法、过程，并能够构建评估指标体系和运用各类评估方法，对各类信息资源，如图书、期刊、论文、专利、网站和高校等进行综合评估和分析。

本书适合用作研究生、大学生等的"信息管理"或"情报学"类课程教材，也适合具有其他学科背景的学生尤其是具有理、工、农、医专业背景的学生学习情报学使用，也可供图书情报工作人员参考。

本书受到国家自然科学基金项目（71603128，71373252，71501101）、江苏省自然科学基金资助课题（BK20160974，BK20150928）、教育部人文社会科学研究一般项目（15YJC870011）、江苏省高校自然科学研究面上项目（15KJB110015）、江苏高校品牌专业建设工程资助项目联合资助。

此外，感谢南京信息工程大学管理工程学院信息管理与信息系统专业学生毛婷婷、张小菜、许诗雨和陈瑞婷等在本书编撰成稿过程中所做的资料整理和内容编撰等方面的贡献。

胡泽文
南京信息工程大学管理工程学院
2018 年 2 月 7 日

目　录

前言

第1章 信息资源评估概述 ... 1
- 1.1 信息资源概念链 ... 1
- 1.2 信息资源概念链的基本关系 ... 8
- 1.3 信息资源评估的概念和实施过程 ... 11
- 1.4 信息资源评估的意义和进展 ... 17
- 思考题 ... 35

第2章 信息资源类型 ... 36
- 2.1 信息源导引 ... 36
- 2.2 文献信息源 ... 37
- 2.3 网络信息资源 ... 66
- 2.4 网站 ... 71
- 2.5 网站及网站评估资源 ... 75
- 2.6 信息资源检索 ... 84
- 思考题 ... 113

第3章 信息资源通用评估方法 ... 114
- 3.1 综合评价的基本概念和过程 ... 117
- 3.2 信息熵评价法 ... 118
- 3.3 综合指数法 ... 121
- 3.4 TOPSIS法 ... 121
- 3.5 层次分析法 ... 124
- 3.6 模糊综合评价法 ... 132
- 3.7 灰色关联分析方法 ... 138
- 3.8 社会网络分析评价方法 ... 145
- 3.9 多元统计分析评价方法 ... 151
- 3.10 德尔菲法 ... 162
- 3.11 同行评议法 ... 164
- 3.12 五种期刊评价方法的特点 ... 166
- 思考题 ... 168

第4章 特色评估方法 169
4.1 布拉德福定律 169
4.2 洛特卡定律 172
4.3 齐普夫定律 175
4.4 文献老化律 177
4.5 引文分析 178
4.6 链接分析法 183
思考题 197

第5章 信息资源评估指标 199
5.1 图书评估指标体系 199
5.2 期刊评估指标体系 212
5.3 论文评估指标体系 228
5.4 专利评估指标体系 234
5.5 网络信息资源评估指标体系 253
5.6 高校评估指标体系 263
思考题 273

第6章 信息资源评估实践 275
6.1 期刊评估实践 275
6.2 图书评估实践 288
6.3 网站评估实践 303
6.4 专利评估实践 309
思考题 318

参考文献 319

第 1 章　信息资源评估概述

本章提要：本章概述了数据、信息、文献、信息资源、知识和情报的基本概念及其之间的相互关系，并简要介绍了信息资源评估的相关概念、过程、意义和进展。

主要知识点：
(1) 数据、信息、文献、信息资源、知识和情报之间的区别与联系；
(2) 信息资源评估的概念和过程；
(3) 信息资源评估的意义和研究进展。

全面理解信息资源概念链，以及信息资源评估的概念、过程和进展是深入认识《信息资源评估理论与实践》教材的前提和基础。因此，接下来，本章首先澄清数据、信息、文献、信息资源、知识和情报的基本概念，并介绍它们之间相互关系的经典理论。然后简要介绍信息资源评估的概念和过程。最后以当前最盛行的期刊评价和高校评估为例，重点阐述信息资源评估的研究意义和进展。

1.1　信息资源概念链

依据信息资源的价值层次和智力加工过程，信息资源可以依次划分为数据—信息—知识—文献—情报。数据是未经智力加工的原材料，就像即将下锅的米，化合物的分子。而信息是数据序化重组的结果，是不同分子重新组合形成的各类化合物。知识就像煮熟的米饭或化合物合成的产品，是米在不同条件和设备中的融合或化合物在不同条件和方法下的合成。知识的价值取决于融合或合成的条件、设备和方法优劣。文献就是将知识及其形成方法和过程记载到不同载体上。情报是情报人员获取、甄别和融合各类相关数据、信息、知识和文献等资源，利用情报分析方法对服务于决策的问题进行深入分析、评估和高度融合，形成服务于决策的简报或要报。就像辨别煮熟的米饭香不香，有没有毒；合成的化合物成品有没有危害，是否被用于化学武器或恐怖袭击。

1.1.1　数据概念

数据是指对客观事件进行记录并可以鉴别的符号，是对客观事物的性质、状态以及相互关系等进行记载的物理符号或这些物理符号的组合。它是可识别的、抽象的符号。它不仅指狭义上的数字，还可以是具有一定意义的文字、字母、数字符号的组合、图形、图像、视频、音频等，也是客观事物属性、数量、位置及其相互关系的抽象表示。例如，"0、1、2…""阴、雨、下降、气温""学生的档案记录、货物的运输情况"等都是数据。数值性（都可以表示成数值）和单元性（每个数据都是独立单元）是数据的基本属性。数据经过加工后就成为信息。在计算机科学中，数据是指所有能输入到计算机并被计算机程序处理的各类符号介质的总称，是用于输入电子计算机进行处理，具有一定意义的数字、字母、符号和模拟量等的通称。现在计算机存储和处理的对象十分广泛，表示这些对象的数据也随之变得越来越复杂（王珊和萨师煊，2014）。

数据的表现形式还不能完全表达其内容，需要经过解释，数据和关于数据的解释是不可分的。例如，93是一个数据，可以是一个同学某门课的成绩，也可以是某个人的体重，还可以是计算机系2013级的学生人数。数据的解释是指对数据含义的说明，数据的含义称为数据的语义，数据与其语义是不可分的。数据按不同标准可以划分为不同类型。

数据按表现形式分为：

(1) 数字数据，如各种统计或量测数据。数字数据在某个区间内是离散的值。

(2) 模拟数据，由连续函数组成，是指在某个区间连续变化的物理量，又可以分为图形数据（如点、线、面）、符号数据、文字数据和图像数据等，如声音的大小和温度的变化等。

数据按记录方式分为：地图、表格、影像、磁带、纸带。按数字化方式分为矢量数据、格网数据等。在地理信息系统中，数据的选择、类型、数量、采集方法、详细程度、可信度等，取决于系统应用目标、功能、结构和数据处理、管理与分析的要求。

1.1.2 大数据概念

数据可以表征信息资源的地理位置、属性、性质、状态、特征及其之间相互关系，同时可以量化信息资源出版、下载、链接、引用和影响等各类指标。当前计算机和互联网高速发展，小样本数据已经无法满足信息资源评估的需要，更科学合理的信息资源评估实践，需要来自各类数据库和网络的海量数据，甚至大数据。

早在20世纪80年代美国就有了"大数据"（big data）的概念，直至2012年被《纽约时报》称为"大数据的跨界年度"，但迄今为止，大数据仍不是一个确切概念。从最初意义讲，大数据仅是为了描述数据的大，是指那些大小已经超出了传统意义上的尺度,一般的软件工具难以捕捉、存储、管理和分析的数据(涂子沛,2013)。"百度百科"将大数据(big data)定义为:无法在一定时间范围内用常规软件工具进行捕捉、管理和处理的数据集合,需要具有更强决策力、洞察发现力和流程优化能力的新处理模式来适应此类具有海量、高增长率和多样化特性的信息资产。麦肯锡全球研究所给予大数据更全面的定义,即大数据是一种规模大到在获取、存储、管理、分析方面大大超出了传统数据库软件工具能力范围的数据集合,具有海量的数据规模、快速的数据流转、多样的数据类型和价值密度低四大特征。大数据一般是指在10TB(1TB=1024GB)规模以上的数据量。大数据同过去的海量数据有所区别,其基本特征可以用4个V(volume、variety、value、velocity)来总结,即数据规模大、数据种类多、价值密度低、数据处理速度快。

1. 数据体量巨大

从 TB(1024GB)级别,跃升到 PB(1024TB)级别。根据互联网数据中心(Internet Data Center,IDC)的统计和预测,2009 年全球数据量达到了 0.8 ZB(1ZB 相当于十万亿亿字节或 1 万亿 GB),2020 年将达到 35 ZB。

2. 数据类型繁多

大数据来源于海量网络日志、文本、图形、图像、视频、音频、地理位置信息、网站、社区、论坛、博客、微博、话题倾向与传播情况、社会关系等相互关联的不同模态,且动态变化、真伪混杂。

3. 价值密度低

直接采用原始的数据,保留了数据的原貌,且通常不对数据进行采样,直接采用全体数据,由于减少了采样和抽象,尽管可以呈现所有数据和全部细节信息,可以分析更多的信息,但也引入了大量没有意义的信息,甚至是错误的信息,因此相对于特定的应用,大数据关注的非结构化数据的价值密度偏低。

4. 处理速度快

物联网、云计算、移动互联网、车联网、手机、平板电脑、PC 以及遍布地球各个角落的各种各样的传感器,无一不是数据来源或者承载的方式。数据不是静止不动的,而是在互联网络中不断流动的,且通常此类数据的价值会随着时间的推移而迅速降低,如果数据未得到有效的处理,就失去了价值,大量的数据就没有意义(马建光和姜巍,2013)。

1.1.3 信息概念

信息与数据既有联系，又有区别。数据是信息的表现形式和载体，可以是符号、文字、数字、语音、图像、视频等。而信息是数据的内涵，信息是加载于数据之上，对数据作具有含义的解释。数据和信息是不可分离的，信息依赖数据来表达，数据则生动具体地表达出信息。数据是符号，是物理性的，信息是对数据进行加工处理之后所得到的并对决策产生影响的数据，是逻辑性和观念性的；数据是信息的表现形式，信息是数据有意义的表示。数据是信息的表达、载体，信息是数据的内涵，是形与质的关系。数据本身没有意义，数据只有对实体行为产生影响时才成为信息（周屹和李艳娟，2013）。

"信息"一词在英文、法文、德文中均是"information"，日文中为"情报"，我国台湾称之为"资讯"，我国古代用的是"消息"。一般说来，信号、消息、知识、情报、数据、资料、程序和指令等都可以统称为信息。然而，信息究竟是什么？迄今为止还没有一个公认的定义。按照香农（C. E. Shannon）在其经典论著《通讯的数学理论》中的原始定义（Shannon and Weaver, 1949）："信息是用来消除不确定性的东西"；而控制论创始人维纳（N. Wienner）在其名著《人有人的用处》中也给出一个经典定义（维纳，1978）："信息这个名称的内容就是我们对外界进行调节并使我们的调节为外界所了解时，而与外界交换来的东西"。"百度百科"给出更宽泛的定义：信息，指音讯、消息、通信系统传输和处理的对象，泛指人类社会传播的一切内容。创建一切宇宙万物的最基本万能单位是信息。

1.1.4 知识概念

知识是大脑思维的产物，是社会发展的动力，是人类社会实践经验的总结，是人的主观世界对于客观世界的概括和如实反映。知识是建立在信息基础之上，经过加工与编码后创造出来的新信息。知识是对某个主题确信的认识，并且这些认识拥有潜在的能力为特定的所使用。意指透过经验或联想，而能够熟悉进而了解某件事情；这种事实或状态就称为知识，其包括认识或了解某种科学、艺术或技巧。此外，亦指透过研究、调查、观察或经验而获得的一整套知识或一系列资讯（维基百科）。

尽管知识是日常生活里的中心组成部分，但知识的确切定义仍然是哲学家、社会科学家和历史学家有着极大兴趣的话题。根据传统知识分析，知识具备三个特征：被证实的（justified）、真实的（true）和被相信的（believed）。Purser 等（1992）认为要精确地定义知识是非常困难的。例如，何谓知识？如何获取知识？

何者是有效的知识？这些问题是非常难回答的，但若无法回答知识是什么，将难以成为能产生更多知识及有效利用知识的组织。因此，Purser 等将知识定义为："用以制定决策的事实、模式、基模、概念、意见及直觉的集合体。"Badaracco 将知识定义为：从人类活动中所获取的真理、原则、思想及资讯。日本学者田中郁次郎则认为知识是一种多元的概念，具有多层次的意义。知识牵涉到信仰、承诺与行动等，可分为内隐与外显知识。何光国则认为知识是经验累积的记录，事实组织的系统化，对事实的理解，一种理解的行为或状态，人的已知和未知。

1.1.5 文献概念

"百度百科"将文献定义为：使用一定的方法和手段，通过不同的意义表达方式和记录体系将具有历史价值和研究价值的知识记录在不同载体上。文献的基本要素是：①有历史价值和研究价值的知识；②一定的载体；③一定的方法和手段；④意义表达方式和记录体系。人们通常所理解的文献，是指图书、期刊、典章所记录知识的总和。文献是记录、积累、传播和继承知识的最有效手段，是人类社会活动中获取情报的最基本、最主要来源，也是交流传播情报的最基本手段。1983 年中华人民共和国国家标准《文献著录总则》关于"文献"的定义是："记录有知识的一切载体。"在这一定义中，有两个关键词："知识"是文献的核心内容，"载体"是知识赖以保存的物质外壳，即可供记录知识的某些人工固态附着物。也就是说，除书籍、期刊等出版物外，凡载有文字的甲骨、金石、简帛、拓本、图谱乃至缩微胶片、视盘、声像资料等，皆属文献的范畴。

1.1.6 情报概念

情报是指被传递的知识或事实，是知识的再激活，是运用一定的媒体（载体），越过空间和时间传递给特定用户，解决科研、生产中的具体问题所需要的特定知识和信息。现实中，情报是指已获得的敌方军事、政治、经济、科学技术、地理等方面的情况。郭沫若《洪波曲》第五章六："哼！岂有此理！不仅造假情报，而且造假警报！怒火在心里我遏勒不住。"梁斌《播火记》三九："一点不错，这是一个紧急的情报，红军要是早接到它，该是多么得利！"（任冰，1991）。

国内外对情报的定义数以百计，不同的情报观对情报有不同的定义，主要的三种情报观对情报的解释如下：

(1) 军事情报观对情报的解释。例如，"军中集种种报告，并预见之机兆，定敌情如何，而报于上官者"（1915 年版《辞源》），"战时关于敌情之报告，曰情报"（1939 年版《辞海》），"获得的他方有关情况以及对其分析研究的成果"（1989 年版《辞海》），情报是"以侦察的手段或其他方式获取有关对方的机密情况"(光明日报出版社现代汉语《辞海》)。

(2) 信息情报观对情报的解释。例如,情报是"被人们所利用的信息""被人们感受并可交流的信息""情报是指含有最新知识的信息""某一特定对象所需要的信息,叫做这一特定对象的情报"等。

(3) 知识情报观对情报的解释。例如,《牛津英语词典》把情报定义为"有教益的知识的传达""被传递的有关情报特殊事实、问题或事情的知识",英国的情报学家 B. C. 布鲁克斯认为:"情报是使人原有的知识结构发生变化的那一小部分知识",苏联情报学家 A. H. 米哈依洛夫所采用的情报定义:"情报——作为存贮、传递和转换的对象的知识",日本《情报组织概论》一书的定义为:"情报是人与人之间传播着的一切符号系列化的知识",我国情报学界也提出了类似的定义,有代表性的是:"情报是运动着的知识。这种知识是使用者在得到知识之前是不知道的""情报是传播中的知识""情报就是作为人们传递交流对象的知识"。

除了军事、信息、知识三种主要情报观的情报定义外,还有许多从其他不同的社会功能、不同的角度、不同的层面赋予情报不同定义,但在普遍意义上能被多数学者认同接受的情报定义如下:情报是为实现主体某种特定目的,有意识地对有关的事实、数据、信息、知识等要素进行智力再加工的产物。目的性、意识性、附属性和智力加工性是情报最基本的属性,它们相互联系、缺一不可,情报的其他特性则都是这些基本属性的衍生物。

1.1.7 信息资源概念

信息是普遍存在的,但并非所有的信息都是资源。只有满足一定条件的信息才能构成信息资源。信息资源一词最早出现于沃罗尔科的《加拿大的信息资源》,对于信息资源,有狭义和广义之分:广义的信息资源,是指人类社会信息活动中积累起来的,以信息为核心的各类信息活动要素(信息技术、设备、设施、信息生产者等)的集合;狭义的信息资源,是指信息本身或信息内容,即经过加工处理,对决策有用的数据。

狭义的观点突出了信息是信息资源的核心要素,但忽略了"系统"。事实上,如果只有核心要素,而没有"支持"部分(技术、设备等),就不能进行有机的配置,不能发挥信息作为资源的最大效用。

归纳起来,可以认为,信息资源由信息生产者、信息、信息技术三大要素组成。

(1) 信息生产者是为了某种目的,生产信息的劳动者,包括原始信息生产者、信息加工者或信息再生产者。

(2) 信息既是信息生产的原料,也是产品。它是信息生产者的劳动成果,对社会各种活动直接产生效用，是信息资源的目标要素。

(3) 信息技术是能够延长或扩展人的信息能力的各种技术总称，是对声音、图像、文字等数据和各种传感信号的信息进行收集、加工、存储、传递和利用的技术。信息技术作为生产工具，对信息收集、加工、存储和传递提供支持与保障 (李兴国，2007)。

"百度百科"认为信息资源是企业生产及管理过程中所涉及的一切文件、资料、图表和数据等信息的总称。它涉及企业生产和经营活动过程中所产生、获取、处理、存储、传输和使用的一切信息资源，贯穿于企业管理的全过程。信息同能源、材料并列为当今世界三大资源。信息资源广泛存在于经济、社会各个领域和部门，是各种事物形态、内在规律和其他事物联系等各种条件、关系的反映。随着社会的不断发展，信息资源对国家和民族的发展，对人们工作、生活至关重要，成为国民经济和社会发展的重要战略资源。信息资源的开发和利用是整个信息化体系的核心内容。开发利用信息资源的目的就是为了充分发挥信息的效用，实现信息的价值。

1.1.8 信息资源概念链的属性

为区别以上各概念之间的差异，这里概括了其各具特色的关键属性。

数据的基本属性：

(1) 数值性：数据都具有数值或可以表示成数值，这是数据的第一特性。

(2) 单元性：每个数据都是独立单元。

信息的基本属性：

(1) 传递不增性：传递过程只会使信息衰减而不会使信息增加 (信息不增律)。

(2) 可压缩性：信息可以压缩，这是信息压缩技术的基础。

情报的基本属性：

(1) 效用性：情报必有效用，这是情报区别于一般信息和公有知识的特点，故作为情报的第一特性。

(2) 主观性：情报需要由特定的人接收才有相应价值，这也是情报不同于信息和知识的属性。

知识的基本属性：

(1) 结构性：知识具有结构，这样才能被不同的人所共识和理解，也是知识客观性的表征。

(2) 符号性：知识常用语言符号 (文字) 或专业符号表达。

文献的基本属性：

(1) 载体性：文献离不开载体，没有载体就没有文献，文献与载体不可分割。这是文献的第一特性。

(2) 自序性：文献具有自然成序的性质，类似耗散结构的自组织状态，这一性质使文献常自相配套和互补。

与信息、文献等相应的数字信息、数字文献等，除具有信息、文献等的基本属性，还具有易复制性和快速传递性等电子化特性。

1.2 信息资源概念链的基本关系

在可借鉴的概念关系模型中，DIKW 模型是一个可以参考的体系 (Rowley, 2007; 叶鹰和武夷山, 2012)。该模型可溯源于1948年诺贝尔文学奖得主托马斯·艾略特 (Thomas S. Eliot, 1888~1965 年) 一首名为《岩石》(*The Rock*) 的诗，其首段问及"我们丢失在知识中的智慧何在？我们丢失在信息中的知识何在？"(Where is the wisdom we have lost in knowledge? Where is the knowledge we have lost in information?)。克利夫兰 (H. Cleveland) 1982 年在《未来学家》杂志中发表文章《信息即资源》，创制 DIKW 原型，后经泽勒尼 (M. Zeleny) 等扩展，2007 年由劳利 (J. Rowley) 强调集成为 DIKW 层级模型 (或称知识金字塔)，构成一个关于数据 D、信息 I、知识 K 和智慧 W 的定性层级结构，如图 1-1 所示。

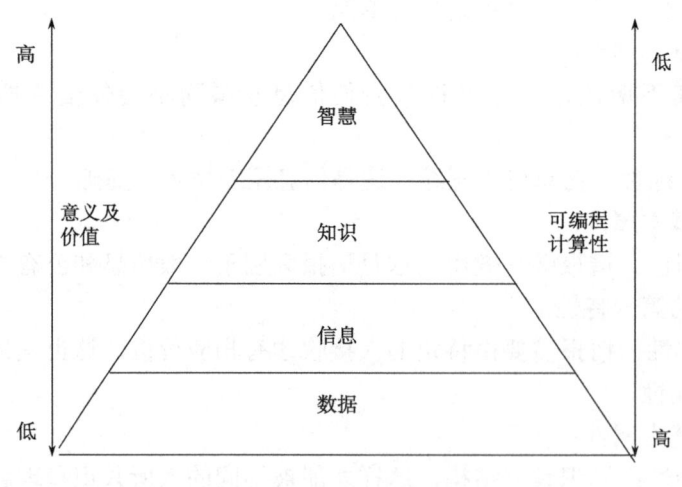

图 1-1 DIKW 层级模型

虽然对该模型的内涵和意义表征仍存在争议 (Frické, 2009)，但 DIKW 经量化后可构成在逻辑上科学合理的概念链：客观数据 D 经输入人为系统，转化为物理信息 i；物理信息 i 经社会传递，转化为可接收的客观信息 I；可接收的客观信息 I 经主体吸收，转化为主观信息 J (对应中国图书情报界的情报概念)；主观信息 J 经结构化成为知识 K；知识 K 的综合运用构成智慧 W。这是一条从客观到主观的传递链，如图 1-2 所示。

$$客观 \rightarrow 主观$$
$$D \rightarrow i \rightarrow I \rightarrow J \rightarrow K \rightarrow W$$

图 1-2　DIKW 概念链模型

图 1-2 表示从 D 经 i 到 I 的过程在客观范畴内进行，从 J 经 K 到 W 在主观范畴内进行，I 和 J 之间则有从客观到主观的转化过程。具体逻辑解释参见文献 (叶鹰, 2010；叶鹰和武夷山, 2012)。知识与智慧的关系确如一句哲言：智慧不是知识，但能运化知识；知识不是智慧，但能彰显智慧。

在 DIKW 概念链基础上，还有两个通行的概念需要说明和界定：一是文献，二是信息资源。提到文献，总会联想到载体，因而可把文献 D 定义为载体化的信息。我国国家标准的定义是"文献是记录有知识的一切载体" (GB 3792.1—2009)，所以载体化是文献的特征。

至于"信息资源 R"，则可视为载体化的信息或有价值的信息，由于载体化的信息是"文献 D"、有价值的信息是"情报 J"，于是"信息资源 R"等于"文献 D"与"情报 J"的并集：

$$R = D \cup J \tag{1-1}$$

因此，信息 I、情报 J、知识 K、文献 D 的逻辑关系如图 1-3 所示。

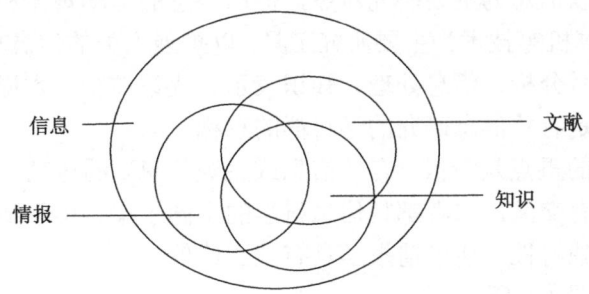

图 1-3　信息、情报、知识、文献概念关系示意

图 1-3 显示，信息是一个非常宽泛的范畴，涵盖情报、文献和知识。

至于数据，可以作为信息的构造单元之一，信息密度本身就是由有序数据构成。于是，概念序列被改进成图 1-4。

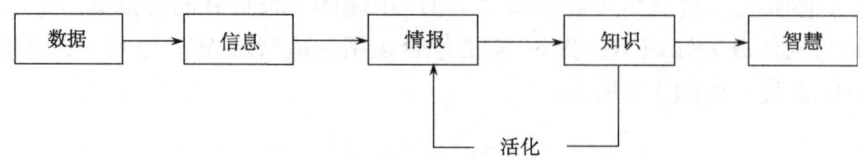

图 1-4 数据、信息、情报、知识概念序列

该序列兼容钱学森"情报是活化的知识"的观点（钱学森，1983），也兼容其他定性模型（郑彦宁和化柏林，2011），如图 1-5 所示。

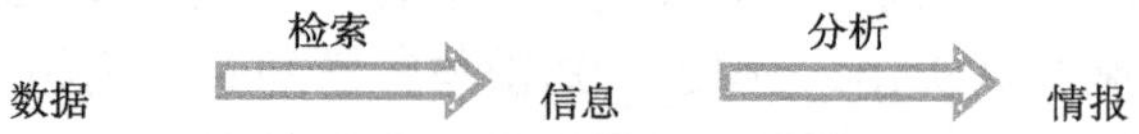

图 1-5 数据、信息、情报转化模型

在上述概念体系基础上，可以有效地定义情报学并解释情报学与信息论和信息科学之间的差异。

按照 ISO 1979 年的定义，"情报学就是对情报的功能、结构、传递的研究和情报系统管理的研究"（严怡民等，1994）。亦即情报学是研究情报过程及其规律的科学。情报过程包括情报的产生、收集、管理、检索、分析和传递等环节。由于情报过程是社会现象，因而情报学是一门社会科学。

信息论是关于信息的本质和传输规律的科学理论，是研究信息的计量、发送、传递、交换、接收和存储的基础理论学科。

信息科学也以信息为主要研究对象，但以信息的运动规律和应用方法为主要研究内容，以计算机等技术为主要研究工具，以扩展人类的信息功能为主要目标。覆盖信息论、信号分析、信息处理、知识表示、决策控制、数据通信、模式识别等理论与方法，是有关信息研究的学科群的总称。

情报学关注的重点是情报（有效信息或主观信息）的运动，其研究内容与信息论的研究内容有交叉，二者都是信息科学的不同子集。由于情报学的研究对象和研究内容均有独特性，所以情报学具有独立价值。

三者关系如图 1-6 所示。

第1章 信息资源评估概述

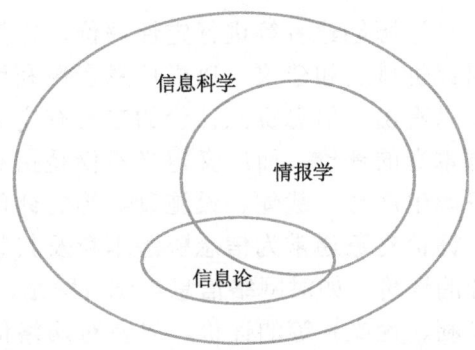

图 1-6 情报学与信息论和信息科学的关系

在上述信息资源概念链定义及基本关系的基础上,本书构建了信息资源评估链,如图 1-7 所示。

图 1-7 阐述了评估在信息资源概念链的位置和作用,评估人员或评估组织基于信息资源相关的数据和信息,运用一系列的分析或评估方法,对信息资源进行分析和评估,形成有用的知识资源,通过将知识资源激活,进而形成服务于决策的情报。

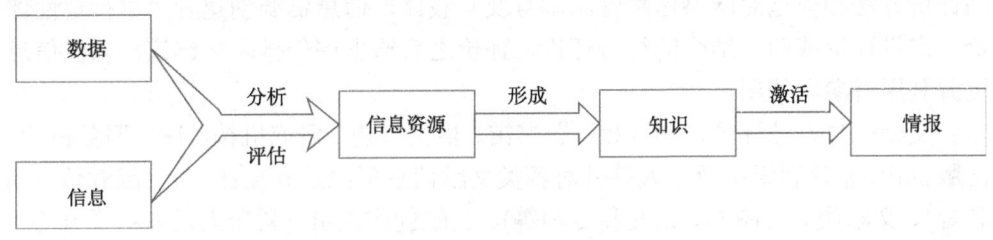

图 1-7 信息资源评估链

1.3 信息资源评估的概念和实施过程

1.3.1 信息资源评估的概念

信息资源的范畴非常广泛,常用的信息资源涵盖文献信息资源,包括期刊、图书、论文和专利;网络信息资源,包括网站、博客、论坛、网络商品,以及信息资源的创作和馆藏机构:高校、研究机构和图书馆,信息资源的使用者和创造者:教师、学生、科研人员、信息工作者和网络用户等。

信息资源评价是指针对各类信息资源,如网络信息资源、文献等的特性,设计科学合理的评价指标,借鉴已有的或创建新的评价方法和模型对信息资源本身及其载体、信息资源创建者等进行定性评价、定量评价或两者结合的评价，评价之后给出评价排名和建议，以供信息资源利用者参考使用。从信息资源评价的定义可以看出，信息资源评价的定义有广义和狭义之分。狭义的定义是指信息资源本身的评价，而广义定义不仅是指对信息资源本身的评价，也包括对信息资源生产者、载体、设施设备等的评价。在信息资源评价的具体实践过程中，评价对象通常为信息资源本身及其载体的整体评价，以及对信息资源创建者的评价，如对网络信息资源（网站、Blog）、文献信息资源（图书、期刊、专利、论文）等的评价，以及对网络信息资源作者及编辑者、文献作者等的评价。

信息资源评价涵盖文献信息资源评价、网络信息资源评价、教育信息资源评价、医疗信息资源评价、企业信息资源评价等。不同资源的评价指标虽有部分相似之处，但各具特色。其中，网络信息资源评价是政府、图书馆、商业机构、情报机构、因特网站点及搜索引擎、研究机构、评估服务机构、出版机构、非营利组织及个人等针对各类网络信息资源及其载体，如网站建设者（企业和政府等）、网站本身、网站内容（网络商品和网络图书等）、博客、论坛等的特性，设计科学合理的评价指标，基于网络信息资源数据，测算出指标值，借鉴已有的或创建新的评价方法和模型对网络信息资源本身及其载体、信息资源创建者等进行定性评价、定量评价或两者结合的综合评价，评价之后给出评价排名和建议，以供信息资源利用者参考使用。

文献信息资源评价是指高校、图书馆、情报机构、研究机构、评估服务机构、出版机构、非营利组织及个人等针对各类文献信息资源及其载体，如文献载体（期刊等）、文献类型（图书、论文和专利等）、文献创作人员（科研人员和科学家等）、文献创作机构（科研机构和高校等）等的特性，设计科学合理的评价指标，然后基于各类文献资源数据，计算出指标值，借鉴已有的或创建新的评价方法和模型对文献信息资源本身及其载体、创建者或研发机构等进行定性评价、定量评价或两者结合的综合评价，评选出经典图书和高影响力期刊，高质量论文和专利，阅读时间较少的读者可以据此选择一些优秀书籍、期刊、论文和专利阅读，以最少的时间，获取最有用的知识（如四大名著的阅读，高影响力期刊论文的研读）。此外，图书、论文和专利文献的评价结果，可以反映出文献作者的创造力、知识水平和学术影响力，不仅对文献作者起到激励作用，促使其创作更高水平文献，同时为科研资源分配、人才评价和聘用、高校职称评审提供一个参考。同时，文献载体（期刊等）、文献类型（图书、论文和专利等）、文献创作人员（科研人员和科学家等）的评价结果，可以用于衡量文献创作机构（科研机构和高校等）科研水平和综合实力的高低。 此外，期刊的评价也为读者投稿选择哪本期刊提供一个参考。

1.3.2 信息资源评估过程

尽管信息资源评估的内容多种多样，服务对象也不尽相同，但一般说来，信息资源的评估应遵循如图 1-8 所示的基本思路或基本步骤进行。

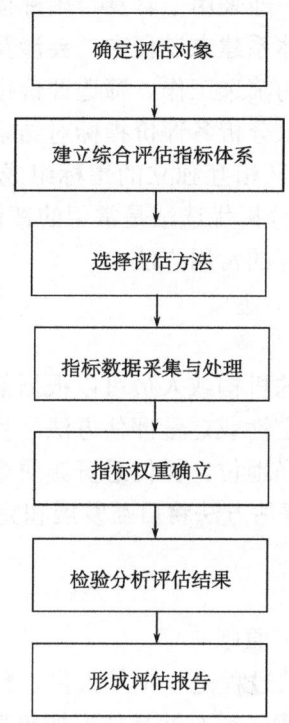

图 1-8 信息资源评估的基本流程

1. 确定评估对象

对信息资源质量进行评估，首先应明确评估对象，即具体的信息资源，如图书、期刊、论文、专利或网站等。信息资源质量的评估涉及众多不确定因素，对其进行准确的评价是一项复杂且困难的工作，这就要求从评估工作一开始就应本着踏实、认真的态度，根据信息资源的特点，辩证地分析评估对象的类型、特点和价值，深入地了解信息资源的不同机构层次、不同用户群体、不同应用领域和不同的评价要求，从而做到"有的放矢"，增强评估的针对性，为其后的各项工作奠定良好的基础。

2. 建立综合评估指标体系

评价信息资源质量必须有一套科学、完整、操作性强的评估指标体系，以统一规范各种评价原则和评价模式，便于操作和计量。在建立信息资源质量评估指标体系时，应强调其综合性，即采用一套复合指标体系从不同维度反映信息资源质量和特性。综合评估指标体系建立过程中，会涉及具体信息资源众多不同维度的评价指标，需要做好指标的筛选工作。筛选评价指标主要依据专业知识，即根据有关的专业理论和实践，来分析各评价指标对结果的影响，挑选那些代表性、确定性好，有一定区别能力又相互独立的指标组成评价指标体系。系统分析法(system review) 和文献资料分析优选法是常用的评价指标筛选法。专家调查法也是筛选较优指标和构建新指标的常用方法。

3. 选择评估方法

从事信息资源质量评估的机构或人员可以根据信息资源的类型和特点、各类指标的特性和评估需求选择定性或定量评估方法。目前，尽管以传统逻辑思维方法为主的定性研究仍占据相当地位，但信息资源质量评估定量化，尤其是以定量为主，定性与定量相结合的评估方法将日益发展和完善，并具有广阔的发展前途。

4. 指标数据采集与处理

指标数据采集应遵循如下原则：

(1) 针对性。数据搜集的过程是一个从大量、分散、无序的数据资源中搜集能满足评估需求的数据的过程。针对性是数据搜集最基本的原则。

(2) 全面性。虽然数据搜集需要讲究针对性，但为了充分保证评估结果的可靠性，应尽可能使搜集到的、作为信息资源评估基础的数据来源能够比较全面。

(3) 系统性。系统性要求所搜集的数据能够全面反映具体领域信息资源不同维度特征和指标的发展脉络和使用状况。连续、系统的数据是大多数评估实践对数据的基本要求，否则信息资源评估的结果就很难具有可信度和决策意义。

(4) 新颖性。由于信息资源评估的结果通常要为决策服务，要对未来的实践具有指导意义，因此，要特别注意所搜集数据的新颖性，要使所赖以评估的数据资源能够基本代表具体领域信息资源国内外最新的发展和使用状况。

(5) 可靠性。可靠性要求所搜集的指标数据应该是客观、真实、准确的，因此，一方面要尽量做到数据来源的权威性，另一方面也要保持数据的原始性，不能夹杂数据搜集人员的主观意志和个人因素。

(6) 科学性。数据搜集应采用科学的方法进行。无论是对文献型数据源，还是非文献型数据源，都要在兼顾成本效益和实际需要的基础上，采用最科学的手段和方法，尽量搜集到能满足针对、全面、系统、新颖、可靠等上述几方面要求的数据。

(7) 计划性。计划是完成数据搜集工作目标、提高其效率、保证其质量的基础。计划应对数据搜集的目的、内容、重点、经费预算、搜集方式、搜集对象、搜集步骤、搜集程度、组织分工等进行有效的规划。

搜集到的各类原始数据往往是杂乱无章、良莠不分的，因此需要对指标原始数据进行处理。指标数据处理包括数据分类整理、数据评价、指标数据的无纲量化和汇总存储四个环节（贺德方等，2006；范并思，2000）。

(1) 数据分类整理。包括形式整理和内容整理，目的是把数据从无序变为有序，成为便于利用的形式。例如，从信息资源评估指标的不同维度对指标数据进行分类整理。

(2) 数据评价。对整理出来的原始数据进行鉴别，一般依据可靠性、先进性、适用性等指标进行，目的是筛选出有效数据，淘汰掉无效数据。

(3) 指标数据的无纲量化。

逆指标的无量纲化就是它的同向化，正指标的无量纲化处理公式：

$$F_i = [X_i - \min(X_i)] / [\max(X_i) - \min(X_i)] \tag{1-2}$$

或

$$F_i = X_i / \max(X_i) \tag{1-3}$$

式中，X_i 表示被评价对象第 i 个指标值；$\min(X_i)$ 和 $\max(X_i)$ 表示所有被评价对象 X_i 指标值中的最小值和最大值；F_i 表示被评价对象 X_i 指标值无纲量化后的值。

逆指标的同向化处理：

指标有正指标、逆指标之分。一般来说，正指标越大越好，逆指标越小越好。例如，期刊影响因子、期刊高被引论文比例和科学家 H 指数为正指标；期刊论文零被引比例和低被引比例是逆指标。但不是所有的指标都有正、逆之分。显然将正指标数据和逆指标数据放一起综合评价一个对象是不科学的，存在抵消作用，因此需要对逆指标进行同向化处理。将逆指标转换为正指标，常用的转换方法是倒数法。如 X_i 指标的倒数公式：

$$F_i = [\max(X_i) - X_i] / [\max(X_i) - \min(X_i)] \quad \text{或} \quad F_i = 1 / X_i。$$

而对于适度指标，通常根据实际值与适度值 (A) 差距的倒数 $F_i = 1/(1+|X_i - A|)$。

(4) 数据汇总与存储。将搜集并处理好的数据进行汇总，并存储到计算机中，成为能满足各种评估要求的数据库,为后面的评估实践奠定坚实的数据基础。

5. 指标权重确立

指标权重是指被评价对象各个指标在整体指标体系中价值的高低和相对重要程度。按统计学原理,将被评价对象各个指标权重之和视为1(即100%),而其中用来衡量总体中各指标在总体中作用大小的数值称为"权重系数"或"权数"。由于一个评价对象的所有指标权重之和是1(即100%),因此,每个指标权数通常用0~1或0~100%之间的数值或比例来表示。一个指标权数越大,说明该指标越能代表评价对象的质量和影响力。例如,期刊质量和影响力的最主要评价指标是影响因子,需要赋予较高的权数。权数对信息资源的评估具有十分重要的意义。权数决定指标体系的结构,权数如果变动,绝对指标值和平均数也变动,评价结果也会随之发生变化,所以权数是影响评价结果的一个重要因素。权数一般有两种表现形式:一是用绝对数(频数)表示,另一个是用相对数(频率)表示。相对数是用绝对数计算出来的百分数(%)或千分数(‰)表示的,又称比重。权数通常具有以下特性:

(1) 重要性。权数是指标重要性程度的量化值,是指对合成值的影响程度大小。重要性本身是个综合的概念,表现在多个方面,例如,可以是"价值判断取向"上的重要性,也可以是合成时"分辨能力(信息含量)高低"的重要性,或"可靠度大小"的重要性。

(2) 模糊性。重要性本身就是个模糊概念,取值的随意性比较强,受主观影响比较大。

(3) 人工性。人工性是指权数确定过程中,没有绝对的正确错误标准,只能尽可能选择相对科学合理的权数。

(4) 主观性。主观性是指权数确定受评权者主观意识的影响。

目前常用的指标权重或权数确定方法主要有主观赋权法和客观赋权法。主观赋权法主要包括德尔菲法(专家法)和层次分析法。德尔菲法(专家法)实际上是各个专家可以根据自己的理解选择或确定不同的权重;层次分析法是互反式两两比较构权法,即通过两两比较各指标的相对重要性来确定各指标权重。客观赋权法是从指标的统计性质来考虑,它是由客观数据决定。客观定权法主要包括模糊定权法、熵权法和相关系数法等。

6. 检验分析评估结果

基于构建的评估指标体系和各指标处理后的数据,选择评估方法和权重确定方法,对信息资源质量或影响力进行评估,得出初步评估结果。然后通过专家咨询、文献调研、对比分析和推理等方法分析检验评估结果是否科学合理,是否支持最初的设想。如果评估结果与专家判断或常识差异较大,则要检查所搜集的数据是否有重大遗漏,选择的评估指标和评估方法是否得当,权重确定是否合理。

7. 形成评估报告

撰写评估报告是信息资源评估活动的最后一个环节。从评估对象选择、评估指标设计、评估方法选择、评估结果及其结果分析等几个环节构建具体领域信息资源的评估分析报告。

1.4 信息资源评估的意义和进展

互联网技术的快速发展,使得信息资源呈现出海量、多样、更新速度快、价值密度低、良莠不齐等特征。信息资源评估工作的全面深入开展,能够为用户提供丰富、精准和有价值的情报服务,从而节省用户的时间和精力。并且信息资源评估工作也能够极大地促进信息资源质量和影响力的全面提高和改进。

信息资源评估的意义及作用在于:①体现信息资源评估个人和机构的存在价值。在信息化的社会中,在与其他资源服务展开竞争的同时,必须让社会大众认识到信息服务机构所扮演的角色,以及贡献给组织或社会的价值。②提高信息资源服务的质量。能否提供优质的信息产品和服务,是信息服务行业赖以生存和发展的关键所在,通过信息资源评估,信息服务机构可以为用户提供权威、具有较高情报价值的信息资源,提高社会的总体生产力。③推动更多优质信息资源的创造。信息资源评估是对信息资源创造者工作的评价,通过评估,从海量信息资源中识别出优质信息资源向社会和用户推荐,可以促使优质信息资源创造者得到社会认可,为社会和用户创造更多更高质量的信息资源。

在信息资源的海洋中,文献信息资源,如图书、期刊、论文和专利等,以及网络信息资源,如网站、博客、论坛、网络商品等,是当前主流的信息资源类型。信息资源评估主要起源于文献计量学和科学计量学领域的期刊评价,然后拓展到网络计量学领域的网络信息资源评价。

文献信息资源评估研究主要以期刊评价研究为主,图书、论文和专利评价也随时代的发展开始兴起。网络信息资源评估主要以网络信息资源整体评价和网站评价为主。网络商品是随电子商务和网络购物兴起而发展起来的新型评价对象,网络商品评价更偏重于实际应用,指标相对较少,如购物网站上商品价格排序、好评排序和相关性排序等。目前网络商品评价的研究文献非常少。本节主要以期刊评价为例,阐述信息资源评估的意义和研究进展。同时本节也简要阐述了另一个重要评价对象——高校评价的意义和进展。众所周知,高校是文献信息资源和网络信息资源的主要使用者,文献信息资源(包括图书、论文、专利、科研项目、科技报告等)的主要创造者和传播者,也是各类信息资源评价实践的主体。因此,高校评价理论和实践研究具有十分重要的意义。

1.4.1 期刊评价的意义和进展

1. 期刊评价的意义

期刊评价是一个延续了近百年的研究议题,相关文献卷帙浩繁。正是通过对期刊评价研究的关注和知识贡献,图书情报学的知识体系从为信息机构服务,延伸到为整个社会和学界的知识传播和科研管理服务,基于文献计量学的期刊评价成为图书情报学从学术界的边缘走向中心的突破口(刘宇等,2014)。

虽然学术成果有着多种形式和传播渠道,但不可否认的事实是,期刊是当今知识传播系统中最主要的渠道。期刊在自然科学界的主导地位自不待言,即便是在人文社会学科界,期刊也占据了学者出版和信息源的半壁江山(Nederhof,2006)。科技期刊刊载了大量的学术论文及其参考文献,反映了科技发展和文献交流的现状与趋势,提供了70%以上科学家所需的科技情报,被誉为"整个科学史上最成功的无处不在的科学情报载体"(邱均平,2007)。第二次世界大战后科技文献和期刊数量的爆炸式增长,为研究人员带来便捷的信息资讯和广阔的发表渠道的同时,也为科研人员选择期刊和信息提高了难度。任何科研人员都无法熟知本领域的所有信息源,"饥渴已经迅速转化为消化不良"(布朗和杜奎德,2003)。正是在这样的时代背景下,期刊评价研究才应运而生,并且迅速成为各领域学者们的关注焦点。学者们不断尝试对期刊质量优劣及其在科学活动和文化交流中起的作用做出客观、全面的评价,以期改进和完善期刊质量。

期刊评价是科学计量学的一个主要研究方向,是图情学科及其相关学科、科研管理部门、研究人员、期刊出版社共同关心的一个研究议题。期刊评价是期刊发展之路上必不可少的基石,以评价促发展,期刊的快速、高水平发展离不开期刊评价工作的推动。同时要在期刊发展的道路上,检验期刊评价工作是否科学合理。如果把期刊比喻为菜肴,期刊评价就好比一把火,火候越合适,期刊发展得越好。如果把期刊比喻为汽车,则期刊评价就好比发动机,设计得越精良,汽车跑得越快、越稳,越能驶向更美好的未来(武夷山,2014)。期刊发展之路是否平坦,期刊指标和方法设计是否科学合理是检验标准。此外,国内外已经发行了数量众多的期刊,比如,截至2010年,国际上,仅《乌利希国际期刊指南》收录的期刊,已达到35万种之巨;在中国,有国内统一连续出版物号的正式期刊即有

9851种。期刊数量众多,但研究人员的时间是有限的,需要在有限的时间内,充分阅读高质量期刊的论文,从而为研究高水平成果奠定基础,发挥时间的最大效用,因此期刊评价对于发展科学事业、推动科学研究具有重要意义。主要体现在以下方面:为大学评价与科研管理提供定量参考;为政府部门期刊管理提供决策依据;为文献单位订购期刊提供选择标准;为各种期刊竞争发展提供定位信息;为所有作者选刊投稿提供快速通道;为广大读者和研究人员重点阅读提供参考指南。

2. 国外期刊评价的研究进展

国外期刊评价最早起源于1963年,美国著名的情报学家和科学计量学家尤金·加菲尔德(Eugene Garfield)建立的世界著名科学引文索引(science citation index, SCI)数据库,以及随后建立的社会科学引文索引(social sciences citation index, SSCI),艺术与人文引文索引(arts & humanities citation index, A&HCI)。SCI、SSCI和A&HCI通过设计各类评价指标,对全球范围的期刊进行综合评价,筛选出优秀期刊,收录并索引这些期刊的论文,形成科学引文索引数据库、社会科学引文索引数据库、艺术与人文引文索引数据库。1972年,Garfield提出用期刊影响因子作为期刊评价指标。在此之后,类似于影响因子的期刊评价指标不断被学者提出和验证,如5年影响因子、即年指标、PageRank、H指数、H指数的衍生指数、Scimago期刊排名(SJR)、SNIP指标等。国外期刊评价方面的研究文献如雨后春笋般兴起,1900~2015年期间国外学者发表了2826多篇期刊评价方面的文献(刘宇等,2016)。检索式"标题=((journal or journals) and (rank* or assess* or evaluat* or stratif* or select* or citation or citing or cited or quality))",时间范围为1900~2015,来源库为"Web of Science 核心合集"。2826篇国外期刊评价文献累积量的年度分布趋势,如图1-9所示。

图1-9显示了1940年以来国外期刊评价研究的文献增长趋势符合普赖斯提出的科学文献量指数增长的普遍规律,拟合优度R^2为0.9213。由图1-9可知,从20世纪70年代中期到90年代中期,实际发文量都超过了理论值;1998年之后,实际发文量和理论值之间的差距越来越大,期刊评价研究进入成熟期;但是每年发文的绝对值仍然在持续增长,2007年发文量开始突破百篇,在2011年达到历史最高193篇文献。刘宇等(2016)通过对国际2826篇期刊评价方面的研究文献进行科学知识图谱分析,直观清晰地展示出国际期刊评价研究文献的学科分布、机构分布、作者分布、各类研究主题及其研究进展。

期刊评价研究文献共被引聚类的时间线图谱可以直观清晰地反映出期刊评价研究领域的不同主题及其历史发展脉络。国际期刊评价研究文献共被引聚类的时间线图谱,如图1-10所示。

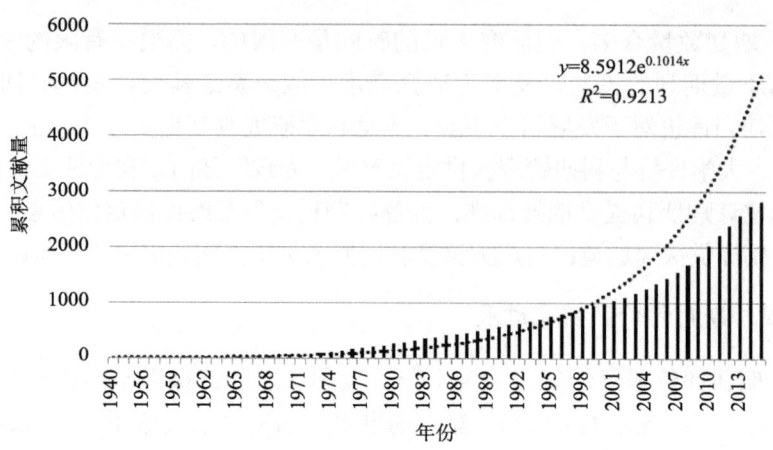

图 1-9　国际期刊评价文献累积量的年度分布趋势

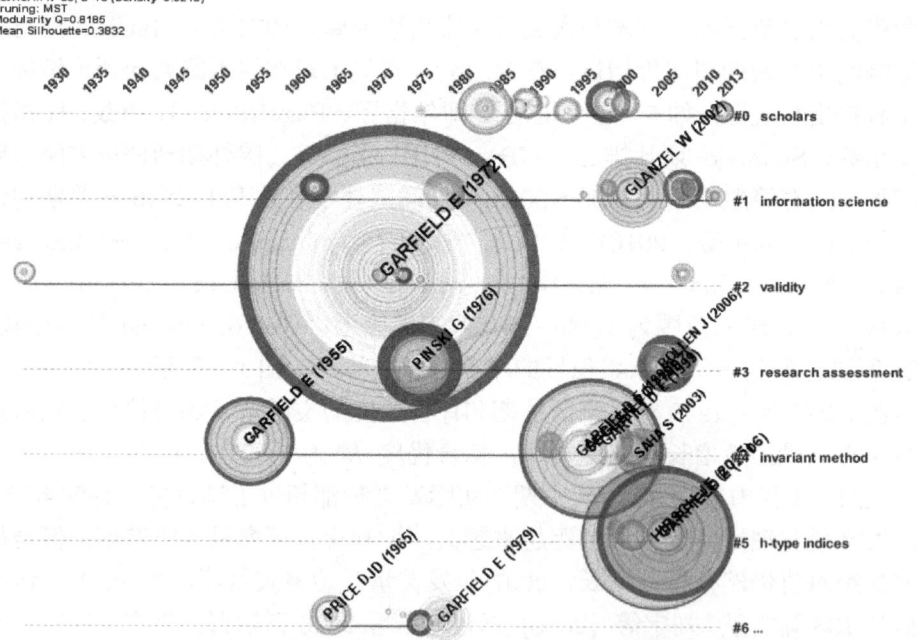

图 1-10　国际期刊评价研究文献共被引聚类的时间线图谱

图谱显示，国际期刊评价研究文献共形成 7 个主要类别，分别为 0#Scholars 类、1#Information Science 类、2#Validity 类、3#Research Assessment 类、4#Invariant Method 类、5#H-Type Indices 类和其他 6#科学交流类。部分研究

主题的研究内容和核心观点如下：

(1) 聚类 1#Information Science。

聚类 1#Information Science 中的核心文献，如表 1-1 所示。

表 1-1 聚类 1#Information Science 中的核心文献

被引	中心度	作者	时间	文章标题	来源期刊
25	0.41	Garfield E	1963	New factors in the evaluation of scientific literature through citation indexing	AM DOC
30	0.12	Rousseau R	2002	Journal evaluation: technical and practical issues	LIBR TRENDS
64	0.08	Glänzel W	2002	Journal impact measures in bibliometric research	Scientometrics
30	0.24	Leydesdorff L	2008	Caveats for the use of citation indicators in research and journal evaluations	J AM SOC INF SCI TEC
18	0.12	Pendlebury D A	2009	The use and misuse of journal metrics and other citation indicators	ARCH IMMUNOL THER EX
11	0.04	Moed H F	2012	Citation-based metrics are appropriate tools in journal assessment provided that they are accurate and used in an informed way	Scientometrics

表 1-1 列出聚类 1#Information Science 类的主要文献节点，这些文献主要出自情报学学者之手，主要内容是针对影响因子的评价功能展开讨论。1963 年，E. Garfield 等首次提出利用影响因子遴选引文索引的来源期刊，从而避免来源期刊大量集中于历史悠久或发文量大的期刊。之后，情报学界对影响因子的评价功能和内在缺陷展开了大量的研究。2002 年，R. Rousseau 指出影响因子无法测量期刊质量 (quality)，因为"质量"是一个多维度的概念；相对来说，观察期刊影响因子在一个时间段内的变化趋势在评价期刊质量时更有价值。2002 年，W. Glänzel 指出尽管影响因子存在一定的缺陷，但是没有其他的期刊评价指标可以代替影响因子，主要原因是其他指标都无法像影响因子一样持续稳定地更新，这是其他计量指标无法得到学界接受的最大障碍。2008 年，L. Leydesdorff 指出不同学科之间的期刊影响因子不具有可比性，数学期刊的影响因子均值是 0.559，遗传学期

刊的影响因子均值是 3.633；不同类型期刊的影响因子差异巨大，如评论类期刊(刊名中有 Review) 的影响因子均值是 4.0081，而通讯类期刊 (刊名中有 Letter) 影响因子均值为 1.7981；由于作者和研究机构都会同时从事不同主体的研究，使得科研主体的研究领域具有多元性，因此不能使用影响因子来评价一个学者或机构的科研水平。

(2) 聚类 3#Research Assessment。

聚类 3#Research Assessment 类的主要文献节点，如表 1-2 所示。

表 1-2 聚类 3#Research Assessment 类的主要文献

被引	中心度	作者	时间	文章标题	来源期刊
63	1.09	Pinski G	1976	Citation influence for journal aggregates of scientific publications: Theory, with application to the literature of physics	INFORM PROCESS MANAG
38	0.64	Bollen J	2006	Journal status	Scientometrics
27	0.04	Bergstrom C	2007	Eigenfactor measuring the value and prestige of scholarly journals	COLL RES LIB NEWS

传统引文分析将每一次引用都等同视之，这一直被很多学者认为是引文评价的缺陷之一。表 1-2 所示 3#Research Assessment 类文献研究的主要内容就是弥补这一重要缺陷，赋予不同引用以不同的权重，在此基础上对引文分析法进行修正。该领域的奠基性成果是 G. Pinski 和 F. Narin 于 1976 年提出，该算法首先建立期刊互引矩阵，以每个期刊被引频次除以期刊的施引频次确定不同期刊在引文网络中的重要度，以期刊的重要度为施引权重；同时，利用加权后的被引次数、期刊文章的篇均被引率、期刊的总被引率，将这三个指标综合测量被引期刊的影响力。J. Bollen 等将 PageRank 算法应用到期刊评价领域，其中以期刊之间的引用代替网页之间的链接，并进行标准化处理，即两个期刊之间的被引频次除以该期刊和所有期刊之间的被引频次得到期刊的引用权重，并将其与美国科学信息研究所(Institute of Scientific Information，ISI)的影响因子 (impact factor) 排名进行对比，综合两种算法提出了 Y 指数 (IF 乘以 PangeRank 指数)，实验表明 Y 指数能更好地进行期刊排名。C. Bergstrom 提出用特征因子来进行期刊评价，利用每一期刊引用另一期刊的引用矩阵，在引文网络中迭代计算每个期刊的重要性，期刊越多地被高影响的期刊所引用则其影响力也越高。这类期刊评价研究，都是从计算施引期刊的重要度对引用赋权出发，以此为基础进行期刊评价。然而，也有学者质疑这一逻辑的合理性。John Hudson 等认为，引用行为就像消费者为一

件商品付款一样,一件商品的价格不应该因为购买它的人不同而产生差异;同理,任何一次引用也应该被等同视之。

(3) 聚类 4#Invariant Method。

聚类 4#Research Assessment 类的核心文献节点,如表 1-3 所示。

表 1-3 聚类 4#Research Assessment 类的核心文献

被引	中心度	作者	时间	文章标题	来源期刊
85	0.27	Garfield E	1955	Citation indexes for science: a new dimension in documentation through association of ideas	Science
118	0.24	Seglen P O	1997	Why the impact factor of journals should not be used for evaluating research	BRIT MED J
46	0.04	Saha S	2002	Impact factor: a valid measure of journal quality	J MED LIBR ASSOC

表 1-3 所示文献的主要研究内容是围绕引文索引和引文分析是否具有学术评价的合法性展开。尽管 Garfield 强调设计引文索引的主要目的是为了弥补主题索引的不足、完善文献检索;他同时也明确指出在评价一份科研工作的重要性及其对其他文献或科学思想在一定时段内的影响时,引文索引明显是一种有用的工具;因此,用被引次数评价一位科学家的历史作用比仅仅数数该科学家发表了多少篇文献更有价值。在 1972 年那篇广为人知的论文中,Garfield 明确指出引文分析最重要的应用领域可能会是科技政策和科研评价。实际上,引用行为本身能够准确反映施引者的评价和判断,因此评价功能对于引文索引和引文分析来说具有内生性。

(4) 聚类 5#H-Type Indices (H 型指数)。

聚类 5#H-Type Indices 类的核心文献节点,如表 1-4 所示。

表 1-4 聚类 5#H-Type Indices 类的核心文献

被引	中心度	作者	时间	文章标题	来源期刊
115	0.16	Hirsch J E	2005	An index to quantify an individual's scientific research output	P NATL ACAD SCI USA
100	0.54	Garfield E	2006	The history and meaning of the journal impact factor	JAMA-J AM MED ASSOC
38	0.04	Braun T	2006	A Hirsch-type index for journals	Scientometrics
36	0.04	Egghe L	2006	Theory and practise of the g-index	Scientometrics

表 1-4 所示聚类 5 核心文献节点反映了 H 指数及其相关研究。从科研管理者的角度出发，有限的研究资源最好分配给那些既有较高的研究水平同时也能保持高量产出的研究者，也就是说以资源配置为根本目的的科研评价具有两个基本的维度：产能评价 (productivity) 和效能评价 (quality)。如果科研管理者认同引文索引的评价功能，那么长期以来以被引次数或影响因子为代表的计量指标，仅仅能对效能进行评价，而无法有效涵盖产能。2005 年，J. E. Hirsch 提出 H 指数，当且仅当一个科学家有 h 篇被引次数至少为 h 的论文，同时剩余论文的被引次数都小于 h 时，该科学家的成就分值为 h。2006 年，T. Braun 将这一思想应用于对期刊的评价之中。H 指数的一个重要缺陷就是区分度问题，即一个科学家可能有若干篇被引次数相同的论文恰恰处于分界点时，H 指数就不宜取值。2006 年，L. Egghe 提出将论文按照被引次数高低进行排序，并且将排序的序号进行平方，当序号的平方等于序号之前所有论文的累积被引次数时，这个序号就被定义为 G 指数。G 指数在一定程度上增强了 H 指数的区分度。由于 H 指数的计算思路同时覆盖了效能和产能两个维度，而且计算简单，使其成为继影响因子之后接受程度最高、最为成功的计量指标。在学界掀起了一股研究 H 指数的热潮，大量对 H 指数进行改进的研究成果不断涌现。

(5) 聚类 6#科学交流。

聚类 6#科学交流类的核心文献节点，如表 1-5 所示。

表 1-5 聚类 6#科学交流类的核心文献

被引	中心度	作者	时间	文章标题	来源期刊
55	0.12	Price D J D	1965	Networks of scientific papers	Science
24	0.24	Garfield E	1976	Significant journals of science	Nature
58	0.04	Garfield E	1979	Citation Indexing: Its Theory and Application in Science, Technology, and Humanities	没有期刊名称

表 1-5 所示聚类 6#科学交流类文献的主要内容是从宏观视角考察引文索引和期刊评价在科学交流系统的功用。1976 年，Garfield 在对 1974 年 SCI 的数据进行统计分析，进一步验证之前发现的三个引文分布特征：一是历史悠久的期刊总被引次数一般较高，但是其影响因子不一定就高；二是评论类期刊的影响因子普遍高于普通期刊；三是不同学科的期刊影响因子不具有可比性。1979 年，Garfield 出版 Citation Indexing: Its Theory and Application in Science, Technology, and Humanities 一书，对自己引文索引的设计思想和发展历史进行

详细的陈述，并明确指出引文索引在文献检索、科学管理、科学史研究、期刊评价、科学家个人的评价方面的应用价值。

3. 国内期刊评价的研究进展

我国的期刊评价研究起始于图书情报学界 20 世纪 70 年代对核心期刊的引荐。到 80、90 年代兴起核心期刊研究热潮。1992 年北京大学图书馆研制出版《中文核心期刊要目总览》，掀起了我国期刊评价研究制度化的新篇章，是"国内'核心期刊'研究史上由'个人学术研究'转向'集体联合攻关'的标志"（别立谦和何峻，2012）。2000 年 2 月，南京大学成立"中国社会科学研究评价中心"专门从事研制中国社会科学引文索引（CSSCI）以及人文社会科学评价研究（苏新宁，2000；叶继元，2007）。CSSCI 数据库建成之后，成为我国人文社会科学界进行引文分析和评价研究的主要数据源。核心期刊评价主要采用综合性的指标体系，通过期刊的综合分值排序来确定期刊是否属于核心期刊。然而，依据综合分值的排名并不能说明很大的问题。为了弥补核心期刊研究的缺陷，尹玉吉（1994，2009）、崔国平（2000）等学者提出了期刊分级研究弥补核心期刊的不足，提出了应将期刊划分为若干等级的设想。

2000 年之后国内众多学者以文献计量指标展开科研绩效评价、学术评价和大学评价等研究议题。1998～2014 年，国内学者已经发表了 1769 篇研究文献（刘宇等，2015）。1769 篇国内期刊评价文献累积量的年度分布趋势，如图 1-11 所示。

图 1-11 显示了 1998 年以来国内期刊评价研究的文献增长趋势，由于 CSSCI 的数据起始于 1998 年，之前的文献增长情况无法覆盖。在 2009 之前，文献量呈现出比较明显的攀升趋势，从 1998 年的 52 篇文献上升到 2009 年的 174 篇文献。之后，每年发表的文献量有明显的下降趋势，但是绝对值基本上保持在每年发表相关论文 100 篇左右。如图所示，我国期刊评价研究论文的累积增长趋势符合普赖斯提出的科学文献量指数增长的普遍规律，拟合优度 R^2 为 0.8773。在 2010 年之后，每年的累积文献量和理论值的差距越来越大，这表明国内的期刊评价研究在 2010 年之后已经趋于成熟。

图 1-11 显示，国内已经有大量文献讨论期刊评价、核心期刊、引文分析等相关研究议题，并且一些学者已经对期刊评价这一研究主题的知识基础和基本脉络进行系统梳理。李云霞（2008）利用中国知网（CNKI）数据库对 1979～2008 年的 261 篇期刊评价研究文献进行计量分析。同年，刘新燕和武夷山（2008）利用 CNKI 数据库对 1983～2007 年的 671 篇期刊评价研究文献进行计量分析。姜春林（2011）利用 CSSCI 数据库对 1998～2009 年的 303 篇国内期刊评价研究进行了梳理。侯素芳和汤建民（2014）也基于 CSSCI 数据对 1998～2011 年的 458 篇国内

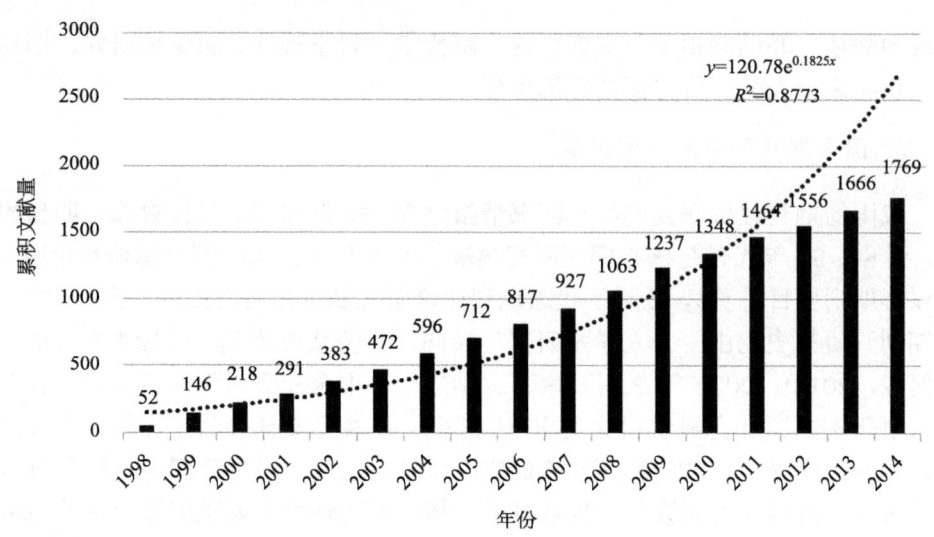

图 1-11 国内期刊评价文献累积量的年度分布趋势

期刊评价研究进行了综述。除了这些计量研究成果，曾建勋和宋培元（2007）对我国科技期刊评价工作进行了定性的历史回顾，别立谦和何峻（2012）对我国近 30 年核心期刊研究实践进行了定性的历史综述。然而，在期刊评价研究的知识基础和基本脉络梳理方面，刘宇等（2015）的研究最为全面。作者通过收集 CSSCI 数据库中 1998~2014 年的 1769 篇期刊评价研究的相关文献，利用 NodeXL 等可视化分析软件对文献之间的引用关系网络进行可视化分析和聚类分析，发现国内期刊评价研究的 5 大研究热点和 3 大知识基础。

1）国内期刊评价研究的作者分布

国内 1769 篇期刊评价研究论文共有 2266 位作者，有 1806 位作者仅发表过 1 篇期刊评价研究论文，占总数的 79.70%，这表明我国的期刊评价研究队伍具有高度的离散分布特征。高产作者主要来自图书情报学，如俞立平（31 篇）、潘云涛（30 篇）、武夷山（25 篇）、叶继元（23 篇）、邱均平（18 篇）、刘雪立（17 篇）、邓三鸿（16 篇）、何荣利（12 篇）、姜春林（12 篇）、马爱芳（12 篇）、游苏宁（10 篇）等。国内高产作者之间的科研合作网络如图 1-12 所示。

图 1-12 显示，国内期刊评价研究方面出现四个较大的科研团队：以中国科学技术信息研究所的潘云涛为核心的研究团队，该团队以潘云涛、俞立平、武夷山三角合作组最为突出；以河南新乡医学院的刘雪立为中心形成的研究团队；以武

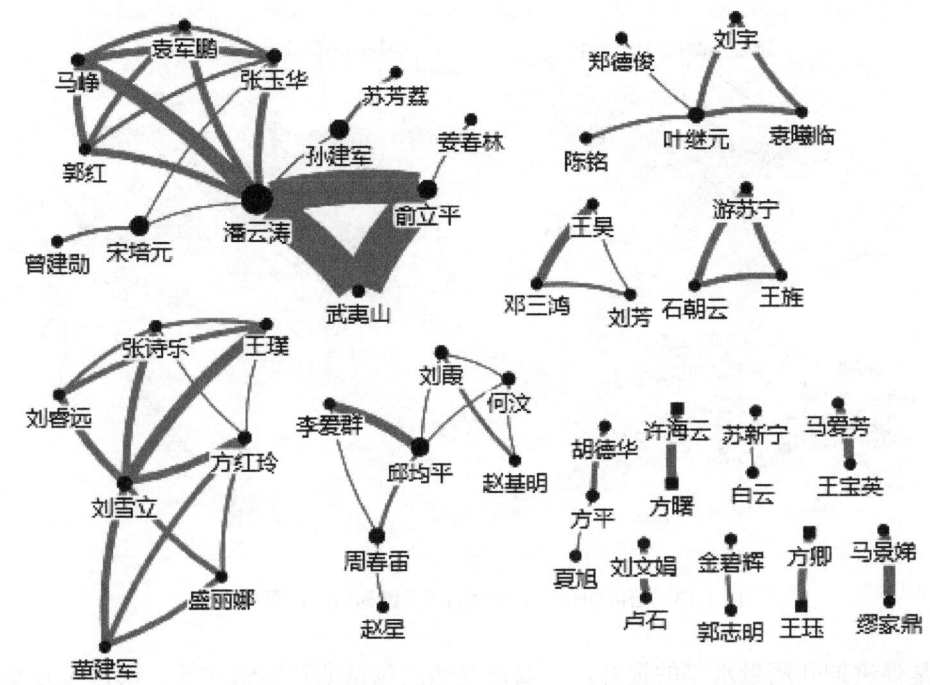

图 1-12 国内期刊评价研究作者的科研合作图谱

汉大学信息管理学院的邱均平为中心的研究团队;以南京大学信息管理学院叶继元为中心的研究团队。除了这些规模较大的研究团队,一些稳定的三角合作和结对合作也表现突出,如中华医学会杂志社的游苏宁等、南京大学的苏新宁等、南京大学的邓三鸿等、武汉大学的方卿等、湖南医科大学的方平等、中科院图书馆的方曙、金碧辉等。综合来看,国内从事期刊评价研究的作者主要集中在三类机构:一是图书情报学院系的教学科研人员,如叶继元、邱均平、苏新宁等;二是期刊杂志社的编辑,如刘雪立、张积玉等;三是图书情报机构的研究人员,如潘云涛、金碧辉等。

2) 国内期刊评价研究的热点

共词分析是概述研究热点的一种常用方法,它的基本原理是"对一组词两两统计它们在同一篇文献中出现的次数,以此为基础对这些词进行聚类分析,从而反映出这些词之间的亲疏关系,进而分析这些词所代表的学科和主题的结构变化"。国内 1769 篇期刊评价研究文献高频关键词的共词聚类图谱如图 1-13 所示。

从图 1-13 可以看出,期刊评价研究领域的主要研究热点可以分为 5 大类。一是以期刊质量和科技期刊为中心的词簇,主要从期刊从业人员的视角出发,立足

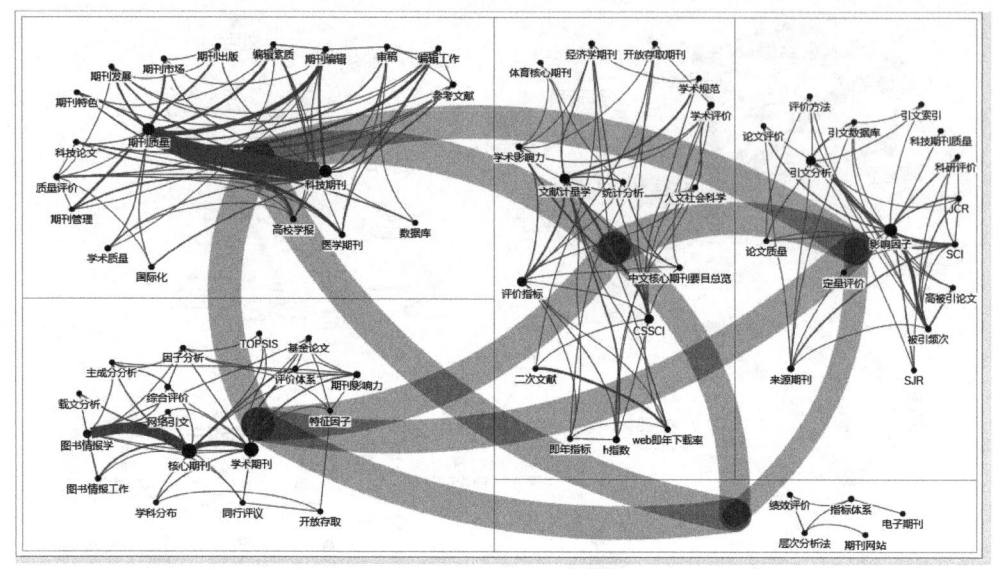

图 1-13　国内期刊评价研究高频关键词的共词聚类图谱

点是促进期刊质量水平的提升，主要研究热点包括期刊编辑业务、期刊人力资源建设、期刊发展的外部环境、期刊国际化等研究议题。二是以核心期刊和学术期刊为中心的词簇，主要是从图书情报学人员的视角出发，立足点是修正各种评价指标和方法以完善核心期刊的评价体系。三是以文献计量学、评价指标和CSSCI为中心的词簇，主要是以 CSSCI 作为重要的数据源，研究文献计量学方法和各种评价指标在人文社会科学期刊中的应用问题，研究立足点在于解决人文社会科学期刊评价的特殊性问题。四是以影响因子和引文分析为中心的词簇，研究议题集中在使用引文分析和引文指标进行科研评价、论文评价等，研究立足点在于通过期刊评价为科研管理服务。第五类关键词处于相对边缘位置，主要研究如何评价电子期刊和期刊网站，这块属于传统研究议题在网络形态中的拓展。

3) 国内期刊评价研究的知识基础

文献同被引是发掘研究领域知识基础的一种常用方法。图 1-14 展示了期刊评价领域 57 篇高被引文献的共被引聚类图谱。如图 1-14 所示。

图 1-14 显示，我国期刊评价研究的高被引文献可以归为三个主要研究主题：核心期刊研究，评价方法与评价指标研究，人文社会科学期刊评价研究。每一个研究主题的研究文献题名与出版出处见表 1-6～表 1-8。

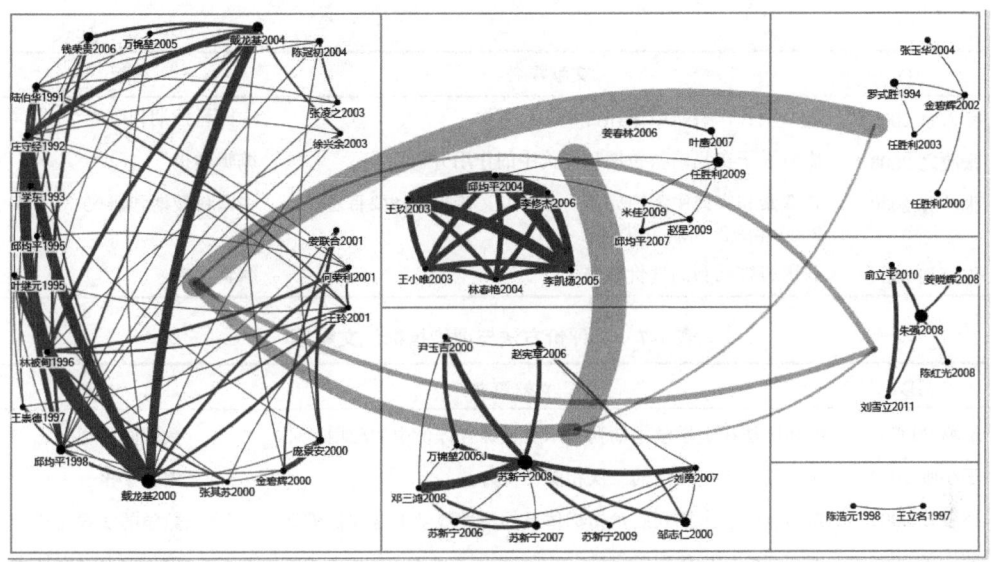

图 1-14 期刊评价领域高被引文献共现网络

表 1-6 "核心期刊"研究文献簇

ID	文献篇名	出版
陆伯华 1991	国外科技核心期刊手册	世界图书出版公司
庄守经 1992	中文核心期刊要目总览	北京大学出版社
林被甸 1996	中文核心期刊要目总览	北京大学出版社
戴龙基 2000	中文核心期刊要目总览	北京大学出版社
戴龙基 2004	中文核心期刊要目总览	北京大学出版社
万锦堃 2005	中国学术期刊综合引证报告（2005 版）	科学出版社
丁学东 1993	文献计量学基础	北京大学出版社
邱均平 1998	文献计量学	科学技术文献出版社
王崇德 1997	文献计量学引论	广西师范大学出版社
叶继元 1995	核心期刊概论	南京大学出版社
钱荣贵 2006	核心期刊与期刊评价	中国传媒大学出版社
邱均平 1995	关于核心期刊几个问题的思考	图书情报知识
庞景安 2000	中国科技期刊综合评价指标体系的研究	中国科技期刊研究
何荣利 2001	核心期刊滞后性分析	图书与情报
姜联合 2001	科技期刊动态评价指标——趋势指数	编辑学报
王玲 2001	中文核心期刊研究的现状及其走向	中国图书馆学报

续表

ID	文献篇名	出版
徐兴余 2003	核心期刊在科研成果评价中的局限性	中国科技期刊研究
张凌之 2003	影响因子在我国科技期刊评价中的作用分析	编辑学报
张其苏 2000	在探索和实践中不断完善——《中文核心期刊要目总览》2000年版的研制方法与思考	中国科技期刊研究
陈冠初 2004	我国科技期刊的评价问题	编辑学报

表1-7 "评价方法与评价指标"文献簇

ID	文献篇名	出版
王玖 2003	秩和比法在医学学术期刊学术质量综合评价中的应用	数理医药学杂志
王小唯 2003	学术期刊质量评估的二次相对评价方法	编辑学报
林春艳 2004	自然科学学术期刊质量指标体系的属性数学综合评价模型	数学的实践与认识
邱均平 2004	期刊评价指标体系及定量方法研究	现代图书情报技术
李凯扬 2005	基于AHP的期刊全文数据库的模糊综合评价	情报科学
李修杰 2006	运用判别分析法建立的期刊评估指标体系	江西图书馆学刊
姜春林 2006	H指数和G指数——期刊学术影响力评价的新指标	图书情报工作
邱均平 2007	信息计量学	武汉大学出版社
叶鹰 2007	H指数和类H指数的机理分析与实证研究导引	大学图书馆学报
米佳 2009	特征因子原理及实证研究	大学图书馆学报
任胜利 2009	特征因子（Eigen factor）：基于引证网络分析期刊和论文的重要性	中国科技期刊研究
赵星 2009	期刊引文评价新指标Eigenfactor的特性研究	情报理论与实践

表1-8 "人文社会科学期刊评价研究"文献簇

ID	文献篇名	出版
邹志仁 2000	中文社会科学引文索引（CSSCI）之研制、意义与功能	南京大学学报（文科版）
尹玉吉 2000	关于提高学术期刊二次文献转载率	编辑之友
万锦堃 2005J	期刊论文被引用及其Web全文下载的文献计量分析	现代图书情报技术
赵宪章 2006	2000~2004年中国文学期刊影响力报告	东南大学学报（文科版）
苏新宁 2006	人文社会科学期刊评价指标体系研究	图书馆论坛
苏新宁 2007	中国人文社会科学学术影响力报告（2000~2004）	中国社会科学出版社
苏新宁 2008	构建人文社会科学学术期刊评价体系	东岳论丛
邓三鸿 2008	我国人文社会科学学术期刊的学科对比——基于CSSCI的分析	东岳论丛
苏新宁 2009	中国人文社会科学期刊学术影响力报告（2009版）	中国社会科学出版社

在"核心期刊研究"文献簇中,主要文献可以分为三种类型:一是核心期刊目录或核心期刊手册,包括 2 种科技期刊目和 1~4 版的北大版核心期刊总览;二是核心期刊的理论基础,包括 3 本文献计量学教材和 2 本核心期刊专著;三是针对核心期刊本身的指标体系、缺陷和在科研评价中的作用展开的论述。需要特别指出的是,这一类簇的文献都在 2005 年之前出版,而且研究的核心落脚点是科技期刊,兼及人文社会学科期刊。

"评价方法与评价指标"文献簇主要分为两类:一是采用指标体系对期刊进行综合评价时,如何分配指标之间权重以及如何计算期刊的最终综合分值,如"秩和比法""判别分析法""层次分析法"等;二是采用新的单一指标对期刊进行评价,研究这些单一指标的算法,如特征因子、H 指数、G 指数等。这一类文献的特点是以数理分析为基础,是期刊评价研究的数理统计基础。

"人文社会科学期刊评价"文献簇主要研究成果大都出自南京大学的研究人员。早在 2000 年,南京大学信息管理系邹志仁教授就对 CSSCI 研究和功能进行了详细的介绍。此后,赵宪章和邓三鸿使用 CSSCI 2000~2004 年间的数据对文学期刊进行评价研究。同年,苏新宁指出人文社会科学期刊评价应该从两方面进行考虑,从期刊本身的客观状况和期刊的被引情况,在这两个维度上采用 13 个指标对期刊的整体水平进行综合评价;这一评价指标体系的建立为 2007 年出版《中国人文社会科学学术影响力报告》奠定了基础。2008 年,苏新宁对已有的体系进行了修正,选取了 20 个指标构建人文社会科学期刊评价的指标体系;2009 年,出版《中国人文社会科学期刊学术影响力报告》。2008 年,邓三鸿等以 CSSCI 数据为基础,对比人文社会科学各学科期刊论文在篇均引文、基金论文比、合作情况、外文引文情况等方面的差异,指出我国人文社会科学期刊需要加强出版规范,为繁荣我国人文社会科学研究奠定基础。

4. 期刊评价研究的未来发展方向

期刊评价属于学术评价研究中观层面的研究课题。从目前的评价研究的发展方向来看,期刊评价研究在评价对象、评价方法、评价理论构建方面都具有一定的拓展空间。在评价对象上,一是从中观的期刊评价转向微观的论文评价,如最近几年兴起的对"睡美人"论文的研究;二是从中观评价拓展到宏观评价,即通过期刊评价研究的成果为机构评价奠定基础,最为典型的是大学评价研究的兴盛。在评价方法上,替代计量学的出现使得评价数据源更为丰富。在评价理论的构建上,研究学术评价活动的社会机制、评价行为的心理机制是将来的重要热点,比如,在宏观上研究评价制度的构建运作,在微观上研究引用心理和引用动机。

1.4.2 高校评估的意义和进展

1. 高校评估的意义

高校评估包括教学、科研、服务和高校整体管理等方面的评估，其中高校科研评估是指评估组织根据特定目的，遵循预先经过科学论证的评估标准（或称为评估指标体系）和评估方法（包括同行评议、文献计量或两者相结合的评估方法），对高校不同院系职员的科研活动和科研成果进行分类评估或综合性整体评估，然后给出排名、绩效评估报告或绩效分，为高校职员的科研水平提供一个基准参考或价值尺度（Huang et al., 2006）。高校评估分为内部评估和外部评估。内部评估是指各高校内部评估组织（参与被评估对象发展与运作的组织）基于设计的评估标准和评估方法对高校科研人员的科研情况进行评估，评估主体对评估对象比较熟悉，易于给出正面评估结果，但很难给出批评性评论意见和创新型解决方案，评估结果通常与科研奖励和职称晋升挂钩。而外部评估是指高校外部评估组织（没有直接参与被评估对象发展与运作的组织，包括第三方的非政府评估组织和第三方的政府评估组织）基于设定的评估指标体系和评估方法对各高校的科研水平进行评估，最后给出一个评估报告或高校排行榜，由于评估主体没有既得利益存在，评估过程和结果比较客观，能够从一个新的观点看待评估对象中存在的问题（External and internal evaluation, 2012）。

高校管理者和职员能够结合科研评估的结果，识别出高校在哪些专业具有较强优势，哪些专业处于劣势；个人在科研上有哪些优势（如发表论文多）和不足（如论文被引频次低、文章创新不够），等等。国家教育部、科技部和财政部等科研资助部门可以根据评估组织对高校的具体评估情况，从而决定给高校配置多少资源。高校科研处可以根据评估情况，决定未来应该将科研资源和政策向哪些学院倾斜，应该补充多少科研人才；决定将获得的科研资源分配给哪些人，如何分配。比如，对于科研能力强、科研产出数量和质量比较高、科研人员实力比较强的科研团队，应该给予更多的科研资源和政策支持。高校职员可以根据自己的科研评估情况，投入更多精力和资源，去攻克自己的不足之处，以获得职称晋升和科研资助。设计合理的科研评估体系和激励政策能够促使高校科研人员产出高水平的科研成果，而且，成果的数量也不会落下。而设计不合理的评估体系和激励政策也许会显著提升高校的科研成果产出数量（已定量化地验证过：中国高校"理工科研究生必须发表SCI论文方能参加答辩"的科研管理措施对中国的SCI论文产出数量影响最大（胡泽文和武夷山，2012b），但无助于产生高水平的、有重大社会和经济影响的成果。

2. 国内外高校排名研究进展

高校排名方面的研究开始于 1978 年 Levin 等发表的一篇高校生产力排名的文章 (Levin et al., 1978), 此后, 从 1978 年至 2013 年 9 月 18 日, 国外学者共发表了 237 篇高校排名论文 (检索式: TI= (rankings) AND TI= (university OR college) 数据库 =SCI-EXPANDED, SSCI, CPCI-S, CPCI-SSH 时间跨度 =1978-01-01~2013-09-18)。近 10 年 (2004~2013.9.18) 发表了 167 篇高校排名论文, 占过去 36 年间所发论文总和的近 70%。说明近 10 年国外学者比较关注高校科研排名方面的研究。例如, 西班牙作者 Aguillo 等 (2010) 使用一系列相似度测量的方法对上海交通大学世界一流大学研究中心、《泰晤士高等教育》(以前叫《泰晤士高等教育副刊》) 及 QS 公司、中国台湾财团法人高等教育评比中心基金会、西班牙国家研究委员会下属网络计量学实验室 (Cybermetrics Lab) 和荷兰莱顿大学科学技术研究所发布的大学排名进行计量比较研究, 发现《泰晤士高等教育》、QS 公司和西班牙国家研究委员会下属网络计量学实验室提供的欧洲大学排名结果差异较大, 而中国台湾财团法人高等教育评比中心基金会和荷兰莱顿大学科学技术研究所提供的欧洲大学排名结果相似度较高。但文章主要进行数据验证, 并未对比分析各排行榜评估指标及评估方法之间的差异。Torres-Salinas 等 (2011) 按学科领域对西班牙大学进行一个排名比较研究。法国学者 Barreto (2013) 认为高校排名可能会导致资助的偏见。

国内学者对国际性高校排名实践的关注较少, 最早开始于 1999 年章仁彪和樊秀娣对参与国际高校排名榜利弊的分析 (章仁彪和樊秀娣, 1999)。此后, 胡晓进 (2010) 简单分析了《美国新闻与世界报道》的全球大学排名指标和法学院排名指标, 并探讨了排名结果引发的争议及启示。许甜 (2012) 通过分析国外两大排名系统——《美国新闻与世界报道》全球大学排名和《泰晤士报》高等教育排名的学术声誉评价过程, 总结出国外声誉评价的基本特点, 但仅分析众多评价指标中的一个指标, 不够系统全面。田锋 (2014) 通过比较两个世界一流大学排行榜的特征及国内部分高校的排名情况, 得出一些启示: 重视科学研究和积极推进学术的国际化, 不过提出的这些启示不够新颖, 是目前高校排名中较常见的指标。中国科学技术大学高教研究所 "大学评价研究课题组" 基于武书连课题组公布的指标体系和算法, 对其发布的《2010 中国大学评价》结果进行重新测算, 测算结果显示: 国际一流高校加州理工大学的 "人才培养得分" "研究生培养得分" 和 "本科生培养得分" 都在 2 分以下, 无法进入中国大学人才培养前 500 名 (中国科学技术大学大学评价课题组,2012)。原测算结果都在 40 分以上, 位列中国大学第一名, 两者相差巨大, 显然前者与事实和认知逻辑不符。此后, 武书连课题组对加州理工大学的得分和排名结果重新测算了一遍,并公开发表,验证了其排名结果的科学性和合理性(武书连,2012)。赵晓冬(2014)以客观数据的完备性、检验方法的针对性和检验结论的确定性为数据检验原则,以"观点或结论"的原有引证数据为基础对中国科学技术大学评价课题组论文的结论进行检验,发现文中的结论缺乏真实性。

3. 国内外高校评估研究进展

高校科研评估研究最早起源于 Bailar 在 1965 年发表的一篇关于高校科研评估的文章(Bailar,1965)。此后,从 1965 年至 2011 年年末,国外学者共发表了 300 多篇相关论文,其中高校科研评估方面的文献有 217 篇(检索式:TI=("evaluation" OR "assessment") AND TI=("research" OR "academic" OR "preformance") AND TI=("universities" OR "university" OR "college") 数据库=SCI-EXPANDED, SSCI, CPCI-S, CPCI-SSH 时间跨度=1965-01-01~2011-12-31),约占总量的 70%;高校排名方面的研究共有 91 篇(检索式:TI=("Rankings") AND TI=("universities" OR "university" OR "College") 数据库=SCI-EXPANDED, SSCI, CPCI-S, CPCI-SSH 时间跨度=1978-01-01~2011-12-31),占总量的近 30%。近 10 年(2001~2011 年)发表了 201 篇相关论文,占过去 46 年间所发论文总和的近 65%。说明近 10 年国外学者比较关注高校科研评估方面的研究。例如,英国学者 Taylor(2011)通过调查分析发现:基于同行评议得出的英国高校科研质量评估结果能够较好地被基于文献计量指标得出的评估结果所解释,即两者的相关性较高,这暗示着在高校科研评估过程中,可以使用文献计量指标,这样不仅可以降低同行评议的工作量,而且可以减轻同行评议所带来的隐性偏见问题。

国内学者对国外高校评估实践的关注最早开始于 1985 年对美国高校评估概况的简要介绍(教育信息,1985)。此后,赵敏(2003)全面介绍了 2001 年英国科研评鉴(research assessment exercise, RAE)的评估情况。王旭和赵俊芳(2006)、阚阅(2009)、栾明香(2011)分别介绍了英国高等教育科研评估的发展历程、评估政策、评估实践、评估环节、影响和存在的不足。周廷勇和王保华(2011)两位学者认为高校评估时应对高校分类,进行分类评估,本书在后面提建议时,也提到这一点。孙明娟(2010)分析了俄罗斯高等教育质量评估体系。不过他们的研究主要聚集于宏观层次的探讨,而从微观和中观层次上系统性探讨当前国际性代表性科研评估实践在评估指标设置和评估方法上的特色之处及其之间的差异,以及国内高校评估如何借鉴他们的研究成果较少。

4. 国内外高校评估实践

国际上有很多政府公益性组织主导的第三方外部评估实践（若干国家的国家级学术评价计划，2012）。例如，澳大利亚2010年开展第一轮"澳大利亚科研卓越"(excellence in research for australia, ERA) 评价活动代替之前的科研质量框架(research quality framework, RQF)。新西兰高校所获科研经费来自基于绩效的科研拨款(the performance-based research fund)，其中，对高校的科研质量评价结果占60%的权重。英格兰高等教育资助理事会(HEFCE) 于 2008 年开展的科研评鉴(research assessment exercise, RAE) 已经进行了多年，其量化色彩很重。RAE 的后继者是 2010 年 3 月正式启动的科研卓越框架(research excellence framework, REF)。2015 年春发布评审专家委员会的总评报告。与 RAE 相比，REF 评价活动中，定量学术评价指标的地位相对下降，将会更加突出"影响"（科研的社会影响和经济影响）类指标。

此外，第三方非政府组织主导的外部评估实践（主要是高校排名实践）也有很多。例如，《美国新闻与世界报道》(U. S. News & World Report) 自 1987 年开始的"美国最佳大学"排名实践。《亚洲周刊》自 1997 年开始的亚洲最佳大学排名实践；上海交通大学世界一流大学研究中心自 2003 年开始的世界大学学术排名(academic ranking of world universities, ARWU) 实践。2004～2009 年，《泰晤士高等教育》委托 QS 公司收集数据，两家单位在每年秋季共同发布世界大学排名。2010 年起，《泰晤士高等教育》开始与汤森路透集团(Thomson Reuters) 合作，采用 WOS 数据，推出新的世界大学排名。QS 公司 2009 年终止与《泰晤士高等教育》的合作，从 2010 年起，开始沿用原来 THE-QS 世界大学排名的方法单独推出全球大学排名。台湾财团法人高等教育评比中心基金会(HEEACT) 自 2007 年开始世界大学科研论文表现排名(performance ranking of scientific papers for world universities) 实践。

思 考 题

(1) 试讨论信息资源概念链的基本关系。
(2) 阐述信息资源评估的概念和基本过程。
(3) 试比较主观赋权法与客观赋权法之间的差异。
(4) 试借鉴期刊评价的意义，阐述网络信息资源评估的意义。
(5) 结合自身体验，阐述高校评估的必要性和意义。

第 2 章　信息资源类型

本章提要：本章在明确信息资源类型的基础上，重点介绍信息资源评估的对象：文献信息资源及其具体类型——图书、期刊、专利和论文，网络信息资源及其典型类型——网站。同时也介绍信息资源评估实践使用的常用数据库、检索方法和检索案例，以期对信息资源评估的对象有个初步认识和了解。

主要知识点：
(1) 文献信息资源及其具体类型——图书、期刊、专利和论文；
(2) 网络信息资源及其典型类型——网站；
(3) 常用数据库的检索方法和过程。

以各种形式广泛存在的、多种多样的信息源，既是信息资源评估赖以进行的基础，也是信息资源评估得以进行的客体或对象。了解和认识信息资源的类型、分布、特征和规律，是信息资源评估工作的重要基础之一。

2.1　信息源导引

"信息源"这个概念直接译自英文"information sources"，联合国教科文组织（UNESCO）出版的《文献术语》对信息源所下的定义是"个人为满足其信息需要而获得信息的来源"。而苏联出版的《俄英信息学词典》对信息源的解释是"产生消息或为了传递而持有信息的任何系统"。简言之，信息源是产生信息的源泉和获取信息的渠道。

信息源既多且广，按不同的划分标准，可将其分为不同的类型。按照信息源是否为文献形式，可分为文献信息源，如图书、期刊、论文、专利、科技报告等，和非文献信息源。非文献信息源是指除文献之外的其他形式信息源，这些信息源发出的信息大多数呈非记录形式，比如，口头信息源——各种讨论会、观摩会、展销会、座谈会、参观访问；印有信息的交通工具；进行谈话、讨论、开会和访问的主体——人。按载体形态，可将信息源分为印刷型（如图书和论文）和非印刷型（包括缩微型和数字型等）。按应用领域，可将信息源分为学术信息源，如科技报告、图书、论文等，和非学术信息源，娱乐新闻、体育新闻、科幻小说等。按传播方式，可分为直接信息源和间接信息源。直接信息源也称一次信息源，即直接来自作者的原创，没有经过任何加工处理的信息，如作者的口头信息，或创作的论文和图书。而间接信息源也称二次、三次及三次以上的信息源，即从一次信息源中加工处理提取的信息，或再生信息源或工具书，如百科全书、辞典、手册、年鉴、图书馆、档案馆、数据库、博物馆等。国内外学者对文献信息源尤其是科技文献信息源的研究较全面（陈光祚，1984；沙布拉曼亚姆，1988；丹·格罗根，1990），在数字化网络信息资源兴起后，覆盖网络信息资源的研究与评价增多（包昌火和谢新洲，2000；马费成，2004；陆宝益，2002），国外有关研究甚至申请了专利（Legall et al., 1999; Win and Belmonte, 2001）。

2.2 文献信息源

国际标准化组织《文献情报术语国际标准》（ISO/DIS 5217）将文献定义为："在存储、检索、利用或传递记录信息的过程中，可作为一个单元处理的，在载体内、载体上或依附载体而存贮有信息或数据的载体"。我国颁布的中华人民共和国国家标准《文献著录总则》（GB 3792.1—2009）对文献的定义为："文献是记录有知识的一切载体"。由此可见，文献必有记录载体。除记录载体，现代文献的构成要素还包括：记录符号和记录方式。记录符号是指文字、图画、图表、编码、公式、声像、电磁信息等编码内容；记录方式则是将表达内容的符号通过特定的人工操作方式使其附着于特定的载体上，是形成文献的方法和过程。记录载体、记录符号和记录方式三位一体，构成文献。

按照文献内容和信息处理层次，可以把文献分为三个层次。

1) 一次文献

一次文献也称原创文献，是人们首次对自然和社会信息进行收集、处理和分析而形成的载体化知识成果，反映了文献创作人员在进行社会生活和人文活动、科学研究、生产经营和管理过程中产生的最原始思想、数据、过程、结论、成果等。一次文献的种类、出版形式和载体形态有很多，目前有十个主要类别：图书、期刊、专利、标准文献、科技报告、学位论文、会议论文、政府出版物、产品样本、档案。其中图书和期刊合称普通文献，后八类统称特种文献。当今互联网背景下产生的数字化电子图书、电子期刊、电子报纸、电子预印本、开放存取电子资源等，在内容上均属一次文献范畴。一次文献构成文献信息源的主要部分，其特点是数量庞大，种类繁多，具有原创性。

2) 二次文献

二次文献也称检索文献，是对一次文献进行加工、整理、提炼、浓缩、标引，并按其外部特征（题名、作者等）和内容特征（分类、主题等）进行有序化处理后形成的文献形式。二次文献不是一次文献本身的汇集，而是一次文献特征的汇集，通过它们可以很方便地找到一次文献，或了解一次文献的内容。目录、书目、题录、索引、文摘等检索工具都是二次文献，其特点是具有可检索性。

3) 三次文献

三次文献也称集成化文献，是利用二次文献，通过检索、筛选有关的一次文献，再加以分析、综合、加工而编写出来的第三个层次的集大成式文献，包括目录之目录、综述、教科书、百科全书、年鉴、手册、名录等工具书，如今还有网络版百科全书等，均属三次文献范畴。三次文献具有系统性、综合性、知识集成性特点，有利于提高利用文献中所含知识的效率。

此外，有时把手稿等称为零次文献。虽然一、二、三次文献都可以作为信息来源，但严格意义上的信息源多是一次文献（叶鹰和武夷山，2012）。

20世纪90年代后期，伴随 Internet 技术及其 Web 应用的高速发展和普及，数字化信息和数字图书馆风靡全球，十大文献均逐步实现了全文数字化，从而为方便快捷地获取各类文献信息提供了高效途径。此外，期刊、图书、论文和专利早已被收录到文献数据库中，供用户下载和使用，形成文献的下载、使用、引用和评论信息，从而为文献评估数据的获取提供了捷径。目前常用的文献信息源标准化描述方法是都柏林核心元数据集（DC 元数据）。DC 元数据最早产生于1995年3月在美国都柏林召开的第一届元数据研讨会，目的在于建立一套描述网络电子文献的方法，以实现网络信息资源的定义、检索和交换。

2.2.1 图书

图书也称书籍，是把记录事项按一定形式加以归纳整理、装订成册的文献，也是记录和保存知识、表达思想、传播信息的最古老、最主要的文献形式之一。图书的类型多种多样，按著述方式可分为专著、编著、译著、汇编、类书等；按作用分有学术专著、教科书、工具书（字典、辞典、百科全书、手册、年鉴等）等；按记录形式可分为写本书、抄本书、印本书；按载体形态分有纸本图书、电子图书等。严格意义上说，只有包含了著者本人的新观点、新思想、新材料和新方法的专著类图书才是一次文献，工具书则属于三次文献范畴。翻译不改变著作的文献层次，故译著中既会有一次文献（如专著），也会有三次文献（工具书）。

图书的优点是信息承载量大，便于存放、携带，印本图书的使用不受空间、时间和设备限制等。而缺点是出版周期长、知识内容比期刊论文及特种文献晚且不便于随着时间的变化而更新。当今世界图书出版量约为每年 60 万种，近年来电子图书种类和数量也在迅速增长，有光盘版、数码版和网络在线版等多种形式。由于电子图书在一定程度上提高了图书的新颖性和实效性，而且便于检索，其发展前景广阔，相应的电子书支持工具，如 Kindle 等正蓬勃兴起。

图书中最具知识价值的是经典著作——那些构成知识与文化源泉而历代传阅、经久不衰的书籍 (叶鹰，2009)。经典著作是人类精神文化之源，其中汇集了前人积累的知识和思想，是读书治学的门径。向读者推荐书目是图书情报学的应用之一，当然经典著作的书目推荐离不开图书评估，应该是名家共识和大众公认的优秀著作。

当今学术发展已经形成众多分门别类的专深学术分支，每个学术分支都有经过综合评估而产生的经典著作、核心期刊、特种文献等，构成独特的信息资源系统。同时也有很多综合信息服务网站、互联网科技企业、图书销售网站和图书资源库为满足读者和用户快速发现符合个性化需求的图书，基于用户读书行为大数据，推出不同类型的图书排行榜。目前常用的数字化图书资源库和各类个性化图书排行榜如下。

1. 阿里文学排行榜 (http://www.aliwx.com.cn/rank)

阿里文学排行榜涵盖的类型非常全面和丰富，如点击榜、收藏榜、订阅榜、人气榜、新书榜、完结榜和字数榜，分男频和女频两类，包括周榜、月榜和总榜。如图 2-1～图 2-2 所示。

2. 超星读书 (http://book.chaoxing.com/)

"超星数字图书馆"是中文在线数字图书馆之一，提供大量的电子图书资源，其中包括文学、经济、计算机等 50 余大类，数百万册电子图书，500 万篇论文，全文总量 13 亿余页，数据总量 1 000 000GB，大量免费电子图书。其中超星读书主界面如图 2-3 所示。超星读书的评价功能涵盖：评级和评论、人气榜和最受关注图书。

3. 起点中文网图书排行榜 (https://www.qidian.com/rank)

起点中文网创建于 2002 年 5 月，是国内最大的文学阅读与写作平台之一，国内领先的原创文学门户网站，隶属于国内最大的数字内容综合平台——阅文集团旗下。起点中文网基于用户读书日志大数据统计和展示了图书的各种排行榜，如原创风云榜、24小时热销榜、会员点击榜、推荐票榜和收藏榜等。具体如图2-4所示。

图2-1 阿里文学排行榜

图2-2 阿里文学排行榜2

第 2 章　信息资源类型

图 2-3　超星读书主界面

图 2-4　起点中文网图书排行榜

4. 新浪读书排行榜(http://vip.book.sina.com.cn/weibobook/rank.php?pos=202065)

新浪读书排行榜涵盖各类小说，如男生小说、女生小说的排行榜，如人气榜、畅销榜、新书榜、完结榜和收藏榜等。如图 2-5 所示。

图 2-5　新浪读书排行榜

5. 360 个人图书馆 (http://www.360doc.com/index.html)

图 2-6 所示的 360 个人图书馆展示了不同类型图书、文章，以及它们的评价信息，如馆友 Top 榜，涵盖馆藏、贡献、关注、访问指标及星级评价。

6. 腾讯图书 (http://dushu.qq.com/)

腾讯图书的排行榜非常直观、清晰、易读，且种类齐全，较具个性化。图书类别较多，且可以按免费、按章付费、更新时间、日点击、收藏和发表时间浏览。排行榜类型也非常多，如畅销榜、免费榜、推荐榜、收藏榜、新书榜和收费榜，如图 2-7 所示。

第 2 章 信息资源类型

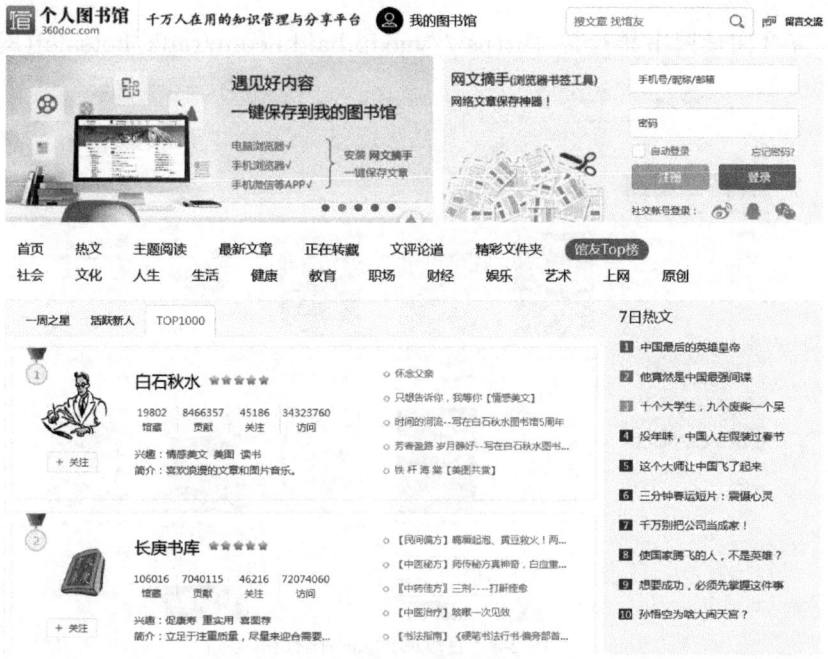

图 2-6 360 个人图书馆

图 2-7 腾讯图书的排行榜

7. 百度阅读图书排行榜 (https://yuedu.baidu.com/rank/hotsale)(图 2-8)

图 2-8　百度阅读图书排行榜

8. 京东图书排行榜 (https://book.jd.com/booktop/0-1-0.html?category=1713-0-1-0-10001-1)(图 2-9)

图 2-9　京东图书排行榜

9. 亚马逊图书 (https://www.amazon.cn/%E5%9B%BE%E4%B9%A6/b/ref=sa_menu_top_books_l1?ie=UTF8&node=658390051)

10. 读秀学术搜索平台 (http://www.duxiu.com)

读秀学术搜索是超星集团全资子公司，北京世纪读秀技术有限公司研发的新技术产品，全球最大的中文文献资源服务平台，集文献搜索、试读、文献传递、参考咨询等多种功能于一体。它的后台是一个海量的超大型数据库，能够为读者提供 265 万种中文图书书目信息、240 万种中文图书原文、12 亿页全文资料的信息。同时，通过读秀学术搜索，还能一站式检索馆藏纸质图书、电子图书等各种异构资源，几乎涵盖了图书馆内的所有信息源，从而为读者提供全面、准确的学术资料。读秀学术搜索平台中嵌套有图书引证报告，如图 2-10 和图 2-11 所示。

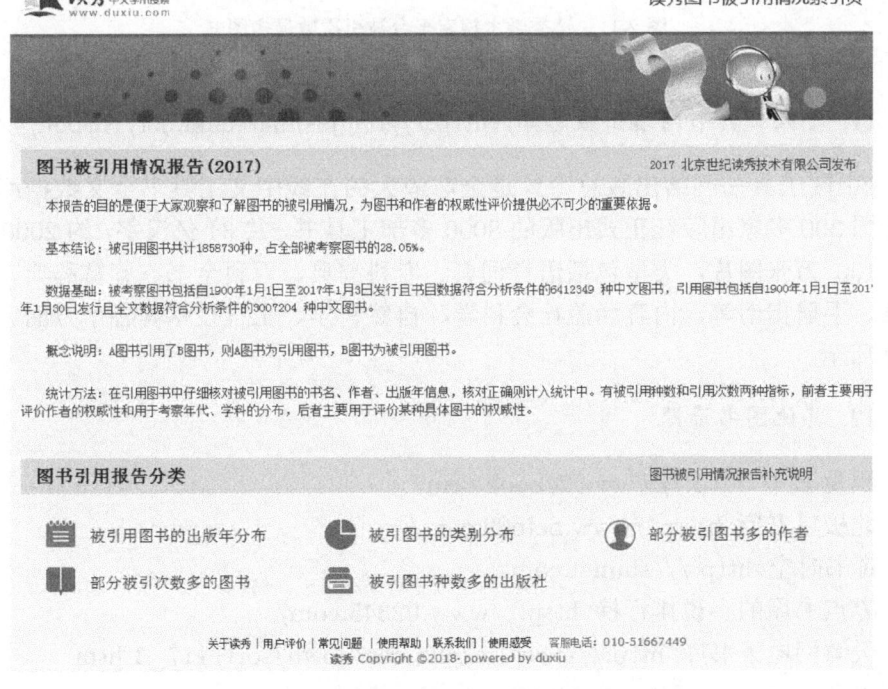

图 2-10　读秀学术搜索平台的图书引证报告分类

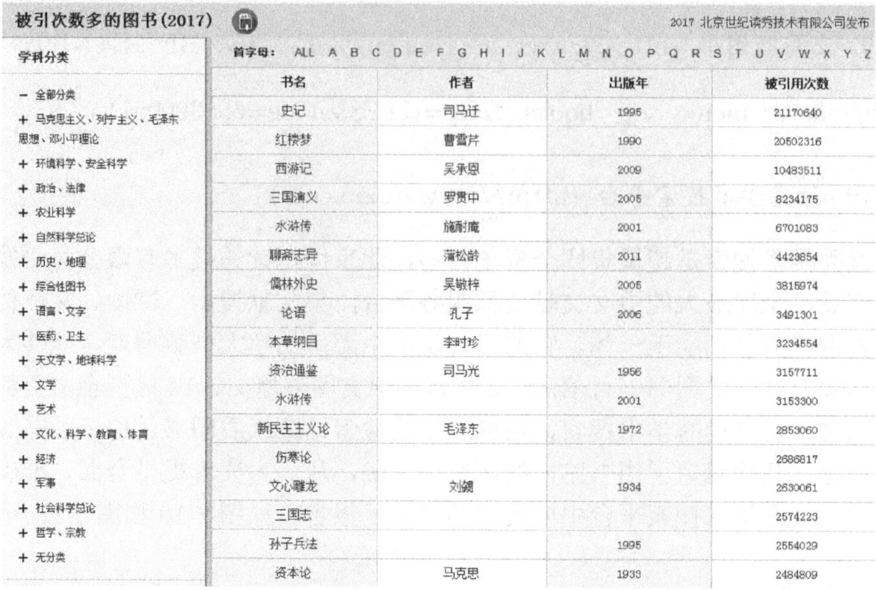

书名	作者	出版年	被引用次数
史记	司马迁	1995	21170640
红楼梦	曹雪芹	1990	20502316
西游记	吴承恩	2009	10483511
三国演义	罗贯中	2005	8234175
水浒传	施耐庵	2001	6701083
聊斋志异	蒲松龄	2011	4423854
儒林外史	吴敬梓	2005	3815974
论语	孔子	2006	3491301
本草纲目	李时珍		3234554
资治通鉴	司马光	1956	3157711
水浒传		2001	3153300
新民主主义论	毛泽东	1972	2853060
伤寒论			2686817
文心雕龙	刘勰	1934	2630061
三国志			2574223
孙子兵法		1995	2554029
资本论	马克思	1933	2484809

图 2-11　读秀学术搜索平台被引次数最多图书

11. 中国工具书网络出版总库 (http://gongjushu40.cnki.net/RBook/)

《中国工具书网络出版总库》是全球最大的在线中文工具书全文数据库，收录我国 300 多家出版社正式出版的 8000 多部工具书，共 34 亿汉字，约 2000 万词条、100 万张图片，类型包括语言词典、专科辞典、百科全书、鉴赏辞典、图谱年表、手册指南等，内容涵盖社会科学、自然科学、工程技术等各个方面。如图 2-12 所示。

12. 其他图书资源

我爱 E 书 http://www.52ebook.com
北极星书库 http://www.help99.com/
E 书时空 http://eshunet.com/
零点书屋的小说排行榜 http://www.02345.com/
天煞网电子书库 http://www.tiansha.net/down/sort/117_1.htm
电子文库 http://www.chinese-e-book.com/
易文在线 http://www.ewen.cc
白鹿书院 http://www.oklink.net/

图 2-12 中国工具书网络出版总库

方正 Apabi 数字图书馆 (http://www.apabi.com)

书生之家 (http://edu.21dmedia.com/)

等等。

此外，还有很多国际性数字图书馆，如 ProQuest (http://www.proquest.com)、EBSCO Publishing 集团 (http://www.ebsco.com)、世界数字图书馆 (http://www.wdl.org)、Google 全球图书馆 (http://book.google.com)、Web of Science 核心合集中的 Book Citation Index (图书引文索引，简称 BkCI)、德国施普林格出版社 (Springer) 和替代计量评分公司 (Altmetric) 联合开发的图书影响力发布平台 Bookmetrix 等。这些为图书评估实践与应用提供了一个巨大而广泛的数字资源库。

2.2.2 期刊

期刊是一种有固定名称和刊号、有统一出版形式、定期刊载不同学者文章的连续出版物。与图书相比，期刊最突出的特点是出版速度快，内容新颖，能迅速反映各领域的创新主题和内容。由于期刊具有连续性和创新性的特点，因而成为反映领域研究进展和创新的优良载体。这一特点，使期刊成为人们寻找研究上的新发现、新思想、新见解、新问题的首要来源。有些新发现、新创造、新观点、新方法在诞生之初并不是成熟的、稳定的、可靠的，它们往往不被图书接纳，却被期刊采用，这也正是期刊成为当代文献信息源主体的重要原因。

期刊具有数量大、品种多、内容丰富多样、传播面十分广泛等特点。由于国际上发表期刊论文的一整套制度比较成熟、规范，世界上主要检索工具也都以期刊论文为主要收录对象（约占90%以上），因此，期刊已成为学术成就的正式记录，是科研人员发表研究成果的主要载体。

期刊按学科类别，可以划分为：综合科技类、数学类、物理类、化学类、生物类、地学类、农学类、医学类、政治法律类、经济管理类、图书情报类、文学艺术类、历史文化类和哲学宗教类。期刊是目前十大文献信息源中全文数字化最完善的类型，已有的期刊全文数据库也多达数百种，具有代表性的如 Elsevier SDOL，全球最大的科学文献出版发行商，每年出版 2500 多种期刊和 2200 余种图书；德国施普林格（Springer-Verlag）是世界上著名的科技出版集团。其网上出版系统 SpringerLink 提供 2600 种电子期刊，超过 45 000 种电子图书，超过 1200 种电子丛书，超过 190 种在线参考工具书，超过 23 000 条实验室指南。IEEE/IET Electronic Library（简称 IEL）是美国电气电子工程师学会（IEEE）和英国工程技术学会（IET，2006 年 3 月由英国电气工程师学会（IEE）与英国企业工程师学会（IIE）合并组成）所有出版物的电子版全文数据库；EBSCOhost Web 数据库是 EBSCO 公司提供的学术信息、商业信息网络版数据库，其主体是学术期刊数据库（Academic Source Premier）和商业资源数据库（Business Source Premier）。国内的著名数据库有：万方数据库和中国知网。

1. 期刊类型

根据功能和用途的不同，期刊也有许多类型，如学术性期刊、检索性期刊、评论性期刊、通讯性期刊、数据资料性期刊、普及性期刊等。根据期刊影响力不同，可将期刊划分为普通期刊和核心期刊。根据期刊主管单位不同，期刊可以划分为省级期刊和国家级期刊。目前，除传统印刷型期刊，以数字（电子）形式出版发行的期刊发展迅速，既有印刷型期刊的电子版，也有原生电子期刊。电子期刊由于依托互联网产生、出版、发行和使用，使得期刊的出版周期更为缩短，时效性增强，检索功能、服务功能也大大加强，成为期刊发展大势。

《乌利希国际期刊指南》是一部反映世界各国期刊和报纸出版信息的综合性指南，目前收录了 200 余种语言的约 15 万种期刊，覆盖 950 个学科。其中被

SCI/SSCI/A&HCI 三大引文索引收录的核心期刊约占 10%，共约 1.5 万余种，可以说，SCI/SSCI/A&HCI 收录刊是最具学术影响力的学术期刊。由于英语作为国际交流语言的强势地位，SCI/SSCI/A&HCI 收录期刊多为英语期刊。不过由于稿源的国际化，这些期刊确实也表征了国际主流学术，因此 SCI/SSCI/A&HCI 收录期刊集中了学术研究的前沿信息，是必不可少的知识来源。

2. 期刊数据库

期刊是目前十大文献类型中全文数字化最完善的类型，目前已有数百种期刊全文数据库供用户下载和使用期刊论文，同时用户也可以从部分代表性数据库中下载论文的原文及引文数据，作为期刊评估实践的数据基础，具有代表性的期刊全文数据库有以下几种。

1) Web of Science

美国科学信息研究所（ISI）1961 年创办的 Web of Science，以 ISI Web of Knowledge 作为检索平台，是全球最大、覆盖学科最多的综合性、多学科核心期刊引文索引数据库，包括三大引文数据库：科学引文索引(SCI)、社会科学引文索引（SSCI）和艺术与人文科学引文索引（A&HCI）和两个化学信息事实型数据库（Current Chemical Reactions (CCR)和 Index Chemicus(IC)）。

除了上述三种综合引文索引外，Web of Science 还包括三种专业引文索引，即①生物科学引文索引(bio-sciences citation index) 共有生命科学期刊 930 多种，尤其强调分子科学和细胞科学。②化学引文索引（chem-sciences citation index）共包括 630 多种化学、生物化学、药学和毒理学方面的期刊。③临床医学引文索引（clinical medicine citation index）共包括临床医学研究期刊 2000 多种。Web of Science 中的这些学科数据库既可以独立使用，也可以多库联合起来进行检索。引文索引数据库是期刊、论文评价的核心数据基础，也是国家、高校、科研机构、学科和科学家科学影响力评估的数据基础。

利用 Web of Science 丰富而强大的检索功能——普通检索、被引文献检索、化学结构检索，可以方便快速地找到有价值的科研信息，既可以查旧资料，也可以查新资料，全面了解有关某一学科、某一课题的研究信息。

SCI 数据库包含的是关于引文的数据库。通过该数据库，你可以检索到哪些文章是曾经被引用过的。因为好的文章，或者有启发性的文章当然、或者说必然被应用，因此该引文库具有相当的科学价值。由于该库对期刊的评价相当严格，因此被索引到的文献具有很高的学术价值。

SCI 以上做法上的特点，使得 SCI 不仅作为一部文献检索工具使用，而且成为科研评价的一种依据。科研机构被 SCI 收录的论文总量,反映整个机构的科研,尤其是基础研究的水平;个人的论文被 SCI 收录的数量及被引用次数,反映他的研究能力与学术水平。

Web of Science 平台上除了集成众多引文数据库,也集成了德温特专利索引数据库 (Derwent innovations index)、科技文摘数据库 (Information Service in Physics,Electro-Technology,Computer and Control,INSPEC)、国际性综合生物医学信息书目数据库 (MEDLINE)、期刊引证报告 (ISI Journal Citation Reports)、期刊基本科学指标 (ISI Essential Science Indicators)、高影响力科研人员库 (ISI Highlycited.com)。

期刊引用报告 (Journal Citation Reports,JCR) 依据来自 ISI Web of Science (Science Citation Index Expanded 和 Social Sciences Citation Index) 中的引文数据,提供可靠的统计分析方法,对全球学术期刊进行客观、系统的评估,帮助用户以定量的方式了解全球的学术期刊,并且通过这些分析数据可以了解某本学术期刊在相应研究领域中的影响力。JCR 从世界上经同行评议的学术期刊中,筛选出被引次数最高的近 8000 种期刊,涵盖了 200 多门学科,提供自 1997 年以来的期刊引文统计分析数据。用户可以根据需要,对检索到的期刊群进行以下各种方式的排序:影响因子、即年指标、总引用次数、刊载论文总数、被引半衰期或期刊名称。 JCR 具有两个版本:①自然科学版,覆盖 ISI 数据库中的 6100 多种国际领先的科学技术领域期刊。②社会科学版,覆盖 ISI 数据库中约 1800 多种国际领先的社会科学领域期刊。

Derwent Innovations Index (DII) 是由 Thomson Scientific 出版的基于 Web 的专利信息数据库。Derwent Innovations Index 4.0 将 Derwent World Patents Index 和 Patents Citption Index 有机地整合在一起,用户不仅可以通过它检索专利信息,而且可以通过这个数据库检索到专利的引用情况,还可以利用 Derwent Chemistry Resources 展开化学结构检索。该数据库收录了来自全球 40 个专利发行机构的 1200 多万个基本发明;专利覆盖范围可追溯到 1963 年,引用信息可追溯到 1973 年,是检索全球专利的最权威的数据库。

ISI Highlycited.com 数据库是依据 ISI 数据库中各学科领域的总被引次数收录科研人员信息,主要是来自 21 个科学领域的核心人物,包括:神经系统科学、工程学、物理、化学、计算机科学、地球科学、分子生物学、遗传学和空间科学等;目前每个科学领域的入选者是 250 个。网站每周更新,提供科学家的个人信息、研究兴趣和出版物信息。

2) Elsevier SDOL

Elsevier 是 Reed Elsevier 集团中的科学部，全球最大的科学文献出版发行商，每年出版 2500 多种期刊和 2200 余种图书。Elsevier Science 公司出版的期刊是世界上公认的高品位学术期刊，约 70%期刊被 SCI、EI 所收录。

2006 年 10 月，Elsevier SDOL (Science Direct Online) 新平台正式使用。新平台拥有期刊数量多，学科覆盖广，采用 HTML 和 PDF 两种格式，及时获取在编文章，实时更新；回溯时间长，最早回溯至 1823 年创刊号；采用 IP 控制，无并发用户限制；功能强大，易学易用；检索和浏览相结合；提供完备的个性化服务功能；提供使用报告及管理工具；整合网络信息 (Scirus) 和其他数据库 (Scopus) 资源。Elsevier SDOL 还将常用参考书、系列丛书、手册以及回溯期刊、回溯丛书整合到全新的平台，可使用户在一个整合的平台上尽享海量学术内容。

3) SpringerLink

德国施普林格 (Springer-Verlag) 是世界上著名的科技出版集团。2004 年年底，Springer 与 Kluwer Academic Publisher 合并。通过其网上出版系统 SpringerLink 提供包括原 Springer 和原 Kluwer 出版的全文期刊、图书、科技丛书和参考书的在线服务，学科涉及建筑和设计、行为科学、生物医学和生命科学、商业和经济、化学和材料科学、计算机科学、地球和环境科学、工程学、人文社科和法律、数学和统计学、医学、物理和天文学。

2010 年，SpringerLink 在第三版基础上加入了根据用户调查选出的新功能，如语义链接，推出了具有强大简化检索页面的最新测试版。该平台现提供超过 2600 种电子期刊，超过 45 000 种电子图书，超过 1200 种电子丛书，超过 190 种在线参考工具书，超过 23 000 条实验室指南。

4) IEL (IEEE/IET Electronic Library)

IEEE/IET Electronic Library (IEL) 是美国电气电子工程师学会 (IEEE) 和英国工程技术学会 (IET，2006 年 3 月由英国电气工程师学会 (IEE) 与英国企业工程师学会 (IIE) 合并组成) 所有出版物的电子版全文数据库，其权威的内容覆盖了电气电子、航空航天、计算机、通信工程、生物医学工程、机器人自动化、半导体、纳米技术、电力等各种技术领域。

IEL 数据库提供 IEEE 和 IET 出版的以下各类文献：

(1) 151 种 IEEE 和 25 种 IET 期刊与杂志，总数达 259 种 (包括停刊)；

(2) 每年 900 多种 IEEE 会议录和 20 多种 IET 会议录，总量超过 12 000 卷；

(3) 超过 2000 种 IEEE 标准,全文文献数量超过 300 万篇;

(4) 提供 1988 年以后的全文文献,部分历史文献回溯到 1872 年。

IEL 的搜索引擎由 IEEE XPLORE 做平台,提供的功能有:每周内容更新,所有文章、论文和标准均采用 PDF 格式,免费用户培训和培训材料,电子邮件提醒,含期刊目录的直接链接,期刊目录可以浏览,可检索摘要/引文,OPAC 链接等。IEL 全文数据库也可以利用 INSPEC 数据库作为它的索引,凡 IEEE 和 IET 出版的文献,根据 INSPEC 提供的文献出处,能很方便地在 IEL 中查找到所需的全文。

5) EBSCOhost Web

EBSCOhost Web 数据库是 EBSCO 公司提供的学术信息、商业信息网络版数据库,其主体是学术期刊数据库 (Academic Source Premier) 和商业资源数据库 (Business Source Premier)。这些数据库将二次文献与一次文献捆绑在一起,为最终用户提供文献获取一体化服务,检索结果为文献的目录、文摘、全文 (PDF 格式)。

学术期刊数据库 (ASP) 涵盖的学科领域包括社会科学、教育、法律、医学、语言学、人文、工程技术、工商经济、信息科技、通信传播、生物科学、公共管理、历史学、计算机、科学、传播学、军事、文化、健康卫生医疗、宗教与神学、艺术、视觉传达、表演艺术、心理学、哲学、妇女研究、各国文学等,收录约 8300 种期刊文摘及索引,包括 4500 种全文期刊及 250 种非期刊类全文出版物。

6) 万方数据库

万方数据资源系统是中国科学技术信息研究所、万方数据集团公司开发的网上大型科技、商务信息平台,内容涉及自然科学和社会科学各个专业领域。包括:学术期刊、学位论文、会议论文、专利技术、中外标准、科技成果、政策法规、新方志、机构、科技专家等子库。

万方的学术期刊资源文献形式为全文。收录自 1998 年以来国内出版的各类期刊 6000 余种,其中核心期刊 2500 余种,论文总数量达 1000 余万篇,每年约增加 200 万篇,每周两次更新。

7) 维普中文科技期刊数据库

重庆维普公司开发的中文科技期刊数据库收录约 12 000 余种国内出版的社会科学、自然科学、工程技术、农业科学、医药卫生、经济管理、教育科学和图书情报学科领域期刊，累积数据约 3000 余万篇，大多数期刊时间跨度为 1989 年至今，部分期刊回溯至 1955 年。

维普数据库的优点是收录期刊尤其是科技期刊较齐全，核心期刊含量高；检索功能较完善，尤其是逻辑组配检索功能完备。缺点是全文数据质量不理想，扫描存储的图片格式页面不够整洁。

8) 中国知网 (CNKI)

中国知网由中国学术期刊电子杂志社开办，是在清华大学同方数据库基础上发展起来的大型学术期刊数据库，是世界上最大的连续动态更新的中国学术期刊全文数据库，是"十一五"国家重大网络出版工程的子项目，是《国家"十一五"时期文化发展规划纲要》中国家"知识资源数据库"出版工程的重要组成部分。

目前，中国知网包括中国期刊全文数据库 (CJD)、中国重要报纸全文数据库 (CCND)、中国优秀博/硕士论文全文数据库 (CDMD)、中国基础教育知识库 (CFED)、中国医院知识库 (CHKD)、中国期刊题录数据库 (CJDB)、中国专利数据库 (CPD)。其中，中国期刊题录数据库 (CJDB) 和中国专利数据库 (CPD) 免费提供。

中国期刊全文数据库是连续动态更新的中国期刊全文数据库，收录了国内 7679 种核心与专业特色中英文期刊的全文，累积文献 2975 万篇，时间回溯到 1915 年。

中国知网的覆盖范围：理工 A (数理化天地生)、理工 B (化学化工能源与材料)、理工 C (工业技术)、农业、医药卫生、文史哲、经济政治与法律知识、教育与社会科学、电子技术与信息科学。

3. 开放获取期刊

目前各大数据库中的绝大部分期刊为收费期刊，而开放获取期刊一类对用户免费的数字资源。开放存取，国内又称开放访问、公开获取、公开取用、开放使用、开放出版 (李武，2005) 等，是用户在因特网上可以免费获取的资源，允许任何用户阅读、下载、复制、散布、打印、检索、链接其全文，将其编进索引、作为软件数据或用于任何合法目的。开放存取资源的类型有多种，简单划分主要有两类：开放存取期刊 (OA 期刊) 和开放存取仓储 (OA 仓储)。

相对于数据库中收费的期刊论文，开放存取期刊的论文免费从网上或者开放获取期刊库中下载和使用。目前已有多种开放存取期刊集成网站，著名的有如下几种。

开放存取资源一站式检索服务平台 Socolar (http://www.socolar.com)：由中国教育图书进出口公司开发，目前收集了 11 700 多种期刊，包含文章数达 1350 万篇。

开放存取期刊目录 DOAJ (http://www.doaj.org)：现有 7514 种期刊，其中 3639 种期刊可实现文章级检索。

Open J-Gate (http://www.openj-gate.com)：索引超过 3700 种 OA 期刊，其中超过 1500 种期刊是同行评议刊。

由于开放存取期刊中已有很多同行评议（Peer Reviewd）期刊，因而值得关注。

OA 期刊提倡用户可以利用网络不受限制地访问期刊论文全文，而 OA 期刊论文中也有经同行评审的论文，学术质量能够得到保障，因此 OA 期刊现在已成为期刊文献中一支不可忽视的力量。The Public Library of Science、BioMed Central、SPARC、HighWire Press 等都是出版 OA 期刊的先锋，同时，一些著名的出版商也已经涉足这一领域，如 Springer 的 Open Choice 项目（2004），Bleckwell 的 Online Open 计划（2005）等。

2.2.3 专利文献

专利是对技术发明给予法律保护的一种制度，专利权与商标权、工业品外观设计等一道构成工业产权，工业产权又与版权一道构成知识产权。自 1617 年英国首先建立专利制度以来，世界上主要工业国家都先后建立了专利制度。随着经济和技术的国际化，还产生了一系列与专利有关的国际条约，如 PCT（专利合作条约）、EPC（欧洲专利公约）等。

专利文献是实行专利制度的国家及国际性专利组织在审批专利过程中产生的官方文件及其出版物的总称。目前，全世界已有 130 多个国家建立了专利制度，每年公布专利说明书 100 余万件。

专利号是识别专利的独特标识，有申请专利号和授权专利号之分。英国 Derwent 公司（现已并入汤森路透集团）是收集专利文献的著名机构，其编制的双字母国别缩写加各国专利编号成为专利号的国际标准，包括：

US：美国专利；
GB：英国专利；
DE：德国专利；
FR：法国专利；
JP：日本专利；
EP：欧洲专利；

WO：PCT 专利。

以上七类专利代表着世界工业技术水平，是重要的技术情报源。

专利文献有狭义和广义之分。狭义的专利文献是指专利说明书、权利要求书、说明书附图、说明书摘要等；广义的专利文献还包括各种专利申请文件、专利公报、专利分类表、专利索引、专利题录、专利文摘、专利证书等。

专利文献是一种标准化的连续出版物，其出版规律是按月或半月、旬、周定期出版专利（局）公报，报道新公布（公开或公告、授权）的专利申请或专利目录、文摘或索引，同时出版相应的专利说明书。在专利文献的各种出版物中，专利说明书出版量最大，也是专利文献的主体，其主要作用一方面是公开技术信息，另一方面是限定专利权的范围。人们在利用专利文献时，最终要得到的就是这种全文出版的专利文件。

专利文献无论是形式上还是内容上都具有区别于其他文献类型的特殊之处。由于构成专利起码要符合新颖性、先进性和实用性三个条件，因此，专利反映的发明都是首先取得、在此之前不曾发表过的有关文献，在技术上有独到之处并对实际应用有价值。

据统计专利文献只占文献的 10% 左右，却能提供 40% 左右的新产品信息量。全世界新技术的 90%～95% 是通过专利文献公之于世的。因此，专利文献成为制订科研规划、制定产品组合战略、确定工艺路线、实施技术改造的一个主要技术情报源。日本的市场战略同专利战略密切相关，不少企业每实施一项专利技术可连锁产生多项革新，他们在 1956～1976 年只花 20 年时间和 60 亿美元引进国外 13 955 项专利，掌握了发达国家用 50 年时间和 200 亿美元的代价所研究发明的新技术。日本实施的专利战略在第二次世界大战后日本经济的快速崛起中所起的作用是巨大的。

专利文献也有多种载体类型。除了印刷版，缩微版、光盘版和网络版的使用都非常广泛。特别是网络版，许多国家的专利局网站都提供了本国专利的免费查询，甚至专利说明书的免费阅读与下载。随着因特网的飞速发展，各国的专利机构纷纷上网，提供专利检索服务，从而使专利成为在网上免费传播最广的实质性科技文献。

在专利文献数字化及其服务方面，影响最大的是 Derwent 公司，其网站 URL 为 http://www.derwent.com，实行收费服务。目前国内外常用的专利服务资源如下。

1. 国家知识产权局专利检索及分析系统（http://www.pss-system.gov.cn/）

专利检索及分析系统的常用检索功能：常规检索、表格检索、药物专题检索、检索历史、检索结果浏览、文献浏览、批量下载等。分析功能：快速分析、定制分析、高级分析、生成分析报告等。如图 2-13 所示。

图 2-13　国家知识产权局专利检索及分析系统

数据范围：收录了 103 个国家、地区和组织的专利数据，以及引文、同族、法律状态等数据信息，其中涵盖了中国、美国、日本、韩国、英国、法国、德国、瑞士、俄罗斯、欧洲专利局和世界知识产权组织等。

数据更新：中外专利数据，每周三；同族、法律状态数据，每周二；引文数据，每月更新。

2. 国家知识产权局专利统计信息 (http://www.sipo.gov.cn/tjxx/index.htm)

如图 2-14 所示。

图 2-14　国家知识产权局专利统计信息

3. Patentics (http://www.patentics.com/web/product/product.htm)

Patentics 是集专利信息检索、下载、分析与管理为一体的平台系统,与传统的专利检索方式相比,Patentics 检索系统的最大特点是具有智能语义检索功能,按照给出的任何中英文文本(包括词语、段落、句子、文章,甚至仅仅是一个专利公开号),即可根据文本内容包含的语义在全球专利数据库中找到与之相关的专利,并按照相关度排序,大大提高了检索的质量和检索效率。Patentics 检索方式也可以跟传统的布尔检索式结合使用,以期获得更精准的检索结果。已经上线的日本全文(英文)数据和韩国全文(英文)数据与美国专利/申请、EP 专利、WO 专利(其中 EP、WO 近 1/3 的德/法文全文翻译为英文)、中国英文构成世界专利英文库,使一种语言检索多语种专利成为可能。Patentics 英文全文库已经成为世

界全文专利库之最 (将近 3000 万全文数据量)。如图 2-15 所示。

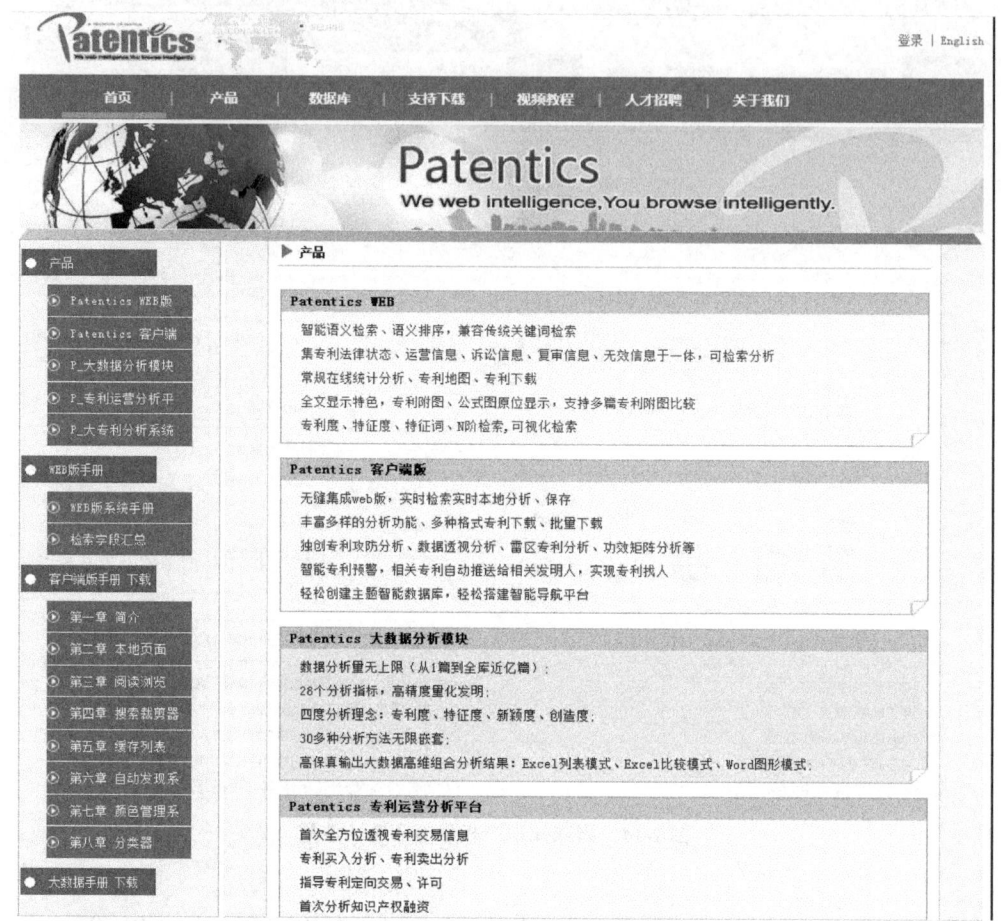

图 2-15　Patentics 专利信息资源平台

4. PatSnap 智慧芽 (https://www.zhihuiya.com/zhuanlijiansuo/)

PatSnap 智慧芽成立于 2007 年，是全球领先的专利查询、分析与管理一站式平台。PatSnap 智慧芽通过提供强大又易用的专利工具，帮助客户从专利中获取更有价值的信息，从而促进企业更快、更好地研发创新。(图 2-16)

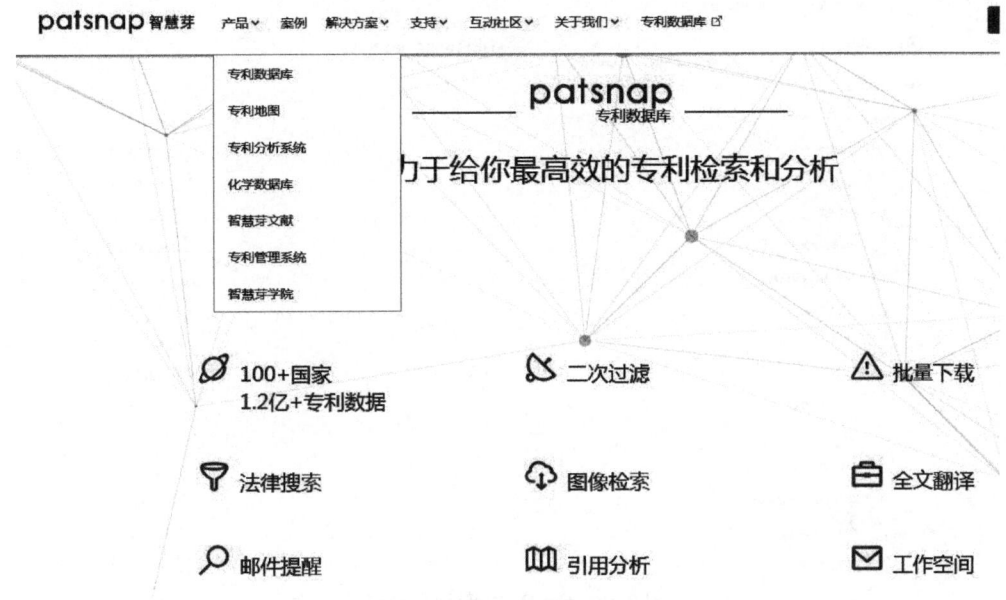

图 2-16 PatSnap 智慧芽平台产品

5. SooPAT (http://portal.soopat.com/guide/More)

SooPAT 立足专利领域，致力于专利信息数据的深度挖掘，致力于专利信息获得的便捷化，努力创造最强大、最专业的专利搜索引擎，为用户实现前所未有的专利搜索体验。SooPAT 的目标是让专利搜索平民化，让不是专利检索专家的使用者也能在瞬间找到所需要的专利。SooPAT 专利平台产品和专利检索结果，分别如图 2-17 和图 2-18 所示。

6. 中国知识产权网 (www.cnipr.com)

中国知识产权网于 1999 年由知识产权出版社有限责任公司创办，建站最初目的是方便公众检阅中国专利文献。随着互联网知识产权事业的发展，网站逐渐发展成为中英文站点，内容涵盖行业资讯、视角解读、政策法规、案例评析、产品服务、学院培训、资源分享、社区论坛，是覆盖知识产权全产业链服务流程的一站式服务平台。中国知识产权网专利信息服务平台 (http://search.cnipr.com/) 如图 2-19 所示。

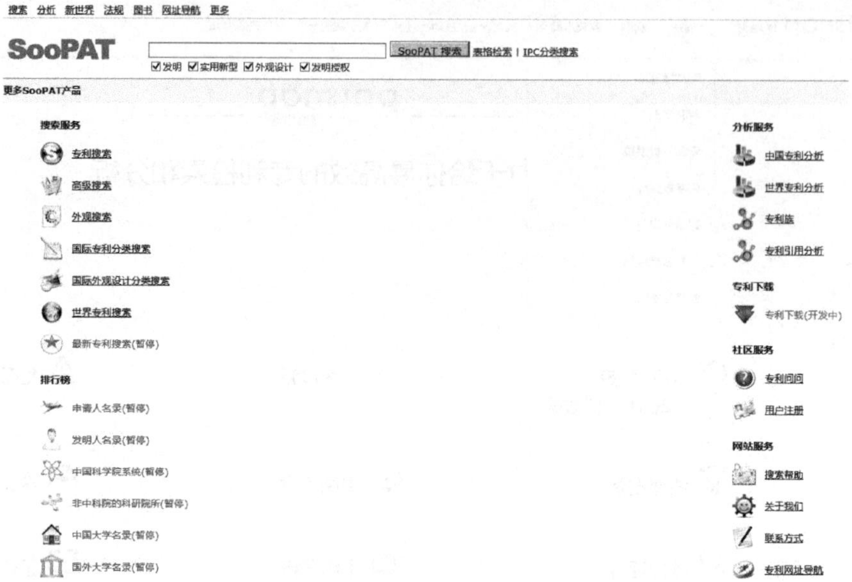

图 2-17　SooPAT 专利平台产品

图 2-18　SooPAT 专利检索结果

图 2-19　中国知识产权网专利信息服务平台

7. 世界知识产权组织 (http://www.wipo.int/portal/zh/index.html)

世界知识产权组织 (WIPO) 是关于知识产权服务、政策、合作与信息的全球论坛，是一个自筹资金的联合国机构，有 191 个成员国。使命是领导发展兼顾各方利益的有效国际知识产权制度，让创新和创造惠及每个人。世界知识产权组织门户中文网站如图 2-20 所示，涵盖 PATENTSCOPE 数据库、全球品牌数据库、全球外观设计数据库、专利统计数据等。其中全球品牌数据库 (http://www.wipo.int/branddb/en/) 如图 2-21 所示。

8. 网上免费的其他专利数字资源

USTPO 美国专利数据库 (http://www.uspto.gov/patft/index.html)
欧洲专利局网上专利数据库 (http://ep.espacenet.com)
加拿大知识产权局网上数据库 (http://patents1.ic.gc.ca/intro-e.html)
日本专利局网站专利数据库 (http://www.ipdl.inpit.go.jp/homepg_e.ipdl)

图 2-20 世界知识产权组织门户中文网站

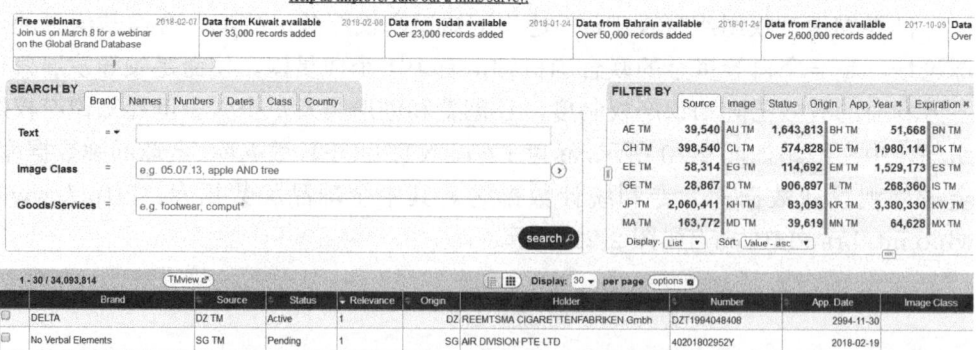

图 2-21 全球品牌数据库

2.2.4 论文

古典文学常见"论文"一词,谓交谈辞章或交流思想。当代,论文常用来指进行各个学术领域的研究和描述学术研究成果的文章,简称论文。它既是探讨问题进行学术研究的一种手段,又是描述学术研究成果进行学术交流的一种工具。它包括毕业论文、学位论文、科技论文、会议文献等。一般论文由题名、作者、摘要、关键词、正文、参考文献和附录等部分组成。论文题目要求准确、简练、醒目、新颖。目录是论文中主要段落的简表。内容提要是文章主要内容的摘录,要求短、精、完整。关键词是从论文的题名、提要和正文中选取出来的,是对表述论文的中心内容有实质意义的词汇。关键词是用作计算机系统标引论文内容特征的词语,便于信息系统汇集,以供读者检索。每篇论文一般选取3~8个词汇作为关键词。一篇论文的参考文献是将论文在研究和写作中可参考或引证的主要文献资料,列于论文的末尾,标注方式按《文后参考文献著录规则》(GB/T 7714—1987)进行。

论文正文由以下几部分构成:

(1) 引言:引言又称前言、序言和导言,用在论文的开头。引言一般要概括地写出作者意图,说明选题的目的和意义,并指出论文写作的范围。引言要短小精悍、紧扣主题。

(2) 论文正文:正文是论文的主体,正文应包括论点、论据、论证过程和结论。主体部分包括以下内容:①提出问题——论点;②分析问题——论据和论证;③解决问题——论证方法与步骤;④结论。

1. 科技论文

科技论文也称学术论文。中华人民共和国国家标准 VDC 001.81、GB/T 7713—1987号文件给学术论文的定义为:学术论文是某一学术课题在实验性、理论性或观测性上具有新的科学研究成果或创新见解的知识和科学记录;或是某种已知原理应用于实际中取得新进展的科学总结,用以提供学术会议上宣读、交流或讨论;或在学术刊物上发表;或作其他用途的书面文件。

在社会科学领域,人们通常把表达科研成果的论文称为学术论文。

学术论文具有四大特点:学术性、科学性、创造性、理论性。

发表论文的过程:选择投稿期刊—投稿—审稿—用稿通知—办理相关费用—出刊—邮递样刊。论文投稿之后,一般期刊会寻找专家对论文进行审核,审核时间通常为10~120天,普通期刊审核时间相对较短,而核心期刊需经过初审、复审、终审三道程序,审核时间较长。

2. 学位论文

学位论文是高等院校或研究机构的学生为取得各级学位资格、在导师指导下完成科学研究、科学实验后写作的专门论文。

学位论文的识别标志是在学位论文上往往注明授予学位级别、授予学位单位的名称，授予学位的地点、时间等。目前在国际上学位论文主要分学士、硕士、博士论文三级，质量参差不齐。学位论文是经过审查的原始研究成果，所探讨的问题比较专门，对问题阐述得比较详细、系统，具有一定的独创性和新颖性。学位论文的篇幅不定，内容一般从历史、背景、述评开始，详细介绍研究经过、实验记录和具体数据等成果。有价值的学位论文，尤其是博士学位论文，应能表明求取学位者对某学科的理论知识的掌握程度、概括能力和独立从事科学研究的能力，并且包括了丰富的第一手原始资料，因而是一种重要的文献情报源。

学位论文是一种"灰色文献"（gray literature，通常是指非公开出版物），过去，由于它是非卖品，一般以打印本的形式收藏在本单位（如大学图书馆、档案馆)，不像公开出版物那样便于广泛传播和流传，影响了流通和使用。

如今，网络化、数字化让国际上学位论文的保藏和服务状况大大改善。美国 ProQuest Information and Learning 公司出版的博士论文题录及文摘数据库 PQDD(ProQuest Digital Dissertation Librany)，中国知网的优秀博硕士学位论文全文数据库、万方数据资源系统的中国学位论文数据库等大型数字化项目提供学位论文的网络检索甚至网络浏览、下载学位论文全文，大大方便了学位论文的利用，也为学位论文的评估实践提供了数据基础。

3. 各类文献的引文格式规范

国际常用的引文标注格式是哈佛制 (Harvard style) 和温哥华制 (Vancouver style)。

哈佛制是在参考他人成果处的正文中用圆括号注出所引用文献的作者和出版年，然后在文后参考文献列表中按照作者字顺列出所引文献的详细信息，又称著者-出版年制。哈佛制的优点是无论文章多长，总能很快按照作者字顺找到对应参考文献，故特别适合学位论文、学术专著采用；其缺点是圆括号引文标注要占正文篇幅。

温哥华制是在文中参考他人成果处用上角标标出数字序号[1][2][3]⋯，然后在文后参考文献中对应列出[1][2][3]⋯的详细信息，又称顺序-编码制。温哥华制的优点是简洁精确，故特别适合简明扼要的期刊论文、学术通讯采用；其缺点是文章很长时查对参考文献不方便。

我国在1987年发布《文后参考文献著录规则》的国家标准GB/T 7714—1987,该标准参考国际标准ISO/DIS 690 Documentation — Bibliographic References — Contents, Form and Structure 制定,已于1988年1月1日起实施。2015年12月1日正式实施新版的国家标准GB/T 7714—2015,标准名称改为《信息与文献参考文献著录规则》。并且引文参考文献即可以集中著录在文后或书末,也可以分散著录在页下端。此标准定义的各类文献引用格式如下:

1)普通图书

著录格式:[序号]主要责任者. 题名:其他题名信息[M]. 其他责任者. 版本项. 出版地:出版者,出版年:引文页码.

示例:[1] 罗杰斯. 西方文明史:问题与源头[M]. 潘惠霞,魏婧,杨艳,等译. 大连:东北财经大学出版社,2011:15-16.

2)论文集、会议录

著录格式:[序号]主要责任者. 题名:其他题名信息[C]. 出版地:出版者,出版年.

示例:[1] 雷光春. 综合湿地管理:综合湿地管理国际研讨会论文集[C]. 北京:海洋出版社,2012.

3)报告

著录格式:[序号]主要责任者. 题名:其他题名信息[R]. 出版地:出版者,出版年.

示例:[1] 孔宪京,邹德高,徐斌,等. 台山核电厂海水库护岸抗震分析与安全性评价研究报告[R]. 大连:大连理工大学工程抗震研究所,2009.

4)学位论文

著录格式:[序号]主要责任者. 题名[D]. 大学所在城市:大学名称,出版年.

示例:[1] 马欢. 人类活动影响下海河流域典型区水循环变化分析[D]. 北京:北京大学,2011.

5)专利文献

著录格式:[序号]专利申请者或所有者. 专利题名:专利号[P]. 公告日期或公开日期.

示例:[1] 张凯军. 轨道火车及高速轨道火车紧急安全制动辅助装置:201220158825[P]. 2012-04-05.

6)标准文献

著录格式:[序号]主要责任者. 标准名称:标准号[S]. 出版地:出版者,出版年:引文页码.

示例:[1] 全国信息与文献标准化技术委员会. 文献著录:第4部分非书资料:

GB/T 3792.4－2009[S]. 北京：中国标准出版社，2010：3.

7)期刊文献

著录格式：[序号]主要责任者. 题名：其他题名信息[J]. 期刊名，年，卷（期）：页码.

示例：[1] 袁训来，陈哲，肖书海，等. 蓝田生物群：一个认识多细胞生物起源和早期演化的新窗口[J]. 科学通报，2012，55（34）：3219.

8)报纸文献

著录格式：[序号]主要责任者. 题名：其他题名信息[N]. 报纸名，出版日期（版面数）.

示例：[1] 丁文祥. 数字革命与竞争国际化[N]. 中国青年报，2000-11-20（15）.

9)专著中的析出文献

著录格式：[序号]析出文献主要责任者. 析出文献题名[文献类型标识]. 析出文献其他责任者//专著主要责任者. 专著题名：其他题名信息. 版本项. 出版地：出版者，出版年：析出文献的页码.

示例：[1] 程根伟. 1998 年长江洪水的成因与减灾对策[M]//许厚泽，赵其国. 长江流域洪涝灾害与科技对策. 北京：科学出版社，1999：32-36.

10)电子资源（不包括电子专著、电子连续出版物、电子学位论文、电子专利）

著录格式：[序号]主要责任者. 题名：其他题名信息[文献类型标识/文献载体标识]. 出版地：出版者，出版年：引文页码（更新或修改日期）[引用日期]. 获取和访问路径. 数字对象唯一标识符.

示例：[1] 萧钰. 出版业信息化迈入快车道[EB/OL]. （2001-12-19）[2002-04-15]. http: HYPERLINK "http://www.creader.com/news.20011219/" www.creader.com/news.20011219/ 200112190019.html.

2.3 网络信息资源

网络信息资源是指以电子资源数据的形式，将文字、图像、声音、动画等多种形式的信息储存在光、磁等非印刷质的介质中，利用计算机通过网络进行发布、传递、储存的各类信息资源的总和。网络信息资源也可定义为：网络上以各种形式存在的各类知识、资料、情报、消息等的集合。因此，网络信息资源可以以文本、图像、音频、视频、软件、数据库、网站等多种形式存在，涉及领域从经济、科研、教育、艺术，到具体的行业和个体，包含的文献类型从电子报刊、电子工具书、商业信息、新闻报道、书目数据库、文献信息索引到统计数据、图表、电子地图等。网络信息资源极其丰富，包罗万象，其内容涉及农业、生物、化学、数学、天文学、航天、气象、地理、计算机、医疗和保险、历史、法律、音乐和电影等几乎所有专业领域，是知识、信息的巨大集合，是人类的资源宝库。

2.3.1 网络信息资源的传播方式和性质

1. 网络信息资源的传播方式

网络信息资源可以通过以下方式进行传播和使用：①利用 Web 传播图、文、音并茂的信息；②利用电子邮件传播信息；③利用远程登录（Telnet）使用远程计算机的有关信息资源；④利用网络论坛 Usenet 传播信息；⑤利用 FTP 传播信息。

2. 网络信息资源的性质

网络信息资源具有以下性质：

(1) 客观性。主要是指因特网是一个由亿万网民共建的客观虚拟世界，网络信息资源已经创建，就客观存在于网络空间，并且传播速度非常快。因此，用户在创造网络内容时，要事前三思，防止害人害己。

(2) 寄附性。主要是指网络信息资源，包括网站、网页、图书和数据等，寄附于各类服务器和存储器等。因此，网络病毒和机房病毒对网络信息资源的危害非常大，一旦服务器和存储器被病毒侵蚀，就会导致网络信息资源的泄露和丢失。

(3) 传递性。主要是指因特网可以跨越时空传递信息，网络信息资源已经创建，就可以通过网络节点和链接传递到世界各个角落。

(4) 共享性。网络信息资源一旦向用户公开，就可以被各类网络用户共享使用，如一些开放获取期刊、免费的网站和数据库资源等。

(5) 衍生性。信息资源的传递性决定信息资源具有衍生性，当信息资源在不同用户之间传播时，信息内容和价值会发生变化。第一个用户的信息传递到第十个用户时，信息的内容和价值可能完全改变了，好消息可能变成坏消息。鸡生蛋，可以变成蛋生鸡。

(6) 时效性。时效性是指网络信息资源的新旧程度，信息资源的创造、发布和更新是否及时，都会影响其时间效用价值。过时的信息资源，对决策来说，价值非常小，甚至为负价值。通常来说，最新信息的价值最大，营养最丰富。而旧信息的价值最小，有时会误导决策。

2.3.2 网络信息资源的特点

与传统的信息资源相比，网络信息资源在数量、结构、分布和传播的范围、载体形态、内涵传递手段等方面都显示出新的特点。

1. 存储数字化，传输网络化

信息资源由纸张上的文字变为磁介质上的电磁信号或者光介质上的光信息，存储的信息密度高、容量大。以数字化形式存在的信息，可以通过信息网络进行远距离传送。传统的信息存储载体为纸张、磁带、磁盘。而在网络时代，信息的存在是以网络为载体，增强了网络信息资源的利用与共享。

2. 表现形式多样化，内容丰富

网络信息资源包罗万象，覆盖了不同学科、不同领域、不同地域、不同语言的信息资源，还可以以文本、图像、音频、视频、数据库等多种形式存在。信息组织非线性化，超文本、超媒体信息资源成为主要方式。

3. 数量巨大，增长迅速

CNNIC 于 2017 年 1 月发布的第 39 次《中国互联网络发展状况统计报告》，全面反映了中国互联网络发展状况。从该次报告中可以看出，截至 2016 年 12 月，我国网民规模达 7.31 亿，相当于欧洲人口总量，普及率达到 53.2%。中国域名总数为 4228 万个，网站数量达到 482 万个，网页数量达到 2360 亿个，而 2009 年网页数量为 336 亿个，增长极其迅速。据法媒"20minutes"2014 年 9 月 17 日援引法新社报道，据"互联网实时统计"（Internet Live Stats）表示，全球互联网网站数量已超过 10.6 亿，并且这个数字目前还在不断增加。互联网的产生，开启了大量信息分享的时代，并促使互联网网站数量急剧增长。全球互联网网民的数量也将突破 30 亿大关。

网络信息量之大、增长速度之快、传播范围之广，是其他任何环境下的信息资源所无法比拟的。海量网站和网页，使得用户想看什么内容就可以看到什么内容（新闻、购物和百度知道）。然而用户时间有限，看不过来全部内容，需要挑选核心网站或内容来看。

4. 传播速度快、范围广，具有交互性

网络环境下，信息的传递和反馈快速、灵敏。信息在网络中的流动非常迅速，电子流取代纸张，加上无线电技术和卫星通信技术的充分运用，上传到网上的任何信息资源，都只需要短短数秒就能传递到世界各地的每一个角落。

网络信息来自地球各个角落。由于信息源的增多，信息资源发布的自由，网络信息量呈爆炸性增长。随着网络的普及，其来源范围和传播范围将越来越广。

因此，用户不要过于猎奇，要节约时间。通过网上已有评价结果，或基于各类信息质量的评价标准，选择高质量的信息阅读。

与传统的媒介相比，网络信息传播具有交互性。它具有主动性、参与性和操作性，人们自己主动到网上数据库查找所需的信息，网络信息的流动是双向互动的。

5. 结构复杂，分布广泛

网络信息资源本身的组织管理没有统一的标准和规范，信息广泛分布在不同国家、不同区域、不同地点的服务器上，不同服务器采用不同的操作系统、数据结构、字符集和处理方式，缺乏集中统一的管理机制。

6. 信息源复杂、无序

网络共享性与开放性使得人人都可以在互联网上索取信息和存放信息，由于没有质量控制和管理机制，这些信息没有经过严格编辑和整理，良莠不齐，各种不良和无用的信息大量充斥在网络上，形成了一个纷繁复杂的信息世界。网络上既有高质量的信息，也有虚假信息和有害信息，有个人信息，也有政府信息。网络信息资源分布零乱无序，信息更新快，寿命短，管理相对困难。信息发布自由，来源广泛，内容混杂，质量不一，控制也比较困难。

7. 动态不稳定性

Internet 信息地址、链接和内容处于经常变化之中，信息源存在状态的无序性和不稳定性使得信息的更迭、消亡无法预测，这些都给用户选择、利用网络信息带来了障碍。

8. 网络信息安全问题多发

网络信息资源没有统一的管理机制，信息安全缺乏保障。黑客攻击、计算机病毒和色情泛滥成为网络的三大痼疾。为防止有害信息耗费了大量的社会资源。

2.3.3 网络信息资源种类

网络信息资源的种类繁多，按不同标准划分，可分为不同类型。

1. 按网络信息资源的性质和加工深度分

(1) 一次信息资源。一次信息资源即原始信息，是指网络上出现的反映最原始的科研、思想、过程、成果以及对原始信息进行分析、综合、评价、总结的信息资源,如科研网站、企业网站、电子期刊、电子图书、统计资料等。用户可以直接利用一次信息中的具体内容为自己服务。

(2) 二次信息资源。也就是检索指引。通过对网络上一次信息进行搜集、整理、加工,把大量的信息按主题或学科集中起来,形成相关信息的集合,向用户指明信息的产生和出处,帮助用户有效地利用一次信息。如目录搜索引擎的分类指南、学科网络信息资源导航、各类索引数据库等。

(3) 三次信息资源。三次信息资源指借助于二次信息的帮助对大量的一次信息进行搜集、分析、加工、整理的信息资源,如网络上存在的大量电子字典、词典等。

2. 按照发布范围分

(1) 正式出版物信息。正式出版物信息也可称商用信息资源,是指由正式出版机构或出版商发行的,受到一定知识产权保护、信息质量可靠、人多数必须购买才可使用的收费信息资源,包括各种网络数据库、大部分电子期刊、电子图书等,如我国用户使用较多的 SDOS、EBSCO 等英文数据库以及万方数据库、重庆维普数据库、中国期刊网等中文数据库、Apabi 电子图书、超星电子图书等都属于收费的正式出版物;也有部分正式出版物不用付费就可以自由使用,如大部分的图书馆目录、部分网上电子报刊等。

(2) 半正式出版物信息。半正式出版物信息又称灰色信息,是指受到一定的知识产权保护但没有纳入正式出版物系统的信息,完全面向用户开放免费使用,如各企业、政府机构和国际组织、学术团体、教育研究机构、行业协会等各种网站所提供的尚未正式出版的信息。其他有一些资源,如图书馆、教育机构、政府机关的一些特色制作,如特色数据库、教学课件等,在一定的范围内分不同层次发行,不完全向用户开放。这也属于半正式出版物。

(3) 非正式出版的信息。非正式出版的信息是指那些随意性强、流动性较大、质量和可信度难以保证的动态信息,不受任何的知识产权保护,如 BBS、新闻组、网络论坛、电子邮件等上的信息。

3. 按主题划分

网络资源按主题划分比较复杂,对具体信息的划分也没有统一的标准,因而不同网站对信息主题的划分也各有自己的特点,但总体来讲大同小异,总结起来有以下几类信息。

(1) 新闻。互联网改变了人们获取新闻信息的方式,互联网在同一时间内向全世界传播最新发生的新闻,人们可以不受限制地获取世界上任何地区的新闻,各类门户网站和新闻网站是人们获取新闻的主要途径，如我国的互联网三大门户网站网易、新浪与搜狐，凤凰卫视、大洋网等新闻网站可以浏览国内、国际政治、体育、娱乐、财经、教育、军事等行业新闻。

(2) 政府信息。包括政府预算、政府资助项目、政府基金信息、各类政府公告、政府网站上有关标准、专利、统计资料、法律和知识产权等。

(3) 商业贸易和金融信息。商业信息是指互联网上非常重要也非常庞大的网络信息资源。它包括金融、股票、证券市场、贸易、房地产、商品广告、公司名录、天气预报等。

(4) 科学技术与教育。包括科学技术信息、数学、物理、化学、天文学、航天与航空、农业、生物学、医疗卫生、环境保护、地质科学、计算机科学等以及高校网站、教育机构、教育网站上的各类信息资源。

(5) 参考工具书和书目期刊索引。参考工具书和书目期刊索引主要包括各类字典、词典、百科全书、指南、索引等。

(6) 娱乐。娱乐类信息包括音乐、明星、动漫、游戏、笑话、旅游等。

(7) 其他。

2.4 网　　站

网站 (website) 是网络信息资源的主要表现形式。网站是指在因特网上根据一定的规则，使用 HTML (标准通用标记语言下的一个应用) 等工具制作的用于展示特定内容相关网页的集合。简单地说，网站是一种沟通工具，人们可以通过网站来发布自己想要公开的资讯，或者利用网站来提供相关的网络服务。人们可以通过网页浏览器来访问网站，获取自己需要的资讯或者享受网络服务。

因特网起源于美国国防部高级研究计划管理局建立的阿帕网。在因特网产生早期，网站还只能保存单纯的文本。经过几年的发展，图像、声音、动画、视频，甚至 3D 技术均可以通过因特网得到呈现。通过动态网页技术，用户也可以与其他用户或者网站管理者进行交流，也有一些网站提供电子邮件服务或在线交流服务。

2.4.1　网站的组成

在网站产生早期，域名、空间服务器与程序是网站的基本组成部分，随着科技的不断进步，网站的组成也日趋复杂，目前多数网站由域名、空间服务器、DNS域名解析、网站程序、数据库等组成。

1. 域名

域名（domain name），是由一串用点分隔的字母组成的 Internet 上某一台计算机或计算机组的名称。用于在数据传输时标识计算机的电子方位（有时也指地理位置），域名已经成为互联网的品牌、网上商标保护必备的产品之一。通俗地说，域名就相当于一个家庭的门牌号码，别人通过这个号码可以很容易地找到你。以一个常见的域名为例说明，baidu 网址是由两部分组成，标号"baidu"是这个域名的主域名体，而最后的标号"com"则是该域名的后缀，代表的这是一个 com 国际域名，是顶级域名。而前面的 www.是网络名，为 www 的域名。

2. 空间

常见网站空间：虚拟主机，虚拟空间，独立服务器，云主机，VPS。虚拟主机在网络服务器上划分出一定的磁盘空间供用户放置站点、应用组件等；提供必要的站点功能、数据存放和传输功能。虚拟主机也叫"网站空间"，就是把一台运行在互联网上的服务器划分成多个"虚拟"的服务器。每一个虚拟主机都具有独立的域名和完整的 Internet 服务器（支持 WWW、FTP、E-mail 等）功能。VPS 即指虚拟专用服务器，是将一个服务器分区成多个虚拟独立专享服务器的技术。每个使用 VPS 技术的虚拟独立服务器拥有各自独立的公网 IP 地址、操作系统、硬盘空间、内存空间、CPU 资源等，还可以进行安装程序、重启服务器等操作，与运行一台独立服务器完全相同。

3. 程序/源代码

程序即建设与修改网站所使用的编程语言，换成源代码就是一堆按一定格式书写的文字和符号。"比如在这个网页上右键鼠标，选择查看源文件，出来一个记事本，里面的内容就是此网页的源代码。"这句话就体现了它们的关系，此处的源文件是指网页的源代码，而源代码就是源文件的内容，所以又可以称为网页的源代码。

源代码是指原始代码，可以是任何语言代码。汇编码是指源代码编译后的代码，通常为二进制文件，如 DLL、EXE、.NET 中间代码、JAVA 中间代码等。高级语言通常是指 C/C++、 BASIC、C#、JAVA、PASCAL 等。汇编语言就是 ASM，只有这个，比这个更低级的就是机器语言了。

2.4.2 网站的分类

根据不同标准，可将网站划分为不同类型。第一，根据网站所用编程语言分为：asp 网站、php 网站、jsp 网站、Asp.net 网站等。第二，根据网站的用途分为：门户网站（综合网站）、行业网站、娱乐网站等。第三，根据网站的功能分为：单一网站（企业网站）、多功能网站（网络商城）等。第四，根据网站的持有者分为：个人网站、商业网站、政府网站、教育网站等。第五，根据网站的商业目的分为：营利性网站（行业网站、论坛）、非营利性网站（企业网站、政府网站、教育网站）。

1. 门户类网站

门户（portal），原意是指正门、入口，现多用于互联网的门户网站和企业应用系统的门户系统。门户网站是指通向某类综合性互联网信息资源并提供有关信息服务的应用系统。门户网站多以 php 网站居多，php 相对其他语言来说比较节省资源。在全球范围中，最为著名的门户网站则是谷歌及雅虎，而在中国，最著名的门户网站有中国四大门户网站（新浪、网易、搜狐、腾讯），其他如百度、新华网、人民网、凤凰网等也较为著名，其中百度已经成为中国第一搜索网站。

2. 个人类网站

个人网站是指个人或团体因某种兴趣、拥有某种专业技术、提供某种服务或把自己的作品、商品展示销售而制作的具有独立空间域名的网站，个人网站通常使用虚拟服务器，网站类型多以博客和小型论坛为主。

3. WAP 类

WAP（无线通信协议）是在数字移动电话、因特网或其他个人数字助理机（PDA）、计算机应用之间进行通信的开放全球标准。这一标准的诞生是 WAP 论坛成员努力的结果，WAP 论坛是在 1997 年 6 月，由诺基亚、爱立信、摩托罗拉和无线星球（Unwired Planet）共同组成的。

2.4.3 网站发布与推广

网站推广就是以互联网为基础，借助平台和网络媒体的交互性来辅助营销目标实现的一种新型的市场营销方式。当前传播常见的推广方式主要是在各大网站推广服务商中通过买广告等方式来实现，免费网站推广包括：SEO 优化网站内容或构架提升网站在搜索引擎的排名，在论坛、微博、博客、微信、QQ 空间等平台发布信息，在其他热门平台发布网站外部链接等。

2.4.4 网站流量

通常说的网站流量（traffic）是指网站的访问量，是用来描述访问一个网站的用户数量以及用户所浏览的网页数量等指标，常用的统计指标包括网站的独立用户数量、总用户数量（含重复访问者）、网页浏览数量、每个用户的页面浏览数量、用户在网站的平均停留时间等。

网站流量对于虚拟空间商来说是指用户在访问网站过程中，产生的数据量大小，有的虚拟空间商限制了流量的大小，当超过网站流量这个量，该网站就不能访问了。网站流量统计主要指标包括：独立访问者数量（unique visitors）；重复访问者数量（repeat visitors）；页面浏览数（page views）；每个访问者的页面浏览数（page views per user）；某些具体文件/页面的统计指标，如页面显示次数、文件下载次数等。

2.4.5 网站运营

网站运营，顾名思义就是针对某个网站展开营销策略使之实现市场化运作，是指网络营销体系中一切与网站的后期运作有关的工作。网站运营是指互联网站点的产品管理、内容运营、内容更新、市场推广等相关的运营管理工作。广义上包含了网站策划、产品开发、网络营销、客户服务等多个环节。在狭义上，特指在网站建设完成后的运营管理工作，如内容策划、营销活动策划和客户服务等。

网站运营常用的指标：PV、IP、注册用户、在线用户、网站跳出率、转化率、付费用户、在线时长、购买频次、ARPU 值。

2.4.6 网站首页

网站首页是一个网站的入口网页，故往往会被编辑得易于了解该网站，并引导互联网用户浏览网站其他部分的内容。这部分内容一般被认为是一个目录性质的内容。大多数作为首页的文件名是 index、default、main 或 portal 加上扩展名。网站首页的设计原则，也是网站评估指标设计需要考虑的因素。目前常用的网站首页设计原则如下：

（1）明确内容。如果你想成为一个网站设计者，并正想建一个网站的话，首先应该考虑网站的内容，包括网站功能和你的用户需要什么。你的整个设计都应该围绕这些方面来进行。

（2）抓住用户。如果用户不能够迅速地进入你的网站，或操作不便捷，网站设计就是失败的。不要让用户失望而转向你的对手的网站。

(3) 优化内容。内容是核心。有的企业网站就像一本广告册子，更糟糕的是，网站使用了大量的图片，似乎要几个世纪才能下载完。比如，某网站在设计的某些方面是成功的，但是内容太贫乏，并且要花很长时间才能找到所要的东西，因此不能算是一个成功的网站。

(4) 快速下载。没有什么比要花很长时间下载页面更糟糕的了。作为一条经验，一个标准的网页应不大于 60K，通过 56K 调制解调器加载花 30 秒的时间。有的设计者说网页加载应在 15 秒内。最好符合 WEB 标准化用 css 定位的网站往往比表格定位要少很多代码。

(5) 网站升级。时刻注意网站的运行状况。性能很好的主机随着访问人数的增加，可能会运行缓慢。但是，如果你不想失去访问者的话，一定要仔细计划好你的升级计划。

2.5 网站及网站评估资源

在全球范围中，最为著名的门户网站是谷歌及雅虎，而在中国，最著名的门户网站有中国四大门户网站（新浪、网易、搜狐、腾讯），其他如百度、新华网、人民网、凤凰网等也较为著名，其中百度已经成为中国第一搜索网站。目前国内有很多信息全面、功能强大的网站评估资源，具体如下。

1. 百度搜索资源平台（https://ziyuan.baidu.com/）

全球最大的面向中文互联网管理者、移动开发者、创业者的搜索流量管理的官方平台（图 2-22）。提供有助于搜索引擎收录的工具、SEO 建议、API 接口、多端适配服务的能力等。涵盖搜索学院、网站支持、熊掌号等模块，其中网站支持模块如图 2-23 所示。可以清晰、直观、精确地展示不同站点的信息，如流量与关键词、站点索引量、链接提交、死链提交、抓取频次、抓取异常、站点属性、站点子链和链接分析。

图 2-22　百度搜索资源平台

2. 百度统计 (https://tongji.baidu.com/web/welcome/login)

百度统计是百度推出的一款免费的专业网站流量分析工具，能够告诉用户访客是如何找到并浏览用户的网站，在网站上做了些什么，有了这些信息，可以帮助用户改善访客在用户的网站上的使用体验，不断提升网站的投资回报率。百度统计提供了几十种图形化报告，全程跟踪访客的行为路径。同时，百度统计集成百度推广数据，帮助用户及时了解百度推广效果并优化推广方案。基于百度强大的技术实力，百度统计提供了丰富的数据指标，系统稳定，功能强大但操作简易。登录系统后按照系统说明完成代码添加，百度统计便可马上收集数据，为用户提

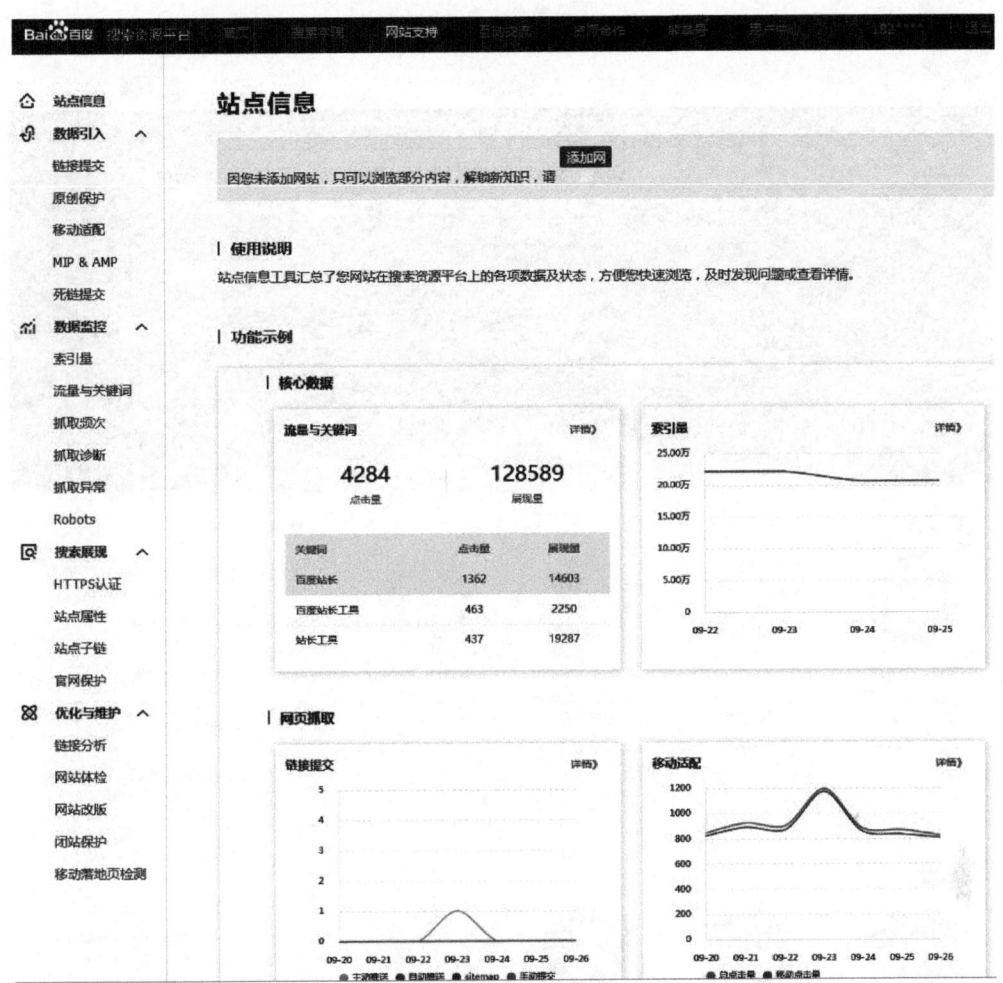

图 2-23　网站支持模块

高投资回报率提供决策依据。同时可以提供给广大网站管理员免费使用的网站流量统计系统，帮助用户跟踪网站的真实流量，并优化网站的运营决策。目前百度统计提供的功能包括：趋势分析、来源分析、页面分析、访客分析、定制分析等多种统计分析服务(图 2-24)。

图 2-24 百度统计

3. 360 站长平台 (http://zhanzhang.so.com/index.php?s=/Site/index.html)

360 站长平台是站长与站长之间、站长与引擎之间交互的平台，更是服务用户满足搜索用户需求的平台。图 2-25 展示了 360 站长平台中网站各项特征和指标的数据统计功能模块。

第 2 章　信息资源类型

图 2-25　360 站长平台

4. 网站质量白皮书

目前中国最大的搜索平台 Baidu 和最大的网络安全互联网科技企业 360 都推出了网站质量白皮书。基于搜索引擎生态及用户体验的大背景，360 搜索制定了一套判断网页质量的标准 (http://www.so.com/help/help_3_baipishu.html)，如图 2-26 所示。为给站长提供建议指南，指导网站的内容建设，促进更多高质量原创优质内容的产生，构建良性的互联网内容生态。百度搜索引擎网站质量白皮书 (https://ziyuan.baidu.com/college/courseinfo?id=186&page=2)，在衡量网页质量时，会从以下三个维度综合考虑给出一个质量打分：内容质量、浏览体验和可访问性。

目录 / Catalogue

前言 3

网站价值判断标准

1. 网站主题

1.1 体现网站价值的主题 4

1.2 符合法律法规及政策导向的原则 4

2. 网站的稳定与安全

2.1 网站访问的稳定性 4

2.2 网站安全 5

网页质量评估维度

3. 内容质量

3.1 不同类型网页的质量关注维度 6

3.2 网页内容质量现状与收录的权衡 7

3.3 内容质量好的网页 8

3.4 内容质量一般的网页 8

3.5 内容质量差的网页 9

3.6 作弊网页 9

4. 用户体验

4.1 广告对主体内容的干扰度 11

4.2 内容整洁度 11

5. 网页资源可访问性

5.1 具有打开及获取权限的网页 11

5.2 死链及失效页面 12

总结与建议 14

图 2-26　360 网站质量白皮书目录

5. 腾讯网站分析 (http://ta.qq.com/summary/index)

腾讯网站分析界面如图 2-27 所示，涵盖网站监控中心 (网站测速、网站可用性、速度诊断)，网站分析 (实时数据、网站趋势)，来源分析 (全部来源、搜索引擎、外部链接和关键词)，页面分析 (页面地区图、页面排行、入口页面、离开页面)，访客分析 (访客画像、访问深度、新老访客比、实时访客)等网站性能分析功能模块。

图 2-27 腾讯网站分析界面

6. 网站统计 CNZZ

网站统计是全球最大的中文互联网数据统计分析服务提供商,为中文网站及中小企业提供专业、权威、独立的数据统计与分析服务。目前累计超过 500 万家网站采用了 CNZZ 提供的流量统计服务,一周覆盖 90% 以上的上网用户。

CNZZ 专注于数据统计与挖掘,拥有全球领先的互联网数据采集、统计和挖掘三大技术,专业从事互联网数据监测、统计分析的技术研究、产品开发和应用。

2016 年 1 月 26 日友盟、缔元信.网络数据、CNZZ 联合发出公告:三家公司宣布合并,联手打造新公司,更名为"友盟+",共同开启"全域数据"时代。"友盟+"是全球领先的第三方全域数据服务商,拥有实时更新的全域数据资源、7 亿真实活跃消费者画像体系、强大的数据技术和领先的算法能力。"友盟+"的网站统计 CNZZ (https://web.umeng.com/main.php?c=user&a=index) 如图 2-28 所示。

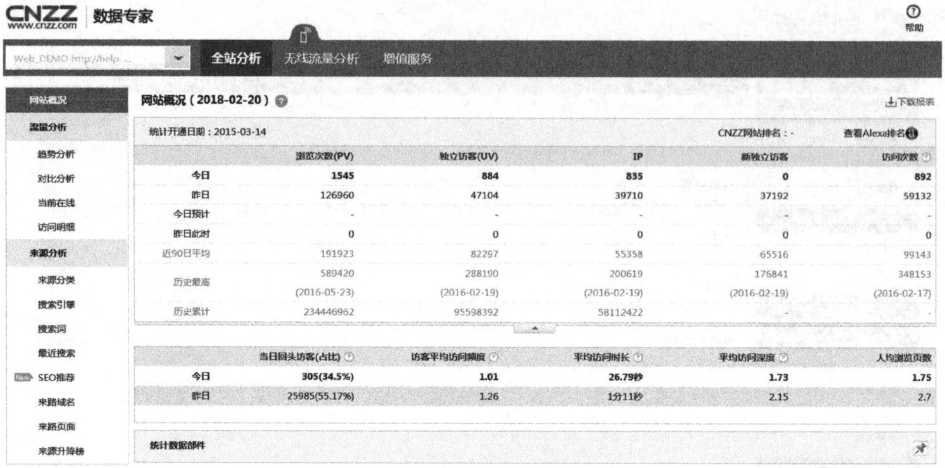

图 2-28 "友盟+"的网站统计

7. 阿波罗评估平台（www.iapolo.com）

阿波罗评估平台是全新的站长综合查询工具平台。阿波罗评估平台致力于为广大用户提供最适合中国站长使用和最符合中国站长习惯的站长工具网站。推出的功能有：百度权重查询、关键词挖掘、友情链接查询、反链查询、PR 查询、Whois 查询、ICP 备案查询、PING 检测、网站检测等。

8. 站长之家（http://www.chinaz.com/）

站长之家成立于 2002 年 3 月，专注于基础网络服务，是中国最大的中小网站站长与互联网创业者交流平台，截至 2013 年 10 月已拥有超过 150 万的注册用户。站长之家为用户提供了创业资讯、建站资源、网站优化建议、网站数据监控、社区产品等多个类别的服务。站长工具（http://tool.chinaz.com/）如图 2-29 所示。

9. 爱站网（https://tools.aizhan.com/）

爱站网成立于 2009 年，是一家专门针对中文站点提供服务的网站，主要为广大站长提供站长工具查询（图 2-30），目前网站访问量已超过百万，注册会员 300 万人次。爱站网除了为站长们提供 IP 反查域名、Whois 查询、PING 检测、网站反向链接查询、友情链接检测等站长常用工具之外，还研发出独具特色的百度权重查询功能为站长提供网站百度权重值查询。

第 2 章　信息资源类型

图 2-29　站长之家的站长工具

图 2-30　爱站网的站长工具

2.6 信息资源检索

信息资源检索是信息资源评估指标数据获取的基本方法。信息资源检索(information retrieval)是从信息资源集合中找出所需各类信息资源传播与利用数据的过程,其本质是信息资源需求与所储存信息资源之间的选择和匹配(Korfhage,1997),设 $D=\{d_j\}$ 为信息资源集合,$Q=\{q\}$ 为信息资源需求集合,则信息检索在理论上就是寻求 Q 与 D 之间的匹配,可用匹配函数 $R(d_j,q)$ 表述。

信息检索相关著作很多,既有经典名著(Lancaster,1984),也有近年名作(Ingwersen and Järvelin,2007);国内教材也很丰富,遍及专业研究层次(苏新宁,2004)和各类应用层次(沈固朝,2002;叶鹰,2004;王知津,2009;潘燕桃,2009),可供参考。由于信息资源传播与利用数据检索是信息资源评估的手段之一,因此本节将简要阐述检索理论模型、检索类型、方法和策略(基本检索、高级检索和专业检索),以及如何检索各类信息资源数据。

2.6.1 检索理论模型

尽管现代信息检索发展了不少新兴理论和模型,布尔检索模型、向量检索模型、概率检索模型仍然是三个基本的检索理论模型(Baeza-Yates and Ribeiro-Neto,1999)。尤其是布尔检索模型,依然是最基本的检索理论模型。

作为信息检索的基本技术依据,布尔检索模型通过检索词的逻辑组配编制检索策略,即主要通过"或(or,+)""与(and,*)""非(not,-)"等逻辑运算将检索词联络起来,例如,对 A、B 两词而言,and、or、not 的逻辑含义用维恩(Wienn)图表示见图 2-31。

信息检索最基本的技术是逻辑组配技术。DIALOG 的布尔逻辑组配与通用的布尔逻辑组配一样,使用"与(and,*)""或(or,+)""非(not,-)"三种基本逻辑算符,这是现行计算机检索的基本技术。其优先级依次为 NOT、AND、OR,改变优先级的方法是使用( )。就像数学运算中一样,括号内的逻辑式优先执行。DIALOG 系统中,*等于 AND,+等于 OR,这样既可以缩短检索式,也很醒目。

2.6.2 检索策略与检索平台

检索策略是对检索的全面策划,主要由用户自行确定或用户在专业人员协助下确定。检索策略,是在分析检索提问的基础上,确定检索的数据库、检索的用词,并明确检索词之间的逻辑关系和查找步骤的科学安排。检索式(即检索用词

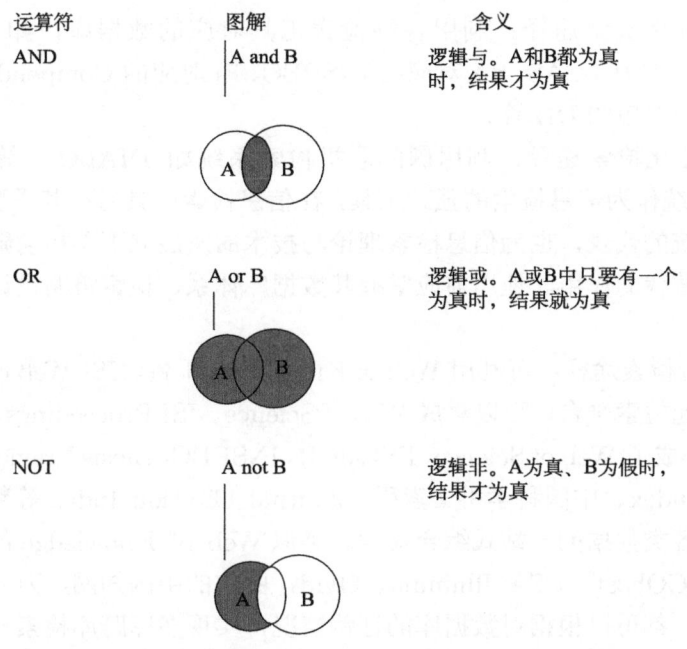

图 2-31 逻辑运算符的图解

与各运算符组配成的表达式)仅仅是狭义上的检索策略。由于检索策略在机检中具有直接决定检出结果的重要性,故编制和调整检索策略意义极其重大,其一般程序是:确定检索词及其截词和位置关系;组配成检索式并优化;实检并反馈调节。

检索平台选择是信息资源数据检索的准备工作,不同类型的信息资源对应的检索平台各不相同,比如,科技出版物的主要检索平台有 Web of Knowledge、Derwent 专利文摘索引、Google Scholar、Elsevier ScienceDirect、ProQuest、博硕士论文全文数据库、知网、万方数据库等,这些平台是高校、期刊、论文、专利和图书评价指标数据的主要来源。图书引文、在线提及、读者、评论以及下载量等指标数据的检索平台有 Springer 与 Altmetric 合作开发平台:Bookmetrix。网站数据的主要检索平台有 Google、Baidu、百度站长平台等。

目前常用的检索途径及对应检索工具如下:

(1) 最简途径:使用搜索引擎,包括代表性 Web 搜索引擎和元搜索引擎等,对于学术研究则使用学术搜索引擎,如 Google Scholar (http://scholar.google.com)等。

(2) 直达原文检索途径:利用当代全文数据库及网络资源,包括中外主要全文期刊数据库和 Open Access 网络资源等。

(3) 分领域检索途径：利用各种检索工具对应的数据库，如 BA 对应的 BIOSIS、CA 对应的 CAS、SA 对应的 INSPEC、Ei 对应的 Compendex、Derwent 专利文摘索引对应的 DII 等。

(4) 专业化检索途径：利用国际联机检索系统如 DIALOG 等进行检索。DIALOG 系统作为信息检索的强劲工具，在信息检索中具有极其重要的地位，是联机检索系统的代表，也为信息检索理论与技术的发展立下不朽功勋，至今仍在发挥其不可替代的作用。使用前应掌握其数据库体系、检索策略设计及专用检索命令等。

(5) 综合检索途径：可利用 Web of Knowledge 平台。ISI Web of Knowledge 作为一个后起检索平台，正以集成 Web of Science、ISI Proceedings、DII 等的优势崛起，并集成了 Web of Science、ESI、JCR、INSPEC、Biosis Previews、Derwent Innovative Index、中国科学引文索引、Journal Citation Index 等数据库资源，为用户提供各类数据的一站式综合检索。类似 Web of Knowledge 的跨库检索平台还有 EBSCOhost、CSA Illumina、Ovid，中文的中国知网、万方数据等，这些检索平台，都可以根据对数据库的订购情况，实现多库跨库检索。

当今应用最广、影响最大的国外综合性检索系统，以 Web of Knolwledge (WoK) 为代表，国内主要以中国知网和万方数据库为代表。

1. Web of Science

Web of Science 是大型综合性、多学科、核心期刊引文索引数据库，主要涵盖 8000 多种世界范围内最有影响力的、经过同行专家评审的高质量期刊，以及三大引文数据库：科学引文索引 (SCI)、社会科学引文索引 (SSCI) 和艺术与人文科学引文索引 (A&HCI)。引文索引数据库是期刊、论文评价的核心数据基础，也是国家、高校、科研机构、学科和科学家科学影响力评估的数据基础。图 2-32 为 Web of Science 的检索主界面。

图 2-32 为 Web of Science 的主界面，涵盖期刊引证报告 (Journal Citation Reports)， 基本科学指标，Web of Science 核心合集 (涵盖：SCI、SSCI 和 A&HCI)， 检索方式 (基本检索、被引参考文献检索、高级检索)，检索字段 (涵盖：主题、标题、作者、出版物名称、出版年等)，时间跨度 (1986~2017)。

1) 期刊引证报告

期刊引证报告是一个独特的多学科期刊评价工具。期刊引证报告主要基于 Web of Science 数据库收录期刊的论文引文数据，设计并测算期刊的各评估指标值，从而形成不同学科期刊的各指标排名结果。期刊引证报告包括自然科学

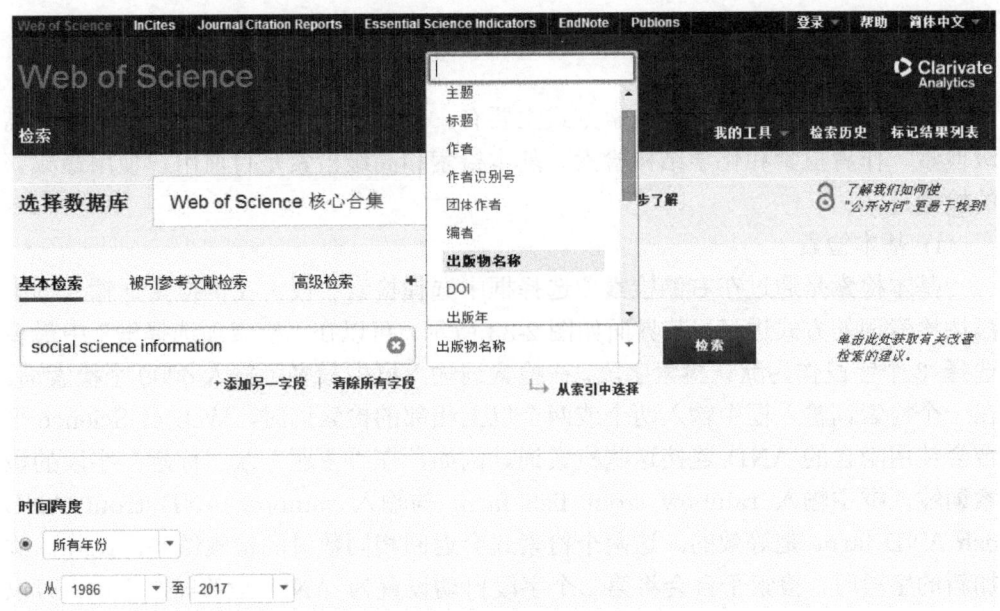

图 2-32　Web of Science 的主界面

(Science) 和社会科学 (Social Sciences) 两个版本。其中, 期刊引证报告自然科学版 (JCR-Science) 涵盖来自 83 个国家或地区, 约 2000 家出版机构的 8500 多种期刊, 覆盖 176 个学科领域。期刊引证报告社会科学版 (JCR-Social Sciences) 涵盖来自 52 个国家或地区 713 家出版机构 3000 多种期刊, 覆盖 56 个学科领域。

　　期刊引证报告对于不同用户会产生不同的作用, 比如, 对于图书馆员和信息专家来说, 期刊引证报告中的各指标数值及期刊排名结果可以帮助他们管理和规划期刊馆藏, 比如, 图书馆经费比较少的情况下, 只订购一些高影响力期刊; 同时可以协助其对馆藏中高质量或高使用率期刊的保留, 或低影响、低使用率期刊的删除, 协助做出期刊是否存档的决定。对于出版商和编辑而言, 期刊引证报告可以评价期刊的市场影响力, 明确自身定位, 提升期刊竞争力。对于研究人员而言, 期刊引证报告可以帮助研究人员快速找到合适的期刊投稿, 确认刊登作者文章的期刊学术地位。对于教授和学生而言, 可以帮助他们快速发现领域高水平期刊及相关文献进行阅读。对于科技信息分析人员及科技政策制定者而言, 可以帮助他们跟踪各学科期刊的发展趋势, 深入研究各期刊之间的引证关系。

2) 检索方式

目前 Web of Science 的检索方式主要有：基本检索、被引参考文献检索、高级检索、作者检索和化学结构检索。基本检索和高级检索是目前用户使用最频繁的检索方式。

i) 基本检索

基本检索是通过在右侧检索项选择框中选择检索字段，左侧检索词输入框中添加检索词的方式进行。其界面如图 2-33 所示。可以在"检索项选择框"中最多选择 3 个字段作为默认检索字段，在检索词输入框中最多可输入 6000 个检索词。在一个检索词输入框中输入两个或两个以上相邻的检索词时，Web of Science 平台会使用隐含的 AND 连接这些检索词。例如，在"主题"或"标题"字段的检索词输入框中输入 rainbow trout fish farm 与输入 rainbow AND trout AND fish AND farm 是等效的。这两个检索式会返回相同数量的检索结果。此外，添加新的字段时，检索平台会将第二个字段自动设置为 AND 运算符。不过，可以自行将 AND 运算符改为 OR 或 NOT。在输入检索词的过程中，可以使用检索增强功能，从而使检索结果更符合个人的检索需求。常用的检索式编辑功能如下：

(1) 系统默认为词、词组检索。若想查找与输入的检索词完全匹配的记录，在检索词上加上引号（""）即可。

(2) 检索词之间可采用布尔逻辑算符：AND、OR、NOT 进行组配。

(3) 可以使用通配符来扩展检索词的匹配范围，常用的检索通配符有：*、?、$，其中，* = 一个或多个字符；? = 一个字符；$ = 0 或一个字母。

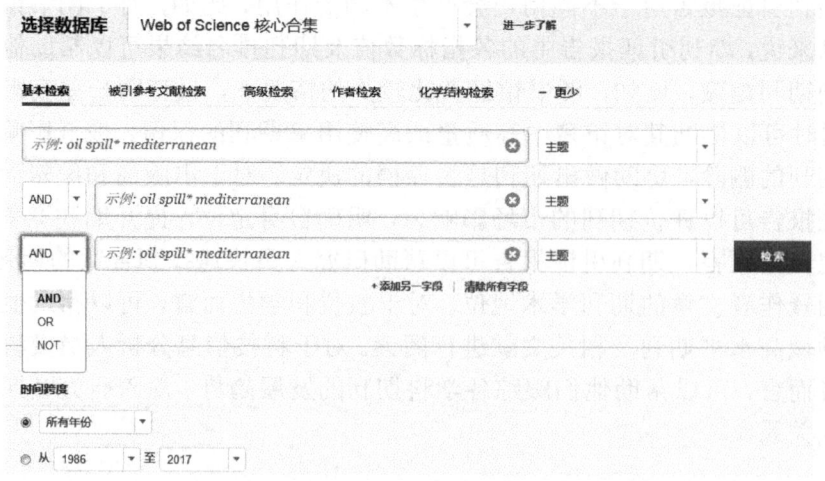

图 2-33 基本检索界面

ii) 高级检索

高级检索界面如图 2-34 所示。高级检索是直接使用检索字段标识、布尔逻辑算符和通配符等，针对检索问题，解析和组合检索词，设计成检索式，输入检索框中，并选择文献语种、类型和时间跨度，进行检索。

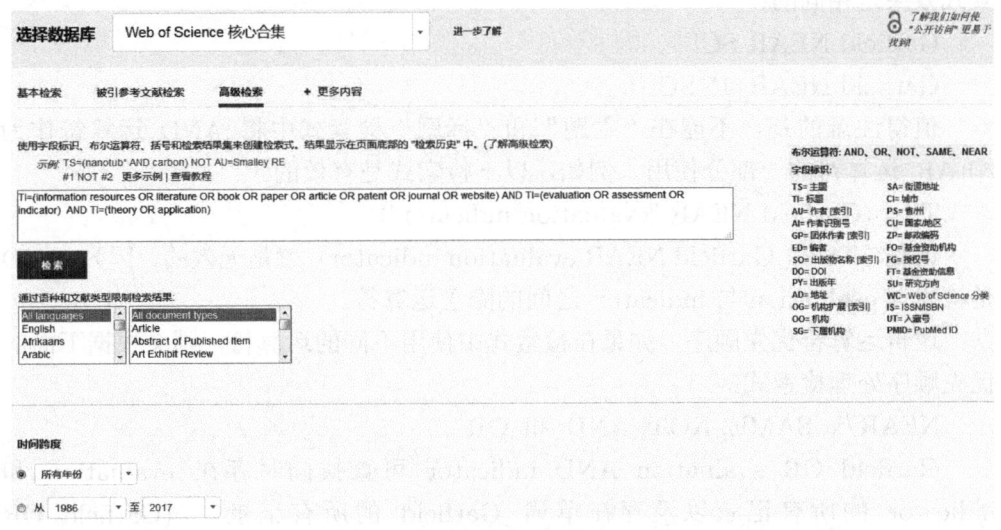

图 2-34 高级检索界面

iii) 布尔逻辑算符

常用的布尔逻辑算符，如图 2-34 右侧所示，包括 AND、OR、NOT、SAME 和 NEAR，可用于组配检索词，从而扩大或缩小检索范围，使用检索运算符时不区分大小写。例如，OR、Or 和 or 返回的结果相同。AND 运算符代表"且"的意思，可查找包含被该运算符分开的所有检索词的记录；OR 运算符代表"或"的意思，可查找包含被该运算符分开的任何检索词的记录。NOT 运算符代表"非"的意思，可将包含特定检索词的记录从检索结果中排除。

在地址检索中，使用 SAME 可查找该运算符所分隔的检索词出现在同一个地址中的记录。您需要使用括号来分组地址检索词。例如，地址字段 AD=(Portland SAME Oregon) 查找在记录"地址"字段中存在地址检索词 Portland、Oregon 的记录。AD= (McGill Univ SAME Quebec SAME Canada) 查找 "地址"字段中出现 McGill University 以及 Quebec 和 Canada 的记录。

当在其他字段（如"主题"和"标题"）中使用时，如果检索词出现在同一记录中，SAME 与 AND 的作用就完全相同。例如，主题字段 TS= (evaluation SAME assessment) 与 TS= (evaluation AND assessment) 将得到相同的结果。

位置限定运算符 NEAR/x 可查找由该运算符连接的检索词之间相隔指定数量的单词的记录。该规则也适用于单词处于不同字段的情况，用数字取代 x 可指定将检索词分开的最大单词数。如果只使用 NEAR 而不使用 /x，系统将默认查找其中的检索词由 NEAR 连接且彼此相隔不到 15 个单词的记录。即以下检索式效果是相同的：

Garfield NEAR SCI

Garfield NEAR/15 SCI

值得注意的是，不能在"主题"和"标题"检索式中将 AND 运算符作为 NEAR 运算符的一部分使用。例如，以下检索式是有效的。

TS= (Garfield NEAR "evaluation indicator")

但是，TS= (Garfield NEAR evaluation indicator) 就是无效的，因为 AND 是检索词 evaluation 与 indicator 之间的隐含运算符。

逻辑运算符优先顺序，如果在检索式中使用不同的运算符，则会根据下面的优先顺序处理检索式：

NEAR/x, SAME, NOT, AND 和 OR

Garfield OR evaluation AND indicator 可查找同时存在 evaluation 和 indicator 的所有记录以及存在单词 Garfield 的所有记录。(Garfield OR evaluation) AND indicator，可查找同时存在单词 indicator 与 Garfield，和同时存在 indicator 与 evaluation 的所有记录。

使用括号可以忽略运算符优先级。括号内的表达式优先执行。(evaluation AND journal*) NOT book* 可查找包含 evaluation 和 journal (或 journals) 的记录，但排除包含单词 book (或 books) 的记录。(evaluation OR assessment) NEAR/10 indicator 可查找 evaluation 或 assessment，与 indicator 相隔不到 10 个单词的记录。

iv) 检索字段标识

常用的检索字段标识，如图 2-34 右侧和表 2-1 所示。

表 2-1 常用的检索字段标识

TS= 主题	SA= 街道地址
TI= 标题	CI= 城市
AU= 作者 [索引]	PS= 省/州
AI= 作者识别号	CU= 国家/地区
GP= 团体作者 [索引]	ZP= 邮政编码

续表

ED= 编者	FO= 基金资助机构
SO= 出版物名称 [索引]	FG= 授权号
DO= DOI	FT= 基金资助信息
PY= 出版年	SU= 研究方向
AD= 地址	WC= Web of Science 分类
OG= 机构扩展 [索引]	IS= ISSN/ISBN
OO= 机构	UT= 入藏号
SG= 下属机构	PMID= PubMed ID

2. 中国知网

中国知网的主界面，如图 2-35 所示。

图 2-35　中国知网主界面

图 2-35 显示，中国知网涵盖文献检索、知识元检索、引文检索；文献检索包含学术期刊数据库、博硕论文数据库、会议论文数据库、报纸、年鉴、专利、标准、成果、图书、古籍、法律法规、政府文件、企业标准、科技报告和政府采购数据库，为期刊、博硕论文、专利、图书、古籍和科技报告评价夯实数据基础；

引文检索包含中国引文数据库，涵盖每篇文献的总引用数量及年度引用数量。中国知网可以实现单库检索和跨库检索；检索方式有高级检索和出版物检索。

中国知网平台也涵盖行业知识服务与知识管理平台、研究学习平台、大数据研究平台、协同研究平台、科研项目申报信息库、出版平台、科研统计与期刊评价。

1) 学术期刊数据库

学术期刊数据库是中国知网的核心数据库，数据库的主界面如图 2-36 所示。

图 2-36 中国学术期刊（网络版）检索主界面

中国学术期刊（网络版）检索主界面涵盖了基础科学、工程科技、农业科技、医药卫生科技、哲学与人文科学、社会科学、信息科技、经济与管理科学方面的海量期刊论文资源。包含五种检索方式：高级检索、专业检索、作者发文检索、句子检索和一框式检索。其中高级检索和专业检索是最基本的检索方式，高级检索功能提供三种逻辑运算符：并且、或者、不含，以及多种检索字段，如主题、篇名、关键词、摘要、全文、参考文献和作者等，可实现精确和模糊检索。专业检索功能支持更多检索项的检索：SU='主题', TI='题名', KY='关键词', AB='摘要', FT='全文', AU='作者', FI='第一责任人', AF='机构', JN='中文刊名'&'英文刊名', RF='引文', YE='年', FU='基金', CLC='中图分类号', SN='ISSN',

CN='统一刊号'，IB='ISBN'，CF='被引频次'。

可使用运算符的解释说明如表 2-2 所示。

表 2-2 运算符的解释说明

运算符	检索功能	检索含义	举例	适用检索项
='str1'*'str2'	并且包含	包含 str1 和 str2	TI='转基因'*'水稻'	所有检索项
='str1'+'str2'	或者包含	包含 str1 或者 str2	TI='转基因'+'水稻'	
='str1'-'str2'	不包含	包含 str1 不包含 str2	TI='转基因'-'水稻'	
='str'	精确	精确匹配词串 str	AU='袁隆平'	作者、第一责任人、机构、中文刊名&英文刊名
='str /SUB N'	序位包含	第 n 位包含检索词 str	AU='刘强/SUB 1'	
%'str'	包含	包含词 str 或 str 切分的词	TI%'转基因水稻'	全文、主题、题名、关键词、摘要、中图分类号
='str'	包含	包含检索词 str	TI='转基因水稻'	
=' str1/SEN N str2'	同段，按次序出现，间隔小于 N 句		FT='转基因/SEN 0 水稻'	
=' str1/NEAR N str2'	同句，间隔小于 N 个词		AB='转基因/NEAR 5 水稻'	主题、题名、关键词、摘要、中图分类号
=' str1/PREV N str2'	同句，按词序出现，间隔小于 N 个词		AB='转基因/PREV 5 水稻'	
=' str1/AFT N str2 '	同句，按词序出现，间隔大于 N 个词		AB='转基因/AFT 5 水稻'	
=' str1/PRG N str2'	全文，词间隔小于 N 段		AB='转基因/PRG 5 水稻'	
=' str $ N'		检索词出现 N 次	TI='转基因 $ 2'	
BETWEEN		年度阶段查询	YE BETWEEN ('2000','2013')	年、发表时间、学位年度、更新日期

使用"AND""OR""NOT"等逻辑运算符，"（ ）"符号将表达式按照检索目标组合起来。

注意事项：

(1) 所有符号和英文字母，都必须使用英文半角字符；

(2) "AND""OR""NOT"三种逻辑运算符的优先级相同；如要改变组合的顺序，请使用英文半角圆括号 "（）"将条件括起；

(3) 逻辑关系符号（与 (AND)、或 (OR)、非 (NOT)）前后要空一个字节；

(4) 使用"同句""同段""词频"时，需用一组西文单引号将多个检索词及其运算符括起，如：'流体 # 力学'。

例1　要求检索钱伟长在清华大学或上海大学时发表的文章。检索式：AU＝钱伟长 and (AF＝清华大学 or AF＝上海大学)

例2　要求检索钱伟长在清华大学期间发表的题名或摘要中都包含"物理"的文章。检索式：AU＝钱伟长 and AF＝清华大学 and (TI＝物理 or AB＝物理)

2) 专利数据库

CNKI的专利数据库，如图2-37所示。涵盖中国专利全文数据库（知网版）和海外专利摘要数据库（知网版）。专利相关的文献、成果等信息来源于CNKI各大数据库。可以通过申请号、申请日、公开号、公开日、专利名称、摘要、分类号、申请人、发明人、优先权等检索项进行检索，国内专利一次性下载专利说明书全文，国外专利说明书全文链接到欧洲专利局网站。目前，《中国专利全文数据库》共计收录专利1800万条。《海外专利数据库》共计收录专利8200万条。

图2-37　中国学术期刊（网络版）专利检索主界面

3) 中国引文数据库

中国引文数据库，如图2-38和图2-39所示，是国内期刊、科研人员、论文评价指标测算的核心数据基础。

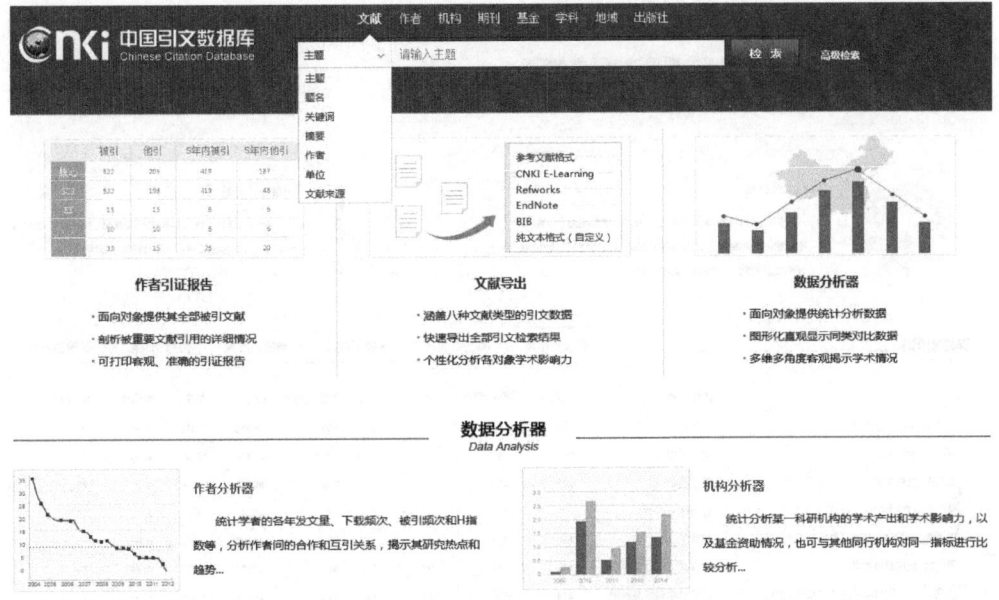

图 2-38　中国引文数据库主界面 1

图 2-38 和图 2-39 展示了中国引文数据库的功能，涵盖检索字段（包含主题、题名、关键词、摘要、作者、单位和文献来源）；各类评估对象，如文献、作者、机构、期刊、基金、学科、地域和出版社等的引用指标和引用数据检索。引用数据包括分别在核心库、SCI 和 EI 期刊中的被引、他引、5 年内被引和 5 年内他引数据。作者引证报告涵盖作者的全部被引文献、文献引用的详细情况，等等。文献导出功能涵盖 8 种文献类型的引文数据导出，全部引文检索结果以参考文献格式、Refworks、EndNote 和纯文本格式的形式导出和保存。此外，引文数据库还涵盖了各类数据分析器：作者分析器、机构分析器、期刊分析器、基金分析器、地域分析器和出版社分析器。分析器全面展示了不同评估对象的指标数据，例如，作者各年的发文量、下载频次、被引频次和 H 指数；期刊的出版、基金资助和被引情况，跟踪影响因子等评价指标的变化趋势，期刊被引和引用排序；科研机构的学术产出和学术影响力，以及基金资助情况。同时引文数据库也展示了各学科领域高被引作者、期刊、院校、医院、文献和学科的各类评估指标数据。

此外，文献引文检索的引文类型如图 2-40 所示，涵盖期刊类型引文、学位论文类型引文、会议论文类型引文、报纸类型引文、图书类型引文、专利类型引文、标准类型引文、年鉴类型引文和外文类型引文。

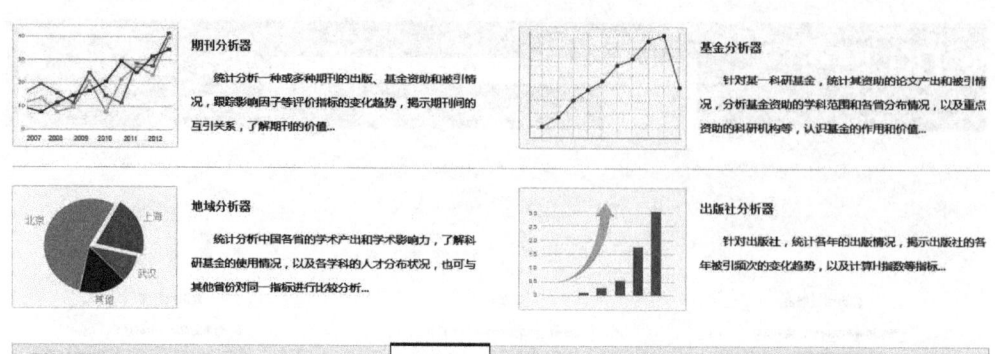

图 2-39 中国引文数据库主界面 2

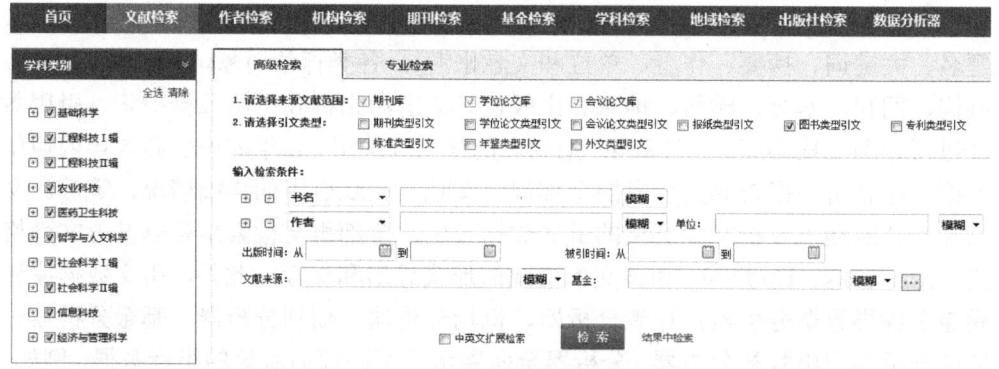

图 2-40 文献引文检索的引文类型

4) 大数据研究平台

大数据研究平台涵盖专利分析、学术图片、统计数据和学术热点。统计数据平台主界面如图 2-41 所示。

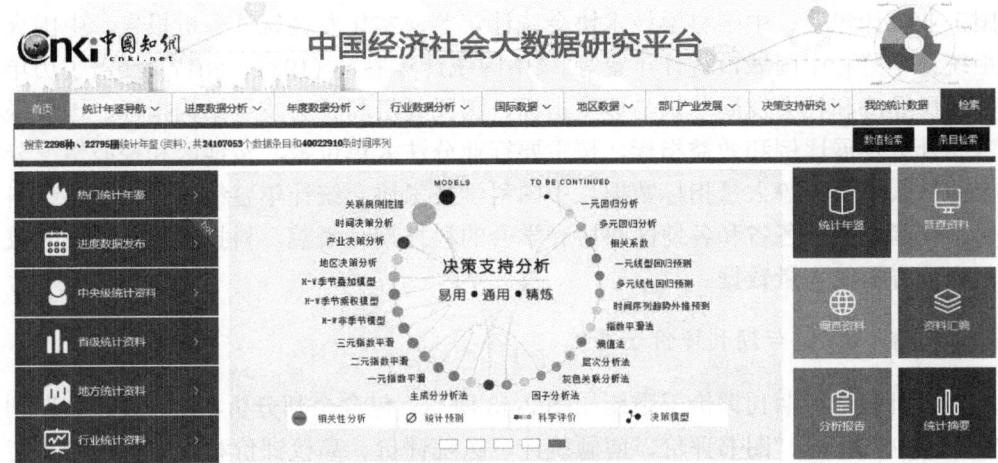

图 2-41 CNKI 统计数据平台主界面

统计数据平台涵盖 2298 种，22 795 册统计年鉴（资料），共计 24 107 053 个数据条目和 40 022 910 条时间序列，统计年鉴包含的海量数据中，涵盖大量的评价指标数据，可用于不同行业、地区、机构、高校、部门的评估与分析。此外，统计数据平台也嵌套了大量数理统计分析方法，如相关性分析、统计预测、科学评价和决策模型。其中统计年鉴导航界面如图 2-42 所示。

图 2-42 CNKI 统计年鉴导航涵盖了热点年鉴、中央级统计资料，不同行业、省份、地区和领域的统计年鉴。比如，中央级统计资料涵盖了中国统计年鉴、中

图 2-42 CNKI 统计年鉴导航界面

国工业统计年鉴、中国科学技术协会统计年鉴、文化发展统计分析报告、中国火炬统计年鉴和中国城市统计年鉴等。《中国统计年鉴》（1981～2017）涵盖了历年的国民经济和社会发展总量与速度指标、国民经济和社会发展结构指标、国民经济和社会发展比例和效益指标，按主要行业分法人单位数、按地区和控股情况分企业法人单位数等大量指标数据。中国科学技术协会统计年鉴统计了历年各级科协、全国学会、各省和各地区科协和学会的科技期刊概貌，科技传播、科技开放与交流方面的大量数据。

5) 科研统计与期刊评价子系统

科研统计与期刊评价子系统如图 2-43 所示，包含个刊分析、期刊评价、期刊管理、论文评价、图书评价、博硕统计、医院评价、高校评价和智库评价等功能模块。

2.6.3 科技文献检索过程及结果分析

科技文献主要包括论文、图书和专利，科技文献数据涵盖文献的出版和计量特征、传播、下载和引用数据。文献的出版和计量特征数据涵盖文献出版时间、出版机构、出版期刊、出版国家、出版语言、作者、文献长度、是否基金资助、文献类型、参考文献数量等；文献的传播数据涵盖文献在社交媒体，如博客、论坛和会议上出现的频率及其评论；文献的引用数据涵盖文献的被引数据和施引数据，文献被引数据是指文献在发表后不同引用年度和不同引用时间窗口的自引、他引和总引次数，以及零引、高被引的概率；文献的施引数据涵盖文献的施引文献和首次施引文献的计量特征和引用数据。科技文献的部分检索案例如下。

1. 检索案例 1：中外文文献的检索

检索需求 1：检索《信息资源评估》方面的中外文期刊论文。
检索过程：

1) 检索需求解析

对检索需求 1 进行解析，解析出中文检索词和英文检索词，以及对应的同义词。

中文检索词 1： 信息资源，其同义词包括文献、图书、论文、文章、专利、期刊和网站。

英文检索词 1: information resources，其同义词包括 literature、book、paper、article、patent、journal、website。

第 2 章 信息资源类型

中国图书引证统计分析数据库

《中国图书引证统计分析数据库》对1949年至今中国大陆出版的图书被CNKI收录的学术期刊论文、博硕士学位论文和重要会议论文引用的频次进行了统计。产品汇总了学术共同体对图书文献的使用行为,可有效揭示各学科学术影响力大、学术价值高的图书,有利于图书馆优化馆藏、指导采编,节约资金和空间,提升读者服务质量水平,也可为科研绩效评价中的学术专著提供学术影响和质量评价的客观参考数据。

高校科研成果统计分析与评价数据库

《高校科研成果统计分析与评价数据库》对全国972所高校及其学者从2006年至今的科研成果及学术影响力进行了统计分析,科研成果包括国内外期刊论文(包括中华医学会期刊)、国内外会议论文以及专利、基金项目和额度、奖励等。产品从地区、高校、作者、学科等多角度揭示高校及其科研人员在各领域的科研能力和学术影响力,为科研评估和学科发展规划提供了客观数据参考和决策依据。用户主要为高校科研处、教育管理部门、高校科研人员等。

基于大数据的期刊发展深度分析报告

为单个学术期刊提高办刊质量提供深度分析咨询服务。由专业的数据分析和期刊评价团队依据CNKI的海量学术数据,对期刊的稿件质量、学科布局、作者、机构等办刊要素进行统计分析,为期刊提供国际、国内影响力现状评价和发展趋势的相关数据,以帮助期刊知己知彼,在学术出版竞争中处于主动和有利地位。目前已为《科学通报》、《中国社会科学》、《中国电力》等众多期刊提供报告,获得了期刊编辑部的高度认可和评价。

样册下载

医院科研产出统计分析与评价数据库

《医院科研产出统计分析与评价数据库》依托CNKI数据资源,对医院科研产出大数据进行处理与分析,对全国11853家医院(包括1647家三级医院、6357家二级医院及3849家其他医院)及其学者近10年的科研产出及学术影响力进行了统计,科研成果包括国内外期刊(包括中华医学会期刊)、会议论文、专利、基金项目和额度、国家级奖励等。产品从地区、医院、作者、学科等多角度揭示医疗机构及其科研人员在医学各领域的科研能力和学术影响力,为医院科研处和医疗管理机构了解医院、科室及医生的科研能力,各地区医院的科研水平提供了客观数据参考和决策依据。

中国学术期刊国际国内影响力统计分析数据库

本数据库按年度发布我国正式出版的6000多种学术期刊国际、国内的各项定量评价指标。并统计了期刊核心作者、机构等与期刊发展要素相关的指标,为学者投稿、机构选刊、期刊编辑部办刊提供参考数据。

中国学术期刊评价开放型定制服务系统(CAJES)

本系统可满足用户对期刊定量评价的不同需求,用户可根据需要自行设定:统计的来源范围(如:全部期刊(原综合引证报告)、北大核心、中科院(CSCD)、中信所、南大(CSSCI)、社科院、skif、trif、brif、学位论文来源、会议论文来源)。还可自定义评价指标、评价方法、综合指标,排序,获得个性化期刊定量统计结果。

图 2-43 科研统计与期刊评价平台界面

中文检索词 2:评估,其同义词包括评价和指标。
英文检索词 2:evaluation,其同义词包括 assessment 和 indicator。

2) 英文文献的检索平台选择和检索策略设计

选择 Web of Science 作为检索平台，采用高级检索方式，检索字段选择标题字段，时间跨度为所有年。然后对检索需求进行解析，由于要检索信息资源评估方面的期刊论文，因此检索式中应该既包含信息资源方面的检索词，又包含评估方面的检索词，信息资源与评估之间用 AND 连接。此外，信息资源有很多同义词，评估也有相关的同义词，为提高检全率，信息资源与其同义词之间要用 OR 连接，并用括号括起来；评估及其同义词之间也要用 OR 连接，并用括号括起来。设计的检索式如下：

TI= (information resources OR literature OR book OR paper OR article OR patent OR journal OR website) AND TI= (evaluation OR assessment OR indicator)。

检索式输入图 2-34 所示的高级检索界面，检索结果如图 2-44 所示，共计 3310 篇信息资源评估方面的期刊论文，检索结果展示如图 2-45 所示。

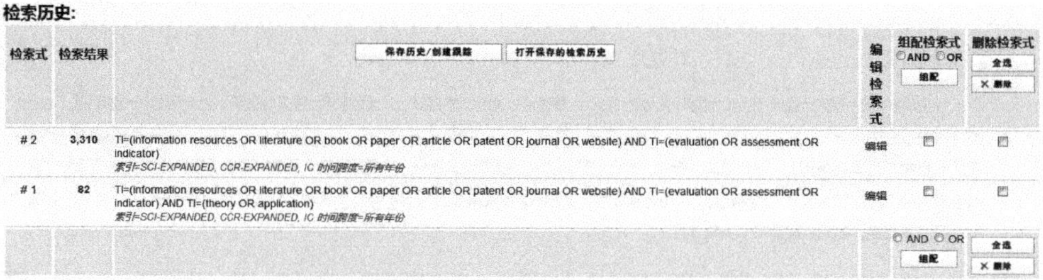

图 2-44　检索结果

图 2-45 展示了"信息资源评估"方面的国际文献，同时右侧界面展示了领域文献中的高被引文献、热点文献、文献年度分布、文献学科类别分布、文献类型分布、文献发表机构分布、文献基金资助类别分布等。文献可以按被引频次、使用频次、相关性等指标排序，也可以按出版日期、第一作者、来源出版物名称等特征排序。并且文献的这些原文计量特征能够以每次 500 条的规模保存到不同类型文档中。保存界面如图 2-46 所示。

保存界面中可以设置记录的条数（如 1~500、501~1000）；记录内容（可以涵盖全记录与引用的参考文献，全记录为文献的所有计量特征，包括文献作者、发表时间和期刊、发文机构、页数等）；文件格式（可以保存为很多文献格式，比如，可用于知识图谱分析的纯文本格式，可用 Excel 打开的制表符分隔（Win、UTF-8）格式）。

第 2 章 信息资源类型

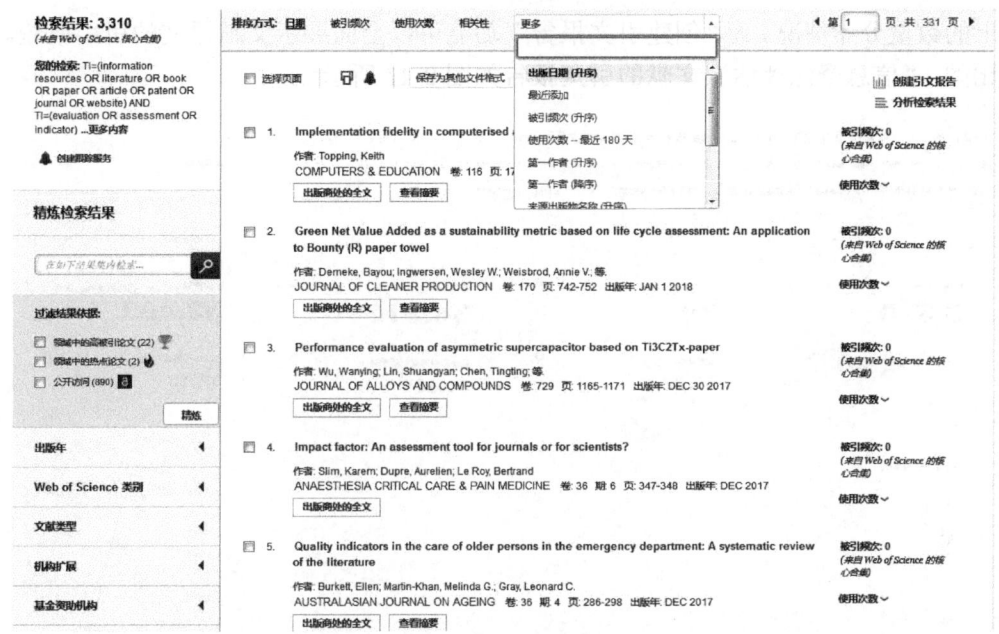

图 2-45 检索结果展示

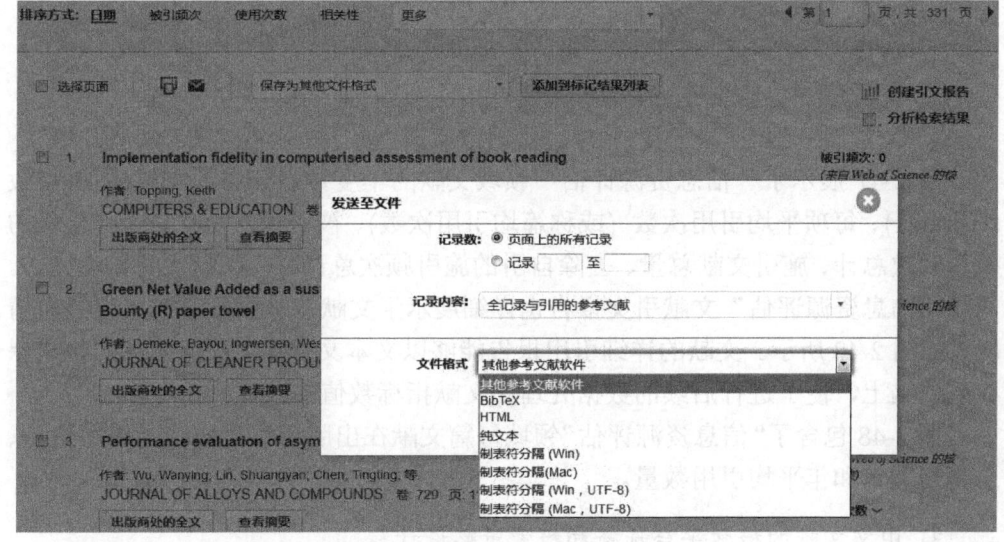

图 2-46 文献原文计量特征的保存界面

此外，图 2-46 所示检索结果展示界面右上角也显示了"创建引文报告"功能和"分析检索结果"功能。"分析检索结果"功能主要统计分析文献在各计量特征上的数量分布情况。而"创建引文报告"功能可以全面展示文献原文的引用概貌。比如,"信息资源评估"文献的引文报告如图 2-47 所示。

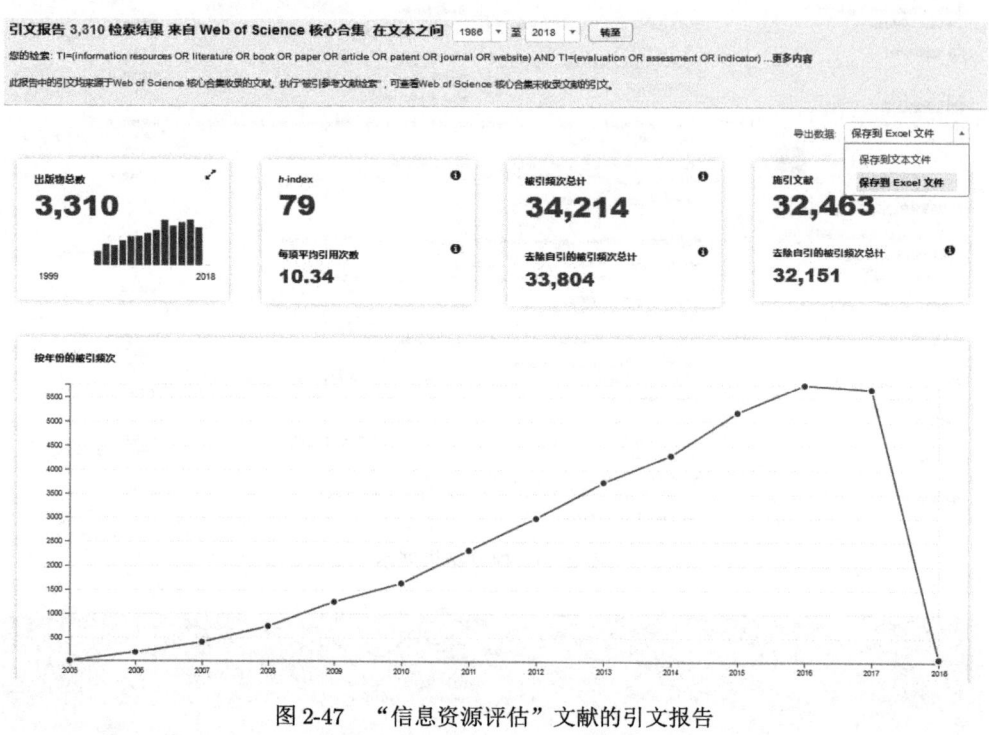

图 2-47 "信息资源评估"文献的引文报告

图 2-47 展示了"信息资源评估"领域文献的年度数量分布、文献的 H 指数 (H-index)、每项平均引用次数(或称篇均引用次数)、被引频次总计、去除自引的被引频次总计、施引文献总量、去除自引的施引频次总计、被引频次的年度分布。同时"信息资源评估"文献引文报告也详细展示了文献总被引数量的年度分布情况,如图 2-48 所示。文献的详细引用报告能够以文本文件或 Excel 文件的格式保存到电脑上,便于进行后续的数据处理和文献指标数值的计算。

图 2-48 包含了"信息资源评估"领域每篇文献在出版后不同年代的引用数量、总引用数量和年平均引用数量。

3) 中文文献的检索平台选择和检索策略设计

选择中国知网的中国学术期刊(网络版)作为检索平台,采用专业检索方式,检索字段选择标题和关键词字段,时间跨度为所有年。然后对检索需求进行解析,由于要检索信息资源评估方面的期刊论文,因此检索式中应该既包含信息资源方

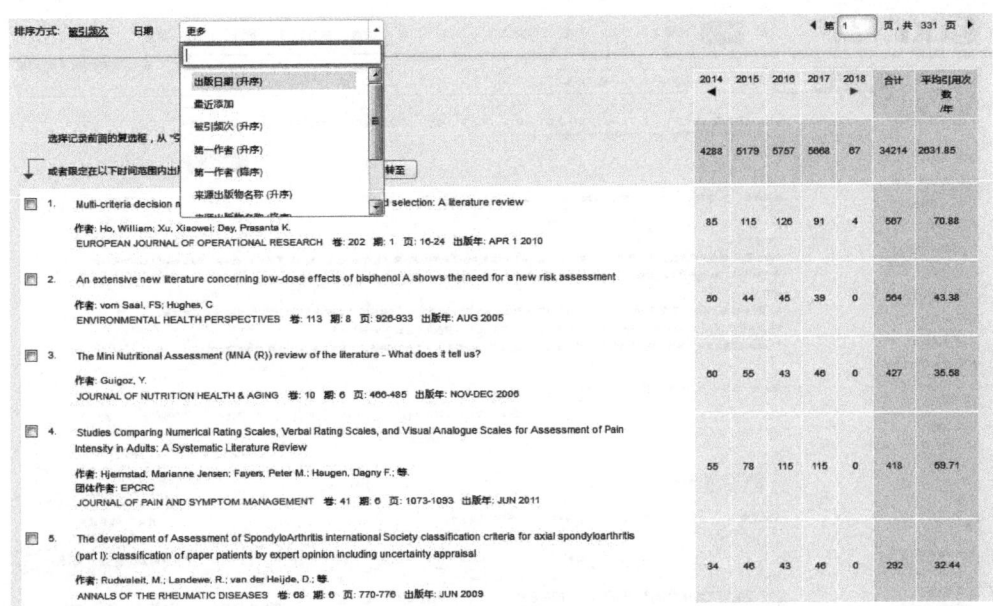

图 2-48 "信息资源评估"领域每篇文献的引用分布情况

面的检索词,又包含评估方面的检索词,信息资源与评估之间用 and 连接。此外,信息资源有很多同义词,评估也有相关的同义词,为提高检全率,信息资源与其同义词之间要用 or(也可用加号"+")连接,并用括号括起来;评估及其同义词之间也要用 or(或者用加号"+")连接,并用括号括起来。由于要同时实现标题检索和关键词检索,因此两个子检索式各自括起来,并用 or 连接。设计的检索式如下:

(TI=(信息资源+文献+图书+论文+文章+专利+期刊+网站) and TI=(评估+评价+指标)) or (KY=(信息资源+文献+图书+论文+文章+专利+期刊+网站) and KY=(评估+评价+指标))

检索式输入图 2-49 所示的专业检索界面,检索结果展示如图 2-49 所示。

图 2-49 展示了信息资源评估中文文献的检索结果,检索记录可以按学科、发表年度、基金、研究层次、作者和机构分类浏览,并可以按发表时间、被引、下载频次排序,可以将文献原文计量特征信息批量导出。然后从中国引文数据库中导出文献的引用数据,从而组合成文献原文-引文分析样本库,实现文献及文献载体(如期刊)相关评估指标数据的收集和测算。

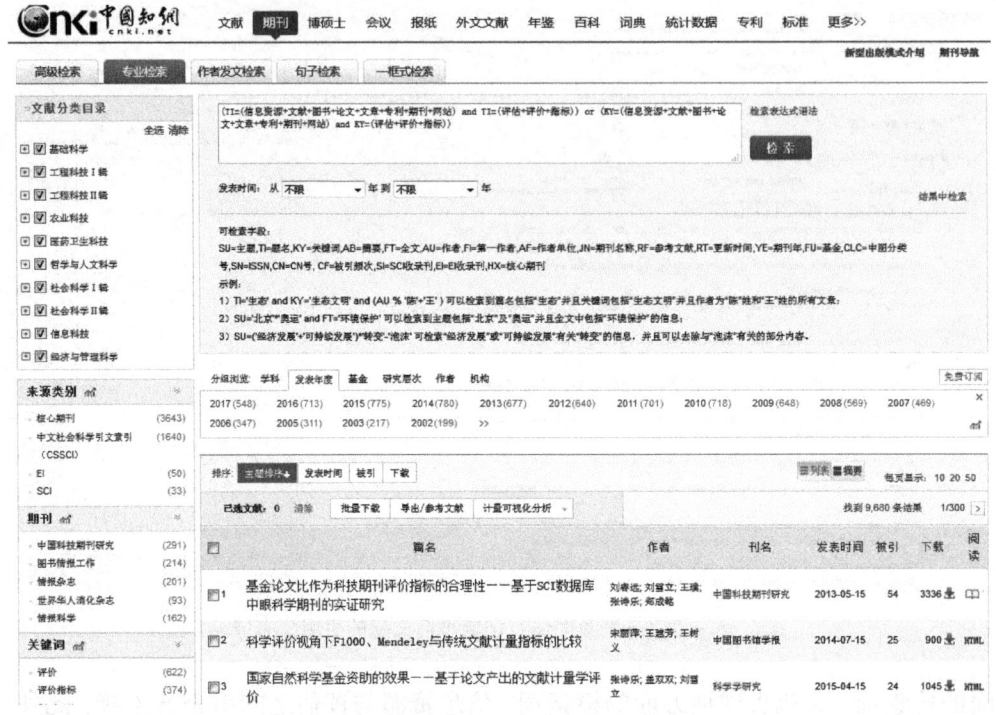

图 2-49 中文文献的检索式及检索结果

2. 检索案例 2：中英文期刊论文原文-引文库的构建

中英文样本期刊数据的选择、采集与处理

1) 中英文期刊样本的选择

检索的中英文期刊样本涉及 10 个学科的 60 本不同影响因子中英文期刊，具体筛选过程及期刊介绍如下（胡泽文，2014）。

选出的 10 个学科包括：自然科学的生物学类和化学类、工程科学的电子工程类和航空航天工程类、数学类、社会科学的图书情报学类和经济学类、人文学科的历史学类和语言学类、多学科类。

各学科英文期刊的选择条件和过程

(1) 从 2011 年期刊引证报告科学版（2011 JCR Science Edition）的自然科学(生物学类和化学类)、工程科学（电子工程类和航空航天工程类）、数学类和多学科类六个学科内影响因子位于 TOP area (5%)、Middle area (5%) 和 Bottom area (5%) 的期刊中各选一本代表性期刊（尽量是期刊主办者、期刊影响因子、期刊语言和期刊类型等差异比较大的期刊)作为这六个学科的样本期刊。另外从2011年期刊引证报告社会科学版(2011 JCR Social Sciences Edition)的社会科学(图书情报学类和经济学类)和人文学科(历史学类和语言学类)四个学科影响因子位于 TOP area (5%)、Middle area (5%) 和 Bottom area (5%) 的期刊中各选一本代表性期刊作为这四个学科的样本期刊。位于三个影响因子区域是充分条件,而非必要条件。会尽量选择位于三个区域的期刊,但由于需要满足其他两个条件,少量个别期刊可能没有位于所界定的影响因子区域,这也被视为正确的样本。

(2) 选择的自然科学、工程科学、数学类和多学科类样本期刊在1997年以来的历年期刊引证报告科学版中都存在;选择的社会科学和人文学科样本期刊在2007年以来的历年期刊引证报告科学版中都存在。

(3) 所选样本期刊被SCI收录的年代位于1990年(包括此年)之前。

英文样本期刊的列表见表2-3。

表2-3 英文样本期刊的列表

期刊名称	简称	ISSN
Quarterly Review of Biology	Q REV BIOL	0033-5770
Journal of Radiation Research	J RADIAT RES	0449-3060
American Biology Teacher	AM BIOL TEACH	0002-7685
Analytical Chemistry	ANAL CHEM	0003-2700
Journal of Organometallic Chemistry	J ORGANOMET CHEM	0022-328X
Journal of Structural Chemistry	J STRUCT CHEM+	0022-4766
Progress in Quantum Electronics	PROG QUANT ELECTRON	0079-6727
Journal of Materials Science-Materials in Electronics	J MATER SCI-MATER EL	0957-4522
Fujitsu Scientific & Technical Journal	FUJITSU SCI TECH J	0016-2523
Esa Bulletin-European Space Agency	ESA BULL-EUR SPACE	0376-4265
Aeronautical Journal	AERONAUT J	0001-9240
Aerospace America	AEROSPACE AM	0740-722X
Acta Mathematica	ACTA MATH-DJURSHOLM	0001-5962
Journal of Symbolic Logic	J SYMBOLIC LOGIC	0022-4812

续表

期刊名称	简称	ISSN
Proceedings of the Indian Academy of Sciences-Mathematical Sciences	P INDIAN AS-MATH SCI	0253-4142
Mis Quarterly	MIS QUART	0276-7783
Library Resources & Technical Services	LIBR RESOUR TECH SER	0024-2527
Library and Information Science	LIBR INFORM SC	0373-4447
Journal of Economic Literature	J ECON LIT	0022-0515
Economic History Review	ECON HIST REV	0013-0117
Revue D Etudes Comparatives Est-Ouest	REV ETUD COMP EST-O	0338-0599
American Historical Review	AM HIST REV	0002-8762
Journal of Interdisciplinary History	J INTERDISCIPL HIST	0022-1953
Zeitgeschichte	ZEITGESCHICHTE	0256-5250
Brain and Language	BRAIN LANG	0093-934X
Applied Psycholinguistics	APPL PSYCHOLINGUIST	0142-7164
Canadian Modern Language Review	CAN MOD LANG REV	0008-4506
Science	SCIENCE	0036-8075
Science China-Mathematics	SCI CHINA MATH	1674-7283
Interdisciplinary Science Reviews	INTERDISCIPL SCI REV	0308-0188

各学科中文期刊的选择条件和过程

(1) 从 2011 版中国科技期刊引证报告（核心版）的自然科学（生物学类和化学类）、工程科学（电子工程类和航空航天工程类）和数学类五个学科综合排名位于 Top area (5%)、Middle area (5%) 和 Bottom area (5%) 的期刊中各选一本代表性期刊（尽量是期刊影响因子、期刊主办者、期刊语言和期刊类型等差异比较大的期刊）作为这五个学科的样本期刊。另外从 2010~2011 版中文社会科学引文索引 CSSCI 来源期刊的社会科学（图书情报学类和经济学类）和人文学科（历史学类和语言学类）四个学科综合排名位于 Top area (5%)、Middle area (5%) 和 Bottom area (5%) 的期刊中各选一本代表性期刊作为这四个学科的样本期刊。

(2) 国内多学科类期刊分类比较特殊，有自然科学版的综合类期刊和综合大学学报类期刊，社会科学版的综合类期刊和综合大学学报类期刊。因此，从 2011 版中国科技期刊引证报告（核心版）综合排名位于 Top area (5%) 的综合类期刊中选择一本期刊,并从 2010~2011 版中文社会科学引文索引 CSSCI 来源期刊综合排名位于 Middle area (5%) 综合大学学报类期刊中选择一本期刊和综合排名位于 Bottom area (5%) 的综合类期刊中选择一本期刊作为多学科类的样本期刊。

(3) 选择的样本期刊在 2006 年以来的历年中国科技期刊引证报告 (核心版) 和中文社会科学引文索引 CSSCI 来源期刊中都存在。

(4) 所选样本期刊被 CSTPCD 收录的年代位于 1990 年 (包括此年) 之前。中文样本期刊的列表见表 2-4。

表 2-4 中文样本期刊的列表

期刊名称	ISSN	期刊名称	ISSN
生态学报	1000-0933	数学杂志	0255-7797
植物研究	1673-5102	中国图书馆学报	1001-8867
人类学学报	1000-3193	情报科学	1007-7634
分析化学	1872-2040	图书与情报	1003-6938
有机化学	0253-2786	历史研究	0459-1909
高分子科学 (英文版)	0256-7679	世界历史	1002-011X
电子学报	0372-2112	东南文化	1001-179X
电子器件	1005-9490	外语教学与研究	1000-0429
电视技术	1002-8692	方言	0257-0203
航空学报	1000-6893	汉语学习	1003-7365
固体火箭技术	1006-2793	科学通报	0023-074X
宇航计测技术	1000-7202	河南大学学报 (社会科学版)	1000-5242
数学学报	0583-1431	青海社会科学	1001-2338
应用数学学报 (英文版)	0168-9673		

2) 30 本英文期刊数据的采集与处理

i) 采集说明

数据来源:Web of Science 数据库。

采集时间:2013.10.17。

采集内容:30 本英文样本期刊的原文数据及其引文数据。

样本期刊论文的出版和引用时间范围:1990~2012 年。

采集方式:数据库检索+手工下载。

检索式：SO= (Q REV BIOL OR COMPUT BIOL CHEM OR PERIOD BIOL OR ANAL CHEM OR J ORGANOMET CHEM OR PETROL CHEM+ OR Quantum Electron OR J MATER SCI-MATER EL OR FUJITSU SCI TECH J OR PROG AEROSP SCI OR Aeronaut J OR AEROSPACE AM OR ACTA MATH-DJURSHOLM OR J SYMBOLIC LOGIC OR P INDIAN AS-MATH SCI OR SCIENCE OR SCI CHINA SER A OR ARAB GULF J SCI RES OR MIS QUART OR LIBR RESOUR TECH SER OR LIBR INFORM SC OR J ECON LIT OR ECON HIST REV OR REV ETUD COMP EST-O OR AM HIST REV OR J INTERDISCIPL HIST OR Zeitgeschichte OR BRAIN LANG OR Linguistics OR INT J AM LINGUIST) 时间跨度=1990-2012 数据库=SCI-EXPANDED, SSCI。其中"SO"为出版物名称，"OR"为"或者"命令，"OR"命令前后检索词为 30 本英文刊物名称的缩写。除了用期刊简称来检索期刊论文数据外，还可以使用期刊全称或期刊 ISSN 号来检索期刊论文数据。

ii) 30本英文期刊原文-引文数据的采集与处理过程

(1) 数据检索。使用上述检索式去检索数据库：SCI-EXPANDED, SSCI，获得 169 704 条记录；

(2) 原文数据下载。在手工下载时，将记录的内容设置为：全记录（包括作者、标题、来源出版物、年卷期、页码、参考文献数量等信息，但不包括引用的参考文献），文件格式设置为：制表符分隔（Win,UTF-8）格式，一次下载 500 条，保存为文本文件格式。最后用文本处理软件将下载后的所有文本文件合并为一个大文件，导入到 Visual FoxPro 9.0 数据库后，即形成 30 本英文期刊的初始原文库：Citing1990-2012；

(3) 引文数据下载。使用 Web of Science 数据库的引文报告分析功能，统计出期刊每条原文被引总数的历年分布数据，然后手工将这些原文引用的历年分布数据下载成 Excel 格式的文件，下载完后，手工将这些 Excel 格式文件合并为一个文件，导入到 Visual FoxPro 9.0 数据库后，即形成 30 本英文期刊的初始引文库：Cited1990-2012。

(4) 期刊原文库和引文库数据的检查和核对。首先利用命令：SELECT source_j,py,COUNT (*) FROM Citing1990-2012 GROUP BY source_j,py，SELECT source_j,py,COUNT (*) FROM Cited1990-2012 GROUP BY source_j,py 和 SELECT source_j,COUNT (*) FROM query GROUP BY source_j 检查每本期刊名称及其年代是否遗失。第一条和第二条命令能够查询出原文库和引文库中英文期刊名称及其对应的年代，第二条命令则在前两条命令的查询结果（Query.dbf）基础上，统计出所有样本期刊及其对应的年代数量。由于本书 30 本样本期刊原文数据和引文数据的年代都是 1990~2012, 即 23 年。如果出现期刊名称对应的年代数量少于 23 的, 则说明该期刊的数据有缺失。基于此查找数据缺失的原因 (主要因更名导致数据缺失), 把缺失的期刊数据补充上, 即形成最终的原文库和引文库, 共计 172 700 条原文记录及其引用信息。

(5) 原文库和引文库的合并。如果利用程序: sele Citing1990-2012.*, Cited1990-2012.* from Citing1990-2012.dbf, Cited1990-2012.dbf into table Citing-Cited1990-2012.dbf 将原文库和引文库直接合并, 会因映射关系过多而导致合并后的库太大, 无法有效处理。因此, 在原文库与引文库建立标题 (Ti) 和作者 (Au) 索引互联 (字段映射) 的前提下, 利用程序将引文库中没有的, 但实证分析需要的字段: 原文库中的论文类型 (dt)、语言 (la)、第一作者地址 (rp)、参考文献数量 (nr) 和学科类别 (sc) 字段, 从原文库中替换过来, 从而形成 30 本英文期刊的原文-引文库: Citing-Cited1990-2012.dbf。由于零被引率影响因素分析时还需要作者数量 (Aucnt) 和论文页数 (Pn) 字段, 因此直接在原文-引文库: Citing-Cited1990-2012.dbf 中利用程序将作者数量和论文页数统计出来, 形成最终的原文-引文库: Citing-Cited1990-2012.dbf。30 本英文期刊原文-引文库的数据结构及其数据展示如图 2-50 和图 2-51 所示。

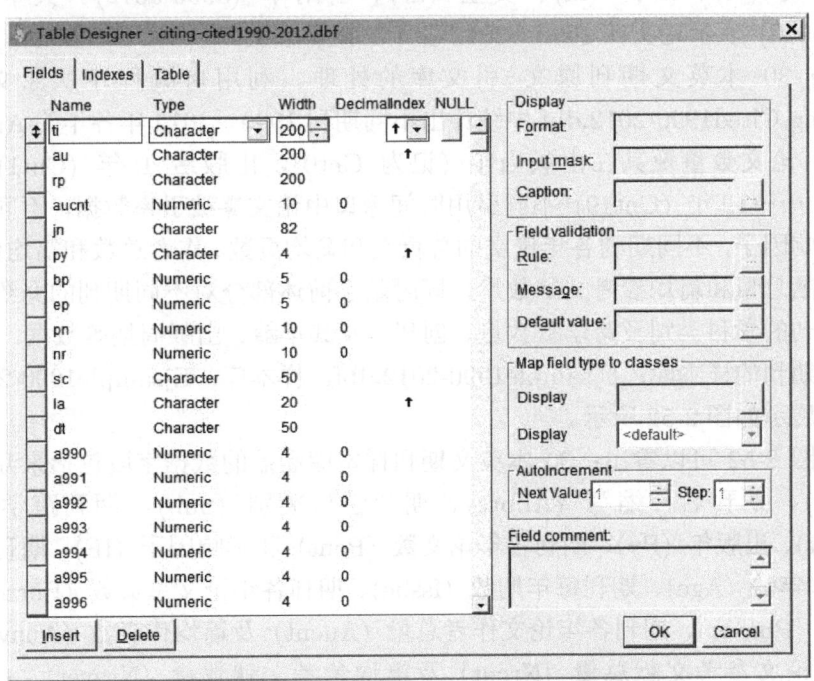

图 2-50　30 本英文期刊原文-引文库的数据结构

Citing_cited1990_2012

Ti	Au	Rp	Aucnt	Jn	Py	Bp	Ep	Pn	Nr	Sc	La	Dt
2-PHOTON	DENK, V		3	SCIENCE	1990	73	76	4	19	Science &	English	ARTICLE
SYSTEMATI	TUERK,	TUEF	2	SCIENCE	1990	505	510	6	36	Science &	English	ARTICLE
CD14, A RE	WRIGHT	WRIC	5	SCIENCE	1990	1431	1433	3	27	Science &	English	ARTICLE
GERM LINE	MALKIN,		11	SCIENCE	1990	1233	1238	6	41	Science &	English	ARTICLE
DIRECT GE	WOLFF,	WOL	7	SCIENCE	1990	1465	1468	4	32	Science &	English	ARTICLE
SOLID-PHA	ARTHUF		2	ANALYTIC	1990	2145	2148	4	13	Chemistry	English	LETTER
ASSOCIATI	WERNE	WER	3	SCIENCE	1990	76	79	4	49	Science &	English	ARTICLE
A CELL-CU	SCHWA	SCH	1	SCIENCE	1990	1349	1356	8	143	Science &	English	REVIEW
D1 AND D2	GERFE	GERI	7	SCIENCE	1990	1429	1432	4	37	Science &	English	ARTICLE
SUPPRESS	BAKER,		5	SCIENCE	1990	912	915	4	43	Science &	English	ARTICLE
NEUROTR(	YANKNE	YANK	3	SCIENCE	1990	279	282	4	33	Science &	English	ARTICLE
THE STAPH	MARRA(	MARI	2	SCIENCE	1990	705	711	7	111	Science &	English	ARTICLE
IDENTIFICA	FEARON		11	SCIENCE	1990	49	56	8	82	Science &	English	ARTICLE
INDUCTION	MURPH	MUR	3	SCIENCE	1990	1720	1723	4	25	Science &	English	ARTICLE
SEARCHIN(	SCOTT,		2	SCIENCE	1990	386	390	5	23	Science &	English	ARTICLE
INDUCTION	DALEY,	DALE	3	SCIENCE	1990	824	830	7	38	Science &	English	ARTICLE
LINKAGE O	HALL, J	HALL	7	SCIENCE	1990	1684	1689	6	44	Science &	English	ARTICLE
HIGH-RES(	LICHTE	LICH	7	SCIENCE	1990	64	69	6	54	Science &	English	ARTICLE
REDOX RE	ABATE,		4	SCIENCE	1990	1157	1161	5	47	Science &	English	ARTICLE
PRIMING A	TULVIN(	TULV	2	SCIENCE	1990	301	306	6	117	Science &	English	ARTICLE
OBSERVAT	TANS, P	TANS	3	SCIENCE	1990	1431	1438	8	64	Science &	English	ARTICLE
ELAM-1 ME	PHILLIP		7	SCIENCE	1990	1130	1132	3	54	Science &	English	ARTICLE
STRUCTUR	SCHUM		8	SCIENCE	1990	1429	1431	3	24	Science &	English	ARTICLE
PATENT ST	GRILICH	GRIL	1	JOURNAL	1990	1661	1707	47	150	Business	English	ARTICLE
SONOCHEI	SUSLIC	SUSI	1	SCIENCE	1990	1439	1445	7	59	Science &	English	ARTICLE
A FAMILY O	KEINAN		8	SCIENCE	1990	556	560	5	47	Science &	English	ARTICLE
TRANSCRI	DIAMON	DIAM	4	SCIENCE	1990	1266	1272	7	63	Science &	English	ARTICLE
CLEAVAGE	ESCH, F	ESCI	8	SCIENCE	1990	1122	1124	3	21	Science &	English	ARTICLE
BIOLOGICA	SCHLES	SCHI	7	SCIENCE	1990	1043	1048	6	142	Science &	English	REVIEW
BIOMASS B	CRUTZE	CRU	2	SCIENCE	1990	1669	1678	10	134	Science &	English	ARTICLE
BIOPHYSIC	HOSHI		3	SCIENCE	1990	533	538	6	32	Science &	English	ARTICLE

Ti	A990	A991	A992	A993	A994	A995	A996	A997	A998	A999	A000	A001	A002	A003	A004	A005	A006	A007	A008	A009	A010	A011	A012
2-PHOTON	0	4	9	21	23	36	63	64	82	145	183	183	220	238	307	317	328	328	345	347	378	363	359
SYSTEMATI	1	22	33	49	61	71	113	118	75	95	75	77	95	107	119	136	144	190	212	278	296	329	350
CD14, A RE	1	48	77	164	146	174	172	183	147	157	182	152	187	151	120	120	108	96	103	102	74	75	74
GERM LINE	4	108	194	232	232	184	138	153	107	110	112	85	73	58	61	69	52	61	66	67	97	62	65
DIRECT GE	6	43	48	85	70	125	165	165	165	183	142	126	112	110	102	123	84	85	69	66	73	58	61
SOLID-PHA	0	1	7	10	10	23	47	49	66	86	96	75	92	101	117	122	160	164	153	160	179	180	200
ASSOCIATI	22	100	142	132	184	135	158	121	116	94	89	69	82	61	56	57	44	46	57	47	41	39	42
A CELL-CU	10	86	118	171	158	172	168	128	145	106	96	77	52	69	53	54	31	24	23	19	21	17	11
D1 AND D2	1	22	87	103	104	120	113	110	76	86	119	76	73	71	52	55	47	62	56	66	74	71	61
SUPPRESS	8	89	148	177	184	188	164	109	94	99	86	66	58	32	30	16	25	29	23	29	15	27	15
NEUROTR(	3	55	101	103	125	121	118	127	104	84	69	88	83	66	65	46	44	47	41	41	37	44	28
THE STAPH	14	120	149	157	141	144	154	126	100	80	81	66	39	41	38	28	26	26	16	26	32	16	13
IDENTIFICA	74	175	165	187	145	131	100	99	77	68	54	46	37	36	27	30	17	25	23	18	21	22	20
INDUCTION	0	21	57	71	82	72	76	76	99	111	101	112	101	83	85	77	76	59	64	48	34	27	31
SEARCHIN(	4	42	63	86	95	107	104	104	89	93	91	83	81	77	52	56	50	45	35	52	46	50	45
INDUCTION	12	49	53	70	73	87	72	68	65	57	63	77	99	99	82	47	66	54	79	55	61	60	42
LINKAGE O	3	33	78	132	138	122	110	100	86	76	84	54	59	37	39	38	55	24	47	50	37	30	28
HIGH-RES(	33	95	126	149	165	147	116	109	85	83	45	39	31	23	26	19	18	8	19	16	13	6	6
REDOX RE	1	34	74	88	101	107	136	105	88	87	96	57	66	47	44	38	32	29	26	22	27	26	25
PRIMING A	20	43	74	75	78	79	91	77	64	61	61	64	49	45	52	49	56	37	56	50	56	31	51
OBSERVAT	11	42	68	85	56	109	90	72	91	80	69	76	70	54	62	27	52	45	29	29	37	29	25
ELAM-1 ME	0	73	143	135	167	139	113	95	84	42	73	43	39	28	16	27	20	18	5	11	10	8	23
STRUCTUR	1	26	60	93	89	100	75	82	62	69	63	71	54	61	58	47	36	32	39	38	33	32	33
PATENT ST	0	2	4	12	20	15	17	15	22	33	40	30	43	39	54	57	63	84	90	115	132	113	130
SONOCHEI	2	15	11	19	20	16	30	32	32	24	27	31	55	52	61	67	78	65	73	113	95	96	112
A FAMILY O	7	83	139	152	121	96	98	68	68	53	47	46	30	28	20	22	17	17	16	17	18	19	12
TRANSCRI	2	109	143	162	131	113	95	64	61	54	33	38	36	23	17	15	19	12	19	11	10	13	5
CLEAVAGE	9	84	122	105	142	94	84	71	63	45	42	40	30	22	22	26	22	18	18	24	24	23	26
BIOLOGICA	2	18	9	19	17	24	30	45	41	47	64	50	51	58	51	59	71	76	80	75	77	72	80
BIOMASS B	0	15	31	32	44	56	59	44	64	45	58	49	56	78	46	50	41	44	50	63	58	74	49
BIOPHYSIC	2	37	64	64	84	67	82	77	84	78	47	55	49	40	47	33	28	25	38	27	27	29	31

图 2-51　30 本英文期刊原文-引文库的数据展示

从图 2-50 和图 2-51 可以看出：30 本英文期刊原文-引文库涵盖的数据字段包括论文的标题 (ti)、作者 (au)、通讯作者 (rp)、作者数量 (aucnt)、来源期刊名称 (jn)、出版年 (py)、起始页 (bp)、结束页 (ep)、页数 (pn)、参考文献数量 (nr)、学科分类 (sc)、语言 (la)、类型 (dt)、引用年 (a990-a012)。其中引用年 (a990-a012) 表示论文在 1990～2012 各年的被引频次。

(6) 30 本英文期刊原文-引文库的处理。利用自编程序从原文-引文库 Citing-Cited1990-2012.dbf 中统计出不同期刊 1990～2012 年各年的 Article 和 Review 论文数量及其在出版当年 (记为 Cnt0)，出版后 1 年 (Cnt1)、2 年 (Cnt2) ……19 年 (Cnt19) 不同引用时间窗口中论文零被引率数据，不同期刊各年的影响因子，不同期刊各年论文的总页数和篇均页数、作者总数和篇均作者数、参考文献总量和篇均参考文献数量，同时基于前述部分对不同期刊的介绍，增加不同期刊的学科类别及跨学科数量、创刊年及其年龄、出版周期等数据，形成 30 本英文期刊的样本库：Ejsample1990-2012.dbf。样本库：Ejsample1990-2012.dbf 的数据展示如图 2-52 所示。

从图 2-52 可以看出：30 本英文期刊样本库涵盖的数据字段包括来源期刊名称 (Jn)、期刊名称缩写 (Abbre)、期刊学科类别 (Sub)、期刊跨学科数量 (Subcnt)、出版年 (Py)、期刊各年论文数 (Pcnt) 和影响因子 (IF)、期刊创刊年 (Fy) 和年龄 (Age)、期刊每年期数 (Issue)、期刊各年论文总页数 (Pncnt) 及篇均页数 (Pnaver)、期刊各年论文作者总量 (Aucnt) 及篇均作者数 (Auaver)、期刊各年论文参考文献总量 (Nrcnt) 及篇均参考文献数量 (Nraver)、Cnt0 至 Cnt19 表示论文出版后当年至出版后 19 年。

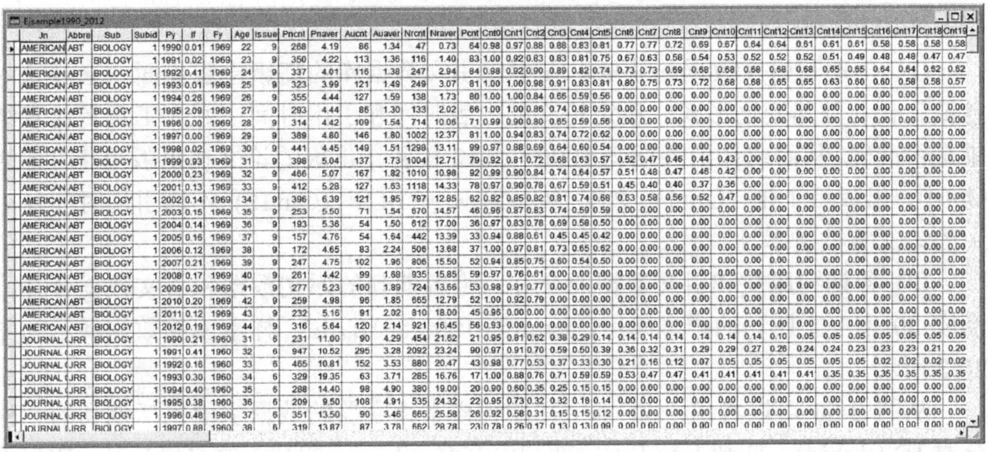

Ejsample1990_2012

Jn	Abbre	Sub	Subid	Py	If	Fy	Age	Issue	Pncnt	Pnaver	Aucnt	Auaver	Nrcnt	Nraver	Pcnt	Cnt0	Cnt1	Cnt2	Cnt3	Cnt4	Cnt5	Cnt6	Cnt7	Cnt8	Cnt9	Cnt10	Cnt11	Cnt12	Cnt13	Cnt14	Cnt15	Cnt16	Cnt17	Cnt18	Cnt19
AMERICAN	ABT	BIOLOGY	1	1990	0.01	1969	22	9	268	4.19	86	1.34	47	0.73	64	0.98	0.97	0.88	0.88	0.83	0.81	0.77	0.77	0.72	0.69	0.67	0.64	0.64	0.61	0.61	0.61	0.58	0.58	0.58	0.58
AMERICAN	ABT	BIOLOGY	1	1991	0.02	1969	23	9	350	4.22	113	1.36	116	1.40	83	1.00	0.92	0.83	0.83	0.81	0.75	0.67	0.63	0.58	0.54	0.53	0.52	0.52	0.52	0.51	0.49	0.48	0.48	0.47	0.47
AMERICAN	ABT	BIOLOGY	1	1992	0.41	1969	24	9	337	4.01	116	1.38	247	2.94	84	0.98	0.92	0.90	0.89	0.82	0.74	0.73	0.73	0.69	0.68	0.68	0.68	0.68	0.68	0.65	0.65	0.64	0.64	0.62	0.62
AMERICAN	ABT	BIOLOGY	1	1993	0.01	1969	25	9	323	3.99	121	1.49	249	3.07	81	1.00	1.00	0.98	0.91	0.83	0.81	0.80	0.75	0.73	0.72	0.68	0.68	0.65	0.65	0.63	0.60	0.60	0.58	0.58	0.57
AMERICAN	ABT	BIOLOGY	1	1994	0.26	1969	26	9	355	4.44	127	1.59	138	1.73	80	1.00	1.00	0.84	0.66	0.59	0.56	0.00	0.00	0.00	0.00	0.00	0.00	0.00	0.00	0.00	0.00	0.00	0.00	0.00	0.00
AMERICAN	ABT	BIOLOGY	1	1995	2.09	1969	27	9	293	4.44	86	1.30	133	2.02	66	1.00	1.00	0.86	0.74	0.68	0.59	0.00	0.00	0.00	0.00	0.00	0.00	0.00	0.00	0.00	0.00	0.00	0.00	0.00	0.00
AMERICAN	ABT	BIOLOGY	1	1996	0.00	1969	28	9	314	4.42	109	1.54	714	10.06	71	0.99	0.90	0.80	0.65	0.59	0.56	0.00	0.00	0.00	0.00	0.00	0.00	0.00	0.00	0.00	0.00	0.00	0.00	0.00	0.00
AMERICAN	ABT	BIOLOGY	1	1997	0.00	1969	29	9	389	4.80	146	1.80	1002	12.37	81	1.00	0.94	0.83	0.74	0.72	0.62	0.00	0.00	0.00	0.00	0.00	0.00	0.00	0.00	0.00	0.00	0.00	0.00	0.00	0.00
AMERICAN	ABT	BIOLOGY	1	1998	0.02	1969	30	9	441	4.45	149	1.51	1298	13.11	99	0.97	0.88	0.69	0.64	0.60	0.54	0.00	0.00	0.00	0.00	0.00	0.00	0.00	0.00	0.00	0.00	0.00	0.00	0.00	0.00
AMERICAN	ABT	BIOLOGY	1	1999	0.93	1969	31	9	398	5.04	137	1.73	1004	12.71	79	0.92	0.81	0.72	0.68	0.63	0.57	0.52	0.47	0.46	0.44	0.43	0.00	0.00	0.00	0.00	0.00	0.00	0.00	0.00	0.00
AMERICAN	ABT	BIOLOGY	1	2000	0.23	1969	32	9	466	5.07	167	1.82	1010	10.98	92	0.99	0.90	0.84	0.74	0.64	0.57	0.51	0.48	0.47	0.46	0.42	0.00	0.00	0.00	0.00	0.00	0.00	0.00	0.00	0.00
AMERICAN	ABT	BIOLOGY	1	2001	0.13	1969	33	9	412	5.28	127	1.63	1118	14.33	78	0.97	0.90	0.78	0.67	0.59	0.51	0.45	0.40	0.40	0.37	0.36	0.00	0.00	0.00	0.00	0.00	0.00	0.00	0.00	0.00
AMERICAN	ABT	BIOLOGY	1	2002	0.14	1969	34	9	396	6.39	121	1.95	797	12.85	62	0.92	0.85	0.82	0.81	0.74	0.68	0.63	0.58	0.56	0.52	0.47	0.00	0.00	0.00	0.00	0.00	0.00	0.00	0.00	0.00
AMERICAN	ABT	BIOLOGY	1	2003	0.15	1969	35	9	253	5.50	71	1.54	670	14.57	46	0.96	0.87	0.83	0.74	0.59	0.59	0.00	0.00	0.00	0.00	0.00	0.00	0.00	0.00	0.00	0.00	0.00	0.00	0.00	0.00
AMERICAN	ABT	BIOLOGY	1	2004	0.14	1969	36	9	193	5.36	54	1.50	612	17.00	36	0.97	0.83	0.78	0.69	0.58	0.50	0.00	0.00	0.00	0.00	0.00	0.00	0.00	0.00	0.00	0.00	0.00	0.00	0.00	0.00
AMERICAN	ABT	BIOLOGY	1	2005	0.16	1969	37	9	157	4.76	54	1.64	442	13.39	33	0.94	0.88	0.61	0.45	0.45	0.42	0.00	0.00	0.00	0.00	0.00	0.00	0.00	0.00	0.00	0.00	0.00	0.00	0.00	0.00
AMERICAN	ABT	BIOLOGY	1	2006	0.12	1969	38	9	172	4.65	83	2.24	506	13.68	37	1.00	0.97	0.81	0.73	0.65	0.62	0.00	0.00	0.00	0.00	0.00	0.00	0.00	0.00	0.00	0.00	0.00	0.00	0.00	0.00
AMERICAN	ABT	BIOLOGY	1	2007	0.21	1969	39	9	247	4.75	102	1.96	806	15.50	52	0.94	0.85	0.75	0.60	0.54	0.50	0.00	0.00	0.00	0.00	0.00	0.00	0.00	0.00	0.00	0.00	0.00	0.00	0.00	0.00
AMERICAN	ABT	BIOLOGY	1	2008	0.17	1969	40	9	261	4.42	99	1.68	935	15.85	59	0.97	0.76	0.61	0.00	0.00	0.00	0.00	0.00	0.00	0.00	0.00	0.00	0.00	0.00	0.00	0.00	0.00	0.00	0.00	0.00
AMERICAN	ABT	BIOLOGY	1	2009	0.20	1969	41	9	277	5.23	100	1.89	724	13.66	53	0.98	0.91	0.77	0.00	0.00	0.00	0.00	0.00	0.00	0.00	0.00	0.00	0.00	0.00	0.00	0.00	0.00	0.00	0.00	0.00
AMERICAN	ABT	BIOLOGY	1	2010	0.20	1969	42	9	259	4.98	96	1.85	665	12.79	52	1.00	0.92	0.79	0.00	0.00	0.00	0.00	0.00	0.00	0.00	0.00	0.00	0.00	0.00	0.00	0.00	0.00	0.00	0.00	0.00
AMERICAN	ABT	BIOLOGY	1	2011	0.12	1969	43	9	232	5.16	91	2.02	810	18.00	45	0.96	0.00	0.00	0.00	0.00	0.00	0.00	0.00	0.00	0.00	0.00	0.00	0.00	0.00	0.00	0.00	0.00	0.00	0.00	0.00
AMERICAN	ABT	BIOLOGY	1	2012	0.19	1969	44	9	316	5.64	120	2.14	921	16.45	56	0.93	0.00	0.00	0.00	0.00	0.00	0.00	0.00	0.00	0.00	0.00	0.00	0.00	0.00	0.00	0.00	0.00	0.00	0.00	0.00
JOURNAL (	JRR	BIOLOGY	1	1990	0.21	1960	31	6	231	11.00	90	4.29	454	21.62	21	0.95	0.81	0.62	0.38	0.29	0.14	0.14	0.14	0.14	0.14	0.14	0.14	0.10	0.05	0.05	0.05	0.05	0.05	0.05	0.05
JOURNAL (	JRR	BIOLOGY	1	1991	0.41	1960	32	6	947	10.52	295	3.28	2092	23.24	90	0.97	0.91	0.70	0.59	0.50	0.39	0.36	0.32	0.31	0.29	0.29	0.27	0.26	0.24	0.24	0.23	0.23	0.23	0.21	0.20
JOURNAL (	JRR	BIOLOGY	1	1992	0.16	1960	33	6	465	10.81	152	3.53	880	20.47	43	0.98	0.77	0.53	0.37	0.33	0.30	0.21	0.16	0.12	0.07	0.05	0.05	0.05	0.05	0.05	0.05	0.02	0.02	0.02	0.02
JOURNAL (	JRR	BIOLOGY	1	1993	0.30	1960	34	6	329	19.35	63	3.71	285	16.76	17	1.00	0.88	0.76	0.71	0.59	0.59	0.53	0.47	0.47	0.41	0.41	0.41	0.41	0.41	0.35	0.35	0.35	0.35	0.35	0.35
JOURNAL (	JRR	BIOLOGY	1	1994	0.40	1960	35	6	288	14.40	98	4.90	380	19.00	20	0.90	0.60	0.35	0.25	0.15	0.15	0.00	0.00	0.00	0.00	0.00	0.00	0.00	0.00	0.00	0.00	0.00	0.00	0.00	0.00
JOURNAL (	JRR	BIOLOGY	1	1995	0.38	1960	36	6	209	9.50	108	4.91	535	24.32	22	0.95	0.73	0.32	0.32	0.18	0.14	0.00	0.00	0.00	0.00	0.00	0.00	0.00	0.00	0.00	0.00	0.00	0.00	0.00	0.00
JOURNAL (	JRR	BIOLOGY	1	1996	0.48	1960	37	6	351	13.50	90	3.46	665	25.58	26	0.92	0.58	0.31	0.15	0.15	0.12	0.00	0.00	0.00	0.00	0.00	0.00	0.00	0.00	0.00	0.00	0.00	0.00	0.00	0.00
JOURNAL (	JRR	BIOLOGY	1	1997	0.88	1960	38	6	319	13.87	87	3.78	662	28.78	23	0.78	0.26	0.17	0.13	0.13	0.09	0.00	0.00	0.00	0.00	0.00	0.00	0.00	0.00	0.00	0.00	0.00	0.00	0.00	0.00

图 2-52　30 本英文期刊样本库的数据展示

3) 30 本中文期刊样本数据采集与处理的过程

本书中文期刊的样本数据主要用于零被引率演变规律的实证研究，因此只需采集各期刊 1990～2012 年各年的研究性论文 (主要为 Article 和 Review) 数量及其在出版当年 (记为 Cnt0)，出版后 1 年 (Cnt1)、2 年 (Cnt2) ……19 年 (Cnt19) 不同引用时间窗口中论文零被引率数据。由于国内引文库建设得不够规范，没有论文引用的年度分布数据，因此数据收集起来比较麻烦，需要手工收集每本期刊的数据。**数据的采集与处理过程如下。**

i) 采集说明

数据来源：中国学术期刊网络出版总库 (CNKI) 和中国引文数据库 (CNKI)。

采集时间：2013.11.20。

采集方式：数据库检索+手工统计。

采集内容：如上所述。

样本期刊论文的出版和引用时间范围：1990～2012 年。

ii) 30 本中文期刊样本数据采集与处理的过程

(1) 各期刊原文数据的获取。用各期刊名称及其变化形式检索中国学术期刊网络出版总库，并人工查看每本期刊每年的论文，去掉新年寄语、国内外消息、业界动态、会议通知、期刊收录信息、期刊目录、人物介绍、产品介绍、投稿须知、新闻、组稿通知、栏目调整、书评、广告、学术会议举办或召开信息、征文信息和征稿简则等非研究性文献信息，获得 30 本中文期刊 1990～2012 年各年的研究性论文数量。

(2) 各期刊引文数据的获取。在中国引文数据库的高级检索界面，通过输入各期刊刊名及其变化形式，设定论文的出版时间和引用时间，并人工查看检索结果是否准确，从而统计出各期刊 1990～2012 年各年出版的论文在出版当年 (记为 Cnt0)，出版后 1 年 (Cnt1)、2 年 (Cnt2) ……19 年 (Cnt19) 不同引用时间窗口中的论文零被引率。

(3) 各期刊原文和引文数据的合并。将各期刊的原文数据和引文数据合并，形成 30 本中文期刊的样本库：CJsample1990-2012.dbf，样本库的数据展示如图 2-53 所示。

从图 2-53 可以看出：30 本中文期刊样本库涵盖的数据字段包括期刊的学科分类 ID (Subid)、期刊 ID (Jid)、期刊中文名 (Jnc)、期刊英文名 (Jne)、期刊英文名缩写 (Abbre)、出版年 (Py)、期刊各年论文数量 (Pcnt)、引用周期 (Citationpe)、引用周期内的被引论文数量 (Ncited)、引用周期内的未被引论文数量 (Nucited)、引用周期内的未被引论文比例 (Pucited)。

Cjsample1990_2012

Subid	Jid	Jnc	Jne	Abbre	Py	Pcnt	Citationpe	Ncited	Nuncited	Puncited
1	1	生态学报	Acta Ecologica Sinica	AES	1990	69	0	0	69	1.00
1	1	生态学报	Acta Ecologica Sinica	AES	1990	69	1	8	61	0.88
1	1	生态学报	Acta Ecologica Sinica	AES	1990	69	2	19	50	0.72
1	1	生态学报	Acta Ecologica Sinica	AES	1990	69	3	26	43	0.62
1	1	生态学报	Acta Ecologica Sinica	AES	1990	69	4	33	36	0.52
1	1	生态学报	Acta Ecologica Sinica	AES	1990	69	5	36	33	0.48
1	1	生态学报	Acta Ecologica Sinica	AES	1990	69	6	40	29	0.42
1	1	生态学报	Acta Ecologica Sinica	AES	1990	69	7	43	26	0.38
1	1	生态学报	Acta Ecologica Sinica	AES	1990	69	8	43	26	0.38
1	1	生态学报	Acta Ecologica Sinica	AES	1990	69	9	45	24	0.35
1	1	生态学报	Acta Ecologica Sinica	AES	1990	69	10	45	24	0.35
1	1	生态学报	Acta Ecologica Sinica	AES	1990	69	11	51	18	0.26
1	1	生态学报	Acta Ecologica Sinica	AES	1990	69	12	55	14	0.20
1	1	生态学报	Acta Ecologica Sinica	AES	1990	69	13	56	13	0.19
1	1	生态学报	Acta Ecologica Sinica	AES	1990	69	14	56	13	0.19
1	1	生态学报	Acta Ecologica Sinica	AES	1990	69	15	57	12	0.17
1	1	生态学报	Acta Ecologica Sinica	AES	1990	69	16	57	12	0.17
1	1	生态学报	Acta Ecologica Sinica	AES	1990	69	17	59	10	0.14
1	1	生态学报	Acta Ecologica Sinica	AES	1990	69	18	59	10	0.14
1	1	生态学报	Acta Ecologica Sinica	AES	1990	69	19	62	7	0.10
1	1	生态学报	Acta Ecologica Sinica	AES	1991	69	0	0	69	1.00
1	1	生态学报	Acta Ecologica Sinica	AES	1991	69	1	5	64	0.93
1	1	生态学报	Acta Ecologica Sinica	AES	1991	69	2	22	47	0.68
1	1	生态学报	Acta Ecologica Sinica	AES	1991	69	3	31	38	0.55
1	1	生态学报	Acta Ecologica Sinica	AES	1991	69	4	40	29	0.42
1	1	生态学报	Acta Ecologica Sinica	AES	1991	69	5	44	25	0.36
1	1	生态学报	Acta Ecologica Sinica	AES	1991	69	6	48	21	0.30
1	1	生态学报	Acta Ecologica Sinica	AES	1991	69	7	48	21	0.30
1	1	生态学报	Acta Ecologica Sinica	AES	1991	69	8	50	19	0.28
1	1	生态学报	Acta Ecologica Sinica	AES	1991	69	9	54	15	0.22
1	1	生态学报	Acta Ecologica Sinica	AES	1991	69	10	55	14	0.20

图 2-53　30 本中文期刊样本库的数据展示

思 考 题

(1) 试列举出您知道的五种在线图书资源库（不包括书中明示的图书资源库）。

(2) 试比较期刊论文和会议论文分别在印刷文献与数字文献系统中的获取难易程度。

(3) 试比较论文和专利文献的特点。

(4) 任选三本期刊或图书，描述三本期刊或图书的数据采集与处理过程。

(5) 任选三个网站，描述网站指标数据的来源，采集和处理过程。

(6) 任选一位科学家，设计中英文检索式，选择一个中文数据库和一个英文数据库，全面检索这位科学家的生平科研文献。

第 3 章　信息资源通用评估方法

本章提要：通过借鉴融合现有科学研究方法，重点阐述了信息资源通用评估方法的基本原理和实施过程。信息资源通用评估方法涵盖：信息熵评价法、综合指数法、TOPSIS 法、层次分析法、模糊评价方法、多元统计分析方法、灰色系统评价方法、社会网络评价法、德尔菲法和同行评议法。

主要知识点：

(1) 定量评估方法：TOPSIS 法、层次分析法、模糊评价方法、多元统计分析方法、灰色系统评价方法和社会网络评价法的基本原理和评估过程；

(2) 定性评价方法：德尔菲法和同行评议法的基本原理和评估过程；

(3) 权重确定的定量方法：层次分析法和多元统计分析方法，以及定性方法：德尔菲法。

方法论 (methodology) 是关于认识世界和改造世界方法的理论 (《中国大百科全书·哲学卷》, 1987)，是有关方法的性能、评价、应用、开发、结构体系以及规律性的知识体系。方法论在层次上有哲学方法论、一般科学方法论、具体科学方法论之分。哲学方法论是关于认识世界、改造世界、探索实现主观世界与客观世界相一致的最一般的方法理论；一般科学方法论是研究各门具体学科，从各门学科中抽取出来的科学方法，带有一定普遍意义，适用于各个科学门类的方法理论，主要包括观察实验法、数学方法、历史研究法、类比法、归纳法、演绎法、系统方法、比较法等；具体科学方法论是指研究某一具体学科，涉及某一具体领域的方法理论，三者之间的关系是相互依存、相互影响、相互补充的关系。但凡进行学术研究，则必须有研究方法支撑。保证研究方法得以运用的前提，是学术研究要遵循学术研究程序；而维持学术研究程序的条件，就是要求学者遵守学术规范 (杨玉圣和张保生, 2004；叶继元等, 2005；叶鹰和武夷山, 2012)。研究方法是对学术研究过程中所采用的工具和程式的总称。研究方法可以从多种角度划分，如演绎方法与归纳方法、定量方法与定性方法、分析方法与综合方法、通用方法与专用方法、理论方法与实证方法等。

信息资源评估作为一门由社会科学和自然科学交叉而成的研究方向，其方法论除了专门方法之外，还运用大量一般科学方法，总体上受数学方法的宏观指导。信息资源评估方法分为定量评估方法和定性评估方法。定量评估方法主要以数学方法为主，如：TOPSIS 法、层次分析法、模糊评价方法、多元统计分析方法、灰色系统评价方法和社会网络评价法等。定性评价方法是指不采用数学的方法，评价者依据一定的评价原则、标准和指标，对评价对象平时的表现、现实和状态或文献资料进行观察和分析之后，直接对评价对象做出定性结论的价值判断，如评出等级、写出评语等。定性评价是利用专家的知识、经验和判断通过记名表决进行评审和比较的评标方法。定性评价强调观察、分析、归纳与描述。这种方法要求评价者具有较深的领域知识和敏锐的洞察力，带有强烈的个人色彩。定性评价方法多以社会学方法为主，如德尔菲法和同行评议法。

目前常用的信息资源评价方法体系（俞立平等，2011），如图 3-1 所示，可以划分为以下四类。

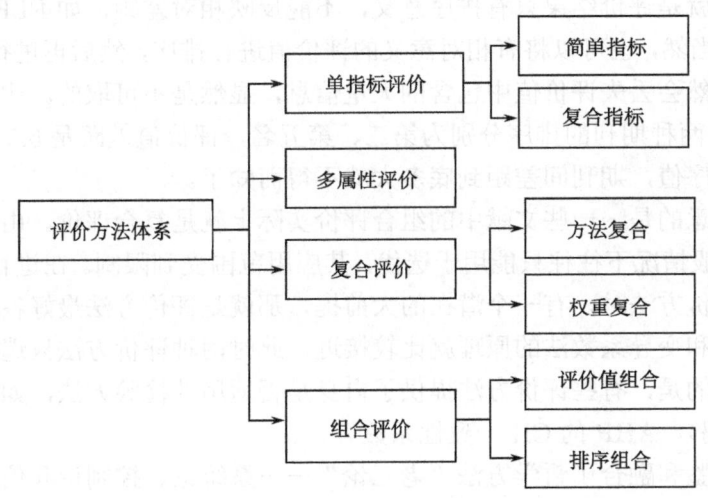

图 3-1　信息资源评价方法体系

（1）单指标评价。单指标包括简单指标和复合指标。简单指标仅指反映信息资源一个单一维度的指标，如反映论文引用数量的被引频次、期刊载文量等。而复合指标反映了信息资源一个以上维度的指标，内涵更为丰富，如同时反映作者发表论文数量和论文引用数量高低的 H 指数。H 是指一位作者至少有 H 篇论文被引用了至少 H 次。

（2）多属性评价。多属性评价方法涵盖：主成分分析、层次分析、灰色关联、DEA 分析、ELECTRE、TOPSIS、概率权、证据理论等，这些方法是目前主流的学术期刊评价方法。

（3）复合评价。复合评价的特点是将几种多属性评价方法综合运用进行评价，得到唯一的评价结果，这是它与组合评价方法的最大区别。组合评价是将几种评价结果采取一定的方法（如加权平均法），变成唯一评价结果，而复合评价只有唯一评价结果。根据其原理不同，复合评价又分为方法复合和权重复合。所谓方法复合，就是将两种以上的多属性评价方法联合运用，比如，采用层次分析法计算权重，然后采取加权 TOPSIS 进行评价。权重复合，就是将几种赋权型的多属性评价方法的权重进行复合，得到一致公认的权重，然后进行加权汇总，例如，将熵权法、层次分析法、概率权三种方法的权重进行平均，然后再进行加权汇总评价。

(4) 组合评价。组合评价的特点是将几种多属性评价方法的评价结果进行组合，得到唯一评价结果。根据原理不同，又可以分为评价值组合与排序组合。评价值组合，就是各种评价方法的评价结果有相对意义，能反映期刊间的真实差距。排序组合，就是评价结果只有排序意义，不能反映相对差距，如 ELECTRE 法、秩和比法。当然，也可以将有相对意义的评价值进行排序，然后再进行排序组合，但是这样必然会丢失评价值中包含的大量信息，显然是不可取的。比如，采用方法 A 评价，两种期刊的排序分别为第三、第五名，评价值差距是 5.5 分；而如果将其只取排序值，期刊间差距到底多大就不得而知了。

值得注意的是，一些文献中的组合评价实际上就是复合评价。由于排序组合的弊病，一般情况下往往只能用于选优，其应用范围受到限制。在进行组合评价，选取单个评价方法时，有一个潜在的大前提，那就是评价方法最好各有特点，比如，熵权法和变异系数法的原理就比较接近，此时两种评价方法只选一种即可。还需要说明的是，有些评价方法提供了自身是否适用的检验方法，如主成分分析的 KMO 检验，AHP 的 CR 一致性系数等。

本章借鉴和融合了哲学方法"老三论"——系统论、控制论和信息论中的信息论，数学方法中的模糊数学理论、层次分析理论、加权平均理论、灰色系统方法理论和多元统计分析理论，社会学方法中的调查法和社会网络分析法，形成了本书信息资源的通用评估方法。

信息熵评价法（查先进和陈明红，2009）、综合指数法、TOPSIS 法（胡永宏，2002）、层次分析法（谭晓琳等，2011）、模糊综合评价法（向欣等，2014；孙晓慧，2014）、多元统计分析评价方法（张东华和索传军，2007；俞立平等，2009a；祁洪全，2001；张弘等，2008；王引斌，1998；辛督强，2012）、灰色系统评价方法（邓聚龙，1987；吕淑仪，2004；陈关胜，2013；刘志强和曾红卫，2013；翟希东等，2010）、社会网络分析评价方法（李长玲和郭凤娇，2013；李长玲等，2012a，2012b；邱均平和程妮，2009；张英杰和冷伏海，2011）、德尔菲法（王崇德，1988；卢泰宏，1998；朱庆华，2004）、同行评议法（武夷山，2014）。

3.1 综合评价的基本概念和过程

3.1.1 综合评价的基本概念

评价，即价值的确定，是通过对照某些标准来判断测量被评价对象意义和价值的过程。综合评价 (synthetical evaluation) 方法，又称多变量综合评价方法，是融合数理统计方法和综合评价模型对一个被评价对象的多个指标数据进行高度的抽象和综合，转化成能够区分其优劣等级的总体评价值或综合评价值的方法。简单来说，就是采用多个指标对一个被评价对象进行总体评价或综合评价的方法。

综合评价法的特点表现为：

(1) 评价过程不是逐个指标顺次完成的，而是通过一些特殊方法将多个指标的评价同时完成的；

(2) 在综合评价过程中，一般要根据指标的重要性进行加权处理；

(3) 评价结果不再是具有具体含义的统计指标，而是以指数或分值表示参评对象"综合状况"的排序。

构成综合评价的要素主要有：

(1) 评价者。评价者可以是某个人或某组织。确定评价目的、建立评价指标、选择评价模型、确定权重系数都与评价者息息相关。因此，评价者在评价过程的作用是不可轻视的。

(2) 被评价对象。随着综合评价技术理论的开展与实践活动，评价的领域也从最初的各行各业经济统计综合评价拓展到后来的国家和机构科技实力和影响力、科技出版质量和影响力、生活质量、社会发展、环境质量、竞争能力、综合国力、绩效考评等方面。这些都能构成被评价对象。

(3) 评价指标。评价指标体系是从多个视角和层次反映特定评价客体的数量、规模、质量等。它是一个具体到抽象，再到具体的辩证逻辑思维过程，是人们对现象总体数量特征和质量特征的认识逐步深化、求精、完善、系统化的过程。

(4) 权重系数。相对于某种评价目的来说，评价指标相对重要性是不同的。权重系数确定的合理与否，关系到综合评价结果的可信程度。

(5) 综合评价模型。多指标综合评价，就是指通过一定的数学模型将多个评价指标值"合成"为一个整体性的综合评价值。因此，综合评价模型的选择和构建对评估结果是否科学合理至关重要。

3.1.2 综合评价的基本过程

综合评价的基本过程包含如下几步：首先要确定综合评价的目的，就是为什么进行某类对象的评价，评价结果用于什么方面：提供决策服务还是用户服务。然后要构建综合评价指标体系，并确定各个评价指标的权重。最后求出单个指标的评价值，并综合成综合评价值。在综合评估过程中，指标选取和指标权重确立是影响综合评估质量的两大要素。

3.1.3 综合评价的局限性

综合评价方法很多，各种方法得出的结果不可能完全相同，并且都带有一定的相对性和局限性：

(1) 将若干个指标数值综合成一个数值，损失了原有指标带来的大量信息，结果较抽象，难释其经济意义。

(2) 主观性很强，选择什么指标、选择多少指标、权数的分配都很主观。

(3) 评价的结果不具有唯一性。选择不同的方法，可能有不同的结果，即使采用同样的方法，由于各指标的赋值不同、权重不同，也有可能使评价结果不同。

3.2 信息熵评价法

3.2.1 信息熵的基本概念

信息是个很抽象的概念。人们常常说信息很多，或者信息很少，但却很难说清楚信息到底有多少。比如，一个网站、一本书、一本期刊、一篇论文，抑或一条消息到底含有多少信息量，很难说得清楚。直到 1948 年，香农 (C. E. Shannon) 提出了"信息熵"的概念，才解决了对信息的量化度量问题。信息熵概念是由香农从热力学中借用过来的。热力学中的热熵是表示分子状态混乱程度的物理量。香农用信息熵的概念来描述信源的不确定度。

在界定信息熵概念之前，需要首先理解信息的概念。学术界对信息概念的认识至今未统一。从技术角度看，信息可被界定为由信息源（如自然界、人类社会等）发出的被使用者接受和理解的各种消息、数据或信号，具有传递价值、可压缩处理、共享时不减量（这是信息与物质和能量的主要区别）等特征。从本体论角度讲，信息是标志事物存在及其关系的属性。从认识论角度看，信息是认识主体接收到的、可以消除对事物认识不确定性的东西。香农正是在认识论意义上提出了信息量的数学表述并在信息、信道容量等概念基础上建立了信息论。

作为信息论基本模型的通信系统基本模型如图 3-2 所示。

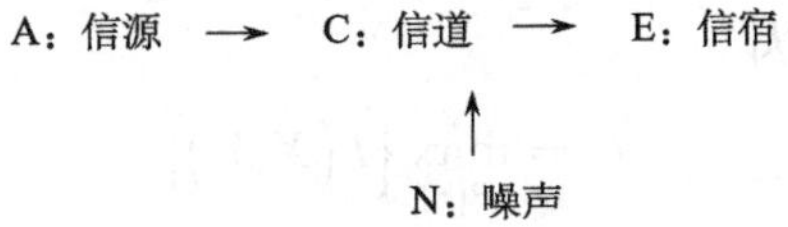

A：信源 → C：信道 → E：信宿
　　　　　　　　↑
　　　　　　N：噪声

图 3-2　通信系统基本模型

于是信源、信道、信宿和噪声构成了信息论研究的基本对象。信息论研究就从这一简单模型出发，可扩展为图 3-3 所示的常见电讯系统模型。

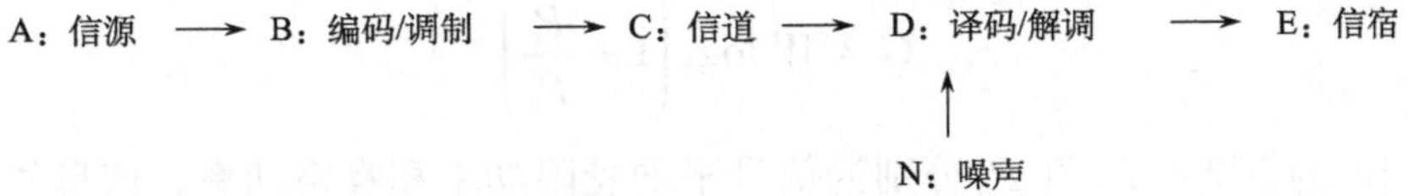

A：信源 → B：编码/调制 → C：信道 → D：译码/解调 → E：信宿
　　　　　　　　　　　　　　　↑
　　　　　　　　　　　　　N：噪声

图 3-3　电讯系统模型

经典信息论（也称香农信息论或狭义信息论）就是基于对信息量、信源、信道、噪声等的研究，揭示各种编码和解码规律，从而形成以数学方法研究通信中信息传输和变换规律的理论。

信息量是信息论中量度信息多少的基本物理量，它从量上反映具有确定概率的事件发生时所传递的信息。其逻辑起点是把事件 a_i 的自信息 $I(a_i)$ 定义为

$$I(a_i) = -\log_b P(a_i) \tag{3-1}$$

信息量的度量单位取决于对数底 b，当 b 分别为 2, e, 10 时，信息量单位分别叫作比特（bit）、纳特（nat）和哈特（hart）。1nat=1.44bit，1hart=3.32bit。由于信息的量度与它所代表的事件的随机性或各事件发生的概率有关，当事件发生的概率大时，有关此事件的消息排队事件发生的不确定程度就小，则包含的信息量就小；反之则大。因此，信息论用统计热力学中熵的概念建立起对信息的量度。

信息熵定义为

$$H(X) = -\sum_{i=1}^{n} P(a_i) \log_b P(a_i) = -\sum_{i=1}^{n} p_i \log_b p_i = I(P) \tag{3-2}$$

信息熵 $H(X)$ 是信源整体的平均不定度，而 $I(P)$ 表示的信息是从信宿角度代表收到信息后消除不定性的程度，也就是获得新消息的量，所以信息只在信源发出的信息熵被信宿收到后才有意义。在排除干扰的理想情况下，信源发出的信号与信宿接收的信号一一对应，故 $H(X)$ 与 $I(P)$ 二者相等。

信息量所表示的是体系的有序度、组织结构程度、复杂性、特异性或进化发展程度。这是熵（无序度、不定度、混乱度）的矛盾对立面，即负熵。信息熵具有非负性、确定性、递增性、可加性、扩展性等性质。

信道容量 C 则定义为

$$C = \max_{P(x)} \{I(X;Y)\} \tag{3-3}$$

计量单位为比特(bit)或纳特(nat)。一般也把信道单位时间平均传输最大信息量 $C_t = C/t$（单位：比特/秒）直接称为信道容量。

信道编码的基本定理是：信道容量 C 是信道中可靠通信的最大信息传输率。对于限带高斯白噪声加性连续信道，有香农公式成立：

$$C = W \log_b \left(1 + \frac{P_s}{P_n}\right) \tag{3-4}$$

其中，W 为带宽；P_s 和 P_n 分别为信号平均受限功率和噪声功率。信息传输定理则揭示：当信息传输率 $R \leqslant C$ 时，总可以找到使错误概率任意小的信息传输编码。

3.2.2 信息熵评价法原理和过程

假设某事件可能有 n 种不同状态：S_1，S_2，$\cdots$，S_n，每种状态出现的概率分别是：P_1，P_2，$\cdots$，P_n，则该事件的信息量，即信息熵可表示为

$$H = H(P_1, P_2, \cdots, P_n) = -k \sum_{i=1}^{n} P_i \ln P_i \tag{3-5}$$

其中，信息熵 H 是度量事件不确定性和无知状态的尺度；k 是一个取决于度量单位的正的常数，$k = \frac{1}{\ln n}$，$0 \leqslant P_i \leqslant 1 (i=1,2,\cdots,n)$，$\sum_{i=1}^{n} P_i = 1$。

信息熵越大，事件发生的不确定性就越大；信息熵越小，不确定性越小。事件不确定性的减小与信息熵呈同方向变化，而不确定性的减小和消除正是信息价值和效用的体现，因此信息熵的减少量可作为信息的效用和价值的评估标准。当某事件各种状态发生的概率相同时，$P_1 = P_2 = \cdots = P_n = -\frac{1}{n}$ 时，信息熵取得最大值 $H_{\max} = k \ln n$，那么，在其他情况下信息熵的减少量应为

$$V = H_{\max} - H = k \ln n - k \sum_{i=1}^{n} P_i \ln \frac{1}{P_i} \tag{3-6}$$

式 (3-6) 就是该事件所传递的信息效用大小的表达式。

信息熵方法从消除不确定性的角度来表达和描述信息的质量，能够客观地测度信息量。其优点在于不受评估主体的影响，客观性强；缺点是该方法并没有考虑信息的语义，仅仅是从语法层次上统计信息量，这也成为广泛应用该方法的障

碍 (查先进和陈明红，2009)。

3.3 综合指数法

3.3.1 综合指数法的基本概念

一个或一组变量对某特定变量值大小的相对数称为指数，反映某一事物或现象动态变化的指数称为个体指数，综合反映多种事物或现象动态平均变化程度的指数称为总指数。综合指数法是指在确定一套评估指标体系和指标权重的基础上，对各项指标个体指数加权平均，计算出综合评价值。

3.3.2 综合指数法评估原理和过程

综合指数值越大，被评价对象的质量越高。由于指标存在高优指标，或称正指标，即越大越好的指标；也存在低优指标，或称逆指标，越小越好。因此，在综合评价前，必须进行同向化处理，一般是把逆指标转化为正指标——采用倒数法，此时，综合评价指数才是越大越好。因此，通常各项指标个体指数的计算方法：高优指标的个体指数 K_i，为实测值 X 与标准值 M 的商：

$$K_i = X / M = \frac{实测值}{对比标准值(常用平均值)} \tag{3-7}$$

低优指标的个体指数 K_i，为标准值 M 与实测值 X 的商：

$$K_i = M / X = \frac{对比标准值(常用平均值)}{实测值} \tag{3-8}$$

综合指数 I 较为复杂，没有统一的表达形式，常见的有加权求和、算术平均、乘积法等。

综合评价指数的加权求和公式为

$$\bar{K} = \frac{\sum k_i w_i}{\sum w_i} \times 100\% \tag{3-9}$$

3.4 TOPSIS 法

3.4.1 TOPSIS 法的基本概念

TOPSIS (technique for order preference by similarity to an ideal solution) 法，即逼近理想解排序法，意为与理想方案相似性的顺序选优技术，由 Hwang

和 Yoon 于 1981 年首次提出。TOPSIS 法是根据有限个评价对象与理想化目标的接近程度进行排序的方法，是在现有的对象中进行相对优劣的评价，是系统工程中有限方案多目标决策分析的一种常用方法。

TOPSIS 法的两个基本概念是"理想解"和"负理想解"。理想解是一个设想的最优的解（方案），它的各个属性值都达到各备选方案中的最好的值；而负理想解是一个设想的最劣的解（方案），它的各个属性值都达到各备选方案中的最坏的值。方案排序的规则是把各备选方案与理想解和负理想解做比较，若其中有一个方案最接近理想解，而同时又远离负理想解，则该方案是备选方案中最好的方案。

3.4.2 TOPSIS 法评估原理和过程

其基本原理是基于归一化后的原始数据矩阵，找出有限方案中的最优方案和最劣方案（分别用最优向量和最劣向量表示)，然后分别计算诸评价对象与最优方案和最劣方案的距离，获得各评价对象与最优方案的相对接近程度，以此作为评价优劣的依据。

首先建立模型，设有 n 个评价对象、m 个评价指标，其中若 m 个指标中有逆向指标或适度指标，则将其正向化（取倒数）。可以根据原始数据将其构造为矩阵 $X=\left(X_{ij}\right)_{n\times m}$，此矩阵为原始矩阵。

$$X = X_{ij} = \begin{bmatrix} X_{11} & X_{12} & \cdots & X_{1j} \\ X_{21} & X_{22} & \cdots & X_{2j} \\ \vdots & \vdots & & \vdots \\ X_{i1} & X_{i2} & \cdots & X_{ij} \end{bmatrix}_{n\times m} \quad (3\text{-}10)$$

式中，X_{ij} 为第 i 个方案的第 j 个评价指标的指标特征量，$i=1,2,\cdots,n; j=1,2,\cdots,m$。

由于评价对象指标较多，各指标的量纲不同，指标间关系错综复杂，并且有正向指标（指标值越大越好）和逆向指标（指标值越小越好）之分，为便于比较，必须对指标矩阵进行标准化处理，一般先将逆向指标进行正向化取倒数，然后分别采用归一化的方法对指标进行标准化处理。得到如下矩阵 $Z=\left(Z_{ij}\right)_{n\times m}$，此矩阵为标准化矩阵。

$$Z = \begin{bmatrix} Z_{11} & Z_{12} & \cdots & Z_{1j} \\ Z_{21} & Z_{22} & \cdots & Z_{2j} \\ \vdots & \vdots & & \vdots \\ Z_{i1} & Z_{i2} & \cdots & Z_{ij} \end{bmatrix}_{n\times m} \quad (3\text{-}11)$$

式中，$Z_{ij} = \dfrac{\dfrac{1}{X_{ij}}}{\sqrt{\sum_{i=1}^{n}\left(\dfrac{1}{X_{ij}}\right)^2}}$；$Z_{ij} = \dfrac{X_{ij}}{\sqrt{\sum_{i=1}^{n} X_{ij}^2}}$，$i=1,2,\cdots,n; j=1,2,\cdots,m$。

归一化得到矩阵 $Z = (Z_{ij})_{n \times m}$，其各列最大、最小值构成的最优、最劣向量分别记为

$$Z^+ = \begin{pmatrix} Z_{\max 1} & Z_{\max 2} & \cdots & Z_{\max m} \end{pmatrix} \tag{3-12}$$

$$Z^- = \begin{pmatrix} Z_{\min 1} & Z_{\min 2} & \cdots & Z_{\min m} \end{pmatrix} \tag{3-13}$$

第 i 个评价对象与最优、最劣方案的距离分别为

$$D_i^+ = \sqrt{\sum_{j=1}^{m}(Z_{\max j} - Z_{ij})^2} \tag{3-14}$$

$$D_i^- = \sqrt{\sum_{j=1}^{m}(Z_{\min j} - Z_{ij})^2} \tag{3-15}$$

评价对象与最优方案的接近程度：

$$C_i = \dfrac{D_i^-}{D_i^+ + D_i^-} \quad (i=1,2,\cdots,m) \tag{3-16}$$

式中，C_i 的大小反映了评价对象与理想值的相对接近程度，其值越大，即接近程度越大，评价结果越优。

3.4.3 改进的 TOPSIS 法的基本原理

设评价指标的熵值 e_j 及差异系数 h_j

$$e_j = -K \sum_{i=1}^{n} Z_{ij} \ln Z_{ij} \tag{3-17}$$

式中，k 为玻尔兹曼常数，$k = \dfrac{1}{\ln n}$。

$h_j = 1 - e_j$，$j=1,2,3,\cdots,n$，h_j 为差异系数，是指数据离散程度的相对指标。

$$W_j = \dfrac{h_j}{\sum_{j=1}^{m} h_j} \tag{3-18}$$

W_j 为评价指标的权重,其中,$\sum_{j=1}^{m} W_j = 1$。

标准化加权决策矩阵 $Z = (Z_{ij})_{nm} = (W_j Z_{ij})_{nm}$

加权矩阵的最优向量和最劣向量分别为

$$Z^+ = \begin{pmatrix} Z_{\max 1} & Z_{\max 2} & \cdots & Z_{\max m} \end{pmatrix} \quad (3\text{-}19)$$

$$Z^- = \begin{pmatrix} Z_{\min 1} & Z_{\min 2} & \cdots & Z_{\min m} \end{pmatrix} \quad (3\text{-}20)$$

第 i 个评价对象与最优、最劣方案的距离分别为

$$D_i^+ = \sqrt{\sum_{j=1}^{m} (Z_{\max j} - Z_{ij})^2} \quad (3\text{-}21)$$

$$D_i^- = \sqrt{\sum_{j=1}^{m} (Z_{\min j} - Z_{ij})^2} \quad (3\text{-}22)$$

3.5 层次分析法

3.5.1 层次分析法的基本概念

层次分析法(analytic hierarchy process,AHP)是将与决策有关的元素分解成目标、准则、方案等层次,在此基础之上进行定性和定量分析的决策方法。该方法是美国运筹学家匹茨堡大学教授萨蒂于 20 世纪 70 年代初,在为美国国防部研究"根据各个工业部门对国家福利的贡献大小而进行电力分配"课题时,应用网络系统理论和多目标综合评价方法,提出的一种层次权重决策分析方法。

3.5.2 层次分析法评估原理和过程

层次分析法求解流程图如图 3-4 所示。

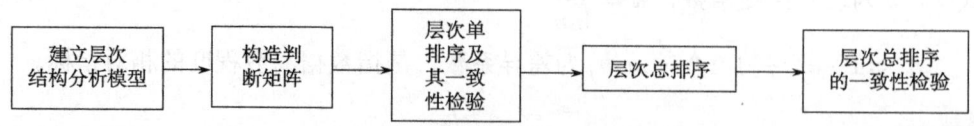

图 3-4 层次分析法求解流程图

1. 建立层次结构分析模型

在深入分析所面临的问题以后，应将问题所包含的因素划分为下面的层次，如目标层、准则层、指标层、方案层、措施层等，用框图的形式说明层次的递阶结构与因素的从属关系。当某个层次包含的因素较多时，可以将该层次进一步划分为若干个层次（图 3-5）。

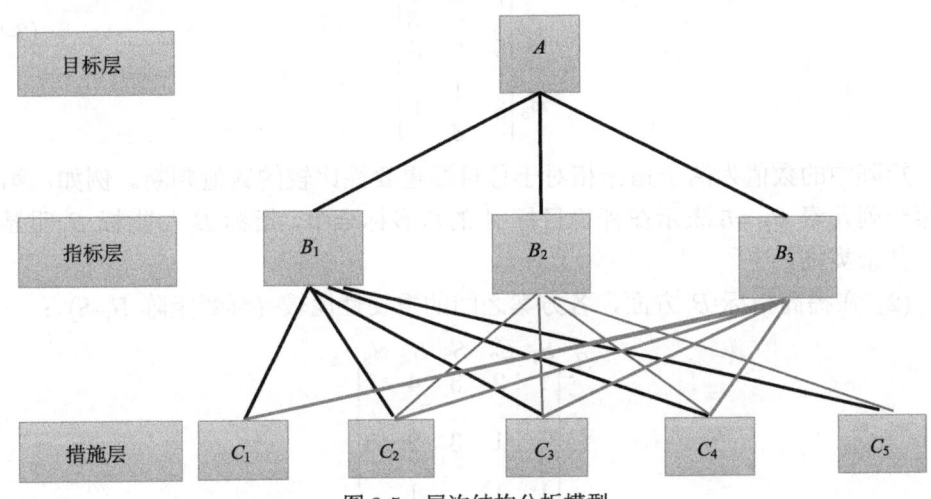

图 3-5　层次结构分析模型

2. 构造判断矩阵

判断矩阵是层次分析法的计算基础，判断矩阵元素的值反映了人们对各因素相对重要性的认识，也直接影响决策的效果。判断矩阵的元素一般采用 1～9 及其倒数的标度方法（表 3-1）。

表 3-1　判断矩阵中元素的标度方法

标　度	含　义
1	表示两个因素相比，具有同样的重要性
3	表示两个因素相比，一个比另一个稍微重要
5	表示两个因素相比，一个比另一个明显重要
7	表示两个因素相比，一个比另一个强烈重要
9	表示两个因素相比，一个比另一个极端重要
2，4，6，8	表示上述两相邻判断的中值
倒数	若因素 i 与 j 比较得判断 B_{ij}，则因素 j 与 i 比较的判断为 $B_{ji} = 1/B_{ij}$

根据图 3-5 中各层要素对上层目标要素的相对重要性，构造出各层的数值判断矩阵：

(1) 指标层 B 中各指标对于总目标 A 的相对重要性判断值（即判断矩阵 $A\text{-}B$）：

$$\begin{array}{c} & \begin{array}{ccc} B_1 & B_2 & B_3 \end{array} \\ \begin{array}{c} B_1 \\ B_2 \\ B_3 \end{array} & \left[\begin{array}{ccc} 1 & \frac{1}{5} & \frac{1}{3} \\ 5 & 1 & 3 \\ 3 & \frac{1}{3} & 1 \end{array} \right] \end{array} \tag{3-23}$$

矩阵中的数值为两个指标相对于总目标重要性比较的数值判断。例如，第二行第一列元素 $B_{21}=5$ 表示在评价目标 A 的众多标准中，指标 B_2 与指标 B_1 明显重要，其余类推。

(2) 在提高指标 B_1 方面，各方案之间的重要性比较（判断矩阵 $B_1\text{-}S$）：

$$\begin{array}{c} & \begin{array}{ccccc} S_1 & S_2 & S_3 & S_4 & S_5 \end{array} \\ \begin{array}{c} S_1 \\ S_2 \\ S_3 \\ S_4 \\ S_5 \end{array} & \left[\begin{array}{ccccc} 1 & 2 & 3 & 4 & 7 \\ \frac{1}{2} & 1 & 3 & 2 & 5 \\ \frac{1}{3} & \frac{1}{3} & 1 & \frac{1}{2} & 1 \\ \frac{1}{4} & \frac{1}{2} & 2 & 1 & 3 \\ \frac{1}{7} & \frac{1}{5} & 1 & \frac{1}{3} & 1 \end{array} \right] \end{array} \tag{3-24}$$

(3) 相对于提高指标 B_2 方面，各方案之间的重要性比较（判断矩阵 $B_2\text{-}S$）：

$$\begin{array}{c} & \begin{array}{cccc} S_2 & S_3 & S_4 & S_5 \end{array} \\ \begin{array}{c} S_2 \\ S_3 \\ S_4 \\ S_5 \end{array} & \left[\begin{array}{cccc} 1 & \frac{1}{7} & \frac{1}{3} & \frac{1}{5} \\ 7 & 1 & 5 & 3 \\ 3 & \frac{1}{5} & 1 & \frac{1}{3} \\ 5 & \frac{1}{3} & 3 & 1 \end{array} \right] \end{array} \tag{3-25}$$

(4) 提高指标 B_3 方面，各方案之间的重要性比较（判断矩阵 $B_3\text{-}S$）：

$$\begin{array}{c}\begin{array}{cccc}S_1 & S_2 & S_3 & S_4\end{array}\\ \begin{array}{c}S_1\\S_2\\S_3\\S_4\end{array}\left[\begin{array}{cccc}1 & 1 & 3 & 3\\ 1 & 1 & 3 & 3\\ \frac{1}{3} & \frac{1}{3} & 1 & 1\\ \frac{1}{3} & \frac{1}{3} & 1 & 1\end{array}\right]\end{array} \quad (3\text{-}26)$$

3. 层次单排序及一致性检验

1) 目的

确定本层次与上层次中的某元素有联系的各元素重要性次序的权重值。

2) 任务

计算判断矩阵的特征根和特征向量。

即对于判断矩阵 A，计算满足：

$$AW = \lambda_{\max} W \quad (3\text{-}27)$$

的特征根和特征向量。

在公式中，$\lambda_{\max}$ 为判断矩阵 A 的最大特征根，W 为对应于 $\lambda_{\max}$ 的正规化特征向量，W 的分量 W_i 就是对应元素单排序的权重值。

3) 检验判断矩阵的一致性

通过前面的分析知道，如果判断矩阵 B 具有完全一致性时，$\lambda_{\max} = n$。但是，在一般情况下是不可能的。为了检验判断矩阵的一致性，需要计算它的一致性指标（consisteney index）。

$$CI = \frac{\lambda_{\max} - n}{n - 1} \quad (3\text{-}28)$$

在式 (3-28) 中，当 CI=0 时，判断矩阵具有完全一致性；反之，CI 越大，就表示判断矩阵的一致性越差。多大为合适呢？

为了检验判断矩阵是否具有令人满意的一致性，需要将 CI 与平均随机一致性指标 RI (random index)（表 3-2）进行比较（平均随机一致性指标 RI 是多次 (500 次以上) 重复进行随机判断矩阵特征值的计算之后，取算术平均数得到的）。

一般而言，1 或 2 阶的判断矩阵总是具有完全一致性的。对于 2 阶以上的判断矩阵，其一致性指标 CI 与同阶的平均随机一致性指标 RI 之比，称为判断矩阵

的随机一致性比例,记为 CR。一般地,当

$$CR = \frac{CI}{RI} < 0.10 \qquad (3\text{-}29)$$

时,就认为判断矩阵具有令人满意的一致性;否则,当 CR > 0.1 时,就需要调整判断矩阵,直到满意为止。

表 3-2　平均随机一致性指标

阶数	1	2	3	4	5	6	7	8	9	10	11	12	13	14	15
RI	0	0	0.58	0.90	1.12	1.24	1.32	1.41	1.45	1.49	1.52	1.54	1.56	1.58	1.59

4. 判断矩阵最大特征根和特征向量计算方法

通过前面的介绍知道,在 AHP 决策分析方法中,最根本的计算任务是求解判断矩阵的最大特征根及其所对应的特征向量。

这些问题可以用线性代数知识去求解,并且能够利用计算机求得任意高精度的结果。但事实上,在 AHP 决策分析方法中,判断矩阵的最大特征根及其对应的特征向量的计算,并不需要追求太高的精度。这是因为判断矩阵本身就是将定性问题定量化的结果,允许存在一定的误差范围。

常用方根法、和积法两种近似算法求解判断矩阵的最大特征根及其所对应的特征向量。

1) 方根法

(1) 计算判断矩阵每一行元素的乘积

$$M_i = \prod_{j=1}^{n} b_{ij} \quad (i = 1, 2, \cdots, n) \qquad (3\text{-}30)$$

(2) 计算 M_i 的 n 次方根

$$\overline{W_i} = \sqrt[n]{M_i} \quad (i = 1, 2, \cdots, n) \qquad (3\text{-}31)$$

(3) 将向量 $\overline{W} = \left[\overline{W_1}, \overline{W_2}, \cdots, \overline{W_n}\right]^\mathrm{T}$ 归一化

$$W_i = \frac{\overline{W_i}}{\sum_{i=1}^{n} \overline{W_i}} \quad (i = 1, 2, \cdots, n) \qquad (3\text{-}32)$$

则 $W = [W_1, W_2, \cdots, W_n]^{\mathrm{T}}$ 为所求的特征向量。

(4) 计算最大特征根

$$\lambda_{\max} = \sum_{i=1}^{n} \frac{(AW)_i}{nW_i} \qquad (3\text{-}33)$$

$(AW)_i$ 表示向量 AW 的第 i 个分量。

2) 和积法

(1) 将判断矩阵每一列归一化：

$$\overline{b_{ij}} = \frac{b_{ij}}{\sum_{k=1}^{n} b_{kj}} \qquad (i = 1, 2, \cdots, n) \qquad (3\text{-}34)$$

(2) 对按列归一化的判断矩阵，再按行求和：

$$\overline{W_i} = \sum_{j=1}^{n} \overline{b_{ij}} \qquad (i = 1, 2, \cdots, n) \qquad (3\text{-}35)$$

(3) 将向量 $\overline{W} = [\overline{W_1}, \overline{W_2}, \cdots, \overline{W_n}]^{\mathrm{T}}$ 归一化：

$$W_i = \frac{\overline{W_i}}{\sum_{i=1}^{n} \overline{W_i}} \qquad (i = 1, 2, \cdots, n) \qquad (3\text{-}36)$$

则 $W = [W_1, W_2, \cdots, W_n]^{\mathrm{T}}$ 为所求的特征向量。

(4) 计算最大特征根

$$\lambda_{\max} = \sum_{i=1}^{n} \frac{(AW)_i}{nW_i} \qquad (3\text{-}37)$$

$(AW)_i$ 表示向量 AW 的第 i 个分量。

比如，矩阵 A

$$A = \begin{bmatrix} 1 & 2 & 6 \\ \frac{1}{2} & 1 & 4 \\ \frac{1}{6} & \frac{1}{4} & 1 \end{bmatrix} \xrightarrow{\text{列向量归一化}} \begin{bmatrix} 0.6 & 0.615 & 0.545 \\ 0.3 & 0.308 & 0.364 \\ 0.1 & 0.077 & 0.091 \end{bmatrix}$$

$$\xrightarrow{\text{按行求和}} \begin{bmatrix} 1.760 \\ 0.972 \\ 0.268 \end{bmatrix} \xrightarrow{\text{归一化}} \begin{bmatrix} 0.587 \\ 0.324 \\ 0.089 \end{bmatrix} = W \qquad AW = \begin{bmatrix} 1.769 \\ 0.974 \\ 0.268 \end{bmatrix}$$

$$\lambda_{\max} = \frac{1}{3}\left(\frac{1.769}{0.587} + \frac{0.974}{0.324} + \frac{0.268}{0.089}\right) = 3.009$$

对于例子，判断矩阵 A-B 相对重要性权值及 $\lambda_{\max}$，CR 分别为

$$W = \begin{bmatrix} 0.105 \\ 0.637 \\ 0.258 \end{bmatrix}, \quad \lambda_{\max} = 3.038, \quad CR = 0.033 \qquad \begin{array}{l} CI = 0.019 \\ \\ RI = 0.58 \end{array}$$

判断矩阵 B_1-S 相对重要性权值及 $\lambda_{\max}$，CR 分别为

$$W = \begin{bmatrix} 0.439 \\ 0.264 \\ 0.089 \\ 0.146 \\ 0.061 \end{bmatrix}, \quad \lambda_{\max} = 5.127, \quad CR = 0.029 \qquad \begin{array}{l} CI = 0.032 \\ \\ \\ \\ RI = 1.12 \end{array}$$

判断矩阵 B_2-S 相对重要性权值及 $\lambda_{\max}$，CR 分别为

$$W = \begin{bmatrix} 0.055 \\ 0.565 \\ 0.118 \\ 0.262 \end{bmatrix}, \quad \lambda_{\max} = 4.117, \quad CR = 0.043 \qquad \begin{array}{l} CI = 0.039 \\ RI = 0.9 \end{array}$$

判断矩阵 B_3-S 相对重要性权值及 $\lambda_{\max}$，CR 分别为

$$W = \begin{bmatrix} 0.375 \\ 0.375 \\ 0.125 \\ 0.125 \end{bmatrix}, \quad \lambda_{\max} = 4, \quad CR = 0 \qquad \begin{array}{l} CI = 0 \\ RI = 0.9 \end{array}$$

显然，符合一致性检验要求。

5. 层次总排序

计算同一层次所有因素对于最上层相对重要性的排序权值，称为层次总排序，这一过程是由最高层次到最低层次逐层进行的。

对于例子，各方案相对于总目标的层次总排序计算如表 3-3 所示。

表 3-3 各方案相对于总目标的层次总排序计算方法

层次 B 对层次 A 的排序 层次 S 对层次 B 的排序	B_1 3 0.105	B_2 1 0.637	B_3 2 0.258	S 层次总排序权重	序号
S_1	0.439	0	0.375	W_1=0.143	4
S_2	0.264	0.055	0.375	W_2=0.160	3
S_3	0.089	0.565	0.125	W_3=0.400	1
S_4	0.146	0.118	0.125	W_4=0.122	5
S_5	0.061	0.262	0	W_5=0.173	2

其中，$W_1 = 0.439 \times 0.105 + 0 \times 0.637 + 0.375 \times 0.258$。

6. 层次总排序的一致性检验

在层次分析法的整个过程中，除了对每一个判断矩阵进行一致性检验外，还要进行组合一致性检验。组合一致性检验可以逐层进行。

假设第 $p-1$ 层有 p_k 个因素，第 p 层的一致性指标为 $\text{CI}_1^{(p)}$，$\text{CI}_2^{(p)}$，…，$\text{CI}_{p_k}^{(p)}$，第 p 层的随机一致性指标为 $\text{RI}_1^{(p)}$，$\text{RI}_2^{(p)}$，…，$\text{RI}_{p_k}^{(p)}$。

定义：

$$\text{CI}^{(p)} = \left[\text{CI}_1^{(p)}, \text{CI}_2^{(p)}, \cdots, \text{CI}_{p_k}^{(p)}\right] w^{(p-1)} \tag{3-38}$$

$$\text{RI}^{(p)} = \left[\text{RI}_1^{(p)}, \text{RI}_2^{(p)}, \cdots, \text{RI}_{p_k}^{(p)}\right] w^{(p-1)} \tag{3-39}$$

式中，$w^{(p-1)}$ 为第 $p-1$ 层对第 1 层的排序权向量。

那么，第 p 层对第 1 层的组合一致性比率为

$$\text{CR}^{(p)} = \text{CR}^{(p-1)} + \frac{\text{CI}^{(p)}}{\text{RI}^{(p)}}, \quad p = 3, 4, \cdots, s \tag{3-40}$$

只有当 CR<0.1 时，认为层次总排序结果具有满意的一致性；否则需要重新调整判断矩阵的元素取值。

对于该例，通过计算得 CR=0.0635<0.1，因此决策结果是可信的，即最优方案为方案 3。

$$\mathrm{CR}^{(3)} = \mathrm{CR}^{(2)} + \frac{\mathrm{CI}^{(3)}}{\mathrm{RI}^{(3)}} = 0.033 + \frac{0.0282}{0.9231} \approx 0.0635 < 1$$

3.6 模糊综合评价法

3.6.1 模糊综合评价法的基本原理

模糊综合评价法是一种基于模糊数学的综合评标方法。该评价法根据模糊数学的隶属度理论把定性评价转化为定量评价,即用模糊数学对受到多种因素或指标制约的事物或对象做出一个总体评价。它具有结果清晰、系统性强的特点,能较好地解决模糊的、难以量化的问题,适合各种非确定性问题的解决。它由评价因素、评价因素值、评价值、平均评价值、权重、加权平均评价值、综合评价值组成。设 $U = \{u_1, u_2, \cdots, u_n\}$ 为 n 种因素(或指标), $V = \{v_1, v_2, \cdots, v_m\}$ 为 m 种评判(或等级)。

由于各种因素所处地位不同,作用也不一样,可用权重 $A = (a_1, a_2, \cdots, a_n)$ 来描述,它是因素集 U 的一个模糊子集。对于每一个因素 u_i,单独作出的一个评判 $f(u_i)$,可看作是 U 到 V 的一个模糊映射 f,由 f 可诱导出 U 到 V 的一个模糊关系 R_f,由 R_f 可诱导出 U 到 V 的一个模糊线性变换

$$T_R(A) = A \circ R = B \tag{3-41}$$

它是评判集 V 的一个模糊子集,即综合评判。

(U, V, R) 构成模糊综合评判决策模型, U, V, R 是此模型的三个要素。

3.6.2 模糊综合评价法的评估过程

模糊综合评价法的基本过程如图 3-6 所示。

图 3-6 模糊综合评价法的基本过程

1. 构建因素集和评语集

设影响评价对象的因素有 m 个,它们组成的集合称为因素集 $X = \{x_1, x_2, \cdots, x_m\}$。然后设所有可能出现的评语有 n 个,它们组成的集合称为评语集(评价集) $V = \{v_1, v_2, \cdots, v_n\}$。

2. 单因素评价

对因素集 X 中的单个因素 x_i ($i=1,2,\cdots,m$) 作评价，确定该事物对评语 V_j ($j=1,2,\cdots,n$) 的隶属度 r_{ij}, r_{ij} ($0 \leqslant r_{ij} \leqslant 1$)。从而得出第 i 个因素 x_i 的单因素评价集 $r_i = (r_{i1}, r_{i2}, \cdots, r_{in})$，它是 V 上的模糊集。

3. 构造综合评价矩阵

把 m 个单因素评价集作为行得到一个总的评价矩阵（称为综合评判矩阵）：

$$R = (r_{ij})_{m \times n} = \begin{bmatrix} r_{11} & r_{12} & \cdots & r_{1n} \\ r_{21} & r_{22} & \cdots & r_{2n} \\ \vdots & \vdots & & \vdots \\ r_{m1} & r_{m2} & \cdots & r_{mn} \end{bmatrix} \tag{3-42}$$

4. 确定因素重要程度模糊集

在因素论域 X 上给出一个模糊集 $A = \{a_1, a_2, \cdots, a_m\}$，$a_i$ 为各因素 x_i ($i=1, 2, \cdots, m$) 在总体评价中的重要程度或影响程度，也称因素或指标的权重。

5. 求出模糊综合评价集

根据上述因素重要程度模糊集 A 和综合评判矩阵 R，选择适当的广义模糊合成运算 $\oplus$，得到模糊综合评价集 $B = A \oplus R = (b_1, b_2, \cdots, b_n)$。根据最大隶属度原则，选择模糊综合评价集 $B = (b_1, b_2, \cdots, b_m)$ 中最大 b_j 所对应的评语 v_j 作为综合评价的结果。

运算 $\oplus$，有多种模型，比如 $(\wedge, \vee)$，$(\cdot, \vee)$ 等。具体应用哪一种模型可根据评价对象的特点加以选用。

模型 I：$M(\wedge, \vee)$ ——主因素决定型

$$b_j = \vee\{(a_j \wedge r_{ij}), 1 \leqslant i \leqslant n\} \quad (j = 1, 2, \cdots, m) \tag{3-43}$$

由于综合评判结果 b_j 的值仅由 a_i 与 r_{ij} ($i = 1, 2, \cdots, n$) 中的某一个确定（先取小，后取大运算），着眼点是考虑主要因素，其他因素对结果影响不大，这种运算有时出现决策结果不易分辨的情况。

模型 II：$M(\cdot, \vee)$ ——主因素突出型

$$b_j = \vee\{(a_j \cdot r_{ij}), 1 \leqslant i \leqslant n\} \quad (j = 1, 2, \cdots, m) \tag{3-44}$$

$M(\cdot, \vee)$ 与模型 $M(\wedge, \vee)$ 较接近，区别在于用 $a_i r_{ij}$ 代替了 $M(\wedge, \vee)$ 中的

$a_i \wedge r_{ij}$。

在模型 $M(\cdot, \vee)$ 中，对 r_{ij} 乘以小于 1 的权重 a_i 表明 a_i 是在考虑多因素时 r_{ij} 的修正值，与主要因素有关，忽略了次要因素。

模型Ⅲ：$M(\wedge, +)$ ——主因素突出型

$$b_j = \sum (a_j \wedge r_{ij}) \quad (j=1,2,\cdots,m) \tag{3-45}$$

模型Ⅲ也突出了主要因素。

在实际应用中，如果主因素在综合评判中起主导作用，建议采纳Ⅰ，Ⅱ，Ⅲ，当模型Ⅰ失效时可采用Ⅱ，Ⅲ。

模型Ⅳ：$M(\cdot, +)$ ——加权平均模型

$$b_j = \sum (a_j \cdot r_{ij}) \quad (j=1,2,\cdots,m) \tag{3-46}$$

模型 $M(\cdot, +)$ 对所有因素依权重大小均衡兼顾，适用于考虑各因素起作用的情况。

3.6.3 融合层次分析和模糊综合法的图书评价实例解析

首先从内容、效用、形式三个方面整合出进行图书评价的 10 个指标，然后根据层次分析法确定图书评价的指标权重，最后建立模糊综合评价模型，综合考虑层次分析法确定的图书评价指标权重，对图书一类指标的重要性进行评估分析。

从内容评价、效用评价和形式评价三个主要指标来考虑，在这三个评价角度下设定相关的评价准则，针对图书资源所设立层次结构分析模型如图 3-7 所示。

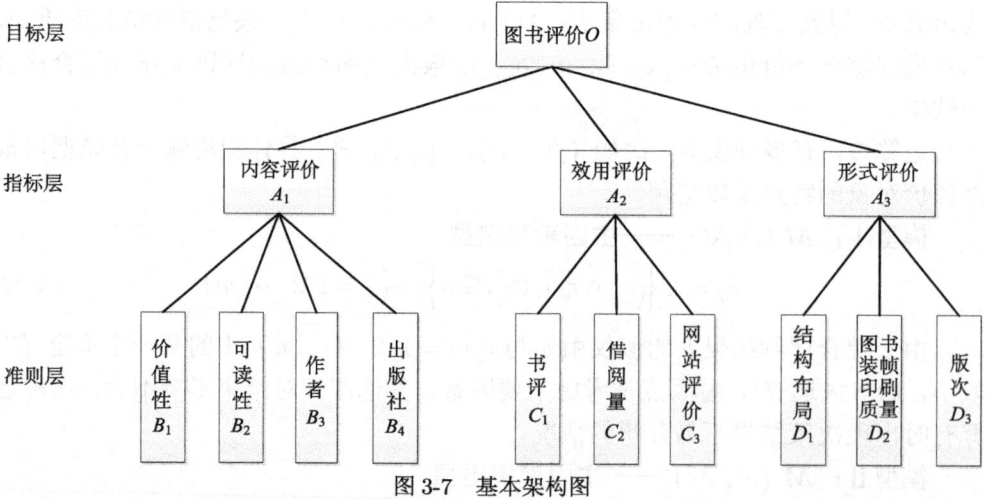

图 3-7 基本架构图

在 AHP 方法中，最根本的计算任务是求解判断矩阵的最大特征根及特征向量，这些数据运算可以用 Excel 来实现，这里采用"和积法"来求解判断矩阵的

最大特征根及其所对应的特征向量。

首先构造判断矩阵。判断矩阵是层次分析法的计算基础，判断矩阵的元素反映了人们对各因素相对重要性的认识，也直接影响决策的效果。判断矩阵的元素一般采用如表 3-1 所示的 1~9 及其倒数的标度方法。

运用上述方法，以指标层为例建立相应的判断矩阵 $O\text{-}A$ 如表 3-4 所示。

表 3-4 判断矩阵 $O\text{-}A$

$O\text{-}A$	A_1	A_2	A_3
A_1	1	1	5
A_2	1	1	5
A_3	1/5	1/5	1

然后对矩阵进行列归一化处理，再按行求和，得出特征向量 W，并按列进行归一化得到最终权重向量 $\overline{W_i}$，并根据式 (3-37) 求其最大特征根 $\lambda_{\max}$ 和式 (3-29) 计算一致性指标 CI 值。

$$\overline{W_i} = \begin{bmatrix} 0.445 \\ 0.445 \\ 0.091 \end{bmatrix}, \quad \lambda_{\max} = 3, \quad \text{CR} = \frac{\text{CI}}{\text{RI}} = 0$$

其中判断矩阵对应阶数下的 RI 值从表 3-2 查询得到。

如果判断矩阵具有完全一致性时 $\lambda_{\max} = n$。但是，在一般情况下是不可能的。为了检验判断矩阵的一致性，需要计算它的一致性指标 (consisteney index)，当 CI=0 时，判断矩阵具有完全一致性；反之，CI 越大，就表示判断矩阵的一致性就越差。

一般认为当 CR 的值小于 0.1 时，判断矩阵具有令人满意的一致性，否则需要重新调整判断矩阵，直到符合标准为止。根据以上分析方法进行多次调整后对于各准则层进行计算整理可以得到如表 3-5 所示结果，CR 均小于 0.1，满足一致性检验。

表 3-5 判断矩阵结果图

$O\text{-}A$	A_1	A_2	A_3	W
A_1	1	1	5	0.454 545
A_2	1	1	5	0.454 545
A_3	1/5	1/5	1	0.090 909

续表

A_1-B	B_1	B_2	B_3	B_4	W
B_1	1	3	5	7	0.271 178
B_2	1/3	1	3	5	0.090 393
B_3	1/5	1/3	1	2	0.054 236
B_4	1/7	1/5	1/2	1	0.038 740
A_2-C	C_1	C_2	C_3		W
C_1	1	1/3	3		0.104 895
C_2	3	1	5		0.314 685
C_3	1/3	1/5	1		0.034 965
A_3-D	D_1	D_2	D_3		W
D_1	1	2	3		0.049 587
D_2	1/2	1	1/2		0.024 793
D_3	1/3	2	1		0.016 529

计算同一层次所有因素对于最上层相对重要性的排序权值，称为层次总排序，这一过程是由最高层次到最低层次逐层进行的。表 3-6 为层次总排序获得的结果。

表 3-6　层次总排序获得的结果

指标层 准则层	A_1 1 0.454 545	A_2 1 0.454 545	A_3 2 0.090 909	S 层次总排序权重	序号
B_1	0.271 178			0.271 178	2
B_2	0.090 393			0.090 393	4
B_3	0.054 236			0.542 36	5
B_4	0.038 740			0.038 74	7
C_1		0.104 895		0.104 895	3
C_2		0.314 685		0.314 685	1
C_3		0.034 965		0.034 965	8
D_1			0.049 587	0.049 587	6
D_2			0.024 793	0.024 793	9
D_3			0.016 529	0.016 529	10

然后根据层次分析法和头脑风暴分析得出评估指标体系的模糊综合评价集合，指标五个评分标准（好、较好、一般、较差、差）的对应分数分别为 (1.0, 0.8, 0.6, 0.4, 0.2)，因此评估指标体系综合评价矩阵 R 如表 3-7 所示。

$$R = \left(r_{ij}\right)_{m \times n} = \begin{bmatrix} r_{11} & r_{12} & \cdots & r_{1n} \\ r_{21} & r_{22} & \cdots & r_{2n} \\ \vdots & \vdots & & \vdots \\ r_{m1} & r_{m2} & \cdots & r_{mn} \end{bmatrix} \quad (3\text{-}47)$$

表 3-7　图书评价指标模糊隶属度矩阵 R

指标层	权重	准则层	权重 A	评分集				
				好	较好	一般	较差	差
A_1	0.454 545	B_1	0.271 178	0.23	0.37	0.18	0.13	0.09
		B_2	0.090 393	0.34	0.26	0.21	0.14	0.05
A_1	0.454 545	B_3	0.054 236	0.35	0.20	0.20	0.14	0.11
		B_4	0.038 740	0.36	0.24	0.16	0.15	0.09
A_2	0.454 545	C_1	0.104 895	0.38	0.20	0.18	0.16	0.08
		C_2	0.314 685	0.26	0.27	0.21	0.16	0.10
		C_3	0.034 965	0.37	0.25	0.21	0.10	0.07
A_3	0.090 909	D_1	0.049 587	0.22	0.31	0.19	0.18	0.10
		D_2	0.024 793	0.26	0.24	0.24	0.14	0.12
		D_3	0.016 529	0.40	0.16	0.27	0.08	0.09

根据公式

$$B = AR = \left(b_1, b_2, \cdots, b_n\right) \quad (3\text{-}48)$$

求出模糊综合评价集，此处考虑到所有因素起作用的影响，采用加权平均模型，即 $M(\cdot, +)$ 模型，得出的结果为

$$B = (0.285, 0.283, 0.197, 0.146, 0.090)$$

最终的模糊评价结果为

$$E = B\,(1.0, 0.8, 0.6, 0.4, 0.2)^{\mathrm{T}} = 0.705198$$

从层次分析法得出指标所分配的权重结果可以看出，指标 C_2 的权重最大，即借阅量在图书评价的影响因素中所占的比重最大，有着决定性的作用，同时考虑

到其他指标的不可忽略性，最后采用模糊综合评价法对指标进行分析。可以看出指标的权重分配多在"好"和"较好"两个等级中，最终的模糊评价得出的结果为 0.705198，验证了评价指标在"较好"水平，同时也具备不小的改进空间（向欣等，2014；孙晓慧，2014）。

3.7 灰色关联分析方法

灰色关联分析方法是一种多因素统计分析方法，它是以各因素的样本数据为依据，用灰色联度来描述因素间关系的强弱、大小和次序。如果样本数据反映出两因素变化的态势（方向、大小、速度等）基本一致，则它们之间的关联度较大；反之关联度较小。通过设定最优因素为比较标准或参考序列，通过比较其他因素与最优因素的关联度来评估其他各因素优劣次序。与传统多因素分析方法相比，灰色关联分析方法对数据要求较低且计算量小，便于广泛应用。

3.7.1 灰色系统评价方法评估原理

灰色关联分析方法使用关联度来评价对象与标准对象的接近程度，关联分析是指通过计算比较序列与参考序列的关联度来定量分析二者间的接近程度。

设系统有 m 个行为序列，每个序列有 n 个数据点：

$$Y_0 = \{y_0(1), y_0(2), \cdots, y_0(n)\}$$
$$Y_1 = \{y_1(1), y_1(2), \cdots, y_1(n)\}$$
$$Y_2 = \{y_2(1), y_2(2), \cdots, y_2(n)\}$$
$$\cdots$$
$$Y_m = \{y_m(1), y_m(2), \cdots, y_m(n)\}$$

式中，Y_0 为参考序列；$Y_1, \cdots, Y_m$ 为比较序列。行为序列可以是时间序列和指标序列等。

构造原始数据矩阵：

$$Y = \begin{bmatrix} y_{01} & y_{02} & \cdots & y_{0n} \\ y_{11} & y_{12} & \cdots & y_{1n} \\ \vdots & \vdots & & \vdots \\ y_{m1} & y_{m2} & \cdots & y_{mn} \end{bmatrix} \tag{3-49}$$

其中，

$$y_{ij} = y_i(j) \quad (i = 0, 1, 2, \cdots, m; j = 1, 2, \cdots, n)$$

然后,将各序列数据标准化。

数据标准化的方法有:

初值像

$$x_{ij} = \frac{y_{ij}}{y_{i1}} \quad (i=0,1,2,\cdots,m; j=1,2,\cdots,n) \tag{3-50}$$

均值像

$$\begin{cases} x_{ij} = \dfrac{y_{ij}}{\overline{y_i}} & (i=0,1,2,\cdots,m; j=1,2,\cdots,n) \\ \overline{y_i} = \dfrac{1}{n}\sum_{j=1}^{n} y_{ij} & (i=0,1,2,\cdots,m) \end{cases} \tag{3-51}$$

区间值像

$$x_{ij} = \frac{y_{ij} - \min_j\{y_{ij}\}}{\max_j\{y_{ij}\} - \min_j\{y_{ij}\}} \quad (i=0,1,2,\cdots,m; j=1,2,\cdots,n) \tag{3-52}$$

一般地,三种数据标准化方法不宜混用,可根据实际情况选用其一。

最后,定义灰色关联系数:

$$r_{ij} = \frac{\min_i \min_j |x_{0j} - x_{ij}| + \xi \max_i \max_j |x_{0j} - x_{ij}|}{|x_{0j} - x_{ij}| + \xi \max_i \max_j |x_{0j} - x_{ij}|} \quad \begin{pmatrix} i=1,2,\cdots,m \\ j=1,2,\cdots,n \end{pmatrix} \tag{3-53}$$

式中,$\xi \in [0,1]$ 为分辨系数,常取 $\xi = 0.5$;$\min_i \min_j |x_{0j} - x_{ij}|$ 为两级最小差;$\max_i \max_j |x_{0j} - x_{ij}|$ 为两级最大差。

分析灰色关联系数的定义式,可以看出,分辨系数、两级最小差和两级最大差均为常数。

因而,第 i 个比较序列的第 j 个数据 x_{ij} (i=1,2,3) 距其参考序列的第 j 个数据 x_{0j} 越近,则 $|x_{0j} - x_{ij}|$ 越小,灰色关联系数 r_{ij} 就越大,即二者间的关联程度越高。

显然,$r_{ij} \in (0,1]$。

比较序列与参考序列之间的灰色关联度矩阵:

$$R = \begin{bmatrix} r_{01} \\ r_{02} \\ \vdots \\ r_{0m} \end{bmatrix} \tag{3-54}$$

式中，第 i 个比较序列与参考序列之间的灰色关联度

$$r_{0i} = \frac{1}{n}\sum_{j=1}^{n} r_{0j} \quad (i=1,2,\cdots,m) \tag{3-55}$$

显然，r_{0i} 越大，则第 i 个比较序列在整体上与参考序列越接近。

3.7.2 灰色综合评价的过程

1. 单层次灰色综合评价的过程

设有 m 个评价对象，每个评价对象有 n 个评价指标，第 i 个评价对象的第 j 个指标为 $y_{ij}(i=1,2,\cdots,m; j=1,2,\cdots,n)$，即

$$y_{ij} = \begin{bmatrix} y_{11} & y_{12} & \cdots & y_{1n} \\ y_{21} & y_{22} & \cdots & y_{2n} \\ \vdots & \vdots & & \vdots \\ y_{m1} & y_{m2} & \cdots & y_{mn} \end{bmatrix} \tag{3-56}$$

1) 确定最优指标集

$$y_{0j} \quad (j=1,2,\cdots,n)$$

或者，等价地

$$Y_0 = \begin{pmatrix} y_{01} & y_{02} & \cdots & y_{0n} \end{pmatrix}$$

关于最优指标集的说明：

最优指标值可以是某种确定的标准，也可以是评估者公认的最优值，还可以简单地采用

$$y_{0j} = \text{optimum}(y_{ij}) \quad (i=1,2,\cdots,m) \tag{3-57}$$

来确定最优指标集。即如果指标值越大越好，则以该指标在各方案中的最大值为最优标准；如果指标值越小越好，则以该指标在各方案中的最小值为最优标准。

2) 构造原始矩阵

最优指标集和评价对象的指标构成原始矩阵

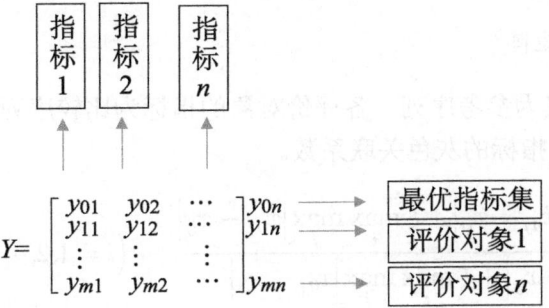

3) 数据无量纲化处理

无量纲化的方法有：数据均值化、数据初值化、数据极差化、数据标准化。常用的有数据均值化和数据初值化。

(1) 数据均值化

将矩阵 Y 的每列所有数据除以该列数据的平均值便得到无量纲矩阵：

$$X = \begin{bmatrix} x_{01} & x_{02} & \cdots & x_{0n} \\ x_{11} & x_{12} & \cdots & x_{1n} \\ \vdots & \vdots & & \vdots \\ x_{m1} & x_{m2} & \cdots & x_{mn} \end{bmatrix}$$

其中，

$$\overline{y_j} = \frac{\sum_{i=0}^{m} y_{ij}}{m+1} \quad (j = 1, 2, \cdots, n)$$

(2) 数据初值化

将矩阵 Y 的每列所有数据除以该列的第一个数据，得到无量纲矩阵：

$$X = \begin{bmatrix} x_{01} & x_{02} & \cdots & x_{0n} \\ x_{11} & x_{12} & \cdots & x_{1n} \\ \vdots & \vdots & & \vdots \\ x_{m1} & x_{m2} & \cdots & x_{mn} \end{bmatrix} \tag{3-58}$$

式中，$x_{ij} = \dfrac{y_{ij}}{y_{0j}} (i = 0, 1, 2, \cdots, m; j = 1, 2, \cdots, n)$。

4) 确定评价矩阵

以最优指标集为参考序列,各评价对象的指标为比较序列,计算第 i 个评价对象与第 j 个最优指标的灰色关联系数。

$$r_{ij} = \frac{\min\limits_{i}\min\limits_{j}|x_{0j}-x_{ij}| + \xi \max\limits_{i}\max\limits_{j}|x_{0j}-x_{ij}|}{|x_{0j}-x_{ij}| + \xi \max\limits_{i}\max\limits_{j}|x_{0j}-x_{ij}|} \quad (i=1,2,\cdots,m; j=1,2,\cdots,n)$$

(3-59)

式中,$\xi \in [0,1]$ 为分辨系数,常取 $\xi = 0.5$;$\min\limits_{i}\min\limits_{j}|x_{0j}-x_{ij}|$ 为两级最小差;$\max\limits_{i}\max\limits_{j}|x_{0j}-x_{ij}|$ 为两级最大差。

各评价对象与最优指标之间的关联系数 r_{ij} 组成评价矩阵

$$R = \begin{bmatrix} r_{11} & r_{12} & \cdots & r_{1n} \\ r_{21} & r_{22} & \cdots & r_{2n} \\ \vdots & \vdots & & \vdots \\ r_{m1} & r_{m2} & \cdots & r_{mn} \end{bmatrix}$$

(3-60)

5) 确定各评价指标的权重矩阵

视各指标的重要程度为其赋予相应权重

$$w_j \quad (j=1,2,\cdots,n)$$

或者,等价地

$$W = \begin{pmatrix} w_1 & w_2 & \ldots & w_n \end{pmatrix}$$

各权重满足非负性条件和归一化条件

$$w_j \geqslant 0 \quad (j=1,2,\cdots,n) \quad \sum_{j=1}^{n} w_j = 1$$

6) 计算评价结果

灰色关联度矩阵

$$A = W \times R^{\mathrm{T}}$$

(3-61)

其中,各评价对象的灰色关联度

$$a_i = \sum_{j=1}^{n} w_j \times (r_{ij})^{\mathrm{T}} \quad (i=1,2,\cdots,m) \tag{3-62}$$

灰色关联度越大，说明其相应的评价对象越接近最优指标，据此便可排出各评价对象的优劣顺序。

2. 多层次灰色综合评价的过程

当评价对象的指标体系由不止一个层次构成时，需采用多层次综合评价模型。多层次综合评价在单层次综合评价基础上进行，评价方法与单层次评价模型相似。比如，第二层次的灰色关联度矩阵组成第一层次的评价矩阵，计算出第一层次的灰色关联度矩阵，进而得出评价结果。余类推。

1) 确定分析序列

在对研究问题定性分析的基础上，确定一个因变量因素和多个自变量因素。设因变量数据构成参考序列 X_0'，各自变量数据构成比较序列 X_i' ($i=1,2,\cdots,n$)，$n+1$ 个数据序列成如下矩阵：

$$((X_0', X_1', \cdots, X_n') = \begin{bmatrix} X_0'(1) & X_1'(1) & \cdots & X_n'(1) \\ X_0'(2) & X_1'(2) & \cdots & X_n'(2) \\ \vdots & \vdots & & \vdots \\ X_0'(N) & X_0'(N) & \cdots & X_n'(N) \end{bmatrix}_{N \times (n+1)} \tag{3-63}$$

其中，

$$X_i' = \left(X_i'(1), X_i'(2), \cdots, X_i'(N)\right)^{\mathrm{T}} \quad (i=0,1,2,\cdots,n)$$

N 为变量序列的长度。

2) 对变量序列进行无量纲化

一般情况下，原始变量序列具有不同的量纲或数量级，为了保证分析结果的可靠性，需要对变量序列进行无量纲化。无量纲化后各因素序列形成如下矩阵：

$$(X_0, X_1, \cdots, X_n) = \begin{bmatrix} X_0(1) & X_1(1) & \cdots & X_n(1) \\ X_0(2) & X_1(2) & \cdots & X_n(2) \\ \vdots & \vdots & & \vdots \\ X_0(N) & X_1(N) & \cdots & X_n(N) \end{bmatrix}_{N \times (n+1)} \tag{3-64}$$

常用的无量纲化方法有均值化法、初值化法等。

$$x_i(k) = \frac{X_i'(k)}{\frac{1}{N}\sum_{k=1}^{N}X_i'(k)} \quad (3\text{-}65)$$

$$x_i(k) = \frac{X_i'(k)}{X_i'(1)} \quad (i=0,1,2,\cdots,n; k=1,2,\cdots,N) \quad (3\text{-}66)$$

3) 求差序列、最大差和最小差

计算 $(X_0, X_1, \cdots, X_n)$ 中第一列（参考序列）与其余各列（比较序列）对应期的绝对差值，形成如下绝对差值矩阵：

$$\begin{bmatrix} \Delta_{01}(1) & \Delta_{02}(1) & \cdots & \Delta_{0n}(1) \\ \Delta_{01}(2) & \Delta_{02}(2) & \cdots & \Delta_{0n}(2) \\ \vdots & \vdots & & \vdots \\ \Delta_{01}(N) & \Delta_{02}(N) & \cdots & \Delta_{0n}(N) \end{bmatrix}_{N \times n} \quad (3\text{-}67)$$

其中，$\Delta_{0i}(k) = |X_0(k) - X_i(k)|$，$i=0,1,2,\cdots,n$；$k=1,2,\cdots,N$。

绝对差值阵中最大数和最小数即最大差和最小差：

$$\max_{\substack{1 \leqslant i \leqslant n \\ 1 \leqslant k \leqslant N}} \{\Delta_{0i}(k)\} = \Delta(\max) \quad (3\text{-}68)$$

$$\min_{\substack{1 \leqslant i \leqslant n \\ 1 \leqslant k \leqslant N}} \{\Delta_{0i}(k)\} = \Delta(\min) \quad (3\text{-}69)$$

4) 计算关联系数

对绝对差值阵中数据作如下变换：

$$\xi_{0i}(k) = \frac{\Delta(\min) + \rho\Delta(\max)}{\Delta_{0i}(k) + \rho\Delta(\max)} \quad (3\text{-}70)$$

得到关联系数矩阵：

$$\begin{bmatrix} \xi_{01}(1) & \xi_{02}(1) & \cdots & \xi_{0n}(1) \\ \xi_{01}(2) & \xi_{02}(2) & \cdots & \xi_{0n}(2) \\ \vdots & \vdots & & \vdots \\ \xi_{01}(N) & \xi_{02}(N) & \cdots & \xi_{0n}(N) \end{bmatrix}_{N \times n}$$

式中，分辨系数 ρ 在 (0,1) 内取值，一般情况下依据矩阵中数据情况多在 0.1～

0.5 取值，ρ 越小越能提高关联系数间的差异，关联系数 $\xi_{0i}(k)$ 是不超过 1 的正数，$\xi_{0i}(k)$ 越小，$\xi_{0i}(k)$ 越大，它反映第 i 个比较序列 X_i 与参考序列 X_0 在第 k 个期关联程度。

5) 计算关联度

比较序列 X_i 与参考序列 X_0 的关联程度是通过 N 个关联系数（即矩阵中第 i 列）来反映的，求平均就可得到 X_i 与 X_0 的关联度

$$r_{0i} = \frac{1}{N}\sum_{k=1}^{N}\xi_{0i}(k) \tag{3-71}$$

6) 依关联度排序

对各比较序列与参考序列的关联度从大到小排序，关联度越大，说明比较序列与参考序列变化的态势越一致。

3.8 社会网络分析评价方法

社会网络分析方法是综合数学方法和图形理论等发展起来的定量分析方法。该方法基于这样的假设，即节点的重要性等价于该节点与其他节点的连接而使其具有的显著性，指标的研究不破坏网络的整体性。网络中节点的重要性可通过分析网络中某种有用的信息得到，如节点的度、最短路径、节点和边上的权值等。通过对这些基本属性的统计和计算，能相对定量地反映出节点在网络中的位置特性，将网络节点的显著性进行"放大"来定义节点的重要性。

3.8.1 社会网络的表示方法

1. 矩阵法

矩阵法首先将社会网络用 (0, 1) 矩阵表示出来。然后利用矩阵解析技术来分析社会网络中关系的分布与特征，一般采用计算机和数理统计方法来处理。在矩阵表达形式中，行和列代表社会行动者，而矩阵中的行列值代表社会行动者之间的社会联系，如合作关系、引证关系和朋友关系等。

2. 图示法

图示法是通过网络图形直观地展现社会网络的概貌，可利用图形理论进行网

络节点之间的关系分析。以图的方式显示节点之间的结构及信息流动是非常直观清晰的,并且能够快速直观地描述网络的整体属性。在社会网络分析中,图即是社会网络模型。图中节点代表行动者或评价对象,连接两点的线表示相应两者间的相互关系。故一个社会网络图包含这样两组信息:

一组是点 $N = \{n_1, n_2, \cdots, n_N\}$,$N$ 为节点数,记作 $V(G)$;

一组是线 $L = \{l_1, l_2, \cdots, l_L\}$,$L$ 为变数,记作 $E(G)$。

图 3-8 展示了一个领域的主要科研人员及其之间的科研合作网络,中心度比较高,处于网络枢纽位置的高影响力科研人员有:Wang L、Li Y、Wang Y、Chen J 和 Liu Y。

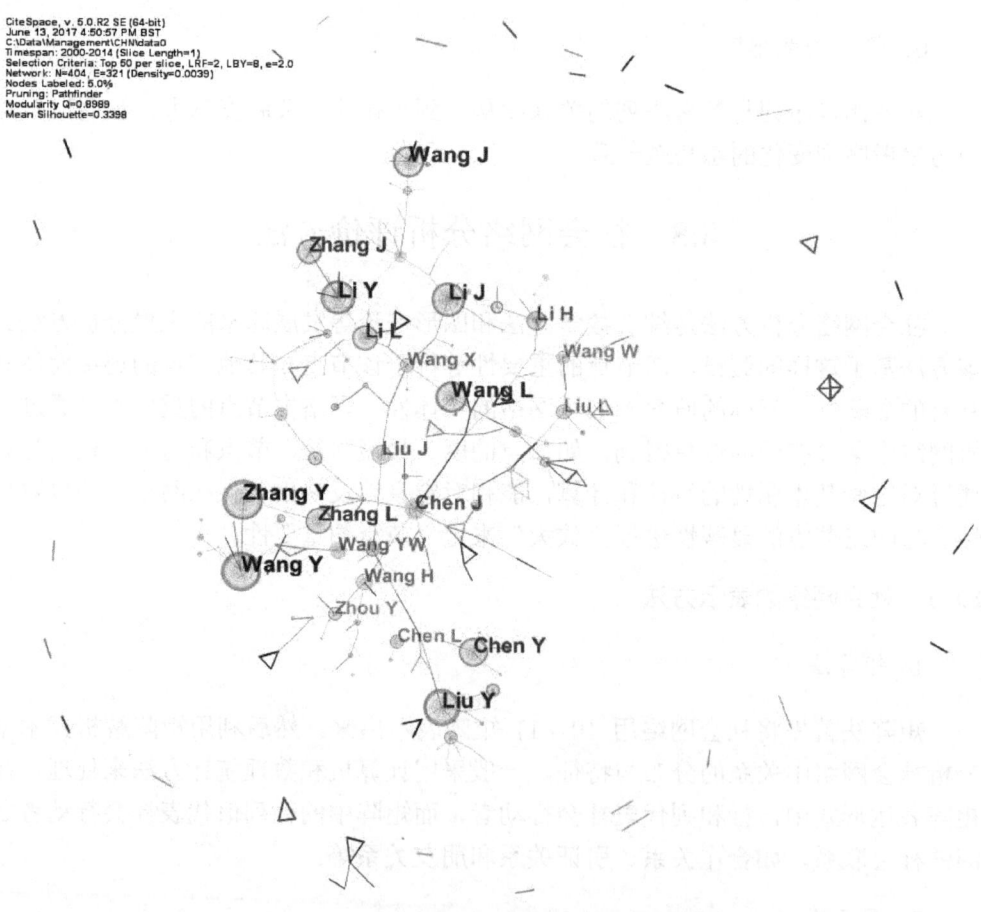

图 3-8 领域主要科研人员之间的科研合作网络

3.8.2 社会网络评价指标

社会网络评价的主要指标涵盖：点度中心度、接近中心度和中介中心度等指标，这些指标能够评估社会网络节点，如国家、机构、期刊和学者等在学术圈中的重要程度和影响力。

1. 点度中心度 C_D

点度中心度（degree centrality）来自于社会计量学中"明星"这个概念，是用来衡量社会网络中谁是最主要或最重要的节点。在一个社会网络中，如果一个节点与很多其他节点之间存在直接联系，那么节点就居于中心地位，在该网络中拥有较大的"权力"。则称该点具有较高的点度中心度，点度中心度又分为绝对点度中心度和相对点度中心度。绝对点度中心度，就是将某一点的点度中心度等同于该点的度数，即与该点有直接联系的点的个数，而相对点度中心度是点的绝对中心度与网络中点的最大可能度数之比。

点度中心度是最常用来衡量网络中最主要节点的指标，这样的节点，在社会学的意义上，就是最有地位的节点，在组织行为学上，则是最有权力的节点。拥有高中心度的节点，在这个团体中也具有一个主要的地位。期刊的度 $d(n_i)$ 即节点 n_i 所拥有的联系数量，在一个引文网络中，度 $d(n_i)$ 可分为出度和入度。在期刊引文网络中，期刊的出度等于参考文献中包含网络内其他期刊的总次数。而期刊的入度即为网络内其他期刊引用该期刊的总频次。期刊 n_i 的 C_D 计算公式为

$$C_D(n_i) = \frac{d(n_i)}{m-1} \tag{3-72}$$

式中，m 为网络内期刊总数（即网络节点总数）；$m-1$ 为期刊的最大可能度。对于一个有向网络，点度中心度可以分为点出度中心度 $C_{D(out)}$ 和点入度中心度 $C_{D(in)}$，分别使用出度和入度计算。在期刊引文网络中，出度代表该期刊引用其他期刊；入度代表该期刊被其他期刊所引用，因此相应的期刊的出度中心度越高，表明该期刊的论文越多地参考了网络内其他期刊发表的成果；而入度中心度的大小则代表该期刊被网络内其他期刊所引用的多寡，是否为网络内的被引中心，该值较高，表明期刊是网络内的重要知识源。

期刊的入度中心度的计算公式为

$$C_{D(in)} = d(in)/(m-1) \tag{3-73}$$

期刊的质量是由期刊被引次数来决定的，在引文分析中，论文被引用代表这篇论文的质量较高，得到了引用者的肯定，同理，一本期刊被其他期刊引用也代表了其他期刊对它的肯定，所以，期刊的被引是评价期刊质量的一个关键。这也是引文分析法的出发点。因此，期刊入度中心度的大小是期刊质量的一个反映。

期刊的出度中心度的计算公式为

$$C_{D(out)} = d(out)/(m-1) \tag{3-74}$$

该值主要从期刊引用的角度来度量，在期刊引文网络中，引用只能代表这本期刊能主动吸收知识，因此这个指标主要反映期刊参考、吸引和融合其他期刊源知识的能力。

期刊的点度中心度的计算公式为

$$C_D = \frac{d(in) + d(out)}{2m(m-1)} \tag{3-75}$$

该公式分母是个定值，C_D 的大小主要由分子 $d(in)$ 和 $d(out)$ 的值决定，在期刊引文网络中，$d(in)$ 代表被引用，$d(out)$ 代表引用，根据引文分析方法，决定一本期刊质量的关键因素主要是被引即 $d(in)$ 值的大小。所以就有下面三种情况需要区分：

(1) $d(in)$ 大，$d(out)$ 小，C_D 大；此类期刊是输出性期刊，主要是充当知识源角色，这种情况下，C_D 值大，是期刊质量较高的一个反映。

(2) $d(in)$ 小，$d(out)$ 大，C_D 大；此类期刊是输入性期刊，主要是吸收知识，充当知识吸收者的角色，这种情况下，C_D 值大，反映了期刊吸收知识的能力，通常来说，一篇较好的期刊论文需要参考足够多的论文，但该指标是否反映了期刊的学术水平和期刊质量仍未有定论。

(3) $d(in)$ 和 $d(out)$ 比较均衡，C_D 大；这种期刊是输入输出均衡性期刊，充当了一个知识中转站的角色，这种情况下，C_D 值大，能在一定程度上反映期刊的质量。

通过以上三点得知，C_D 值的大小与期刊的质量有一定关系，但是其值的大小并不一定能反映期刊被引用的情况，C_D 值大的期刊是网络中比较活跃的期刊，或者作为知识源，或者作为知识的中转站，或者作为知识的储备库。所以 C_D 可以作为期刊质量评价的一个重要参考，需要具体情况具体分析。

根据以上分析，提出如下假设：

H1：入度中心度（$C_{D(in)}$）与期刊的质量有相关性，$C_{D(in)}$值大，表明期刊的质量较高；$C_{D(in)}$与现有的评价结果之间有统计学上的相关性；

H2：出度中心度（$C_{D(out)}$）的结果不一定能反映期刊的质量，因此与现有的评价结果之间不一定相关；

H3：点度中心度（C_D）的结果也需要具体分析，与现有的评价结果之间不一定相关。

2. 接近中心度 C_C

接近中心度（closeness centrality）以距离为概念来计算一个节点的中心度，与其他点距离越近则中心度越高。在有向网络中，最短距离必须要根据具有相同方向的各条边来测量，因此，计算出来的"接近中心度"将有所不同。这样，一个有向图中某点的整体中心性便可以分为"内接近中心度"和"外接近中心度"。与其他节点越近者中心度越高，与其他节点相距越远者中心度越低。该值反映的是被网络内其他节点的一种控制程度。

期刊的接近中心度可分为出度接近中心度$C_{C(out)}$和入度接近中心度$C_{C(in)}$。接近中心度是基于节点间距离来计算的，并以期刊最大可能度作为参数标准化。具体计算公式如下：

$$C_C(n_1) = \frac{m-1}{\sum_{j}^{m} L(n_i, n_j)} \tag{3-76}$$

在网络的边界和时限范围规定后，上述式中的分子为恒定值，接近中心度由分母$\sum_{j}^{m} L(n_i, n_j)$决定。$\sum_{j}^{m} L(n_i, n_j)$可理解为期刊到其他期刊的距离之和。距离只关注节点间有无联系而忽略联系的强度，故接近中心度计算时只考虑了期刊间有无引用关系而没有考虑引用的次数。该网络连通性很强，联系紧密，因而除了少数边缘节点外，多数期刊间距离差距不大，使得$\sum_{j}^{m} L(n_i, n_j)$取值差别也较小，故接近中心度差异较小。因此，在理论上，接近中心度不考虑引证关系的强度，并且在评价期刊时缺乏区分度，并不适合作为期刊评价指标。由此得出另一个假设：

H4：接近中心度（C_C）值缺乏区分度，而且对网络图的结构要求较为严格，不适合做期刊评价的指标。

3. 中介中心度 C_B

若一点处于许多交往路径上，则可认为该点居于重要位置，因为该节点具有控制其他节点交往的能力。研究者用中介中心度来刻画行动者个体中心度，它测量的是行动者对资源控制的程度。如果一个点处于许多其他点对的测地线（最短的途径）上，表示该点具有较高的中介中心度（betweenness centrality），它起到沟通其他节点的桥梁作用。中介性指标衡量了一个节点作为媒介的能力，也就是占据在其他两个节点之间最短路径上的能力。一个具有相对较小的度中心性的节点可能在网络中起到重要的"媒介"作用，因此也处于网络的中心位置。如果没有这个节点，其他两个节点就无法交流。占据这样的位置越多，就代表这个节点具有越高的中介度，越多的节点联络时就必须要通过它。

期刊 n_i 的中介中心度代表网络中其他期刊之间引文联系的最短途径经过该期刊的概率，标准化计算公式为

$$C_B(n_i) = \frac{2\sum_{j}^{m}\sum_{k}^{m} g_{jk}(n_i)}{g_{jk}(m^2 - 3m + 2)} \quad (j < k, \text{且} i \neq j \neq k) \tag{3-77}$$

式中，$g_{jk}(n_i)$ 为节点 j 到节点 k 之间的最短途径中经过期刊 i 的途径数；g_{jk} 为期刊 j 和 k 之间的最短途径数。期刊的中介中心度（C_B）表明该期刊影响网络内其他期刊知识互相交流效率的程度。在期刊引文网络中，中介中心度（C_B）刻画的是期刊在多大程度上处在其他任何两本期刊之间的测地线上，也就是在多大程度上控制着期刊交流过程中的引用关系。与分析点度中心度不同的是，在分析中介中心度的时候，数据是被看成对称的，因此，引用次数多和被引次数多的期刊的中间中心度都很高，但是其代表的意义却不同。对于被引用的期刊来说，中介中心度（C_B）值越高，说明其越能控制期刊间的交流；对于引用者来说，中介中心度（C_B）越高，说明其在期刊交流过程中越容易被其他期刊所控制。

所以在期刊引文网络中，能对期刊交流起到控制作用的节点才是重要的期刊。因此，C_B 值的使用必须区分期刊是引用者还是被引用者，在社会网络的指标中 $C_{D(in)}$ 和 $C_{D(out)}$ 是很好的区分期刊是处于引用地位或者被引地位的一个指标。把 $C_{D(in)}$ 和 $C_{D(out)}$ 与 C_B 一起使用可以作为一个期刊质量评价的参考。

(1) 如果 $C_{D(in)}$ 大，C_B 值也大，那么这本期刊是重要的期刊，它控制着期刊间知识的交流和传播；

(2) 如果 $C_{D(out)}$ 大，C_B 值也大，那么这本期刊容易被其他的期刊所控制，其值与期刊质量没有太大的关系。

中介中心度（C_B）的值并不能反映期刊的质量，其值和原来的评价结果不一定有统计学上的相关性。

3.9 多元统计分析评价方法

综合评价就是基于反映客观事物不同侧面的指标数据做出对客观事物总体评价。综合评价最大的难点就在于如何综合权衡评价对象众多指标的权重，选择合适的综合评价方法，给予客观合理的评价。评价一个客观事物，往往需要综合观察其多项运行指标，对于这种具有多维指标变量空间中的点，很难直接比较其优劣，因此，许多综合评价方法便应运而生。

多元统计分析评价方法中，主成分分析法是常用的多元统计分析评价方法之一，因此，它在综合评价领域得到了广泛的应用。因子分析法作为主成分分析法的一种自然的伸延，在综合评价领域也具有重要地位。基于因子分析的综合评价不仅可以给出排名顺序，还可以进一步探索影响排名次序的因素，从而找到进一步改善努力的方向，这是一般评价方法无法代替的。

主成分分析法和因子分析法在综合评价方法中的应用，更多聚焦于基于主成分分析法和因子分析法的各指标权重确立。这种方法是一种定量的指标权重确定方法，与基于专家调查法和德尔菲法的定性指标权重确定方法有本质区别。

目前，综合评价方法的研究焦点是如何科学、客观地将一个多目标问题综合成一个单一指数问题。事实上，只有在一维空间中，才能使排序评价成为可能。而产生综合指数的主要方法是对各项指标加权，然后再将其综合。例如，评价指标为 $x_1, x_2, \cdots, x_p$，通过某种途径得到它们的权重分别为 $a_1, a_2, \cdots, a_p$，则定义评价对象的综合指标：

$$y = a_1 x_1 + a_2 x_2 + \cdots + a_p x_p \tag{3-78}$$

$y = f(x_1, x_2, \cdots, x_p)$ 是 R^p 到 R 的一个映射，这种方法称为加权评估法。

然而，在多指标评价过程中，加权系数或指标权重的确定常常是一个极为困难的问题，目前确定权系数的方法，大多采用定性的专家调查法和德尔菲法；定性和定量结合的层次分析法、灰色系统理论和模糊数学方法；以及完全定量的多元统计分析方法，如主成分方差贡献率法和因子分析法。因此，除主成分方差贡献率法和因子分析法，其他方法的共同点是都需要专家评判或评分。明显的是，专家评判的权重会受专家主观认识的影响。主成分方差贡献率法采用了一种完全不同的思路，它的本质目的是对高维变量系统进行最佳综合与简化。

3.9.1 主成分分析评价模型

主成分分析（principal component analysis, PCA），也称主分量分析，旨在利用降维的思想，把多指标转化为少数几个综合指标（即主成分），其中每个主成分都能够反映原始变量的大部分信息，且所含信息互不重复。

在实际问题研究中，为了全面、系统地分析问题，必须考虑众多影响因素。这些涉及的因素一般称为指标，在多元统计分析中也称变量。因为每个变量都在不同程度上反映了所评估对象的某些信息，并且指标之间彼此有一定的相关性，因而最终统计数据所反映的信息在一定程度上有重叠。

主成分分析是一种数学变换的方法，它把给定的一组相关变量通过线性变换转成另一组不相关的变量，这些新的变量按照方差依次递减的顺序排列。在数学变换中保持变量的总方差不变，使第一变量具有最大的方差，称为第一主成分，第二变量的方差次大，并且和第一变量不相关，称为第二主成分。依次类推，I 个变量就有 I 个主成分。主成分分析的基本思想是将 n 维特征映射到 k 维上（$k<n$），这 k 维是全新的正交特征。这 k 维特征称为主元，是重新构造出来的 k 维特征，而不是简单地从 n 维特征中去除其余 $n-k$ 维特征。通过引进多方面变量的同时将复杂因素归结为几个主成分，使问题简单化，从而得到更加科学有效的数据信息和结果。

例如，在对期刊进行评估中，涉及上千本期刊，数十个评估指标，但这些指标中，并非每项指标都能较大程度反映期刊的质量和影响力，并且一些指标之间具有较大的相关性。经过主成分分析计算，能够确定几个主成分（或称主要指标）作为评价期刊质量和影响力的综合指标，使得变量（或指标）数减少，并达到一定的可信度，从而使期刊评价变得更简单、更有效率。

主成分分析的主要方法有特征值分解、奇异值分解（singular value decomposition，SVD）、非负矩阵分解（non-negtive matrix factorization, NMF）。

主成分分析法的基本步骤：
(1) 将原始数据按行排列组成矩阵 X；
(2) 对 X 进行数据标准化，使其均值变为零；
(3) 求 X 的协方差矩阵 C；
(4) 将特征向量按特征值由大到小排列，取前 k 个按行组成矩阵 P；
(5) 通过计算 $Y = PX$，得到降维后数据 Y。

例子：假如有 5 个评价对象，2 个指标 x 和 y，从而形成 $m \times n$，即 5×2 的矩阵 X^*：

$$X^* = \begin{bmatrix} x & y \\ 2 & 1 \\ 2 & 3 \\ 3 & 2 \\ 4 & 5 \\ 5 & 4 \end{bmatrix}$$

矩阵中，x 和 y 可以指期刊的两个指标：影响因子和半衰期，也可以指科学家的两个指标：H 指数和篇均被引数。

(1) 对 X^* 进行归一化，使 X^* 每一列减去其对应的均值，得到归一化后的矩阵 X：

$$X = \begin{bmatrix} -2 & -2 \\ -1 & 0 \\ 0 & -1 \\ 1 & 2 \\ 2 & 1 \end{bmatrix}$$

(2) 求 X 的协方差矩阵。如果数据是 3 维，即评价对象拥有 3 个指标：x、y 和 z 指标，那么协方差矩阵是

$$\text{cov} = \begin{bmatrix} \text{cov}(x,x) & \text{cov}(x,y) & \text{cov}(x,z) \\ \text{cov}(y,x) & \text{cov}(y,y) & \text{cov}(y,z) \\ \text{cov}(z,x) & \text{cov}(z,y) & \text{cov}(z,z) \end{bmatrix}$$

而此处 5 个评价对象仅有 2 个指标 x 和 y，则矩阵 X 的协方差矩阵为

$$\text{cov}(X) = \begin{bmatrix} \text{cov}(x,x) & \text{cov}(x,y) \\ \text{cov}(y,x) & \text{cov}(y,y) \end{bmatrix} = \begin{bmatrix} 2 & 1.6 \\ 1.6 & 2 \end{bmatrix}$$

式中，$\text{cov}(x,x) = \text{var}(x) = \dfrac{\sum_{i=1}^{m}(x_i - \bar{x})(x_i - \bar{x})}{m-1}$

$$\text{cov}(x,y) = \dfrac{\sum_{i=1}^{m}(x_i - \bar{x})(y_i - \bar{y})}{m-1}$$

对角线上分别是 x 和 y 的方差，非对角线上是协方差。协方差大于 0 表示 x 和 y 若有一个增，另一个也增；小于 0 表示一个增，一个减；协方差为 0 时，两者独立。协方差绝对值越大，两者对彼此的影响越大，反之越小。

(3) 求解协方差矩阵 $\text{cov}(X)$ 的特征值和特征向量，利用 3.5 节层次分析法

中的方根法、和积法，或直接 MATLAB 中 eig 函数可以得到协方差矩阵 cov(X) 的特征值

$$\lambda_1 = 0.4 \quad \lambda_2 = 3.6$$

对应的特征向量分别是 $\phi = \begin{bmatrix} 0.7071 & -0.7071 \\ 0.7071 & 0.7071 \end{bmatrix}$

特征值 λ_1 对应的特征向量为 (0.7071, –0.7071)，这里的特征向量都归一化为单位向量。

(4) 将特征值按照从大到小的顺序排序，选择其中最大的 k 个，然后将其对应的 k 个特征向量分别作为列向量组成特征向量矩阵。这里特征值只有两个，选择其中最大的那个，即 λ_2，对应的特征向量是 (0.7071, 0.7071)^{T}。

(5) 将样本点投影到选取的特征向量上。假设样例数为 m，特征数为 n，减去均值后的样本矩阵为 X^*，协方差矩阵是 $n \times n$，选取的 k 个特征向量组成的矩阵为 ϕ ($n \times k$)。那么投影后的数据：$Y = X^* \phi = \begin{bmatrix} -2.8284 \\ -0.7071 \\ -0.7071 \\ 2.1213 \\ 2.1213 \end{bmatrix}$

这样，就将原始样本的 n 维特征变成了 k 维，这 k 维就是原始特征在 k 维上的投影。投影后的数据可以认为是期刊的影响因子和半衰期，或者科学家的两个指标：H 指数和篇均被引数融合为一个新的指标，该指标基本上代表了这两个指标，即缩减了不重要的指标，留下了重要的指标。

主成分分析评价模型主要涵盖以下几种。

1. 模型一：主成分方差贡献率模型

假设有 n 个评价对象，对每个评价对象的 p 个指标 $x_1, x_2, \cdots, x_p$，设 $x' = (x_1, x_2, \cdots, x_p)$ 的协方差阵为 Σ，而 $\lambda_1 \geq \lambda_2 \geq \cdots \geq \lambda_p$ 为 Σ 的特征根，$e_1, e_2, \cdots, e_p$ 为对应的标准正交特征向量，记 $y_i = e_i x (i = 1, 2, \cdots, p)$ 为主成分，则

$$\begin{aligned} \sigma_{11} + \sigma_{22} + \cdots + \sigma_{pp} &= \sum_{i=1}^{p} \mathrm{var}(x_i) \\ &= \lambda_1 + \lambda_2 + \cdots + \lambda_p \\ &= \sum_{i=1}^{p} \mathrm{var}(y_i) \end{aligned} \quad (3\text{-}79)$$

其中 $\sigma_{ii}(i=1,2,\cdots,p)$ 是 Σ 主对角元上各元素，即

$$\Sigma = \begin{bmatrix} \sigma_{11} & \sigma_{12} & \cdots & \sigma_{1p} \\ \sigma_{21} & \sigma_{22} & \cdots & \sigma_{2p} \\ \vdots & \vdots & & \vdots \\ \sigma_{p1} & \sigma_{p2} & \cdots & \sigma_{pp} \end{bmatrix} \tag{3-80}$$

因此第 i 个主成分的方差占总方差的比例为

$$a_k = \frac{\lambda_k}{\lambda_1 + \lambda_2 + \cdots + \lambda_p} \quad (k=1,2,\cdots,p) \tag{3-81}$$

称 $a_k = \dfrac{\lambda_k}{\sum_{i=1}^{p} \lambda_i} \quad (k=1,2,\cdots,p)$ 为主成分 y_k 的贡献率。

然后构造综合指标

$$\begin{aligned} E &= a_1 y_1 + a_2 y_2 + \cdots + a_m y_m \\ &= \sum_{i=1}^{m} a_i y_i \end{aligned} \tag{3-82}$$

2. 模型二：变量加权主成分综合评价模型

首先对原始数据表中的数据 $X_{n\times p} = (x_{ij})_{n\times p}$ 进行标准化处理，即

$$x_{ij}^* = \frac{x_{ij} - \overline{x_j}}{s_j} \tag{3-83}$$

其中

$$\overline{x_j} = \frac{1}{n}\sum_{i=1}^{n} x_{ij}, \quad s_j^2 = \mathrm{var}(x_j)$$

记 $x_{n\times p}^* = (x_{ij}^*)_{n\times p}$，则

$$E(x_j^*) = 0, \quad \mathrm{var}(x_j^*) = 1 \quad (j=1,2,\cdots,p)$$

然后利用专家调查法根据变量的重要程度，分别赋以权数 $a_1, a_2, \cdots, a_p$，得到新数据表：

$$\widetilde{X}_{n\times p} = \left[(1+a_1)x_1^*, (1+a_2)x_2^*, \cdots, (1+a_p)x_p^*\right] \tag{3-84}$$

于是

$$\text{var}\left((1+a_j)x_j^*\right) = (1+a_j)^2 \text{var}(x_j^*) = (1+a_j)^2 \tag{3-85}$$

即被赋予更大权数的那些重要变量的变差被相应拉长,因此在进行主成分分析时,这些指标就会得到更多的重视。

最后根据 $\widetilde{X}_{n\times p}$ 的协方差矩阵 $S_{p\times p}$ 求出主成分 $\tilde{y}_1, \cdots, \tilde{y}_m$,再用模型一介绍的方差贡献率法进行综合评价。

上面两个模型完全借用了主成分分析方法的成果来构造综合评价模型,下面的模型则是利用主成分分析法的思想构造起来的一个相对完整的独立的综合评价模型。

3. 模型三:主成分投影综合评价模型

设有 n 个被评价对象,决策向量 $d_i^x = (x_{i1}, x_{i2}, \cdots, x_{ip})(i=1,2,\cdots,n)$ 由 p 个指标描述,决策矩阵为

$$X_{n\times p} = \begin{bmatrix} x_{11} & x_{12} & \cdots & x_{1p} \\ x_{21} & x_{22} & \cdots & x_{2p} \\ \vdots & \vdots & & \vdots \\ x_{n1} & x_{n2} & \cdots & x_{np} \end{bmatrix} \tag{3-86}$$

1) 指标分类和无量纲化

先按望大型、望小型、望目型和区间型四类对指标分类,然后进行相应的无量纲化处理。如采用极差正规法,将所有指标处理成以大为好的无量纲指标:

对指标 x_j 是越大越好的望大型指标,令

$$y_{ij} = \frac{x_{ij} - \min\limits_{1\leqslant i\leqslant n}\{x_{ij}\}}{\max\limits_{1\leqslant i\leqslant n}\{x_{ij}\} - \min\limits_{1\leqslant i\leqslant n}\{x_{ij}\}} \quad (i=1,2,\cdots,n;\ j=1,2,\cdots,p) \tag{3-87}$$

经无量纲化处理后的决策矩阵为 $Y = (y_{ij})_{n\times p}$,第 j 个指标的 n 个评价值 $y_{ij} \in [0,1](i=1,2,\cdots,n)$ 相对应位置性质明显。决策向量为

$$d_i^y = (y_{i1}, y_{i2}, \cdots, y_{ip}) \quad (i=1,2,\cdots,n) \tag{3-88}$$

2) 指标赋权归一化

采用主观赋权法或客观赋权法给每个指标赋权,指标 y_j 的权数 w_j 作归一化处理:

$$w_j^* = \frac{w_j}{\sum_{j=1}^p w_j} \quad (j=1,2,\cdots,p) \tag{3-89}$$

于是得归一化加权后决策矩阵

$$Z = (z_{ij})_{n\times p} = (w_j^* y_{ij})_{n\times p} \tag{3-90}$$

决策向量为

$$d_i^z = (z_{i1}, z_{i2}, \cdots, z_{ip}) \quad (i=1,2,\cdots,p) \tag{3-91}$$

决策阵 Z 每一列向量对应于一个赋权指标。

3) 指标的正交变换（主成分分析）

评价指标间的相关系会造成评价信息相互重叠与干扰，从而难以客观地反映各决策向量的相对地位。为了过滤掉重复信息，采用正交变换，令

$$\begin{aligned} U_{n\times p} &= (u_1, u_2, \cdots, u_p) \\ &= (z_1, z_2, \cdots, z_p) T_{p\times p} \\ &= Z \times T \end{aligned} \tag{3-92}$$

其中正交阵 $T=(t_1, t_2, \cdots, t_p)$ 满足

$$U'U = T'(Z'Z)T = \begin{bmatrix} \lambda_1 & & & \\ & \lambda_2 & & \\ & & \ddots & \\ & & & \lambda_p \end{bmatrix}, \quad \lambda_1 \geqslant \lambda_2 \geqslant \cdots \geqslant \lambda_p \tag{3-93}$$

式中，$\lambda_1, \lambda_2, \cdots, \lambda_p$ 是矩阵 $Z'Z$ 的特征值；$t_1, t_2, \cdots, t_p$ 是相应的特征向量。常采用 Jacobi 方法进行以上计算。

此时决策矩阵由 U 给出，决策向量为

$$d_i = (u_{i1}, u_{i2}, \cdots, u_{ip}) \quad (i=1,2,\cdots,n) \tag{3-94}$$

U 的每个列向量代表由 p 个无量纲化加权指标 z_j 的线性组合表示的一个新的综合指标。

4) 理想决策的构造和决策投影

构造理想决策

$$d^* = (u_1^*, u_2^*, \cdots, u_p^*) \tag{3-95}$$

在这里

$$u_j^* = \max_{1\leqslant i\leqslant n}\{u_{ij}\} \qquad (j=1,2,\cdots,p)$$

将 d^* 单位化

$$d_0^* = \frac{1}{\|d^*\|}d^* = \frac{1}{\sqrt{u_1^{*2}+u_2^{*2}+\cdots+u_p^{*2}}}d^* \tag{3-96}$$

求各决策向量在理想决策方向上的投影:

$$E_i = d_i d_0^* = \frac{1}{\sqrt{u_1^{*2}+u_2^{*2}+\cdots+u_p^{*2}}}\sum_{j=1}^{p}u_j^* u_{ij} \quad (i=1,2,\cdots,n) \tag{3-97}$$

由各决策向量投影值的大小 (以大为好),就可以对多指标决策和评价问题做出科学的排序和比较分析。

3.9.2 因子分析法评价模型

因子分析法是主成分分析法的一种自然伸延,它的基本目的是用少数几个随机变量去描述许多变量之间的协方差关系,但这几个随机变量是不可观测的,通常称为因子。本质上,因子分析基于这样的思想:根据相关性大小把变量分组,使同组内变量之间相关性较高,但不同组的变量相关性较低。每组变量代表一个基本结构,或称因子,它们能够反映已经观测到的相关性。

在后面的讨论中将会看到,用因子分析作综合评价不仅可以给出排名顺序,还可以进一步探索影响排名次序的因素,从而找到进一步改善评估结果的方向,这是一般评价方法无法代替的。

因子分析法评价的基本过程:

1. 数据处理过程

首先对原始数据表中的数据 $X_{n\times p}=(x_{ij})_{n\times p}$ 进行标准化处理,即

$$x_{ij}^* = \frac{x_{ij}-\overline{x_j}}{s_j} \tag{3-98}$$

其中

$$\overline{x_j} = \frac{1}{n}\sum_{i=1}^{n}x_{ij}, \quad s_j^2 = \text{var}(x_j)$$

记 $x_{n\times p}^* = (x_{ij}^*)_{n\times p}$,则

$$E\left(x_j^*\right)=0, \quad \operatorname{var}\left(x_j^*\right)=1 \quad (j=1,2,\cdots,p)$$

然后建立各指标相关系数矩阵：

$$\rho=\begin{bmatrix} \rho_{11} & \rho_{12} & \cdots & \rho_{1p} \\ \rho_{21} & \rho_{22} & \cdots & \rho_{2p} \\ \vdots & \vdots & & \vdots \\ \rho_{n1} & \rho_{n2} & \cdots & \rho_{np} \end{bmatrix} \tag{3-99}$$

进而对原始数据的样本进行充足性检验。

2. 选取主成分

计算得出的各指标相关矩阵特征值 $\lambda_1,\lambda_2,\cdots,\lambda_p$ 和方差贡献率 $a_k=\dfrac{\lambda_k}{\lambda_1+\lambda_2+\cdots+\lambda_p}(k=1,2,\cdots,p)$，然后计算方差累积贡献率 $a=\sum\limits_{k=1}^{i}a_k\ (1\leqslant i\leqslant p)$，将方差累积贡献最为明显的 m 个因子作为主成分的因子。

3. 使用最大方差旋转法

公共因子与原始指标之间的关联程度由因子负荷矩阵来体现，由于旋转前因子负荷矩阵结构不够简明，各因子对变量的解释能力较弱，不易命名，故采用方差最大正交旋转变换，使各公共因子的负荷系数更接近于或得到比较容易解释的因子。

先考虑两个因子的平面正交旋转，不妨设 $m=2$，令

$$T=\begin{bmatrix} \cos\varphi & -\sin\varphi \\ \sin\varphi & \cos\varphi \end{bmatrix}, \quad L=\begin{bmatrix} I_{11} & I_{12} \\ I_{21} & I_{22} \\ \vdots & \vdots \\ I_{p1} & I_{p2} \end{bmatrix} \tag{3-100}$$

则旋转后的因子载荷阵为

$$L^*=LT=\begin{bmatrix} I_{11}^* & I_{12}^* \\ I_{21}^* & I_{22}^* \\ \vdots & \vdots \\ I_{p1}^* & I_{p2}^* \end{bmatrix} \tag{3-101}$$

旋转后的相对方差为

$$v(\varphi) = \frac{1}{p}\sum_{j=1}^{2}\sum_{i=1}^{p}(d_{ij}^2 - \overline{d_J})^2 = \frac{1}{p}\sum_{j=1}^{2}\sum_{i=1}^{p}\left(\frac{I_{ij}^*}{h_i^2}\right)^2 - \frac{1}{p^2}\sum_{j=1}^{2}\left(\sum_{i=1}^{p}\frac{I_{ij}^*}{h_i^2}\right)^2$$

其中，$h_i^2 = \sum_{j=1}^{2} I_{ij}^2 \, (i = 1, 2, \cdots, p)$ 为公共方差，即第 i 共同度。

又记

$$x_i = \frac{I_{i1}}{h_i}, \quad y_i = \frac{I_{i2}}{h_i}$$

$$\mu_i = x_i^2 - y_i^2, \quad v_i = 2x_i y_i$$

$$A = \sum_{i=1}^{p}\mu_i, \quad B = \sum_{i=1}^{p}v_i$$

$$C = \sum_{i=1}^{p}\left(\mu_i^2 - v_i^2\right), \quad D = 2\sum_{i=1}^{p}\mu_i v_i$$

$$\delta = C - \frac{A^2 - B^2}{p}, \quad \xi = D - \frac{2AB}{p}$$

化简后

$$p^2 v(\varphi) = p\sum_{i=1}^{p}\left(x_i^2 + y_i^2\right)^2 - \sum_{i=1}^{p}\sum_{j=1}^{p}\left(x_i x_j + y_i y_j\right)^2$$
$$+ \frac{1}{2}\left(A^2 - p\sum_{i=1}^{p}\mu_i^2\right)\sin^2 2\varphi + \frac{1}{2}\left(B^2 - p\sum_{i=1}^{p}v_i^2\right)\cos^2 2\varphi$$
$$+ \frac{1}{2}\left(\frac{pD}{2} - AB\right)\sin 4\varphi$$

由 $\dfrac{\partial v}{\partial \varphi} = 0$ 得

$$\tan 4\varphi = \frac{\xi}{\delta}$$

满足上式的 φ 都使 $v(\varphi)$ 极大，从而才能保证当公共因子数 $m>2$ 时，每次取 2 个，配对旋转后的相应的相对方差综合序列单调上升且收敛。通过实际计算，这一结论有时不成立，原因很简单：满足条件的 φ 有 2 个，分别使 $v(\varphi)$ 取极大与极小，为了使 $v(\varphi)$ 极大，还应求出 v 的二阶导数：

$$\frac{\partial_v^2}{\partial \varphi^2} = -\frac{4}{p}(\xi\sin 4\varphi + \delta\cos 4\varphi)$$

于是

$$\frac{\partial_v^2}{\partial \varphi^2}\Big|_{\tan 4\varphi=\frac{\xi}{\delta}} = \begin{cases} -\dfrac{4}{p}(\delta^2+\xi^2)\dfrac{\sin 4\varphi}{\xi} & (\xi\neq 0) \\ -\dfrac{4}{p}\delta & (\xi=0) \end{cases}$$

$v(\varphi)$ 的周期是 $\dfrac{2\pi}{4}=\dfrac{\pi}{2}$,所以 $\tan 4\varphi = \dfrac{\xi}{\delta}$ 的解 $\varphi \in \left[-\dfrac{\pi}{4}, \dfrac{\pi}{4}\right]$,这时 $\sin 4\varphi$ 与 φ 同号,所以 $\dfrac{\partial_v^2}{\partial \varphi^2} < 0$ 等价于 $v(\varphi) > 0$,这样记旋转角

$$\varphi_1 = \begin{cases} \arctan\dfrac{\xi}{4\delta} & (\xi\neq 0) \\ 0 & (\xi=0) \end{cases}$$

$$\varphi_2 = \begin{cases} \varphi_1 - \dfrac{\pi}{4} & \left(\xi\neq 0, \dfrac{\xi}{\delta}>0\right) \\ \varphi_1 + \dfrac{\pi}{4} & \left(\xi\neq 0, \dfrac{\xi}{\delta}<0\right) \\ \pm\dfrac{\pi}{4} & (\xi=0) \end{cases}$$

后使 $v(\varphi)$ 取极大的 φ 是

$$\varphi = \begin{cases} \min(\varphi_1,\varphi_2) & (\xi<0) \\ \max(\varphi_1,\varphi_2) & (\xi>0) \\ \dfrac{\pi}{4} & (\xi=0,\delta>0) \\ 0 & (\xi=0,\delta\leqslant 0) \end{cases}$$

这样只要取上式中的 φ 代替由 $\tan 4\varphi = \dfrac{\xi}{\delta}$ 直接确定的 φ 后,最大方差旋转算法即可完成。

m 个公共因子两两配对旋转共需进行 $C_m^2 = \dfrac{1}{2}m(m-1)$ 次,称其完成了第一轮旋转,并记第一轮旋转后的因子载荷矩阵为 $L^{(1)}$;然后再重新开始,进行第二轮 C_m^2 次配对旋转,新的因子载荷矩阵记作 $L^{(2)}$;如此继续旋转下去,记第 t 轮旋转后

因子载荷矩阵为 $L^{(t)}$，即可得到一系列因子载荷矩阵：

$$L^{(1)}, L^{(2)}, \cdots, L^{(t)}, \cdots$$

记 $v^{(i)}$ 为 $L^{(t)}$ 各列元素平方的相对方差之和，则

$$v^{(1)} \leqslant v^{(2)} \leqslant \cdots \leqslant v^{(t)} \leqslant \cdots$$

这是一个有界的单调上升数列，因此一定会收敛到某一数值。

由得到的旋转后的因子矩阵，对指标进行分类。

4. 计算因子得分

使用汤姆森（Thompson）因子得分公式

$$\hat{f} = (I + L'\psi^{-1}L)^{-1} L'\psi^{-1}(x - \mu) \tag{3-102}$$

求出主成分因子得分系数矩阵，其中 I 为载荷矩阵；ψ 为特征值矩阵。

5. 因子综合得分及评价

利用因子得分系数矩阵，可得各期刊因子得分的表达式

$$F_i = \hat{f}_1 x_1 + \hat{f}_2 x_2 + \cdots + \hat{f}_p x_p \quad (i=1,2,\cdots,m) \tag{3-103}$$

将各期刊标准化后的各项指标数据代入上式，然后以各因子方差贡献率占主成分因子总方差贡献率的比重为权重进行加权求和，可得每个期刊的综合因子值

$$F = \frac{a_{F_1} F_1 + a_{F_2} F_2 + \cdots + a_{F_m} F_m}{a_{F_1} + a_{F_2} + \cdots + a_{F_m}} \tag{3-104}$$

即综合评价值。

3.10 德尔菲法

3.10.1 德尔菲法的起源和基本概念

德尔菲（Delphi）是古希腊地名，起源于古希腊有关太阳神阿波罗的神话，传说中阿波罗具有预见未来的能力，而阿波罗的神庙位于德尔菲，所以该方法就被命名为德尔菲法。德尔菲法即可以利用专家智慧对各类信息资源进行评估，也可以作为确定各类信息资源评估指标权重的一种专家调查法。

德尔菲法最早出现于 20 世纪 50 年代末，是当时美国为了预测在其"遭受原子弹轰炸后，可能出现的结果"而发明的一种方法。1964 年美国兰德（RAND）公司发布"长远预测研究报告"，首次将德尔菲法用于技术预测中，以后该方法便

迅速地应用于美国和其他国家以及各种领域。

德尔菲法实际上是规定程序的专家调查法，具有匿名性、反馈性和统计性三大特点。它是由调查组织者拟定调查表，按照规定程序，通过函件分别向专家组成员征询调查，专家组成员之间通过组织者的反馈材料匿名地交流意见，经过三轮征询和反馈，专家们的意见逐渐集中，最后获得有统计意义的集体判断结果。

3.10.2 德尔菲法评估原理和过程

德尔菲法是一种定性的指标权重确定方法，在信息资源评估领域，该方法需要结合定量评估方法对信息资源进行综合评价。

德尔菲法的实施过程一般由三轮反馈构成，在每一轮中，组织者和专家都有各自的任务，如图 3-9 所示。

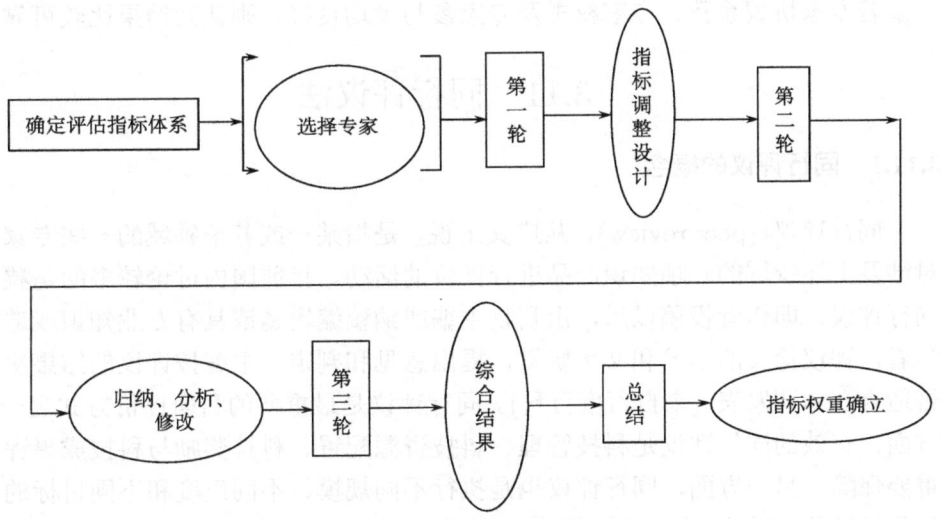

图 3-9 德尔菲法确定指标权重的程序

用德尔菲法进行指标权重确定时，可用专家协调系数、专家权重和专家参与度三个参量来衡量结果的可靠程度。

通常，德尔菲法要求参加评估的专家人数为 20 人左右，不能少于 15 人。专家协调系数 T 设为

$$T = \frac{t_\mathrm{d} + 4t_\mathrm{m} + t_\mathrm{p}}{6} - t_\mathrm{m} \tag{3-105}$$

式中，t_d、t_m、t_p 分别为下四分位、中位、上四分位预测时间，T 的绝对值越小，表明协调越好。

专家权重 P_{ij} 用来表示专家意见的权威程度,用专家发表意见时的判断依据和专家对所回答问题的熟悉程度来表征,测算公式如下:

$$P_{ij} = \frac{C_{ij} + K_{ij}}{2} \qquad (3\text{-}106)$$

式中,C_{ij} 表示第 i 个专家对第 j 个问题的判断系数；K_{ij} 表示第 i 个专家对第 j 个问题的熟悉系数,具体根据专家填表数据推算。

专家参与度一般可用应答率或问卷回收率来表征:

$$应答率 = \frac{回收问卷份数}{问卷总份数} \qquad (3\text{-}107)$$

应答率应达 60% 以上才能表明参与度良好,否则结果的可信度将大大降低。

若专家协调系数、专家权重及专家参与度均良好,则认为结果比较可靠。

3.11 同行评议法

3.11.1 同行评议的概念

同行评议 (peer review),从广义上说,是指某一或若干领域的一些专家共同对涉及上述领域的一项知识产品进行评价的活动。目前国内讨论较多的是狭义的同行评议,即作者投稿以后,由刊物主编或纳稿编辑邀请具有专业知识或造诣的学者,评议论文的学术和文字质量,提出意见和判定,主编按评议的结果决定是否适合在本刊发表 (来自百度百科)。同行评议是最重要的科研评价方式之一。一方面,有效的同行评议是科技管理、科技资源配置、科技奖励与科技成果评判的重要保障。另一方面,同行评议也是执行不同规模、不同尺度和不同目标的各类型科技评价 (科技项目、科技论文、科技期刊、科研机构、科研团队、科研人员) 活动的重要手段 (武夷山,2014)。

学术期刊编辑部对投来的稿件进行审读,大多依靠同行评议制度来保证论文的正确性和期刊的学术质量。同行评议制度是指期刊的组织经营者,包括主编和主办机构,邀约所在专业内兼备较高的学术研究水平和较高的学术道德水平,以及富有工作热忱和奉献精神的学者,对相应领域的学术投稿独立提出评议意见和修改建议。早在 17 世纪,学术期刊诞生的初期,就已经开始应用同行评议制度。1665 年创刊的英国皇家学会《哲学会刊》在创刊时期就开始请同行的学者评价来稿,并决定文章是否适合发表。

3.11.2 同行评议的原理和过程

几百年来,同行评议的基本运作思路并没有太多变化,但是仍然可以看到,随着技术进步和学术期刊出版模式的演进,也衍生出不同的同行评议组织方式。例如,按照投稿人和审稿人之间信息透明的程度,科技期刊采取的同行评议形式出现3种不同的类型:单盲评审或称单隐 (single-blind review 或 single masked review)、双盲评审或称双隐 (double-blind review 或 double masked review)、公开评审 (open review)。不同形式的评审方式在保证评审独立性、限制科研思路和成果剽窃行为等方面各有千秋。

1. 单隐

单隐即单向隐匿,是指作者不知道谁在审自己的稿子,可评议人知道作者姓氏名谁。

2. 双隐

双隐即双向隐匿,是指作者和评议人双方均不了解对方是谁,故也可形象地称为"盲"评 (这里的"盲"不是看不见,而是看不着)。单隐和双隐评审是传统的匿名评审方式。匿名评审的原因是多方面的。其中之一,是为了让评议人没有后顾之忧,可以自由地有一说一,有二说二。为了保障评议的公平合理,还有一个不成文的规定,即评议人与作者之间不能有任何形式的利益冲突或互利互惠。优点:可以对评价对象进行全面、细致和深入的分析,可以从多种思路、多种视角、多种观点来考察网络信息资源的质量。局限性:主观性较大,有时可操作性较差,合理性和可信性可能会引起争议,规范性、准确性和科学性有待进一步研究提高,时效性不强等。

3. 公开评议

公开评议与老牌的单隐和双隐同行评议相比,算是件新事物,最早开始于1996年 *Journal of Interactive Media in Education* 期刊实施的评审方式。即作者与评议人彼此相互知晓,作者和评议人都在明处。给学者们的印象似乎是有理的可以讲理,有冤的可以申冤。相比之下好像没有什么潜规则可言,透明度高,但这也是相对的,而且也是有代价的。因为双方知己知彼,评议人很可能会有顾忌,说话时瞻前顾后,给实话实说打了折扣。

3.11.3 同行评议的缺点

尽管同行评议的运行模式为大部分学术期刊所接受，在实际运作过程中也不断得到充实和完善，但是仍然不断有学者质疑同行评议运行的实际效率。特别是科技期刊论文的同行评议运作中，如何最大限度地保证公平和公正。批评者发现的主要问题包括：

(1) 主观性强。不同同行专家的意见差异过大，甚至截然相反，不能形成准确科学客观的评议意见。

(2) 利益关系影响大。审稿人和被审稿人之间存在"利益冲突"的情形似乎总是难以避免，从而影响评审意见的倾向性。

(3) 随意性大。有些审稿人不能付出足够的时间和精力处理稿件，没有认真审读稿件，同时又未能准确地掌握审稿原则和各项标准，给出意见过于轻率。

3.12 五种期刊评价方法的特点

3.12.1 熵权法

熵概念源于热力学，后由香农引入信息论。信息熵可用于反映指标的变异程度，从而可用于综合评价。设有 m 个待评对象，n 项评价指标，形成原始指标数据矩阵 $Y=(Y_{ij})_{m \times n}$，对于某项指标 Y_j，指标值 Y_{ij} 的差距越大，该指标提供的信息量越大，其在综合评价中所起的作用越大，相应的信息熵越小，权重越大；反之，该指标的权重也越小；如果该项指标值全部相等，则该指标在综合评价中不起作用。

3.12.2 CRITIC

CRITIC (criteria importance through intercriteria correlation) 法是由 Diakoulaki 等提出的一种客观权重赋权方法。它的基本思路是，确定指标的客观权数以两个基本概念为基础。一是对比强度，它表示了同一个指标各个评价对象之间取值差距的大小，以标准差的形式来表现，即标准化差的大小表明了在同一个指标内各评价对象取值差距的大小，标准差越大，各评价对象之间取值差距越大。二是评价指标之间的冲突性，指标之间的冲突性是以指标之间的相关性为基础，如两个指标之间具有较强的正相关，说明两个指标冲突性较低。第 j 个指标与其他指标的冲突性的量化指标为 $\sum_{k=1}^{R}(1-R_{kj})$，其中，R_{kj} 为评价指标 k 和 j 之间的相关系数。各个指标的客观权重确定就是以对比强度和冲突性来综合衡量的。设 C_j 表示第 j 个评价指标所包含的信息量，则 C_j 可表示为

$$C_j = \delta_j \sum_{k=1}^{n}(1-R_{kj}) \quad (j=1,2,\cdots,n) \tag{3-108}$$

式中，δ_j 为标准差。C_j 越大，第 j 个评价指标所包含的信息量越大，该指标的相对重要性也就越大，所以第 j 个指标的客观权重 W_j 应为

$$W_j = \frac{C_j}{\sum_{j=1}^{n}C_j} \quad (j=1,2,\cdots,n) \tag{3-109}$$

3.12.3 主成分分析

主成分分析 (principle components analysis) 通过线性变换，将原来的多个指标组合成相互独立的少数几个能充分反映总体信息的指标。主成分分析常被用作为寻找判断某种事物或现象的综合指标，并且给综合指标所包含的信息以合适的解释，从而更加深刻地揭示事物的内在规律。

3.12.4 因子分析

因子分析 (factor analysis) 可以看成是主成分分析的一种推广，因子分析的基本目的是用少数几个变量去描述多个变量间的协方差关系。其思路是将观测变量分类，将相关性较高即联系比较紧密的变量分在同一类中，每一类的变量实际上就代表了一个本质因子，从而可将原观测变量表示为新因子的线性组合。

3.12.5 TOPSIS 法

TOPSIS 法全称是逼近理想解的排序法 (technique for order preference by similarity to ideal solution)，它是多目标决策分析中常用的一种方法。该方法的思路是根据各被评估对象与理想解和负理想解之间的距离来排列对象的优劣次序。理想解是设想的最好对象，它的各属性值达到所有被评对象中的最优值；而负理想解则是所设想的最差对象，它的各属性值都是所有被评对象中的最差值。用欧几里得范数作为距离测度，计算各被评对象到理想解及到负理想解的距离，距理想解越近且距负理想解越远的对象越优。

思 考 题

(1) 列举常用的定性评估方法与定量评估方法。
(2) 试比较讨论定性评估方法与定量评估方法之间的优缺点。
(3) 试列举评估指标的权重确定方法,并分析各自的优缺点。
(4) 试述层次分析法的功用与局限。
(5) 哪些评估方法可以进行组合评估?
(6) 简述同行评议法的优势和劣势。

第4章 特色评估方法

本章提要：本章概述了期刊和文献评估领域的特色评估方法：布拉德福定律、洛特卡定律、齐普夫定律、文献老化律、引文分析法，以及引文分析法的创新发展——引用认同评估方法。同时本章也概述了网络资源评估领域的链接分析法。

主要知识点：
(1) 布拉德福定律、洛特卡定律和齐普夫定律的基本原理及典型应用；
(2) 文献老化律和引文分析法的基本原理和典型应用；
(3) 链接分析法的基本原理和典型应用。

方法是学科赖以形成理论体系和走向应用的基石，也是定量化评估的起点。信息资源特色评估方法主要分为：文献资源（包括期刊、图书、论文、专利和图书馆等）评估领域的特色评估方法，如布拉德福定律、洛特卡定律、齐普夫定律、文献老化律和引文分析法 (Rousseau, 2010b；叶鹰和武夷山, 2012；王崇德, 1990；丁学东, 1993；邱均平, 2007)；以及网络资源评估领域的特色评估方法，如链接分析法 (迈克·塞沃尔, 2009)。

4.1 布拉德福定律

布拉德福定律是描述论文在期刊中分布情况的经验规律，由英国著名文献学家布拉德福 (S. C. Bradford, 1878—1948 年) 于 1934 年提出。

4.1.1 基础数据和规律表述

布拉德福毕业于英国伦敦大学的化学专业，1922 年获科学博士学位，他于 1925~1937 年在英国南肯辛顿科学担任图书馆馆长期间，发现一个学科的学术论文常分散发表在各种期刊上，于是他以应用地球物理学和润滑专业为实例，研究了期刊论文分布的情况，提出了一个描述文献分散的经验定律。布拉德福采集的 1929~1932 年应用地球物理学原始数据如表 4-1 所示。

表 4-1 布拉德福原始数据 (Bradford, 1950; Garfield, 1980)

期刊数	相关论文数	累积期刊数	累积论文数
1	93	1	93
1	86	2	176
1	56	3	235
1	48	4	283
1	46	5	329
1	35	6	354
1	28	7	392
1	20	8	412
1	17	9	429
4	16	13	493
1	15	14	508
5	14	19	578
1	12	20	590
2	11	22	612
5	10	27	662
3	9	30	689
8	8	38	753
7	7	45	802
11	6	56	868
12	5	68	928
17	4	85	996
23	3	108	1065
49	2	157	1163
169	1	326	1332

如果将以上数据分成 3 个区域：

分区	期刊数	相关论文数	每刊年载相关论文数
c	9 (n_c)	429	>4
1	59 (n_1)	499	1～4
2	258 (n_2)	404	1

则近似有

$$n_c : n_1 : n_2 = 1 : a : a^2, \quad a \approx 5$$

显然这只是一条近似规律。

用文字表述就是：如果将期刊按其刊载某专业论文数量的多寡以递减顺序排列，则可分出一个核心区和相继的几个领域，当每区刊载的论文量相等时，核心期刊数 n_c 和外围一区期刊数 n_1、外围二区期刊数 n_2 成 $n_c : n_1 : n_2 = 1 : a : a^2$ 关系。其中 a 称为布拉德福常数。

若以累积期刊数 n 或其对数为横坐标、累积相关论文数 $R(n)$ 为纵坐标，一般可作出如图 4-1 所示的分布曲线。

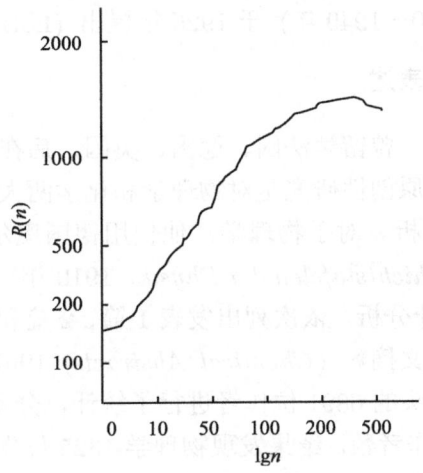

图 4-1 布拉德福分布曲线示意

后来布鲁克斯 (B. C. Brookes) 用公式将该曲线对应的布拉德福定律表述为

$$R(n) = \begin{cases} an^\beta & (1 \leqslant n \leqslant n_c) \\ k \lg\left(\dfrac{n}{s}\right) & (n_c \leqslant n \leqslant N) \end{cases} \tag{4-1}$$

式中，$R(n)$ 为相关论文累积数；N 为期刊总数；n 为期刊等级排序后的序号；a 为 $n=1$ 对应的 $R(n)$；β, k, s 为参数。曲线右上端的弯折称为格鲁斯 (Q. V. Groos) 下降。

4.1.2　应用提示

布拉德福定律的主要用途是用于确定核心期刊，以指导期刊订购和期刊利用，并由此扩展到核心馆藏维护、核心检索工具选择等。有人认为布拉德福定律可以看成社会科学中普遍存在的"二八律"的一种表现：20%的核心期刊上刊载了80%的重要论文。

此外，布拉德福定律也应用于考察专著的分布等；上海交通大学王国龙等通过对 SCI 和 SSCI 引用期刊的研究，发现影响因子 (impact factor，IF) 的分布也符合布拉德福定律 (王国龙，2004；王国龙和李佩，2004)。

4.2 洛特卡定律

洛特卡定律是描述作者与论文数量之间关系的经验规律，由美国统计学家洛特卡 (A. J. Lotka，1880—1949 年) 于 1926 年提出 (Lotka, 1926)。

4.2.1 基础数据和规律表述

洛特卡出生在波兰，曾留学法国、德国、英国，后在美国工作，出任过美国统计学会理事长。他的原创性研究是对物理学和化学两大学科中科学家们发表论文的情况进行的统计分析。对于物理学，他使用德国奥尔巴赫 (Aürbach)《物理学史一览表》(*Geschichtstafelen der Physik*，1910 年) 的人名索引，对其中全部 1325 位作者进行统计分析，依次列出发表 1 篇、2 篇和多篇论文的作者数；对于化学，他采用《化学文摘》(*Chemical Abstracts*) 1907~1917 年 10 年累积索引中的姓氏以 A、B 开头的 6891 位作者进行了统计，分别列出发表 1 篇、2 篇、3 篇直至 346 篇论文的作者数。结果发现物理学 1325 位作者中，发表 1 篇论文的为 784 人，占 59.2%；化学 A 字母姓氏作者 1543 人，发表 1 篇论文的为 890 人，占 57.7%；B 字母姓氏作者 5348 人，发表 1 篇论文的为 3101 人，占 58.0%。于是他提出作者的百分比分布 (科学生产率的频率分布) 应符合如下公式：

$$f(x) = \frac{c}{x^a} \tag{4-2}$$

式中，$f(x)$ 是发表 x 篇论文的作者占作者总数的百分比 (作者频率)；常数 $a>1$ (经验研究表明 $1.8<a<3.8$，估计浮动范围 $1.5<a<4$)。上式取对数，有

$$\lg f(x) = -a \lg x + \lg c \tag{4-3}$$

故以 $\lg f(x)$ 为纵坐标、$\lg x$ 为横坐标作图应是一斜率为 $-a$、截距为 $\lg c$ 的直线。

洛特卡的原始数据中，Aürbach 数据部分见表 4-2 (其中计算百分比是根据洛特卡平方反比律算得)。

表 4-2 洛特卡原始数据片段 (邱均平，1988)

论文数	统计数据			作图数据	
	撰写人数	实际百分比/%	计算百分比/%	数据点个数	斜率
1	784	59.17	60.79	13	−2.0411
2	204	15.40	15.20	14	−2.0533
3	127	9.58	6.75	15	−2.0182
4	50	3.77	3.80	16	−2.0255
5	33	2.49	2.43	17	−2.0210
6	28	2.11	1.69	18	−2.0953
7	19	1.43	1.24	19	−2.1385
8	19	1.43	0.95	20	−2.0786
9	6	0.45	0.75	21	−2.0726
10	7	0.53	0.61	22	−1.9887
11	6	0.45	0.50	23	−1.9989
12	7	0.53	0.42	24	−1.9946
13	4	0.30	0.36	25	−1.9754
14	4	0.30	0.31	26	−1.9490
15	5	0.38	0.27	27	−1.8485
…	…	…	…	…	…

基于这些数据绘制的 $\lg f(x)$-$\lg x$ 直线如图 4-2 所示。

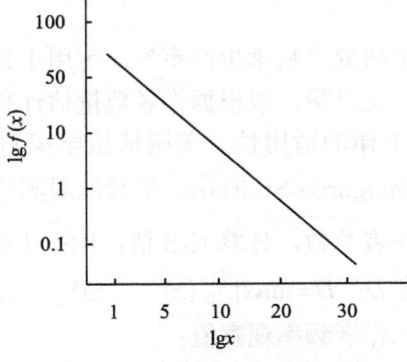

图 4-2 洛特卡分布曲线示意

既然大部分数据点（尤其是前 13～25 个点）获得的斜率都接近-2，故洛特卡定律近似平方反比律：

$$f(x) = \frac{c}{x^2} \tag{4-4}$$

其中，c 为常数。

由于 $1 = \sum_{n=1}^{\infty} f(n) = \sum_{n=1}^{\infty} \frac{c}{n^2} = c\frac{\pi^2}{6}$，故 $c = \frac{6}{\pi^2} \approx 60.79\%$，$f(1) = \frac{c}{1^2} = c$，进而有

$$f(2) = \frac{c}{2^2} = \frac{f(1)}{2^2} \tag{4-5}$$

……

$$f(n) = \frac{c}{n^2} = \frac{f(1)}{n^2} \tag{4-6}$$

也就是说：发表 1 篇论文的作者约占作者总数的 60.79％，发表 2 篇论文的作者是发表 1 篇论文作者数量的 1/4……发表 n 篇论文的作者是发表 1 篇论文作者数量的 $1/n^2$。

洛特卡定律描述了作者人数与其发表论文量之间的关系，首次揭示了作者与发表论文数量之间存在的规律。后经研究，发现物理学等学科领域的作者与论文之间的关系基本符合平方反比律，而生物、工程、计算机等领域则不符合平方反比关系。一般来说，人文学科、社会科学中，a 值将变大；规模较大、科研合作程度较高的学科中，a 值会变小。

4.2.2 应用提示

洛特卡定律主要用于研究"科学生产率"，可用于预测发表不同篇数论文的作者数量和特定学科的论文总量，或根据作者数量估计科学论文数量等。

为合理评价洛特卡定律的适用性，美国情报学家科依尔（R. C. Coile）于 1977 年提出用 K-S (Kolmogorov-Smirnov) 检验法对其进行鉴定，其步骤为：

(1) 设 A 为统计的作者总数，计算 K-S 值：$KS = 1.63/\sqrt{A}$；

(2) 计算最大偏差值 D：$D = \max|F_0(x) - S_n(x)|$；其中 $F_0(x)$ 为累积作者频率理论值，$S_n(x)$ 为累积作者频率观察值；

(3) 比较 D 与 KS：若 $D <$ KS，则抽样分布符合洛特卡定律；若 $D >$ KS，则抽样分布不符合洛特卡定律。

科依尔用该方法检测了洛特卡《物理学史一览表》和《化学文摘》的原始数据，发现《物理学史一览表》的数据符合洛特卡定律，而《化学文摘》的数据则不完全符合洛特卡定律。科依尔还用该方法对美国国会图书馆的 MARC 作者统计数据和伊利诺大学图书馆学院卡片目录作者统计数据进行了检验，结果发现美国国会图书馆的 MARC 作者统计数据不符合洛特卡定律，而伊利诺大学图书馆学院卡片目录作者统计数据则完全符合洛特卡定律。K-S 检验法从此成为检验洛特卡定律适用性的有效方法。

国内也有不少洛特卡定律研究成果，如福建农林大学张贤澳围绕洛特卡定律发表过多篇论文（刘娟，2004），并出版有专著《广义洛特卡定律——估计、推论及其在管理中的应用》，可供参考。

4.3 齐普夫定律

齐普夫定律是描述文献中的词与其出现频次之间关系的经验规律，由齐普夫（G. K. Zipf）于 1935 年提出，是一条与语言学密切相关的文献学规律。

4.3.1 基础数据和规律表述

1935 年，哈佛大学语言学教授齐普夫统计了乔伊斯（J. Joice）的中篇小说《尤利西斯》（*Ulysses*）中使用的 29 899 个词汇，按使用频率（词频）排列成序，并对应编定词级——使用频率最高的词汇的词级为 1，依次类推，则词级和词频的乘积接近于常数。他的统计数据如表 4-3 所示。

表 4-3 齐普夫定律原始数据 (Zipf, 1972; Garfield, 1980)

词级 r	词频 F	词级 r×词频 F
10	2653	26530
20	1311	26220
30	926	27780
40	717	28680
50	556	27800
100	256	25600
200	133	26600
300	84	25200
400	62	24800

续表

词级 r	词频 F	词级 r×词频 F
500	50	25000
1000	26	26000
2000	12	24000
3000	8	24000
4000	6	24000
5000	5	25000
10000	2	20000
20000	1	20000
29899	1	29899

表 4-3 中的词频 F 是绝对频数（频次），若采用相对频数（频率）$f=F/N$，N 为文章所含词汇总量，则以 $\lg f \sim \lg r$ 作图为一直线，如图 4-3 所示。

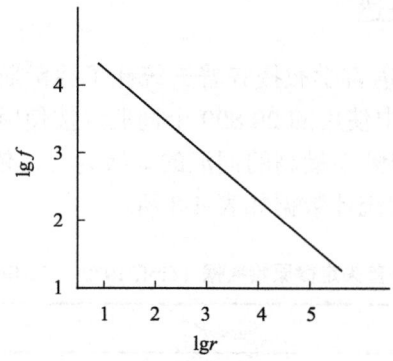

图 4-3 齐普夫分布示意图

齐普夫在 1949 年出版的《人类行为与最省力法则》(*Human Behavior and the Principle of Least Effort*) 专著中，系统地将他的发现整理为一条规律：

设有一篇含有 N 个词的文献（$N \geqslant 5000$），用自然数 1，2，3，…给文献中的词编级，出现频次最高的为 1，其次为 2，直到 r（$r<N$），则高频词的频率 f 与词级 r 的乘积是一个常数：

$$fr = c \tag{4-7}$$

式中，$1<c=C/N<0.1$，$Fr=C$ 也为常数。这就是齐普夫定律。齐普夫本人用最省

力法则作为该定律的机理——使用频率高的词实际价值不大,只是传递起来省力,因此词频与词级的乘积基本稳定在一个常数水平。

4.3.2 应用提示

齐普夫定律主要可用于指导文献标引、词表编制和情报检索等,尤其是在自动标引中具有应用价值,因为使用频率太高的词和使用频率太低的词都没有多少检索意义,故应当使用词频适中、词义强健的词作为标引词。

4.4 文献老化律

文献老化律是描述文献信息价值随时间推移而不断下降的规律,可以测量不同国家、学科和期刊的文献半衰期或半生期,从而评估文献更新或老化的速度。主要有以下模型。

4.4.1 负指数老化模型

与指数增长相应,著名科学学家贝尔纳 (J. D. Bernal) 于 1958 年提出负指数老化模型,后经英国著名情报学家布鲁克斯 (B. C. Brookes) 发展,其数学表述如下:

$$C(t) = k\,\mathrm{e}^{-dt} \tag{4-8}$$

式中,$C(t)$ 代表发表 t 年后的文献被引次数;k 是因学科而异的学科常数;d 为老化率。其示意图见图 4-4。

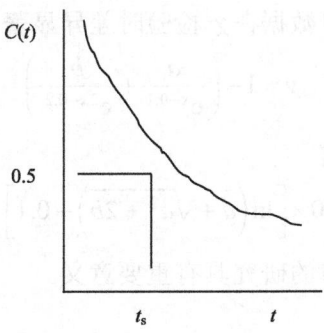

图 4-4 负指数老化曲线示意

图 4-4 中,与 $C(t)=0.5$ 相对应的时间 t_s 称为相应学科文献的半衰期或半生期,其含义是经过 t_s 年后已有 50% 的文献不再被引用,或者说只有 50% 的文献仍

在被引用。

4.4.2 博顿-凯卜勒方程

美国图书馆员博顿 (R. E. Burton) 和物理学家凯卜勒 (R. W. Kebler) 合作对科技文献的老化进行研究后，于 1960 年提出如下老化方程：

$$y = 1 - \left(\frac{a}{e^x} + \frac{b}{e^{2x}}\right) \tag{4-9}$$

式中，y 是经过一定时间尚在利用的文献的相对数量（y=0.5 对应半生期）；x 是以 10 年为单位计量的时间，$a+b=1$ 为常数。

博顿-凯卜勒具体测定了一些学科的半生期，参见表 4-4。

表 4-4 一些学科文献的半生期（邱均平，1988）

学科	半生期/年	学科	半生期/年
生物医学	3.0	生理学	7.2
冶金工程	3.9	化 学	8.1
物 理 学	4.6	植物学	10.0
化学工程	4.8	数 学	10.5
社 会 学	5.0	地质学	11.8
机械工程	5.2	地理学	16.0

苏联学者莫德列夫 (В. М. Мотылев) 仔细研究博顿-凯卜勒老化方程后，发现实际统计数据与理论计算数据在 χ^2 检验时差异显著，于是提出了如下修正公式：

$$y = 1 - \left(\frac{a}{e^{x-0.1}} + \frac{b}{e^{2x-0.2}}\right) \tag{4-10}$$

并用式 (4-11) 计算半生期：

$$x_s = 10 \times \left[\ln\left(a + \sqrt{a^2 + 2b}\right) + 0.1\right] \text{（年）} \tag{4-11}$$

这些成果对深化文献老化律的研究具有重要意义。

4.5 引文分析

4.5.1 引文分析法

规范的文献必有参考文献。就单篇文献而言，引用别的文献作为参考文献叫

施引 (citing)，列在参考文献中的叫被引 (cited)，施引文献也称引证文献或来源文献，被引文献简称引文。施引和被引均涉及标题、著者、著者单位、发表期刊等各种信息，可供统计、分析与评价，以揭示施引和被引之间的数量特征和内在规律。这类基于施引和被引关系发展起来的具有情报学特色的方法就是引文分析 (citation analysis)。因此，引文分析主要对科学期刊、论文、著者等各种分析对象的引证与被引证现象进行分析，以揭示其数量特征和内在规律。

虽然从 20 世纪初开始就有零散的引文研究，比如，Grace 等的核心期刊表 (1927 年)，但真正系统地奠定引文分析的是美国著名情报学家加菲尔德 (E. Garfield)。1955 年，加菲尔德在 Science 上发表论文，提出了以引文索引来检索科技文献的创意 (Garfield,1955)。1963 年，他编制的《科学引文索引》问世，1964 年起开始连续出版。1973 年推出《社会科学引文索引》，1978 年再出《艺术和人文科学引文索引》，使 SCI/SSCI/A&HCI 三大引文索引风靡世界。1979 年，引文分析专著正式出版 (Garfield, 1979)。下面给出简要介绍并提供深入研究所需的参考文献线索。期间，国外学者也对引文分析进行一些拓展研究，比如，Brown 对引文分析领域的拓展 (1956 年)、Kessler 的"文献耦合 (bibliographic coupling)" (1963 年)、Small 提出"同被引技术 (co-citation)" (1973 年)，等等。当前的研究主要集中在：方法适用性研究 (引文分析的弊端等)；网络引文分析 (web citation analysis)；应用研究 (引文应用于各类质量评价，专利引文分析，同引、耦合用于聚类分析，大学评价等)。

作为方法的引文分析既包括对引文模式的研究 (类似统计分布模式)，也包括对各种测度或指标的研究 (类似统计特征参数)。常用的引文分析指标包括：①引文数量与分布规律测度指标，引文数、平均引用数、自引数与自引率、被引用数与引用数的比值；②期刊质量测度指标，被引用数、影响因子、即年指标；③论文质量与著者学术水平测度指标，被引用数；④文献老化规律测度指标，衰减系数。

显然，发文量 (publications, P) 和引文量 (citations, C) 是两个基本的测度，在此基础上，目前世界上影响较大的引文分析测度指标主要可纳入如下三大体系。

1. ISI 体系

由加菲尔德创建的美国科学信息研究所 (ISI，现已并入汤森路透集团) 使用，侧重分析期刊，最著名的指标莫过于期刊影响因子 (impact factor，IF)，其原始定义是：某刊 n 年度的影响因子=在 n 年度看到的该刊 n–1 和 n–2 两年的总引文/该刊 n–1 和 n–2 两年的总发文，即

$$IF_n = \frac{C_{n-1} + C_{n-2}}{P_{n-1} + P_{n-2}} \tag{4-12}$$

实际上这是一种期刊所发表论文的两年平均被引率,因此后来又有五年平均的影响因子 (IF_5) 甚或更一般的多年影响因子。如果计算期刊的当年影响因子,就叫作当年指标或即年指标 (immediacy index)。同时,期刊达到50%被引用所需的时间被定义为被引半衰期 (cited half-life)。2008年以来,在原来期刊影响因子和被引半衰期等指标的基础上,一些学者设计和实现了一些新的评估指标,例如,主要用于评估科研人员发文数量和影响力的 H 指数 (Hirsch, 2005; 叶鹰等, 2010),以及已经在 ISI 期刊引证报告 (Journal Citation Report, JCR) 中使用的特征因子分值 (eigenfactor score) 和论文影响分值 (article influence score) 等新指标。

2. CWTS 体系

由荷兰莱顿大学科技研究中心 (CWTS) 倡导,以 CPP (=C/P) 为核心构建 (Moed et al., 1995; van Raan, 2005),其中特色指标是王冠指数 CI (crown indicator),定义如下:

$$CI = \frac{CPP}{FCS_m} \tag{4-13}$$

式中,FCS_m 为所测领域的平均引文。此外还有 CPP/JCS_m 等指标,JCSm 为所测期刊的平均引文。该体系虽然近年有争议 (Opthof and Leydesdorff, 2010; van Raan et al., 2010),但却是发展 MNCS 等各种新测度的参照系 (Waltman et al., 2011)。

3. ISSRU 体系

由匈牙利信息科学与科学计量学研究所 (简称 ISSRU) 采用,其特色是采用相对测度 (Schubert and Braun, 1986; Schubert and Braun, 1996; Glänzel et al., 2002),而且分别用根据发文量构造的活动指数 AI 和根据引文率构造的相对引文率 RCR 作为基础参量,含义是

$$AI = \frac{SP_i}{SP} \tag{4-14}$$

$$RCR = \frac{MOCR}{MECR} \tag{4-15}$$

式中,SP_i 为给定领域在特定国家或地区的发文率;SP 为给定领域在全世界的发

文率；MOCR 含义是平均观察引文率，相当于 CWTS 的 CPP；MECR 含义是平均期望引文率，定义为特定时间窗口同一期刊所发论文的平均引文率，相当于 CWTS 的 JCSm 和 ISI 的多年影响因子。ISSRU 用于测评的主要参量则是相对特化指数 RSI 和相对引文影响指数 RCII，定义如下：

$$\text{RSI} = \frac{\text{AI} - 1}{\text{AI} + 1} \in [-1, +1] \tag{4-16}$$

$$\text{RCII} = \frac{\text{RCR} - 1}{\text{RCR} + 1} \in [-1, +1] \tag{4-17}$$

此外，ISSRU 还用归一化平均影响率 NMCR 作为类似 CPP/FCS$_m$ 的测度。

除影响较大的上述测度，有学者提出的 PRs 和 I3 等新测度值得关注 (Leydesdorff et al., 2011; Leydesdorff and Bornmann, 2011)。

如今，引文分析已从单一层面的发文、引文分析发展为用于多层面、合作网、引文网等研究对象的特色方法并保持强劲活力。值得提示的发展方向有：

(1) 普适于微观层面（作者个人、研究小组）、中观层面（机构、期刊）和宏观层面（国家、跨国区域）的测度指标研究。

(2) 引文耦合 (citation coupling) 和共引 (co-citation) 研究 (Rousseau, 2010)。参见图 4-5。

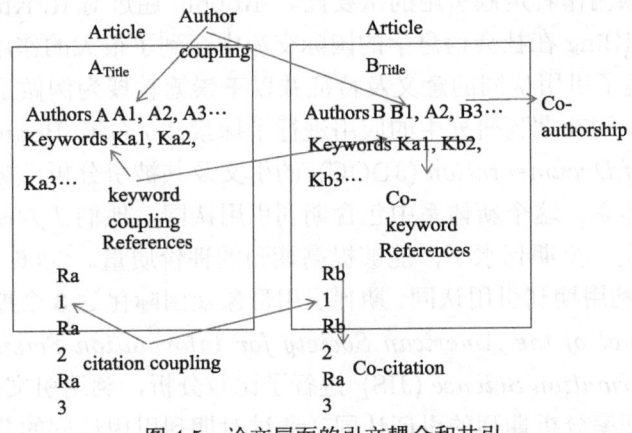

图 4-5　论文层面的引文耦合和共引

(3) 引文分析与复杂网络研究 (Newman, 2010) 等结合发展出的新方向等。

当然，也要提示引文分析的局限性：由于文献被引用只是表征其影响，不一定是其质量或重要性，因此不能说被引次数的高低肯定代表了论文质量的优劣；同时，文献引用也受语种、学科专业等因素的影响，加上名人效应和马太效应导致的偏差，很难说引文量必然体现绝对价值。因此，应正确对待引文分析。客观地说，引文分析信息能为学术研究带来参考信息，仅此而已。

此外，目前常用的引文分析工具包括：美国《科学引文索引》(SCI)、美国《基本科学指标》(ESI)、美国《期刊引证报告》(JCR)、《中国科学引文数据库》(CSCD)、《中国科技论文与引文分析数据库》、《中文社会科学引文索引》(CSSCI)、《中国人文社会科学引文数据库》、《中国引文数据库》。

4.5.2 引用认同分析

期刊引用认同是引文分析的一部分，它可以反映期刊的影响力、可见度及其在学科交流中的作用（武夷山等，2014）。美国德雷克塞尔大学情报科学与技术学院名誉教授 Howard D. White 提出了一个新的评价指标——引用认同 (citation identity)。他通过对 8 位情报学家引用的作者进行分析，提出了引用认同像人的指纹一样独特，能反映一个学者的引用风格、研究背景、研究领域及其与其他学者的联系网络。引用认同即指某作者引用过的所有作者的集合。很多学者利用这一概念对其他学者的引用行为进行了分析。Ding 和 Cronin (2011) 对 3 位印度大学信息学专家的一手资料进行了分析，引用认同显示，3 位专家的引用频率呈现出典型的集中-离散分布。Tang 和 Thelwall (2002) 通过对 49 位生物学家和 50 位心理学家论文的特征、引文的深度、引用的原因及引用人和被引用人之间的关系进行分析来预测作者定额引用的重要性。Robbin 通过对 R. Kling 的引用认同研究，得出 R. Kling 在社会信息学的国际交流中起到了很大的作用。马凤和武夷山 (2009) 阐述了引用认同的意义及特征并以王崇德教授为例做了实证分析。也有学者对引用认同在期刊研究中的应用进行了探索，2006 年，Bonnevie-Nebelong 等对 *Journal of Documentation* (JDOC) 的引文及共被引分析，提出一个新的多指标期刊评价体系，这个新体系中包含期刊引用认同。他们认为期刊引用认同能从多个角度反映一个期刊水平，能够提高期刊的评价质量。2006 年，Bonnevie-Nebelong 再次利用期刊引用认同、期刊引用形象及国际化这 3 个期刊评价指标对 JDOC 和 *Journal of the American Society for Information Science* (JASIS) 及 *Journal of Information Science* (JIS) 进行了比较分析，利用引文数/引用的期刊数比值和自引证率分析期刊的引证认同。通过对期刊引用认同的分析，可以从多层次反映期刊的水平，结合期刊其他的评价方法，能更客观地评价期刊的质量。Bonnevie-Nebelong 提出，期刊引证认同是一种可能有益于探索科学期刊全景的方法。

期刊引文量是揭示学科文献引证规律的重要内容和途径，期刊之间的引文量的大小，可以反映期刊之间的联系强度。从时间角度分析期刊引文的分布规律，不仅能反映期刊吸收利用情况，还能反映期刊出版交流情况及学科发展的进程。

Bonnevie-Nebelong (2006) 用两个指标来衡量期刊的引用认同，即引文量/引用刊数及自引率。这样可以弥补分析单一引用和反复引用的不足。

1. 引文量/引用刊数

期刊引用认同反映出的期刊与其他期刊之间的联系，是通过引文量/引用刊数来反映的。引文量与引用刊数的比值高，说明引用的期刊数相对较少，引用的学科较集中，专业化程度较高；比值低，则说明引用期刊数较多，吸收外部信息的能力较强，期刊的综合性较高。

2. 期刊自引

期刊自己援引在本期刊上发表文献的现象称为期刊自引，它也是评价期刊质量的重要指标之一。期刊自引率是指某刊全部参考文献中，引证该刊自己发表的论文所占的比例。通过对期刊自引的分析，可以了解期刊的学科性质、专业方向、交流程度等信息。

期刊自引也是引用认同的一部分，该指标是期刊引用风格的一个反映。期刊自引率较高，说明该期刊内部信息的重要性、专业性较强，也反映了该刊专业交流可能较少、学科环境较封闭、会面临信息孤岛等；期刊自引率较低，说明该刊常被其他期刊引用，在学科交流中发挥着重要的作用。Rousseau 也认为自引是引用认同风格的一部分，从期刊发展时间上看，期刊在出版早期自引达到峰值前，期刊自引比外部引用更重要。Snyder 和 Bonzi 认为高自引率不是期刊不成熟的指标，在他看来，自引率反映了学者的引用规范、不同的科学传统或学科内合著作者的引用传统。

4.6 链接分析法

链接分析是从传统的引文分析中发展出来的一种新的研究方法，但在动态、多变的网络环境中形成了引文分析理论所不具有的特性。事实上，从"citation"到"sitation"，从"期刊影响因子"到"网络影响因子"，从"文献的同引与耦合"到"共入链/共出链"，都表明链接分析带上了引文分析的烙印。从 Mc Kiernan 于 1996 年首先提出了 sitation 这一新术语研究网页之间的引用关系开始，链接分析已经有十多年的研究历史。

链接分析 (link analysis) 法，也称网络链接分析法，或者超链分析。可广义理解为以 Web 中页面间的超链接为研究对象的分析活动。从网络信息计量学的角度，可将其定义如下：链接分析是以链接解析软件、统计分析软件等为工具，用统计学、拓扑学、情报学的方法对链接数量、类型、链接集中与离散规律、共链现象等进行分析，以用于 Web 中的信息挖掘及质量评价的一种方法。它通过对网页间链接数量、类型、链接集中与分散和共链等现象进行分析，用于 Web 信息资源评价和 Web 信息挖掘等领域（邱均平和李江，2008）。超链接（hyperlink）是互联网知识表现层中最典型、最重要的元素和现象，超链接的指向质量和密集程度直接关联该网站或网页的信息质量和可用程度，也能直接影响用户对该网站或网页的访问频度。通过对链接特征的分析，可以深入了解网络信息资源的拓扑结构及资源分布状况。超链接也是追踪和发现信息资源、资源聚类和自动分类、搜索反馈相关度排序、网络信息传播、竞争情报挖掘以及评价信息资源质量的重要指标，因此引起了包括图书情报学、计算机科学、经济学、社会学、物理学以及传播学等众多学科及其分支领域的关注。

链接分析先于网络信息计量学诞生。1996 年，Larson 依照引文分析中共被引分析（co-citation analysis）做了共链分析（co-link analysis）。但在网络信息计量学诞生后，链接分析便被纳入了其研究范围。至今，链接分析已成为网络信息计量学备受关注的研究方向。2004 年，国内学者张洋等对链接分析的研究进展进行了详细综述，将链接分析的研究重点归纳为四个方面：链接的数量分布规律研究、网站同引分析研究、网络影响因子研究、链接分析工具研究（张洋等，2004）；而国外学者 Thewall 从学科视角，将链接分析的研究分为情报学视角的链接分析（ISLAA）、计算机科学视角的链接分析（CSLAA）和社会科学视角的链接分析（SSLAA）等（迈克•塞沃尔，2009）。

由于网络的迅速发展，大数据时代的到来，链接分析研究领域有很多问题待解决：从用户的角度，研究用户通过链接浏览和获取信息资源的持续性、频率和效率评价问题，从安全的角度，垃圾链接与不安全链接引发的链接利用排斥问题，从知识产权的角度，用户利用链接缓存引发的链接内容知识产权纠纷问题等。而国内外的相关研究也同时关注到传统链接分析理论的弊端，包括没有及时清除链接中的无效链接、没有对链接进行有效分类以及没有深入地探究用户的链接动机等；在国内外的研究中尤其缺乏链接动机的理论的研究。

链接分析理论主要涵盖以下几个方面：链接基础理论、链接分析的研究视角、链接分析与引文分析之间的关系、链接分类与统计理论、链接分析指标。

4.6.1 链接基础知识概述

1. 链接感性认识

Wood 等将 Web 的结构绘制成可视化图（Wood et al.,1995），如图 4-6 所示。

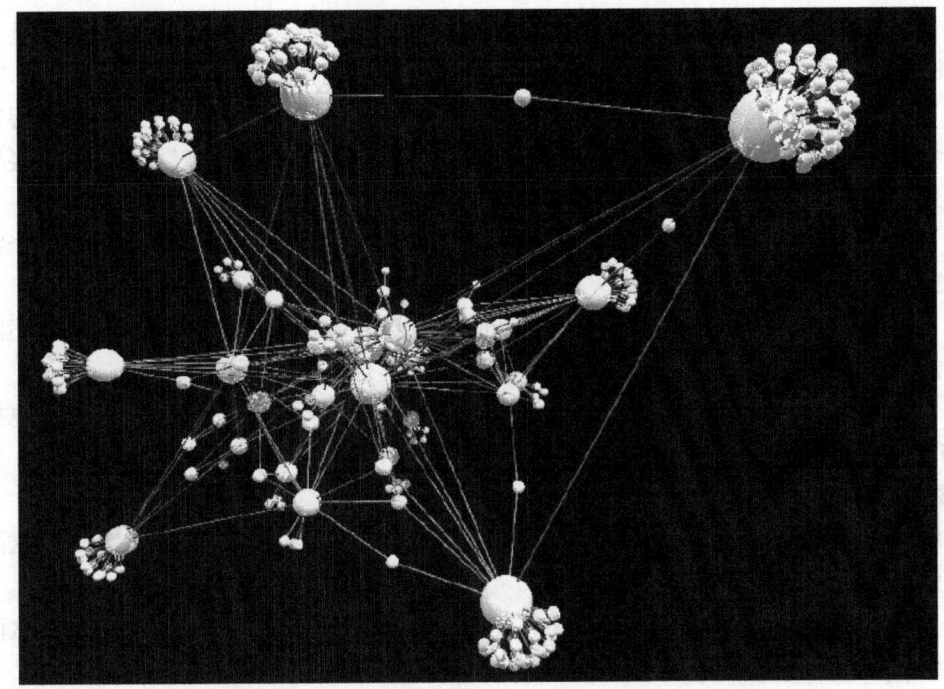

图 4-6 Web 结构的可视化

图中，白色的大球表示网站主页，小球代表网站的二级及二级以下页面；细线代表链接，将不同的网站、网页联结在一起形成网络。

2. 链接与超文本

1965 年，Ted Nelson 提出术语——超文本 (hypertext)。1978 年，在 *Dream Machines* 中他提到了"链接"，并指出"链接"将带来文件的连通性。1981 年，使用术语"超文本"描述了这一想法：创建一个全球化的大文档，文档的各个部分分布在不同的服务器中，通过激活其中的"链接"，就可以跳转到所引用的文档。

超文本是用超链接的方法，将各种不同空间的文字信息组织在一起的网状文本。超文本更是一种用户界面范式，用以显示文本，以及文本之间相关的内容。当前，超文本普遍以电子文档方式存在，其中的文字包含有可以链接到其他位置或者文档的链接，允许从当前阅读位置直接切换到超文本链接所指向的位置。

3. 链接的基本类型

目前网络链接的基本类型主要包含以下几种：

链接，超链接 (link, hyperlink)。两者都指网络链接，在没必要区分入链与出链时，通常会用到这两个词，偶尔也会用到这些词指代入链和出链。

入链 (inlink)。指向某页面的链接。一般而言，这个链接应该来自某个特定集合以外的页面。"入链"与"反向链接"同义；"接受入链"与"被链接"同义。

出链 (outlink)。从某页面指出的链接。一般而言，这个链接应该指向某个特定集合以外的页面。

自链 (selflink)：从某页面指向该页面自身的链接，可能是同一页面的不同部分。一般而言，这个链接应该指向某个特定集合内部的页面。

互链 (interlink, reciprocal link)：通常是指两个不同网站之间的链接，也指站间链接。这个词通常以-ing 的形式出现，例如，"网站互链"(interlinking) 表示网站之间的链接。

共入链 (co-linked)：如果两个页面都含有来自第三个页面的入链，则这两个页面共入链。

共出链 (co-linking)：如果两个页面都含有指向第三个页面的出链，则这两个页面共出链。有时也可描述为文献计量学中的耦合。

共链 (co-link)：共入链与共出链统称为共链。

链接基本类型的图解如图 4-7 所示。

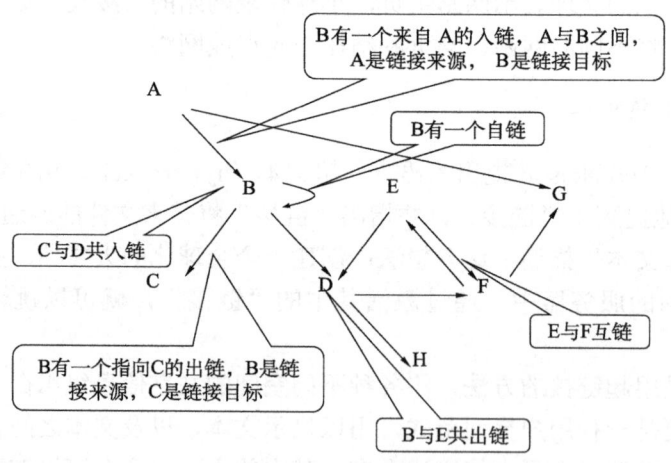

图 4-7　链接基本类型的图解

4.6.2　网络链接的分析视角

2004 年，Mike Thelwall 提出了研究链接分析的三大方法 (Thelwall, 2004)：

情报学链接分析方法 (information science link analysis approach, ISLAA)、计算机科学链接分析方法 (computer science link analysis approach, CSLAA) 和社会科学链接分析方法 (social science link analysis approach, SSLAA)。上述三种方法论视角的研究范畴相对稳定：CSLAA 主要研究网络动力学、链接与内容的关系、链接和信息检索、网络挖掘等；SSLAA 主要研究网络空间分析、虚拟民族志、超链接网络分析等；而 ISLAA 则以引文分析为基础，将"链接"视为一种推荐或认可，采用并改进现有的信息技术与方法，借助文档之间的相互关联，对文档自身的特征进行深入分析。本节在结合链接分析的图谱分析结果（孙建军，2014；孙建军等，2016），并通过仔细研读领域的相关文献，归纳出链接分析研究领域的八大研究视角：检索优化的视角、网络计量学和评价的视角、竞争情报的视角、信息挖掘的视角、社会学的视角、法学的视角、行为学和心理学视角（属于链接分析研究前沿，包括链接行为和动机、链接作弊研究等）、统计物理学和传播学的视角。本节主要阐述与网络信息资源评价主题相关的链接分析研究，即检索优化视角、网络计量学和评价视角、竞争情报视角的链接分析研究。

1. 检索优化视角下的链接分析研究

从检索优化的视角研究链接分析这一领域是国内外学者关注较早的领域，早在 1997 年，丹麦学者 T. Almind 和 P. Ingwersen 就开始采用网络计量学的方法对互联网链接展开深入研究，这也开启了网络计量学研究的新时代。Almind 和 Ingwersen (1997) 在提出网络计量学的同时，还提出信息检索结果相关性排序的链接分析问题。之后，在完全独立的搜索引擎研究领域，Google 提出的 PageRank 算法 (Page et al., 1999) 和 IBM 提出的 HITS 算法 (Kleinberg, 1999)，不约而同地将页面中的链接作为检索相关性评价的主要指标，这标志着链接分析在检索结果相关性排序的大规模商业应用的开启。伴随 Google 和 IBM 的商业成功，基于链接分析的网络广告服务商和搜索引擎优化服务商 SEO (search engine optimization) 引领计算机学领域的学者，不断改进链接分析算法及其类似的迭代算法，其中包括 IBM Almaden 实验室开发的 CLEVER 系统、Compaq 研究中心的 Web Archaeology 项目以及国内一些学者提出的改进算法（傅向华等，2005），并应用于网页聚类、页面自动分类、知识推荐、页面扰动和主题漂移分析 (Brin and Page, 1998; Brooks, 2004)。而在上述链接分析算法及其改进算法中，都采用了 PageRank 算法的迭代原理，然而其固有缺陷仍然存在：①站内网页在权值计算上的非独立性；②自动生成链接的干扰；③与主题无关或者主题漂移的链接干扰。目前用户生成内容越来越丰富，链接随机性和作弊行为会越来越多，链接干扰和主题漂移现象也会更加强烈，搜索引擎不得不正视这一问题。

同时，众多信息服务评估机构和学者将链接分析的结果用于评价搜索引擎的性能，例如，目前一致性指标（链接分析结果与搜索引擎结果的一致性）被国内外学者广泛用于评价搜索引擎的检索性能（Judit, 2000）。此外，链接分析工具还促进了网络信息自动采集技术，主要是聚焦爬虫（focused crawler）的发展。与通用爬虫不一样的是，聚焦爬虫能够抓取具体主题的网页链接及内容，从而使用户能够建立各类主题的检索资源库，借检索研究之用。在聚焦爬虫的相关研究中，Almpanidis 等（2007）学者设计了一种融合文本和链接分析的聚焦爬虫算法，并应用于垂直搜索引擎。罗林波等（2010）融合基于网页内容评价的 Shark-Search 算法和基于网页链接关系的 Hits 算法，实现了一个主题爬虫算法。此外，倪贤贵和蔡明（2008）研发了一款融合链接结构和内容相似度的聚焦爬虫系统。这些成果都得益于链接分析方法的改善。

2. 网络计量学和评价视角下的链接分析研究

链接分析法犹如文献计量学中的引文分析法（邱均平和李江，2008），可借助其演绎推算出的一些指标，如网络影响因子、链接总数、入链数、外链数、自链数和共链数等，去评估网站、数字图书馆、学术机构、网络期刊等的网络影响力及其之间的关系，以及用于网页或页面排序，增强有用信息被发现的可能性。早在 1996 年，McKiernan 在一系列关于网络组织和自动分类的研究中创立了"Sitation"的研究术语，最早将网络链接关系类比为文献引用和推荐关系，创建了网络链接分析的基本思想。随后，Abraham（1997）、Rousseau（1997）、Ingwerson（1998）分别从网络结构和网页评价角度关注对网络链接的应用，提出了网络复杂性分析和网络影响因子等重要链接分析的工具和概念。Ingwerson 在提出网络影响因子（web impact factor）概念的同时，提出外链（external-link）、自链（self-link）和入链（inlink）分析的主要分析框架，并用于评价网站的网络影响力，标志着网络计量学的诞生。因此，网络计量学在诞生之初就与链接分析密切相关。2000 年以后，Thelwall 将链接分析方法广泛应用于大学网站评价、资源发现和竞争情报分析（Thelwall, 2001, 2002），成为全球 LIS 领域最高产的学者之一。而 Thomas 和 Willett 等一大批图书情报工作者的跟进研究（Thomas and Willett, 2000; Tang and Thelwall, 2002），促成了链接分析和网络计量学在图书情报学界的兴起。

然而，网络影响因子方法的适用范围和有效性并未广泛认可。在"链接=推荐、认可"的假设前提下，链接分析和网络影响因子具有一定的可行性与可靠性（袁毅，2005）；但众多学者仍指出内链接数的影响、链接与推荐认可的差异、无效链接等问题是链接分析的内在逻辑缺陷。因此，M. Thelwall 主张将分子中的内部链接数剔除,并将改良后的网络评价方法应用于大学网站、个人学术主页和学术期刊评价;Smith 则主张将链接区分为实质链接和非实质链接来改进链接分析框架 (Smith,2003)。

在网络计量和链接分析领域,国内学者结合应用实践,也作出了积极的理论贡献。例如,邱均平教授的研究团队独立发现了链接的网站分层规律、链接类型分布和动态变化规律 (邱均平和段宇锋,2005),刘雁书独立提出了链接分类标准和筛选机制 (刘雁书,2001)。在实证应用中,参考国外的研究方法,国内也集中在规范网站评价 (大学网站、政府机构网站和图书馆网站等)、学术评价和网络资源评价 (黄奇和李伟,2001)。

总之,国内外学者将链接分析类比文献计量学中的引文分析,资源评价则对应于科学评价理论,利用链接分析的具体指标构建网络信息资源综合评价指标体系。而在链接分析应用中,竞争情报、知识挖掘和知识社区分析得到拓展 (高琰等,2006),逻辑上也试图通过链接行为理论弥补链接分析理论的缺陷。

3. 竞争情报视角下的链接分析研究

企业要在市场中保持竞争力,竞争情报 (competitive intelligence, CI) 非常关键。一些有价值的商业信息通常隐藏在网络超链接中,因而链接分析也成为获取企业的竞争情报新的途径和来源。网络链接分析无论是用于各类网络资源 (包括网站、网页、博客、网络期刊等) 评价及其资源拥有者之间相互关系的仿真推演,还是用于检索内容相关性排序和有用信息挖掘,无一不与竞争情报获取密切相关。例如,通过企业网站之间的共链分析或网页共引分析,可以发现主要竞争对手及其之间的相互关系,从而获得有关竞争对手的有用信息或情报,制定有效的竞争策略和方案;通过对网络用户或竞争对手的 Web 使用内容、日志或访问链接进行挖掘,可以提前得知用户喜好哪些信息或产品,也可以预先得知竞争对手的商业活动信息,从而制定用户偏好的信息推荐机制和产品销售策略,以及针对竞争对手的商业活动制定应对之策。

2002 年,Tan 等基于网络超链接关系构建了一个面向竞争情报获取的 Web 信息动态监控系统 (Tan et al.,2002)。2005 年,L. Vaughan 基于"Yahoo"网站对 32 家电信企业进行共链分析,展示出每家电信企业的相对竞争地位 (Vaughan and You,2005b)。段宇锋和邱均平使用两大链接分析指标:网页数和网络影响因子 (Web-IF) 对 20 个美国商学院网站质量进行评价,用户能够通过网站质量评价结果发现好的商学院,各商学院也能从中发现自己的竞争对手 (段宇锋和邱均平,2005b)。2006 年,L. Vaughan 基于企业网站共链数据绘制出主要企业及其之间关系的多维尺度分析法,揭示出企业的竞争地位及其与其他企业之间的关系（Vaughan and You，2006）。2007年，杨宇航等（2007）提出一种基于链接分析的Blog信息源的量化评估方法，该方法能够发现反映Blog特点的重要信息源，并且在一定程度上减小了作弊链接对链接分析的影响，提供方便良好的用户阅读体验。2012年，李志义和肖炯恩提出基于网络隐社区反链接挖掘的情报分析方法，利用企业反链接主题分析得出企业"隐社区"，并根据其相关度和反链接的贡献值计算出战略代表值，针对高代表值的网址挖掘竞争情报，分析战略意图，提出战略决策建议。

4.6.3 链接分类理论

网络链接分为两类：实质性链接（substantive links）和非实质性链接（non-substantive links）：实质性链接即符合"推荐、认可"假设前提的链接，而非实质性链接则不符合。Smith（2003）通过统计分析得出：所有链接中，实质性链接的比例约为20%，链接到大学网站的链接中，实质性链接的比例约为27%。

H. Chu将学术机构网站的入链分为4类（taxonomy）：服务（service）、主页（home page）、研究（research）、教学（teaching/learning），其中前两类共占73%，后两类占27%，并且仅有教学类的入链才可用作学术机构的评估，这样看来，可用作评价的入链（即实质性链接）不足27%。李江（2008）以图书情报学的学术型博客为对象，统计出实质性链接的比例约为17%，因研究对象为学术型网页，所以理论上可认为网络中实质性链接的比例的平均值应在17%以下。

国外和国内代表性的链接关系分别见表4-5和表4-6。

表4-5 国外代表性的链接分类

学者	研究对象	分类
Borgman等	推荐链接	导航链，所有权链，社会链接和没有用的链接
A. G. Smith	合作链接	非实质性研究，实质性研究（一般信息链接，正式研究引用，支持赞助商/鸣谢，关于链接创建者的自链接，相关网页，地理信息，广告，软件下载等）
B. Ilan	相关链接	面向研究的，教育相关的，职业或工作相关的，行政管理的，一般信息的，个人的，社会的，技术的，导航的，表面的，其他和无法定义的
Jepson	资源链接	科学性质的，与科学相关，教学，低质量的，"噪声"
H. Chu	通信链接	服务、主页、研究、教学

表 4-6 国内代表性的链接关系分类

研究学者	研究对象	类型	动机
刘雁书等	站外链接	推荐链接	正反面引用
		合作链接	引用服务，主办单位，信息来源，内容相关
		相关链接	反映内容相关程度
		资源链接	链接被链网页的某种资源
		通信链接	链接到通信服务
		广告链接	商业广告，服务相关，个人网站资助性广告
邱均平等	内部链接	网站结构链接	体现网站结构和层次关系
		信息关联链接	相当于参考文献和相关主题的链接
	站外链接	信息推荐链接	推荐相关内容网站，有的是商业目的
		信息来源链接	标明信息来源，表明知识产权、责任归属
		网络结构链接	根据访问目的选择网站，方便快速访问
袁毅	学术网站	推荐链接	肯定性链接
		相关链接	内容相关，利用关系
		引用链接	内容引用，反映高质量网站
		扩展链接	背景资料，注视、数据链接
		评价链接	肯定或否定评价
		关系链接	机构间纵向、横向、利益链接，用户链，背景链，合作链
		其他	服务链、通讯链、结构链

不同的实验证明：可用于链接分析的有效链接仅占 20% 左右。链接分类研究的意义在于：从链接总体中剔除不符合"推荐、认可"的链接，以提高入链接、网络影响因子、PageRank 算法等链接指标用于网页/网络重要性评价的效率。

4.6.4 链接统计理论

链接统计研究常常依赖于一个未公开的假设——所有的链接是等价的，而实践中却并非如此。链接统计的理论基础允许链接违背假设，这样的链接视为异常。有两种方法处理异常：第一种是手工过滤，这种方法适合小型数据集；第二种是使用选择性文档模型 (alternative document model, ADM)，这种方法是完全自动化的。在某些情况下，使用 ADM 可以减少异常对其他数据的影响。

在统计链接数量之前需对链接进行分类，以便统计有效链接数量；其次还需要处理链接异常，因为异常将导致统计数量不准确。常见的链接统计异常见表4-7。

表4-7 常见的链接统计异常

异常来源	异常原因
网站自链	对于目标页面质量的判断方法与站间互链不同
重复的链接	这些链接由计算机创建，没有遵循"逐个地""独立地"原则
互链数据库	这些链接由计算机创建，没有遵循"逐个地""独立地"原则

手工过滤是移除异常链接的一种方法。搜索引擎最先采用这种方法，它们保存爬虫不应该访问的站点列表，因为这些网站可能包含链接舞弊（重复链接以便在搜索引擎返回结果列表中获得更高的排名），或包含文本舞弊（也是为了获得"不公平"的优势），或包含不值得访问的内容，如蜘蛛陷阱、违法信息、色情信息或者庞大站点。ADM 是一种将网页聚合成概念文档的方法（启发法）。ADM 根据 URL 特征，将网页分配给文档，目的是通过将类似的网页分配到同一个文档，减少网络链接行为的异常，以便使相似网页中相关的链接仅仅被统计一次。

目前有四种主要的 ADM，分别在"网页""目录""域名"和"站点"层面上聚合网页，如下所述：①网页/文件：为了提取链接，每一个单独的文件都视为一个文档（截去 URL 中内部目标标志符"#"之前的部分，以避免同一个网页不同部分间的多重引用，然后每一个唯一的链接 URL 都视为一个单独的文档）；②目录：同一个目录下的所有文件视为一个单独的文档（将 URL 地址从最后一条斜线外截去）；③域名：具有相同域名的所有文件视为一个单独的文档（URL 中只保留域名）；④大学/站点：属于一所大学网站或其他被定义站点的所有文件视为一个单独文档（URL 地址中只保留所有网页共有部分）。下面以南京信息工程大学、武汉大学和北京大学三个网站之间的相互链接网络为例，阐述如何统计高校网站之间、高校学院网站之间，以及高校网站文档之间的链接数量。三个大学之间的相互链接网络如图4-8所示。

以 sem.nju.edu.cn（南京信息工程大学经济管理学院）中网页 A 和 B 指向 sim.whu.edu.cn（武汉大学信息管理学院）上网页 X 和 Y 的链接为例。

图中，nuist.edu.cn、whu.edu.cn 和 pku.edu.cn 分别代表南京信息工程大学、武汉大学和北京大学的域名。sem. nuist.edu.cn 和 cs. nuist.edu.cn 分别代表南京信息大学经济管理学院和计算机学院的站点域名。sim.whu.edu.cn 和 cs. whu.edu.cn 分别表示武汉大学信息管理学院和计算机学院的站点域名。

im.pku.edu.cn 表示北京大学信息管理学院的站点域名。而 A、B、C、D、X、Y、Z 分别代表各学院网站的网页或文档。

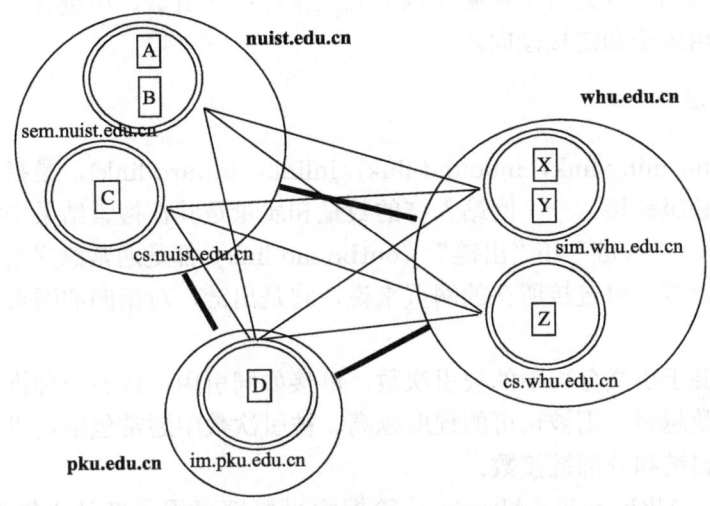

图 4-8 三个大学之间的相互链接网络

域名 ADM 连线是粗线，站点 ADM 连线是细线，所有链接都是双向的。按照标准网页统计模型，共有四类这样的链接：①大学域名之间的链接。比如，南京信息工程大学 (nuist.edu.cn)、武汉大学 (whu.edu.cn) 和北京大学 (pku.edu.cn) 分别互链了一次。②高校学院站点之间的链接。比如，南京信息工程大学两个站点分别链接了武汉大学两个站点两次，一共四次。③高校站点网页或文档之间的链接。比如，南京信息工程大学经济管理学院和计算机学院站点网页 A 到武汉大学两个学院站点网页 X、Y 和 Z 的链接，B 到 X、Y 和 Z 的链接，以及 C 到 X、Y 和 Z 的链接，一共链接了 9 次。此外，尽管从 sem.nju.edu.cn 和 cs.nuist.edu.cn 到 sim.whu.edu.cn 和 cs.whu.edu.cn 的网页 ADM 链接总数是 9，但是两个大学域名 ADM 则只有一个链接，因为这 9 个链接都是从域名 nuist.edu.cn 到域名 whu.edu.cn，这 9 个链接有相同的来源文档和目标文档，是重复链接。图中武汉大学 (whu.edu.cn) 总入链接的统计如表 4-8 所示。

表 4-8 武汉大学 (whu.edu.cn) 总入链接

模型	从 nju 到 whu 的链接	从 pku 到 whu 的链接	whu 的总入链数
页面/文件	9	3	12
学院域名	4	2	6
大学域名	1	1	2

4.6.5 链接分析指标

目前主流的链接分析指标涵盖以下五大指标：入链数、出链数、网络影响因子、网络使用因子和链接倾向。

1. 入链数

入链（incoming link，inbound link，inlink，inward link），是指指向某一网站或网页的超级链接。一个网站入链的数量和质量是其在搜索结果中排序的重要依据。事实上，"入链"和"出链"（outbound link）都是通常意义上的链接，即对于同一个链接，对链接所在的网页来说，它是出链，对指向的网页来说，它是入链。

入链数源于引文分析中的被引次数，链接如同引用，代表一种推荐或认可，被链接的次数越多，则被认可的程度越高。被引次数中通常包括自引，同样，入链数中包括自链和外部链接数。

Google、Alltheweb、Altavista 等搜索引擎都可用于统计入链数，并且，Alltheweb、Altavista 都可用于统计外部入链数。

当一个企业自营网站与其他同类企业合作时，会将同类企业的超级链接放到自己网站的主要栏目，不仅增加了自营网站的出链数，也增加了其他同类合作企业的入链数，同时增加了企业网站之间的共链数。例如，2014 年 8 月，阿里巴巴和苏宁云商宣布达成全面战略合作，2015 年 8 月，苏宁易购正式入驻天猫，以 suning.tmall.com 为域名的天猫旗舰店正式亮相，同时天猫网站也开通了苏宁易购的主要栏目，如图 4-9 所示。在天猫上买东西的用户可以直接链入到苏宁易购，

图 4-9 开设苏宁易购栏目的天猫网站

因此可以快速增加天猫网站的出链数,并增加苏宁易购网站的外部入链数,同时大量增加了两个企业网站之间的共链数。

2. 出链数

出链 (outbound link),是指一个网页或网站上的超级链接。出链数是指一个网页的出链总数量,类似于文献计量中的"引文数"。出链数反映了网页指向能力的大小,是一个纯粹的数量型概念,出链数越大,则该网页的指向能力越强。它可用于计算网络使用因子 (WUF)、自动识别网络信息资源、反映网络信息资源开放程度、测定核心网络信息资源等。

通常导航类网站、服务类网站、搜索类和广告类网站的出链数较大,指向能力较强,因为此类网站的超级链接越多,资源越丰富,服务品种越全,往往利润越高。当然也有些网站出链数虽然多,但死链太多,导致网站质量非常差。图 4-10 展示了当前比较流行的导航类网站。

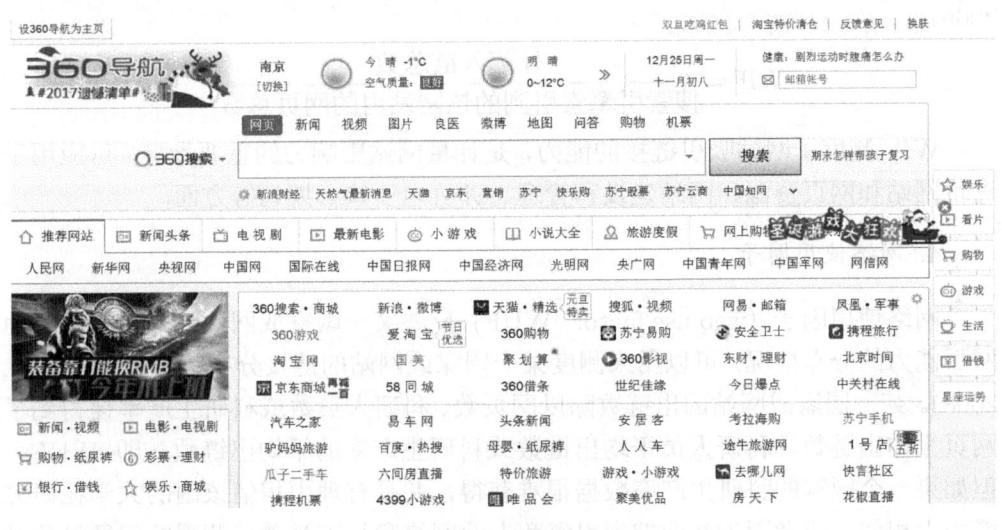

图 4-10 360 导航平台

3. 网络影响因子

网络影响因子 (web impact factor,WIF) 是由 Ingwerson 在 1998 年提出的、利用网站获得的链接数计量网站影响力的计量指标 (Ingwerson,1998)。网络影响因子的理论基础是链接与引文的相似性,它是文献计量学中的期刊影响因子 (journal impact factor,JIF) 在网络上的应用。

1998 年，Ingwersen 受文献计量学中的期刊影响因子的概念启发，提出了网络影响因子，定义为：指定时间内，指向某一国家或网站的外部入链 (external inlinks) 和内部入链 (internal inlinks) 网页数的逻辑和与该国家或网站内部的网页数的比值。

最初，Ingwerson 提出的网络影响因子算法是

$$WIF = \frac{某一国家或网站外部入链网页数 + 内部入链网页数}{该国家或网站内部的网页数}$$

但因其分母难以准确统计，又因语言、地域差异导致国家或网站网页数的客观差异，有些学者提出了网络影响因子的修正式，例如，2002 年 Thelwall 将 WIF 算法修正为

$$WIF = \frac{属于指定S但不属于U的网页集合，包含至少一个指向U的链接的网页数}{该大学全职科研人员数}$$

式中，S 指网络空间；U 指大学网站。2006 年，Noruzi 将 WIF 算法归纳为 (Noruzi, 2006)：

$$WIF = \frac{外部入链总数}{搜索引擎索引到的该网站内的网页总数}$$

WIF 测度了网站吸引链接的能力，是计量网站影响力的重要指标，可应用于评价网站和网页资源、网站建设和管理、评价电子核心期刊等方面。

4. 网络使用因子

网络使用因子 (web use factor, WUF) 反映某一国家或网站的网页指向其他网页能力的分布情况，可以用来测度某一国家或网站的链接分布特征 (邓中华等，2008)。某一国家或网站的出链数除以网页数、科研人员数或科研生产率便得到了网页平均出链数、科研人员平均出链数或科研生产率的平均出链数，即 WUF。但如果一个国家的科研生产率数据很难获得，并且有理由相信该国的大学在研究能力上相似，或者因为商业搜索引擎和专业网络爬行工具覆盖范围的问题导致难以计算一个网站的网页数，则科研人员数就成为 WUF 的分母；但若科研人员数无法获得，仍然要用网页数做分母。

可以用某一国家或网站的出链数作为分子，分别用该国家或网站的网页数、科研人员数和科研生产率作为分母，得出 WUF 的不同算法，即

$$WUF = \frac{某一国家或网站的出链数}{该国家或网站的网页数}$$

$$\text{WUF} = \frac{某一国家或网站的出链数}{科研人员数}$$

$$\text{WUF} = \frac{某一国家或网站的出链数}{科研生产率}$$

从概念和算法上看，WUF 反映了网站出链的平均量，得出网站链接的分布情况，通常 WUF 越高，说明网站利用其他网络信息资源的程度越高，相应的，该网站的信息数量和质量也就可能越高。

5. 链接倾向

链接倾向 (link propensity，LP) 由 Smith 和 Thelwall 于 2002 年首次提出。Smith 和 Thelwall 在研究澳大利亚大学网站的网络影响因子时，将其定义为某大学网站的外部入链数与来源网站和目标网站的全职科研人员乘积的比值。LP 有效地排除了来源网站和目标网站规模大小的影响，适于揭示两个网站之间相互链接的意愿，因而从理论上讲更具科学性。Smith 和 Thelwall (2002) 的研究发现，从英国和澳大利亚到新西兰网站的链接倾向是这三个国家中最低的，因此新西兰在这三个国家的网络中处于相对孤立的地位。

可以用某大学网站的外部入链数作为分子，分别用该国家或网站的网页数、全职科研人员数和科研生产率作为分母，得出 LP 的三种不同公式，即

$$\text{LP} = \frac{某大学网站的外部入链数}{该大学网站的全职科研人员数}$$

$$\text{LP} = \frac{某大学网站的外部入链数}{该大学网站的内部网页数}$$

$$\text{LP} = \frac{某大学网站的外部入链数}{该大学网站的科研生产率}$$

链接倾向可被看成 WIF 的一个特例，反映了网站被链接的情况，同时可以反映一个国家在网络利用中的地位，因而可以作为评价网站影响力的重要指标。例如，2003 年 Thelwall 等使用"链接倾向"研究西欧与语言相关的网络链接模式，发现英语是西欧网络上居主导地位的语言。并且，与使用不同语言的国家相比，使用相同语言的国家之间更倾向于互链。

思 考 题

(1) 按照 Bradford 定律，设 Bradford 常数为 5，当核心期刊数量为 20 种时，外围一区和外围二区期刊数量各是多少？

(2) 按照 Lotka 定律，当某领域中写 6 篇文献的作者数量为 1000 人时，该领

域中写 1 篇文献的作者数是多少？估计该领域中作者总量约是多少？

(3) 如果 Price 定律 $Q(t) = a \exp(bt)$ 成立，一个初始文献量 $Q(0) = 100$ 的学术领域，当常数 $b=1$ 时，估计 10 年后文献量 $Q(10)$ 将达到多少？

(4) 对比分析链接分析法与引文分析法在概念和应用领域方面的区别与联系。

(5) 举例说明链接的基本类型。

(6) 举例阐释链接分析和引文分析的常用指标及其计算方法。

(7) 从"网页""域名"和"站点"三个层次绘制三个任选网站之间的互链图，并统计出每个网站的入链数。

(8) 从某一领域任选五个网站，计算它们的网络影响因子和使用因子，分别排序，并说明两个指标的用途，以及相比其他网站评估指标的优势。

第 5 章 信息资源评估指标

本章提要：在前述信息资源分类基础上，全方位展示和阐释五类重要信息资源：期刊、图书、论文、专利、网络信息资源（包含网站），以及信息资源的主要创造者和载体高校的主要评估指标，以及各指标的名称、概念及计算方法。

主要知识点：
(1) 期刊、图书、论文、专利的评估指标体系；
(2) 网络信息资源（包含网站）的评估指标体系；
(3) 高校的评估指标体系；
(4) 指标的名称、概念和计算方法。

每类信息资源具有不同的文献特征和引用特征，因此不同类型信息资源的评估指标各不相同。比如，期刊影响力最主要的评估指标是影响因子，科学家影响力的最主要评估指标是 H 指数，网站的最主要评估指标是网络影响因子。评估指标设计是信息资源评估工作进行的前提，指标设计是否科学合理直接决定信息资源评估工作的质量。本章重点阐述了文献信息资源中四类重要资源——期刊、图书、论文和专利，网络信息资源自身及网络信息资源中网站的评估指标体系，同时本章也阐述了信息资源的主要创造者和载体——高校的评估指标体系。

5.1 图书评估指标体系

图书是文献的一种，文献是记录有知识的一切载体。按照文献内容和信息处理层次，可以把文献分为三个层次：一次文献，也称原始文献，是人们对自然和社会信息进行首次加工（固化）而成的记载，包括图书、期刊、专利、标准文献、科技报告、学位论文、会议论文、政府出版物等。二次文献，也称检索文献，是对一次文献进行加工、整理、提炼、浓缩、标引，并按其外部特征（题名、作者等）和内容特征（分类、主题等）进行有序化处理后形成的文献形式。包括目录、书目、题录、索引、文摘等检索工具，其特点是具有可检索性。三次文献也称集成文献，是利用二次文献，通过检索、筛选有关的一次文献，再加以分析、综合、加工而编写出来的第三个层次的集大成式文献，包括目录之目录、综述、教科书、百科全书、年鉴、手册、名录等工具书，如今还有网络版百科全书等，均属三次文献范畴。如何评价文献，如图书、期刊、论文和专利等的质量和影响力，目前国内外学者已经开发出不同的评估指标体系。其中，国内外学者开发的期刊评估指标体系最全面，且得到广泛的实际应用，形成一批富有影响力的应用成果，例如，国内南京大学开发的中文社会科学引文索引（CSSCI）来源期刊、中国科学技术信息研究所开发的《中国科技期刊引证报告》和美国科学信息研究所（ISI）的《期刊引用报告》（JCR）。国内外比较成熟且广泛应用的图书、论文和专利评估指标体系相对较少。

图书也称为书籍，是把记录事项按一定形式加以归纳整理、装订成册的文献，也是记录和保存知识、表达思想、传播信息的最古老、最主要的文献形式之一。图书的类型多种多样，按著述方式可分为专著、编著、译著、汇编等；按作用分有学术专著、教科书、工具书（如字典、辞典、百科全书、手册、年鉴）等。当今世界图书出版量约为每年 60 万种，近年来电子图书种类和数量也在迅速增长，有光盘版、数码版和网络在线版等多种形式。

5.1.1　国内外图书评估现状

图书是人类进步和文明的重要标志之一。进入 21 世纪，图书已经成为自然科学、社会科学、艺术人文领域研究成果的重要载体，在科学研究领域中能够超越期刊论文、会议论文所记录的知识片断，就某个专业领域从研究背景、进展、面临的问题、已有的方法／理论进行全方位、深入的阐述与讨论。由于大部分图书以纸质形式，而非电子或网络形式存在，因此，相对目前电子化和网络化较为成熟的期刊评价而言，国内外图书评价的研究发展还处于初级阶段，评价方法以定性的专家评价、同行评价和读者评价为主。这种方法，虽然具有简便易行的优点，但往往带有很大的主观随意性和不确定性，缺少定量化的精度和力度。针对这一情况，近年来，图书评价领域开始出现一些定量方面的评价研究，但因缺少充分的数据基础支持，仅有少量的探讨和摸索，尚未形成系统性的理论体系和实践规模。我国目前的图书评价研究，主要表现为图书评奖活动、图书评论系统和排行榜系统。从图书评价的实际情况和现有方法来看，由于评价指标的多样性，且评价角度各不相同，因而若想建立一个综合图书评价体系，具有一定的难度和复杂性。如何将指标具体化和量化，并充分反映图书外部特征和内容质量，是图书评价的难点与重点。此外，如何将图书电子化和网络化，获取图书网络使用和影响数据，是图书评价实践活动开展的重要基石。

然而值得庆贺的是，目前国内在电子图书建设方面已经取得较大进展，出现了很多大型电子图书数据库，为图书评价大范围应用提供坚实的数据基础。国内电子图书数据库，例如，超星电子图书馆，涵盖 50 余个学科门类，80 万种中文电子图书；拥有图书15万种的书生之家数字图书馆；方正Apabi电子书数据库，拥有220余万册可供阅读的电子图书。此外，当当网和京东网站平台上也展示了大量待销售的电子图书信息。此类数据库和图书销售网站汇聚了图书销售、使用、评论和引用的海量数据，使图书的量化评估成为可能。

图书中最具知识价值的是经典著作——那些构成知识与文化源泉而历代传阅、经久不衰的书籍（叶鹰，2009）。经典著作也寓意图书价值评估的结果。近代以来，不少大师、名家都为学生推荐过经典。先学者为后学者推荐书目，也算是一个学术传统。如何推荐好的图书，相信每个大师和名家心中自有一套评估标准。南京大学信息学院叶鹰认为，考虑到学生能自由支配的时间和阅读精力，建议当今推荐书目遵循优质、适量、平衡三原则（叶鹰，2003）：

（1）质量选择上的优质原则，简称优质原则。任何推荐书目首先要精选质量上乘之作，每种书目的选择都应有理由，使阅读每一种都具有独特的意义或价值。也就是要以推荐有代表性的、高水平的经典著作为主，并选择精良版本。

（2）数量选择上的适量原则，简称适量原则。面向学生的推荐书目与面向专家的推荐书目应有所不同，数量上不能大而全，而应少而精。对大学生而言，应着眼于从科学技术、哲学社会科学以及文学艺术等方面提高学生的修养，再结合学生能自由支配的时间和阅读精力综合考虑，推荐书目以30~50种为宜，并应尽可能避免与普通教学书籍重复。

（3）内容选择上的古今中外平衡原则，简称平衡原则。在优质和适量的约束下，推荐书目在内容选择上应考虑兼顾古今中外各个领域。

国外图书电子化和网络化的程度比较高，例如，亚马逊最早从网络图书销售起家，目前发展成为聚集各类商品的全球性大型网络零售企业。亚马逊网站上的图书销售、价格、评论和使用数据，为图书评价提供了海量的数据基础，也使基于大数据的图书自动化评估成为可能。此外，英国和美国的很多图书情报联盟机构和大学图书馆也开展了一些电子图书质量评价和图书利用方面评价的研究项目。美国科罗拉多州立大学（Colorado State University，CSU）的电子图书先导计划，从评价目的、出版者、图书组织和内容、出版日期、作者、参考书目、有用性、覆盖范围、读者、内容展示效果、语境各维度详细介绍和解读了如何评价一本图书（How To Evaluate Books，2017）。

1996年，尤金·加菲尔德发现了图书引文的缺陷，2011年10月，美国汤森路透集团对外宣布在Web of Science平台中推出图书引文索引，2011年，汤森路透把推出的图书引文索引（Book Citation Index, BkCI）作为科学引文索引（SCI）的一部分，并于2012年5月在中国发布了以英文为主的《图书引文索引》（BkCI）相关信息，这是图书评价新的发展突破（吴楠和刘非，2012）。1994

年由美国数据研究所 A. Hughes 提出的 RFM 模型，即借助最近借阅日期（Recency）、借阅频率（Frequency）和借阅总时间（Monetary）三个指标来综合评价图书在读者中的影响力（张海营，2012）。

此外，外文电子图书评价，国外已经有了成熟的评价工具，包括上述提到的 BkCI 和 Bookmetrix（熊霞等，2016）。

Web of Science 核心合集中的 BkCI 把图书馆的馆藏图书与助力科研新发现的强大工具连接到一起，赋予研究人员快速和轻松识别与访问最相关图书的能力。图书、期刊和会议录文献在 Web of Science 核心合集中的结合优化了强大的引文导航功能。现在，作者和研究人员将能分析图书和更广泛学术研究之间的引用脉络。这也为图书质量和影响力评价提供了海量的图书下载和引用数据来源。BkCI 能够提供：

- 图书内容补充和加强了期刊、会议录和图书之间的引证关系；
- 60 000 多种由编辑人员选择的图书；
- 每年增加 10 000 种新书；
- 全面的被引参考文献检索；
- 图书记录和图书章节的相互链接；
- 来自期刊、会议录和其他图书的准确引用次数；
- 针对图书和图书章节的被引频次计数；
- 来自图书和图书章节的完整书目；
- 从图书和图书章节记录链接至全文。

BkCI 能够帮助使用者实现：

- 分析图书和更广泛的学术及科学研究成果之间的引用脉络；
- 通过连接图书馆目录和电子书馆藏的直接链接访问机构资源；
- 访问更完整的社会科学和人文科学收录内容以及自然科学领域的重要收录内容；
- 制定合理的英文图书采购计划；
- 衡量图书在特定学科的贡献；
- 发现潜在合作者；
- 基于图书计量特征、下载和引用数据，设计图书评价指标体系，对各领域图书质量和影响力进行综合评价。

Bookmetrix 是由德国施普林格出版社和替代计量评分公司联合开发的图书影响力发布平台，率先提供基于单本图书和章节级别的图书评价。该平台对 Springer 出版的图书进行评价，并将评价结果呈现在 SpringerLink 的图书在线展示页面上，包括每本图书或章节被提及、分享、评论和阅读的频率，为读者提供图书或章节影响力的数值参考。Bookmetrix 对电子图书和章节的度量指标包括 5 个标签，即引文、在线提及、读者、评论及下载量。

- 引文标签中展示来自 CrossRef 的图书和章节引文数据；
- 在线提及标签中展示图书/章节被在线资源（包括公共政策文档、主流新闻媒体、博客及各种社交网络）中被讨论、提及或分享的情况，此类指标数据来自 Altmetric 中的数据；
- 读者标签中展示有多少用户将图书、章节保存在自己的参考文献管理器中；
- 评论标签中展示 SpringerLink 数据库中的图书评论摘录；
- 下载标签根据 SpringerLink 中的记录，展示每月以及整体的下载量。

Bookmetrix 中的图书评论主要来自于专业学术期刊或正式媒体评论，而未对商业网站（如 Amazon）中的用户评论进行收集。此外，Bookmetrix 中对于图书被引次数的统计主要来自 CrossRef 数据，并不完善，无法统计跨平台的引用，可能造成被统计的引用次数不能真实反映图书的引用次数。

图书学术影响力的评价是一项非常复杂的工作，涉及多种评价对象和数据来源，目前还未出现一套完整的评价指标体系和一种能全面评价图书质量和学术影响力的工具。虽然 Bookmetrix 中引入了引文数据和 Altmetrics 指标，但 Bookmetrix 完全针对 Springer 电子图书。因此，应结合多种工具，采用多维度、多指标的综合评价体系，分学科、分层次对图书进行定性和定量评价。例如，使用 BkCI 统计图书被引情况，使用 Altmetrics 统计网络影响力，从出版商处获取使用数据，从商业网站获取图书评论等。若要将电子图书学术影响力评价用于辅助图书馆电子图书采购，还应考虑出版社知名度、作者知名度、同行评议、读者推荐等其他因素。此外，对于每种图书，网络评价有褒有贬，仅统计其被提及、评论或转发、分享的次数，并不能真实、全面地评价该图书的学术影响力，因此，需要引入正面指标和负面指标，对图书进行综合评价。

目前常用的图书评价指标及其含义如下：

图书销量数：图书出版后销售总数；
再版次数：图书第一次出后的再版数；
读者评价度：读者对图书进行评价打分；
总点击量：该站来访所有访客对于图书阅读的点击次数；
会员周点击量：仅该站注册会员对于图书的单周点击次数；
总推荐：图书从发布以来获得的所有推荐次数；
出版社权威性：图书出版社的权威性；
周推荐：图书当周所获得的推荐次数；

好评指数：图书所有评价中获得的好评指数；

总字数：图书文章的总字数；

获奖记录：图书出版后所获得荣誉记录；

借阅频率：图书被借出的频率，即1本图书被借出的次数除以图书被借出的总次数；

借阅总时间：图书被借出的时间。

5.1.2 中文图书评价指标体系

根据中文图书评价总体原则（明确评价对象，分类型分学科进行评价、多指标综合评价、定量评价和定性评价相结合），综合考虑图书评价的各方面因素，构建了一个多层次、多方位的中文图书综合评价体系（何峻和蔡蓉华，2016），涵盖图书内容质量评价的两个重要方面。一是对图书内在价值的评价，包括对图书内容的思想性、创新性、科学性、艺术性、学术性、知识性、实用性等多个方面进行综合衡量比较；二是对图书使用价值的评价，主要体现在图书的影响力和满足社会需求的能力上。图书内在价值的评价指标通常难以量化，主要为定性类指标，而图书使用价值的评价指标易于量化，主要为定量类指标。

图书内容质量方面的评价指标涵盖"思想性""科学性""创新性""学术性""艺术性""实用性"和"影响力"7个定性指标。定性指标基本涵盖了图书质量评价的各个维度。如何使用上述定性评价指标对图书进行综合评价，也是一个值得探讨的问题。一般可考虑采用两种不同的方法。一是将各个具体指标根据重要程度的不同赋予不同的权重，然后请专家根据各个具体指标进行评分，评分结果直接纳入评价数学模型。这种方法数据更为精准，但操作难度大，可行性较差。第二种方法则是由专家根据上述各个指标，结合对该图书的整体认识，直接给出综合评价结果，这种方法易于操作，更适用于较大规模的评价，但缺点是在精准性上有所欠缺。

定量评价主要是通过对图书或与其某部分特征相关的定量指标进行文献计量统计和数据分析，来评价图书的使用价值和社会功用，它更强调数据统计和计算，具有客观化、标准化、精确化等优点。图书使用价值方面，可以设置8个定量评价指标。包括：

(1) 被引频次。指被评价图书在统计年限中（比如，在2015年，或2015～2016年）被期刊或其他图书引用的次数，以此来表示该图书在科学学术交流中被利用的程度。图5-1为"读秀学术搜索"平台上一本图书的被引指标信息。

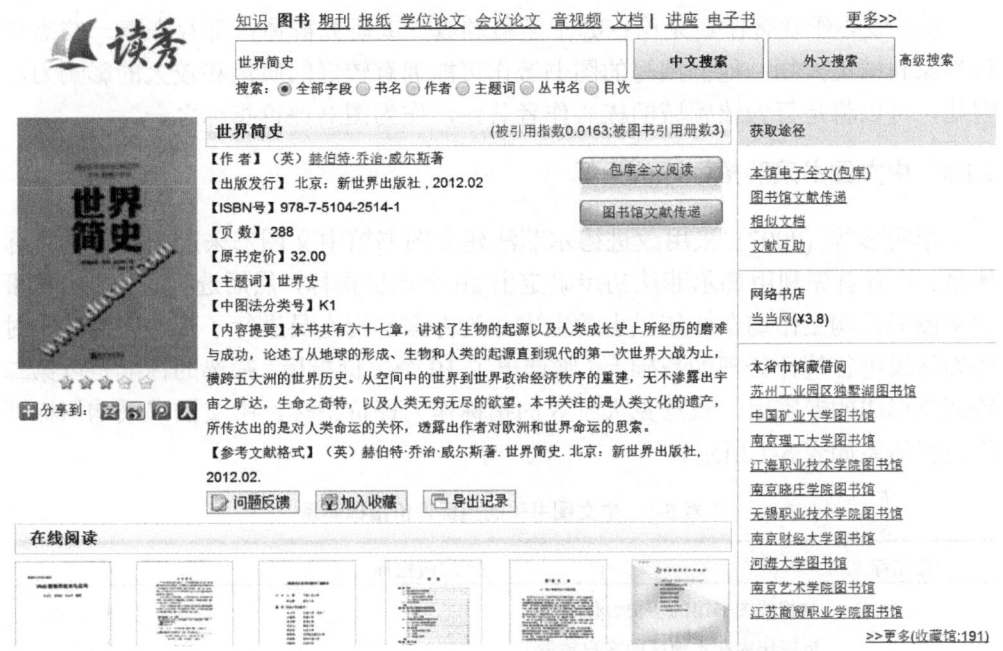

图 5-1　"读秀学术搜索"平台上《世界简史》的被引指标信息

图 5-1 展示了"读秀学术搜索"平台上《世界简史》的被引用指数为 0.0163，被图书引用册数为 3。同时也展示了图书的社会化媒体分享平台数（如 QQ 空间分享、新浪微博分享、腾讯微博和人人网分享），以及星级评价、网上价格和收藏馆数量等指标。

(2) 借阅频次。指被评价图书在统计年限中在图书馆等文献情报机构中被读者借阅的次数，它从一个角度反映了该图书的被使用情况。

(3) 被摘频次。指被重要检索工具摘要或书评的次数。

(4) 网络下载频次。网络信息技术的发展为图书的使用和阅读提供了一个极具发展潜力的平台，图书的数字化出版、网络化传播日益广泛。为了适应这一新的趋势，在计量评价时，也设立了相应的网络下载频次指标，通过统计图书在互联网上被下载阅读的频次，反映图书在互联网上的传播情况。

(5) 获奖频次。指在图书评奖活动中的获奖次数。它能从一定程度上反映图书本身的质量和社会对其的评价，可以借鉴吸收其他项目的图书评价成果，进一步提高对图书质量的评价作用。

(6) 出版次数。指图书再版的次数，是反映图书被利用持续程度的重要指标。

(7) 发行数量。指图书销售发行的册数，它通过读者的消费体现图书的价值和影响，直接从市场角度反映了读者对图书的认可情况。

(8) 核心作者著作。无论在哪个学科领域，或研究群体，都存在着一些杰出科学家和精英人物。他们撰写的图书著作可能拥有较好的质量和较大的影响力。因此，可以将是否为该领域的核心作者著作，作为图书评价指标之一。

5.1.3 中文图书采购招标评价指标

李明珍等（2007）采用改进德尔菲法建立图书馆中文图书采购招标评价指标体系。作者首先利用德尔菲法初步确定出 26 个评价指标，然后选择了 12 名从事中文图书采购工作均在 3 年以上的专家作为专家咨询人员进行了两轮咨询，在对咨询结果进行统计处理的基础上，筛选出了 19 个评价指标。筛选的标准是以第二轮调查形成的专家组一致意见大于 3 的指标作为评价指标，中文图书采购招标评价指标体系如表 5-1 所示。

表 5-1 中文图书采购招标评价指标体系

一级指标	二级指标
资信实力	与相关图书馆的历史合作情况
	近三年内在本地区的客户数量
	上年度与高校、公共图书馆的年销售码洋（需提供有关审计证明）
	建立购销委托关系的出版社数量（需出示相关供货合同书或授权书）
	库存或卖场常备图书品种数量
	从事图书馆配书年限
服务承诺	上年度提供的采访数据中新书书目报道数量
	针对性、特色、精选书目的提供（需提供书目样本）
	优于其他书商的经营特色（需提供证明）
	可上门售后服务队伍人数
	可提供的服务承诺
	退换（需说明接受何种情况的图书免费退换）
到货	从接单至首次到货时间（天）
	当月到货率
	3 个月内到货率
	半年内到货率
	现采图书到货率
	未到书清单（能否提供未到书原因说明；是否每一种未到书都有说明；反馈速度）
报价	整体折扣率（该报价中已包含各种配套服务的价格）

5.1.4　五维度图书评价指标体系

从图书馆、出版社、销售、网络舆情以及图书作者情况等多方面评价图书，选取五度空间中具有较好评价效应的统计指标作为评价因子，建构了融合出版社、图书馆、销售、作者和网络舆情五个维度的图书评价体系，并给出各维度具体评价指标 (李雁翎等, 2013)，如表 5-2 所示。

表 5-2　五维图书评价指标体系

维度	评价指标
图书馆	读者借阅数据，同类图书出借次数比值，借阅时间，发文引文统计
出版社	选题先进性，内容质量，声誉，发行量，再版次数
网络舆情	评论数，质量褒贬词概率，时效性，星级，网络点击量
图书销售	码洋，册数，品种，动态销售率，销售渠道，买家评论
作者自然信息	受教育程度，学术水平，社会影响，研究领域

1. 图书馆维度

国内早期图书馆图书评价活动主要采用馆藏数量统计、用户评议、馆藏结构分析等方式，缺少对馆藏图书质量的评价；随着图书馆自动化系统的逐渐普及以及文献计量评价研究的发展，评价内容开始转向重视馆藏质量，并以图书阅读量作为重要指标之一。“图书馆维度”的图书评价因子有：读者借阅数据，同类图书出借次数的比值，图书最近借阅时间和论文引文统计。图 5-2 为南京信息工程大学图书馆热门图书的评估指标。

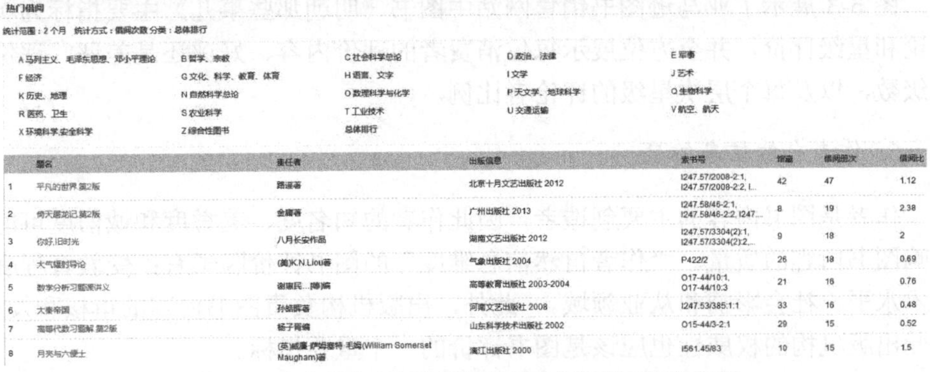
书目检索 | 热门推荐 | 分类浏览 | 新书通报 | 期刊导航 | 读者荐购 | 学科参考 | 信息发布 | 我的图书馆
热门借阅　热门评分　热门收藏　热门图书　借阅关系图
热门借阅
统计范围：2 个月　统计方式：借阅次数 分类：总体排行

A 马列主义、毛泽东思想、邓小平理论	B 哲学、宗教	C 社会科学总论	D 政治、法律	E 军事
F 经济	G 文化、科学、教育、体育	H 语言、文字	I 文学	J 艺术
K 历史、地理	N 自然科学总论	O 数理科学与化学	P 天文学、地球科学	Q 生物科学
R 医药、卫生	S 农业科学	T 工业技术	U 交通运输	V 航空、航天
X 环境科学.安全科学	Z 综合性图书	总体排行		

	题名	责任者	出版信息	索书号	馆藏	借阅册次	借阅比
1	平凡的世界.第2版	路遥著	北京十月文艺出版社 2012	I247.57/2008-2:1, I247.57/2008-2:2, I...	42	47	1.12
2	倚天屠龙记.第2版	金庸著	广州出版社 2013	I247.58/46-2:1, I247.58/46-2:2, I247...	8	19	2.38
3	你好,旧时光	八月长安作品	湖南文艺出版社 2012	I247.57/3304(2):1, I247.57/3304(2):2,...	9	18	2
4	大气辐射导论	(美)K.N.Liou著	气象出版社 2004	P422/2	26	18	0.69
5	数学分析习题课讲义	谢惠民...[等]编	高等教育出版社 2003-2004	O17-44/10:1, O17-44/10:3	21	16	0.76
6	大秦帝国	孙皓晖著	河南文艺出版社 2008	I247.53/385:1:1	33	16	0.48
7	高等代数习题解.第2版	杨子胥编	山东科学技术出版社 2002	O15-44/3-2:1	29	15	0.52
8	月亮与六便士	(英)威廉·萨姆塞特·毛姆(William Somerset Maugham)著	漓江出版社 2000	I561.45/83	10	15	1.5

图 5-2　南京信息工程大学图书馆热门图书的评估指标

图 5-2 展示了南京信息工程大学图书馆热门图书的评估指标，涵盖：馆藏数量、借阅册次（即借阅次数）和借阅比，统计范围是近 2 个月。借阅比是在一定的时段内，某本书的总借阅次数除以该本书的馆藏量。

2. 出版社维度

出版社对"图书作者、内容，以及图书质量控制、发行数量"的衡量是主要图书评价内容。因此，"出版社维度"的图书评价因子主要有：图书选题先进性，内容质量，出版商在出版同类图书方面的声誉，发行量和图书再版次数。

3. 网络舆情维度

网络书评是人们通过互联网对图书所产生的认知、态度、情感和行为的倾向性信息。网络书评主要存在于图书销售网站、读者博客、BBS 论坛中，书评数据可反映评价时间、评价者、评价内容、星级等评价信息，其中图书评价内容是网络书评的重要一项，也是比较客观的评价数据。利用文本分析工具，对文本语义倾向进行分析，可判断读者对图书的认同度，是肯定、否定还是折中等。"网络舆情维度"的图书评价因子有：评论数，图书质量褒贬词概率，图书的时效性，星级和网络点击量。

4. 图书销售信息维度

图书受欢迎程度直接影响图书销售情况，实体书店和网络销售信息汇总分析得到的排行榜，以及图书销售行为和过程信息监测都是必不可少的评价指标。"图书销售信息维度"图书评价因子有：码洋、册数、品种、动态销售率，销售渠道和买家评论。码洋就是图书的标价，相当于图书定价×销售数量。图 5-3 是亚马逊图书销售网站的一本图书评价信息。

图 5-3 展示了亚马逊图书销售网站中图书《明朝那些事儿》主要指标为卖家评论和星级评价，并全方位展示每位消费者的评价内容、好评还是差评、评价的星级数，以及每个层次星级的评论者比例。

5. 作者自然信息维度

作者是图书内容的主要创造者，因此作者的知名度、美誉度和诚信度可能会影响图书内容的质量。"作者自然信息维度"的图书评价因子有：受教育程度、学术水平、社会影响和从业领域。 此外，出版机构负责图书内容的审核和发行，因此出版机构的权威性也应该是图书评价的一个重要指标。

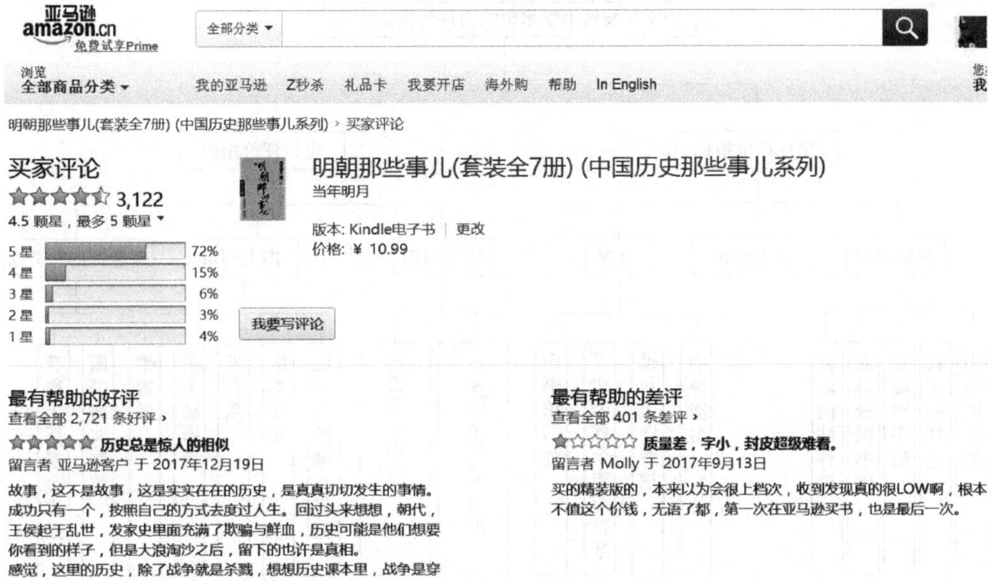

图 5-3 亚马逊图书销售网站的图书评价信息

5.1.5 中文科技图书学术影响力评价指标体系

建立中文科技图书学术影响力综合评价指标体系时，应大致遵循以下基本原则（张玉等，2015）：

（1）分学科、分类型评价。不同类型和学科的图书，都有其自身的特点，彼此之间存在着较大差异，很难用统一的标准进行评价。因此，应针对各类型图书的特点，进行分学科、分类型的科学评价。

（2）定量评价。定性评价有其随意性，普适性也较差。定量评价方法有客观化、精确化、标准化的特点，强调数据计算，更适合于大规模图书的实践分析。

（3）结合现实的数据特征。数字阅读人群数量逐年增加，有关图书阅读量的统计也不再局限于传统的图书馆图书借还方式的统计，电子图书馆、数字出版趋势、网上书店的发展和其评价系统为图书评价还提供了新的评价内容及指标。

（4）多维度评价。单一指标评价可以用来比较图书的某个侧面，若对图书的学术水平进行全面分析，就要从多个角度考虑选择科学客观的评价指标，构建多指标综合评价体系，有效集成多维度评价结果，达到最佳评价效果。

根据上述图书学术影响力评价原则，张玉等（2015）综合考虑各方面因素，从图书定性和定量评价融合的角度，构建了一个多层次、多方位的中文科技图书学术影响力评价体系，如图 5-4 所示。

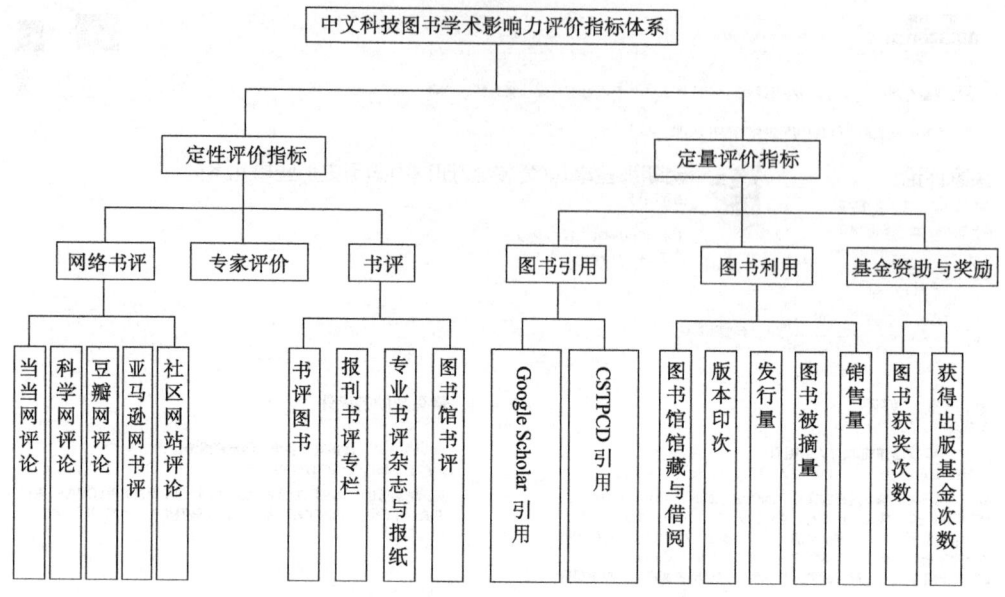

图 5-4 中文科技图书学术影响力评价体系

图 5-4 所示的图书评价指标含有定性指标和定量指标,由于定性评价有其随意性,普适性也较差,并且定性指标数据难以获取。因此,作者依据指标的定量化和指标数据可获得性的原则,将图 5-4 所示的定性指标转化为定量指标,同时不予考虑指标数据难以获得的定量指标。例如,作者将两个定性的评价指标——亚马逊和当当网的网络书评信息转化为书评次数和书评星级这两个可量化的指标,以实现定量评价。此外,在定量指标中,由于图书被摘量没有权威的来源、各出版社的图书发行量无法获取等原因,作者仅选取能够获得数据的定量指标。最终,作者提炼出 27 个指标,并将这些指标从体现图书学术影响力的不同层次和角度归纳为图书利用、网络书评、图书引用、基金与奖励 4 个维度,如表 5-3 所示。同时作者也展示了表 5-3 所示各指标数据的获取方法,如表 5-4 所示。

表 5-3 中文科技图书学术影响力的评价指标体系

一级指标	二级指标	三级指标
引用	CSTPCD 引用	总被引频次
		年均被引频次
	Google Scholar 引用	总被引频次
		年均被引频次

续表

一级指标	二级指标	三级指标
网络书评	亚马逊书评	书评评价星级
		书评次数
	当当网书评	书评评价星级
		书评次数
图书利用	专业图书馆纸本馆藏与借阅	是否入藏
		借阅总次数
		年均借阅次数
		复本量
		借阅比率
	电子图书馆馆藏与借阅	是否入藏
		点击量
		下载量
		打印量
	版本印次	版本
		印刷次数
	书店销售量	总销售量
		年均销售量
基金与奖励	获得出版基金	国家科学技术学术著作出版基金
		国家出版基金
		部委出版基金
	图书获奖情况	中国出版政府奖
		中华优秀出版物奖
		"三个一百"原创图书

表 5-4　中文科技图书学术影响力评价指标的数据来源及获取方法

指标	数据来源	数据获取方法
总被引频次	Google Scholar	直接在 Web 上查询
年均被引频次		对 Web 查询结果进行计算
总被引频次	CSTPCD	在 CSTPCD 数据库统计
年均被引频次		对统计结果进行计算
评分星级	亚马逊 (amazon.cn)	直接在 Web 上查询
评论数	当当网 (dangdang.com)	

续表

指标	数据来源	数据获取方法
国家科学技术学术著作出版基金	网站公布	直接在 Web 上查询
国家出版基金		
卫生部出版基金		
中国出版政府奖		
中华优秀出版物奖	网站公布	直接在 Web 上查询
"三个一百"原创图书		
是否入藏	解放军医学图书馆	从相应的图书馆借阅系统查询
借阅总次数		
年均借阅次数	协和医学院图书馆	
复本量	北京大学医学图书馆	
借阅比率		
是否入藏	超星电子图书馆	从超星电子图书包库网站查询
点击量		
下载量		
打印量		
版次	CIP 书目数据	固有字段，可直接利用
印刷次数		
总销售量	开卷图书销售数据	从开卷图书公司获得
年平均销售量		

5.2 期刊评估指标体系

本节详细介绍了《中文社会科学引文索引来源期刊》、《中国科技期刊引证报告》和美国科学信息研究所的《期刊引用报告》采用的期刊评估指标，以及国内外一些学者提出的一些新的期刊评估指标。

《期刊引证报告》应用引文分析方法及各种量化指标，可以清楚地表明：

(1) 在某一学科领域内，哪些期刊学术影响力最大；

(2) 某一种期刊被引用了多少次；

(3) 某一种期刊出版后多久被引用；

(4) 某一种期刊引用其他期刊多少次；

(5) 某一种期刊在学科中的学术指标所在位置。

根据使用者的工作性质，引证报告可以给使用者不同的有益提示。

(1) 科研人员：帮助其确定相关领域的核心期刊并发表论文，提高其论文的知名度，让更多的同行专家了解、引用、评价他的论文；

(2) 期刊编辑：帮助其与同类刊物相比较并评估本刊的地位，从而确定本刊的编辑和出版策略；

(3) 科研管理人员：帮助其科学地评价期刊，为其开展期刊评比和择优资助提供决策依据；

(4) 图书情报人员：帮助其更有效地管理馆藏期刊文献，确定核心期刊，合理运用有限的期刊订购预算；

(5) 科学计量学家：帮助其开展期刊评价研究和文献老化研究，以及学科的科学评估。

5.2.1 《中文社会科学引文索引来源期刊》评估指标

《中文社会科学引文索引来源期刊》的评估指标体系由苏新宁于 2008 年创建 (苏新宁，2008)，涵盖的一级指标分别为：

(1) 期刊学术含量指标，包含篇均引文、基金论文比、机构标注和地区分布数；

(2) 被引数量指标，包含二级指标——总被引频次、学科论文引用数量和他引率；

(3) 被引速率指标，包含二级指标——总被引速率、学科引用速率和他刊引用速率；

(4) 影响因子，包含二级指标——总影响因子、学科影响因子和他引影响因子；

(5) 被引广度；

(6) 重要的二次文献全文转载的数量，例如，被《新华文摘》《社会科学文摘》和《人大报刊复印资料》等转载的次数；

(7) 网络期刊文献的即年下载率。

1. 期刊学术含量指标

期刊学术含量指标可以通过期刊所载论文质量、学术规范和作者的涉及地区等反映出来。用来评价期刊学术含量的定量指标有：期刊论文的篇均引用文献数、与期刊学科相关的本学科论文比例、期刊主办机构发表本机构作者论文的比例、期刊作者地区分布、基金论文占有比例以及论文的机构标注比率等。

1) 期刊篇均引用文献数

期刊篇均引用文献数是指期刊的论文平均引用文献数量，即期刊所有论文的引用文献数量之和除以该刊所刊载的论文数量。比如，一本期刊2017年共发表了1000篇论文，这1000篇论文共引用了8000篇文献（或者说这1000篇论文包含了8000篇参考文献），则该期刊2017年的篇均引用文献数为8篇。一般说来，任何一项研究成果都不是空中楼阁，需要建筑在前人或他人研究的基础之上，对其他成果的借鉴需要在文中体现出来，这主要反映在引用文献或参考文献上。可以说，参考文献或引用文献是科学论文的一个重要组成部分，它体现出对他人成果的尊重，也反映了学者的学术规范和论文的学术深度。因此，考察整个期刊论文的篇均引用文献数，可以分析一份期刊的学术规范和学术深度。如果再将其扩展到一个学科的期刊论文平均引用文献量，可以得知整个学科的学术深度、学者的研究习惯以及学科之间的差异。值得注意的是，对于中国研究人员来说，引用英文文献的难度要比引用中文文献的难度要高很多，并且目前欧美国家科学研究的发展水平普遍较高，因此，篇均引用文献数也可细分为两个子指标：篇均引用英文文献数和篇均引用中文文献数。

2) 本学科论文比例

本学科论文比例指某期刊在一个时间范围内（通常为一年）发表某一学科论文数占所有论文数的比例。期刊刊载的内容通常围绕着某个学科（除综合类期刊），不同学科的期刊很难评价它们之间学术影响的大小，因此，对期刊的评价一般是分学科进行的。既然对期刊的评价是分学科进行的，那么每一种期刊的论文也应该是与本学科相关的。因此，希望通过这一指标了解期刊对本学科的贡献。一般来说，期刊发表本学科论文的比例越高，说明该刊在这一学科中的专业化程度也就越高，与该学科研究现状的关系也就越加紧密。对于综合性和跨学科期刊，可以分析它们所刊发的论文在各学科论文中的占有比例，以此可以了解这些期刊的侧重点和涵盖的主要学科范围。例如，一本管理学期刊2016年发表了100篇论文，其中论文第一个学科分类号为管理学的论文数量为30篇，则此期刊2016年的本学科论文比例是30%。由此得知，该期刊发表其他学科论文比例达到70%，可以看出，此期刊可能是一本跨学科期刊，偏向于发表其他学科的文章，本学科的专业化程度相对较低。

3) 本机构论文比例

本机构论文比例是指期刊主办机构内部人员所发表的文章占全部文章之比。

一般说来，学术期刊是面向全社会的，它的读者和作者群也应该是全社会这个大范围。因此，这个比例较大，说明该刊对作者的发散程度不够，对作者产生的影响范围较小，同时也可能该刊在选稿方面受本位思想影响较大。总之，期刊主办机构内部作者在发文上占有一定的先机，其发文量占有适当的比例是可以理解和接受的，但比例过高将会影响期刊的发展和全面性。这一指标主要用来评估高等学校学报论文的本机构作者比例之用。例如，南京信息工程大学主办的《南京信息工程大学学报》2016年发表了100篇论文，其中第一作者为南京信息工程大学研究人员的论文数量为60篇，则此期刊2016年的本机构论文比例是60%（基于假设数据得出的结果）。

4) 期刊作者地区分布

期刊作者地区分布指期刊所载论文作者的地区分布，是衡量期刊论文覆盖面和全国影响力大小的一个指标。一般来说，期刊论文作者地区分布越广，该刊越能较全面地反映该学科领域研究状况。虽然一些期刊带有明显的地方色彩，但也应考虑其研究的地域广泛性，只有这样才能扩大期刊的影响和全面反映研究概貌。所以，将期刊作者的地区分布数量也作为评价期刊的指标之一，以此来判断期刊作者的区域覆盖面。如果一本期刊2016年所载论文作者分布在20个地区，按全国31个省、市和自治区，加上港、澳、台地区来测算，则该期刊2016年所载论文作者的地区分布数为20，覆盖率为58.82%。

5) 基金论文刊载比例

基金论文刊载比例是指期刊所刊载的论文中，含有基金资助论文的比例。一般情况下，基金资助项目多为学界所关注的学科热点和前沿研究课题，或者是国家、地区迫切需要解决的一些重要问题。因此，得到基金资助的论文较非基金资助论文从整体上来说应该具有更高的学术价值和应用价值，前者不论是在质量上还是学术影响方面都可能高于后者。所以，期刊刊载基金论文的比例越高，应该说该期刊的整体质量也相对较高和影响相对较大。然而，该指标也促使一些期刊潜在地要求作者论文挂上基金号，一些作者为了提升稿件的录用率，经常在论文中挂了很多不相关的，或者别人的项目。

6) 论文的机构标注比率

论文的机构标注比例是指期刊中标注有作者机构的论文占该刊全部论文的比例。学术期刊具有学术交流的性质，学者需要通过作者的个人信息（包括机构信息）开展学术交流活动。另外通过对作者机构的统计分析，也能够了解各机构的学术状况。因此，与文学作品和艺术作品等原创作品不同，作者机构是学术论文中不可缺少的部分，这一指标可以从一个方面反映出学术期刊的规范程度。

2. 期刊被引定量指标

期刊被引是指期刊所刊载的论文被引用的数量或比例的统计，不同的指标从不同角度反映了各期刊对学术研究的影响，期刊被引指标主要包括：被引次数、即年指标、影响因子和被引广度。

1) 期刊被引次数

期刊被引次数是指期刊所刊载的论文被统计源中来源期刊论文引用的次数。被引次数反映了期刊自创刊以来的长期学术影响，它是指期刊论文获得的客观响应，它可以被用来计算期刊在一个学科领域的长期的、实际的学术影响。期刊被引次数可以细分成三个次级指标：被引总次数、学科被引次数和他刊引用次数。被引总次数的解释与期刊被引次数的解释相同；学科被引次数是指期刊被统计源中指定学科论文所引用的次数，这个指标主要用于反映该期刊在指定学科的学术影响；他刊引用次数指期刊所刊载的论文被统计源中其他期刊引用的次数（排除了期刊的自引），这一指标主要是为了杜绝一些期刊通过盲目自引来扩大本刊的数据，同时也为非统计源期刊提供一个更加公平竞争的环境。

众所周知，一篇论文被国家领导人引用和被普通人引用的影响力是不同的，如果一篇论文发表后，被国家领导人引用，说明这篇论文的质量和影响力非常高，因此一些新的被引评估会考虑施引者的科学影响力，即引文的质量。

2) 期刊影响因子

期刊影响因子是指期刊在一定的来源期刊范围内及在指定年份中，该期刊前两年论文在这一范围内被引用的数量与该期刊前两年刊载论文数量之比。期刊影响因子也可以理解为指定期刊前两年所发表论文在统计年的篇均被引率。期刊影响因子最早是由 E. Garfield 在 1955 年提出，它是指期刊论文获得的客观响应，反映期刊重要性的宏观测度，它可以被用来计算期刊在一个学科领域的学术影响。

期刊影响因子的计算公式如下：

$$影响因子 = \frac{该刊前两年发表论文在统计当年被引用的总次数}{该刊在统计年的前两年发表论文总数}$$

一般情况下，影响因子越大，可以认为该期刊在科学发展和文献交流过程中的作用和影响相对越大。当然，影响因子也具有一定的片面性，例如，对于小篇幅期刊而言具有明显的优势。因此，它与期刊总被引等指标是一个很好的互补。

和被引次数一样，该指标也细分成了三个子指标：一般影响因子、学科影响因子、他引影响因子。后两者的计算只是将公式的分子分别改换为："该刊前两年发表论文在统计当年被某学科论文引用的总次数"和"该刊前两年发表论文在统计当年被其他期刊论文引用的总次数"。

例如，期刊在统计当年 2015 年前两年各年发表的论文数：　　2014=342
　　　　　　　　　　　　　　　　　　　　　　　　　　　　2013=311
　　　　　　　　　　　　　　　　　　　　　　　　　　　　总共：653

期刊 2013 和 2014 年各年论文在 2015 年的被引次数：2014=125
　　　　　　　　　　　　　　　　　　　　　　　　　2013=122
　　　　　　　　　　　　　　　　　　　　　　　　　总共：247

期刊统计当年的影响因子=期刊 2014 年和 2013 年发表的论文在 2015 年的被引次数/期刊 2014 年和 2013 年发表的论文数量=247/653≈0.378

3) 即年指标

即年指标是指期刊当年所载论文的当年被引数量与当年发文数量之比，即期刊所发表的论文在当年的篇均被引率（张建勇，2006）。即年指标是表征期刊"即时反应速率"的指标，体现了期刊当年被引用的速度，可看出期刊当年度的文章影响力，同时可以衡量该期刊对本学科热点问题的关注程度，是否处于学术前沿，是否被学界和读者及时关注。即年指标的计算公式如下：

$$即年指标 = \frac{该刊当年发表的论文在当年被引用的总次数}{该刊统计当年发表论文总数}$$

例如，期刊 2015 年发表的论文在 2015 年被引用的总次数为 136

期刊 2015 年发表的论文总数为 130

即年指标=期刊2015 年发表的论文在 2015 年被引用的总次数/期刊统计 2015 年发表论文总数=136/130=1.046

根据期刊即年指标的定义和公式表达可以看出，如果一个学科大多数期刊都具有较高即年指标的话，那么这个学科一定是一个发展迅速且学术活跃的学科，该学科的学者对热点问题具有较高的关注度。期刊即年指标可以划分为：一般即年指标（即总被引速率）、学科即年指标（即学科引用速率）、他引即年指标（即他刊引用速率）三个子指标。其中学科即年指标和他引即年指标的计算公式只需将即年指标计算公式的分母更改为："期刊 2015 年发表的论文在 2015 年被某学科论文引用的总次数"和"期刊 2015 年发表的论文在 2015 年被其他期刊论文引用的总次数"。

4) 被引广度

被引广度是指期刊在统计年度被多少种期刊中的论文引用过,即引用该刊的期刊数量为该刊的被引广度。简单的计算方法,就是从数据库中下载某期刊的引文信息,并统计引文期刊中非本期刊的期刊数量。为了说明期刊所刊载的论文对其他期刊的影响程度(即一种期刊被不同的期刊引用得越多,其影响度就越广),需要采用复杂的计算方法测算期刊的被引广度。复杂的计算方法认为,如果在一个年度内,某期刊被他刊引用1~2次,会带有很大的偶然性,不应与引用10数次的期刊相同计算。所以,为了使期刊被引广度的计算更加科学合理,将期刊被引广度按被各期刊引用数量进行了分值分配,其分配数据参见表5-5。

表5-5 期刊被引广度计算表

某期刊被引次数	1	2	3	4	5次以上
广度分值	0.2	0.4	0.6	0.8	1

作为评价期刊的一种指标,被引广度从范围角度反映了期刊的学术影响,一般来说,在一个学科内,学科综合类期刊与专业类期刊相比,前者具有更大的被引广度。对不同的学科而言,一个学科的统计源期刊越多,该学科期刊的被引广度也相对会多。

3. 二次文献转载指标

二次文献转载指标是指我国几种重要的二次文献对各期刊中论文全文转载的数量统计,本评价体系采用四种二次文献数据:人民出版社主办的《新华文摘》、中国社会科学院主办的《中国社会科学文摘》、中国人民大学主办的《报刊复印资料》,以及上海师范大学主办的《高等学校文科学报文摘》,最后一种仅适用于高校综合性学报。

上述四种文摘刊物是受到学界公认的综合性文摘刊物,具有一定的权威性,它们主要以转载中国人文社会科学领域的重要研究成果,反映各学科领域学术动态和学术走向。应该说,这些文摘刊物中对期刊全文转载数量的统计,从一个角度反映了各期刊对学科热点的跟踪和对学术走向的关注程度。因此,这些文摘刊物转载各期刊的论文数量可以作为衡量期刊影响力的指标。另一方面,许多作者在阅读了二次文献转载的全文后,当他们在论文写作过程中引用了这些论文时,往往标注的是二次文献的出处,而非原刊出处。所以,采用这一指标也从一个方面弥补了原刊由于作者引用二次文献带来的被引数据损失。图5-5展示了中国人民大学 2016 年度《报刊复印资料》转载指数排名情况。

4. Web 即年下载率

Web 即年下载率是指期刊在某一期刊全文数据库中当年出版并上网的论文在当年被全文下载的次数与该期刊当年出版并上网论文总数之比。计算公式如下（万锦堃，2004）：

Web 即年下载率=该期刊当年出版并上网的论文在当年被下载的次数/该期刊当年出版并上网的论文总数

例如，期刊 2016 年出版并上网的论文在 2016 年被下载的次数为 132

期刊 2016 年出版并上网的论文总数为 128

Web 即年下载率=132/128=1.031

Web 即年下载率相对其他指标，更具合理性，因为读者不是根据自己掌握和了解的有限期刊去找文章，而是依据主题查找文献，这样可以保证每一份期刊相对读者而言，获取机会都是相等的。所以，Web 即年下载率在期刊评价指标体系中具有重要意义。

5.2.2 《中国科技期刊引证报告》期刊评估指标

中国科技信息研究所开发的《中国科技期刊引证报告》（简称《引证报告》）分为核心版及扩刊版。《引证报告》构建了一套科技期刊评估指标，根据不同的权重系数对中国科技论文统计源期刊进行综合评价，从而评估出各个学科的重要科技期刊。《2011 年版中国科技期刊引证报告（核心版）》收录中国科技论文统计源期刊共 1998 种。中国科技论文统计源期刊的论文构成了中国科技论文与引文数据库。《中国科技期刊引证报告》采用的期刊评估指标（庞景安和马峥，2001；马合成，2005）涵盖：

(1) 期刊引用计量指标。涵盖总被引频次、影响因子、即年指标、他引率、引用刊数、扩散因子、学科扩散指标、学科影响指标、被引半衰期。

(2) 来源期刊计量指标。涵盖来源文献量、文献选出率、参考文献量、平均引文数、平均作者数、机构分布数、海外论文比、基金论文比、引用半衰期。

其中，期刊引用计量指标主要显示该期刊被读者使用和重视的程度，以及在科学交流中的地位和作用，是评价期刊质量优劣的重要依据和客观标准。

来源期刊计量指标通过对来源文献方面的统计分析，全面描述了该期刊的学术水平、编辑状况和科学交流程度，也是评价期刊的重要依据。

各指标含义如下：

总被引频次：该期刊自创刊以来所登载的全部论文在统计当年被引用的总次数。

他引率：该期刊全部被引次数中，被其他刊引用次数所占的比例。具体算法为：他引率=被其他刊引用次数/期刊被引总次数。

例如，该期刊被其他刊引用次数为 148

该期刊全部被引次数为 256

他引率=148/256=0.578

引用刊数：引用被评价期刊的期刊数，反映被评价期刊被使用的范围。

扩散因子：用于评估期刊影响力的学术指标，显示总被引频次扩散的范围，即该期刊当年每被引 100 次所涉及的期刊数。扩散因子=总被引频次涉及的期刊数×(100/总被引频次)

学科扩散指标：在统计源期刊范围内，引用该刊的期刊数量与其所在学科全部期刊数量之比。

学科影响指标：期刊所在学科内，引用该刊的期刊数占全部期刊数量的比例。

被引半衰期：测算对象是原文，是指该期刊各年论文在统计当年被引用次数达到全部被引次数的 50%时的论文，是在多长一段时间内发表的。简而言之，是指期刊达到被引用次数 50%所需要的时间。这个指标反映了该刊文章的影响力衰退速度，半衰期越长的表示影响力持续较久，通常人文社会领域期刊的被引用半衰期较长。但是有些领域发展非常迅速，比如，对癌症的研究，由于方向上的科研人员众多，影响因子自然就高了。但是研究成果很可能三四年之后就已经过时了。反之数学物理之类的基础学科，影响因子高的期刊一般半衰期都是比较长的，大于 10 年都很正常。

计算方法：一本期刊在统计年及之前所有年份发表的论文在统计当年的被引次数分布中，累积被引次数达到总被引次数 50%时的较新原文出版年与统计年之间的时间间隔。以 *Science* 统计年 1996 年及其之前所有年份论文在统计 1996 年被引次数的年度分布数据（表 5-6）为例，说明被引半衰期的计算方法。

表 5-6 *Science* 1996 年被引总次数的论文年度分布

出版年	1996	1995	1994	1993	1992	1991	…	全部
1996 年被引用次数	2792	6678	5553	4352	3240	2577		39958
累积百分比/%	6.98	23.69	37.59	48.48	56.59	63.04		
年数	1	2	3	4	5	6		

被引半衰期=5（累积百分数接近50%的年数）。

来源文献量：来源期刊在统计当年发表的全部论文数。

文献选出率：按统计源的选取原则选出的文献数与期刊的发表文献数之比。

参考文献量：来源期刊论文所引用的全部参考文献数，是衡量该期刊科学交流程度和吸收外部信息能力的一个指标。

平均引文数：来源期刊每一篇论文平均引用的参考文献数。

平均作者数：来源期刊每一篇论文平均拥有的作者数，是衡量该期刊科学生产能力的一个指标。

机构分布数：来源期刊论文的作者所涉及的机构数。

海外论文比：来源期刊中，海外作者发表论文占全部论文的比例。这是衡量期刊国际交流程度的一个指标。

基金论文比：来源期刊中，各类基金资助的论文占全部论文的比例。这是衡量期刊论文学术质量的重要指标。

引用半衰期：该期刊引用的全部参考文献中，较新一半是在多长一段时间内发表的。通过这个指标可以反映出作者利用文献的新颖度。计算方法是将该期刊当年所发表论文的所有参考文献或引文，依据出版年份的篇数由当年往前累计，当引用的论文篇数累计达到全部的50%时，该篇论文的出版年到当年的间隔年数为该期刊的引用半衰期。半衰期的值越小，表示该期刊所引用的参考文献时效性越高。

5.2.3 《期刊引用报告》评估指标

《期刊引用报告》由美国的科学信息研究所ISI（现由美国科睿唯安）每年出版。JCR基于Web of Science收录期刊之间的引用和被引用数据对期刊不同评价指标数据进行统计，并按指标大小对期刊进行排序。JCR采用的指标分别为：总引文数或总被引次数（Total Cites）、影响因子（Impact Factor）、即时指标（Immediacy Index）、论文数（Articles）、被引半衰期（Cited Half-Life）、五年影响因子（5-Year Impact Factor）、特征因子分值（Eigenfactor Score）和论文影响分值（Article Influence Score）。前五个指标的含义已经解释过，下面仅解释最后三个指标的含义及意义。

五年影响因子。计算方式：该期刊前五年所出版的文章在当年度的平均被引用次数。例如，A期刊2010年的五年影响因子算法为：A期刊2005~2009年所出版文章在2010年的被引总次数/A期刊2005~2009年所出版的文章总数。假如：

A期刊2005~2009年所出版文章在2010年的被引总次数为1527

A期刊2005~2009年所出版的文章总数为592

A 期刊 2010 年的 5 年影响因子=1527/592=2.579。

特征因子分值是 JCR2007 年之后新增的指标。特征因子的基本假设是：期刊被越多的高影响力期刊所引用，则其特征因子分值 Score 也越高。因此，被重要期刊引用一次的特征因子分值通常会高于被不重要期刊引用一次的特征因子分值。特征因子分值的计算主要以科睿唯安的 JCR 为数据源，构建剔除自引的期刊 5 年期引文矩阵，绘制期刊引证网络，以类似于 PageRank 的算法迭代计算出期刊的权重影响值：特征因子分值。该指标实现了引文数量与价值的综合评价，不受期刊自引影响，且考虑了期刊引证网络中引文较多期刊的贡献，即根据引用期刊重要性对被引用期刊 score 进行加权处理；是一个总量性指标，与影响因子等篇均性指标差别明显，具有一些影响因子难以比拟的优点；拉大了"好"期刊和"差"期刊的差距（任胜利，2009）。

论文影响分值。计算方式：期刊的特征因子分值除以前五年所出版的文章数，并标准化为 0~1 的区间值。论文影响分值= (0.01×特征因子分值) / (5 年期刊发表论文总数/5 年全球所有期刊论文总数)。 此指标剔除了同一期刊自我引用且经过加权计算的五年影响因子，反映了某期刊论文在发表后第一个 5 年的平均影响力。论文影响分值的平均值为 1，如果该值大于 1，说明当前期刊中每篇论文影响力高于平均水平。

JCR 分区：目前 SCI 核心库加上扩展（网络版）有 6000 余种期刊，SCI 库的期刊质量和影响力存在很大的差距，尤其是不同学科之间的 SCI 期刊，很难进行比较和评价。为了更科学地对学术期刊进行评价，对科研人员的工作业绩进行合理考核，中国科学院文献情报中心将 JCR 公布的 6000 余种期刊分为 13 大类，在每一类期刊中，根据期刊的影响因子及被引频率等指标分为四个区，期刊档次由高到低排列，其中第一区期刊加上第二区少量期刊，被界定为顶级刊物。

5.2.4 一些新的期刊评估指标

盖红波（2006）除提出了一些与上述指标类似的定量指标，如被引量、被索量、载文量、被摘量、影响因子，也提出了一些新的，具有中国特色的定性评价指标，如双高、双效、双奖、双百，以及质量考核指标，如期刊的政治表现、学术水平、编辑出版效果和产生的效益。赵惠祥（2008）将科技期刊评价指标归类如下。

影响力指标，涵盖：总被引频次、影响因子、5 年影响因子、相对影响因子、即年指标、他引率、引用刊数、扩散因子、学科影响指标、学科扩散指标、被引半衰期、H 指数。

文献指标，涵盖：载文量、参考文献量、平均引文量、平均作者数、地区分布数、机构分布数、基金论文比、海外论文比等。

载体指标，涵盖：文献书目信息完整率、编排规范化、差错率、装帧质量、印刷质量、网络通畅率、平均发表周期、平均出版时限。

管理指标，涵盖：期刊社体制、编委会状况、管理规章完备性、版权制度、发行体制、信息平台、人员状况、营业总额、资产总额、利润总额。

其中影响力指标和文献指标是上述主流评价报告常用的评估指标。而对于载体指标和管理指标，由于难以量化和指标数据难以获取等原因，目前并未被主流的评价报告采用。

黄河胜（2000）将期刊指标分为引文参数（影响因子、总被引频次、自引率、被引半衰期、外文引文率、SCI 文献引用率），稿件特征参数（基金论文比、学位稿），稿流特征参数（平均时滞量、平均载文量）。作者提出的指标中，除了评价报告常用的指标，也出现一些新指标，新指标的含义如下。

外文引文率：外文引文在全部引文中所占的比例，可以衡量同一学科内不同期刊吸收国外先进理论与技术的敏感性和对外交流的活跃程度。

SCI 文献引用率：某期刊引用 SCI 文献的次数除以该期刊发表的文献总数。

学位稿：博士、硕士及高级职称人员所撰论文的比例，反映出论文的权威性。

平均时滞量：收到稿件与刊出稿件的平均时差。反映出期刊载文的稳定性及编辑部根据拟用稿件积压程度而调整用稿节奏情况。

平均载文量：期刊每期发表论文的平均篇数。

此外，国内外学者也设计了一些应用前景非常广阔的新型评价指标，部分指标已经被主流评价报告采用。

1. 期刊 H 型指数

期刊 H 型指数主要用于高被引论文数量及被引强度的简单测度。H 指数由 Hirsch（2005）提出后，最早用于科研人员的评价，Braun 等（2006）将其用于期刊评价。一本期刊的 H 指数是指一本期刊至多有 H 篇论文被引用了至少 H 次，测量了期刊的高被引论文数量及其被引强度，具有理念先进且导向积极，计算简单而结果稳健，灵活选择统计时间区间，鲁棒性更强等诸多优点（叶鹰，2007）。华东师范大学信息管理系研究员赵星 2012 年统计分析了 57 本图书情报学期刊的分布型 H 指数与期刊其他引用指标，如总被引次数、总施引次数和 H 指数之间的逼近幂律关系，发现期刊的分布型 H 指数能够为期刊多层次影响提供全面的测量（Zhao et al., 2012）。

2. 期刊中心度

期刊中心度是期刊引证网络视角下的期刊权威性或中心性的测度指标。Price (1965) 最早提出，由期刊论文为节点，论文之间的引证关系（共被引或耦合关系）为边，构建期刊论文的引文网络，从而测度领域的引用脉络、权威或奠基性文献、研究热点。此后，论文引证网络逐渐演化出作者或期刊的引证网络，用于分析和测度权威作者或期刊、识别科研合著模式和科研社区。Leydesdorff 和 Rafols (2007，2011) 运用社会网络方法，构建期刊引证网络，根据期刊在引文网络中所处位置的重要程度来评判期刊的学术地位。网络位置的重要程度可用中心性指标评价 (Scott，2000；高小强等，2009；Zhao et al.，2011，2012)。在图论 (graph theory) 与网络分析 (network analysis) 中，中心性 (centrality) 是判定网络中节点重要性的指标，是节点重要性的量化。这些中心性度量指标最初应用在社会网络中，随后被推广到其他类型网络的分析中。在社会网络中，一项基本任务是需要鉴定一群人中哪些人比其他人更具有影响力，帮助研究人员分析和理解扮演者在网络中担当的角色。为完成这种分析，这些人以及人与人之间的联系被模型化成网络图，网络图中的节点代表人，节点之间的连边表示人与人之间的联系。基于建立起来的网络结构图，使用一系列中心性度量方法就可以计算出哪个个体比其他个体更重要。网络中心性最主要的度量指标为点度中心性 (degree centrality)、接近中心性/亲密中心性 (closeness centrality)、中介中心性/中间中心性 (between centrality)、特征向量中心性 (eigenvector centrality) 四种。其中，点度中心性 (degree centrality) 是最先被提出的、概念相对简单的一个中心性度量指标。美国加州大学艾尔温分校社会学系和数理行为科学研究所的研究教授林顿 C·弗里曼 (Linton C. Freeman) 于 1979 年在美国社会网络杂志上发表《社会网络中心度的概念说明》 (Centrality in Social Networks Conceptual Clarification) 一文中正式提出了度中心性的概念。

点度中心性是在网络分析中刻画节点中心性 (centrality) 的最直接度量指标，一个节点的节点度越大就意味着这个节点的度中心性越高，该节点在网络中就越重要。在无向图 (undirected graph) 中，度中心性测量网络中一个节点与所有其他节点相联系的程度。对于一个拥有 g 个节点的无向图，节点 i 的度中心性是 i 与其他 $g-1$ 个节点的直接联系总数，计算公式如下：

$$C_D(N_i) = \sum_{j=1}^{g} x_{ij} \quad (i \neq j) \tag{5-1}$$

式中，$C_D(N_i)$ 表示节点 i 的度中心度；$\sum_{j=1}^{g} x_{ij}$ 用于计算节点 i 与其他 $g-1$ 个 j

节点（$i \neq j$，排除 i 与自身的联系；也就是说，主对角线的值可以忽略）之间直接联系的节点数量；$C_D(N_i)$ 的计算就是简单地将节点 i 在网络矩阵中对应的行或列所在的单元格值加总（因为无向关系构成一个对称性数据矩阵，因此行和列相同的单元格的值相同）。

如此测量的节点度中心性，不仅反映了每个节点与其他节点的关联性，而且也视网络规模（g）而定。也就是说，网络规模越大，度中心性的最大可能值就越高。为了消除网络规模变化对度中心性的影响，斯坦利·沃瑟曼（Stanley Wasserman）和凯瑟琳·福斯特（Katherine Faust）（1994）提出了一个标准化的测量公式（5-2）：

$$C_D'(N_i) = \frac{C_D(N_i)}{g-1} \tag{5-2}$$

在这个标准化度中心性测量公式中，使用节点 i 的度中心性值除以其他 $g-1$ 个节点最大可能的连接数，得到与节点 i 有直接联系的网络节点的比例。这个比例范围从 0.0～1.0，0.0 表示与任何节点都没有联系（如一个孤点），1.0 表示与每一个节点都有直接联系。在社会网络中，节点度中心性的标准化值测量了节点在诸多关系中的参与程度，值越高，参与程度越高。如果标准化度中心性值越接近 1.00，那么节点在关系网络中的参与度越高（戴维·诺克和杨松，2012）。

例如，张三的微信账号有 18 个好友，就意味着与张三有直接好友关系的节点数为 18，张三在微信社交网络中的点度中心度为 18。假设：李四有 36 个好友，那么意味着李四的点度中心度比张三高，社交圈子更广。如果比较两人在微博和微信社交网络中的点度中心度，则需要根据微博和微信社交网络的总体人数规模标准化之后进行比较。

接近中心性反映在网络中某一节点与其他节点之间的接近程度。中介中心性/中间中心性是以经过某个节点的最短路径数目来刻画节点重要性的指标。特征向量中心性既考虑了其邻居节点的数量（即该节点的度），也考虑了其邻居节点的重要性。接近中心性和中介中心性的计算方法和公式参见第 3 章的 3.8 社会网络分析评价方法。接近中心性其实沿用了图论中的最短路概念，比如，万达集团要建一个万达广场，最希望这个广场建在人流量密集、交通便利发达、距人群最近的地方，即万达广场距所有消费者的接近中心性尽可能高，由于接近中心性的值为路径长度的倒数，则万达广场的接近中心性越高，消费者距万达广场越近，越可能频繁去万达广场消费。

中介中心性度量就像社交网络或人际网络中的社交达人，或房产中介。认识的很多朋友或房产业主都是通过社交达人或房产中介认识,这个是起到了中介的作用。中介中心性是指一个节点担任其他两个节点之间最短路桥梁的次数。一个节点充当"中介"的次数越高,它的中介中心度就越大。如果要考虑标准化的问题,可以用一个节点承担最短路桥梁的次数除以所有的路径数量。

3. 期刊 SJR 指数

期刊 SJR 指数是 SCImago Journal Rankings 的缩写,由西班牙 SCImago 研究小组基于 Elsevier 公司 Scopus 期刊数据给出的新型期刊测评指标(http://www.scimagojr.com/journalrank.php),是一个既考虑了期刊被引数量,又考虑了期刊被引质量的指标。其基本假设是,一种期刊越多地被高声望期刊所引用,则此期刊的声望也越高。它采用 Google 的 PageRank 算法,赋予高声望期刊的引用以较高的权重,并以此规则迭代计算直到收敛(Butler,2008;赵星等,2009b)。SJR 的计算过程如下:

(1) 所有期刊设定 SJR 初始值。初始值不影响终值,只影响迭代次数。

(2) 按下式进行新的 SJR 值计算;

$$\text{SJR}_i = \frac{1-d-e}{N} + e \times \frac{\text{Art}_i}{\sum_{j=1}^{N}\text{Art}_j} + d \times \sum_{j=1}^{N} \frac{C_{ji*\text{SJR}_i}}{C_J} \times \frac{1-\left[\sum_{k\in\{D_n\}}\text{SJR}_k\right]}{\sum_{h=1}^{N}\sum_{k=1}^{N}\frac{C_{kh}\times\text{SJR}_k}{C_k}} + d \times \sum_{k\in\{D_n\}}\text{SJR}_k$$

式中,SJR_i 为期刊 i 的 SJR 值;C_{ji} 为期刊 j 对期刊 i 的引用数量;C_j 为期刊 j 的参考文献数量;N 为期刊总数;Art_j 为期刊 j 的论文总数;D_n 表示无参考文献的论文;d 和 e 为参量,通常取 $d=0.85$,$e=0.10$。

(3) 重复步骤 (2),直到下次计算的 SJR 的变化值小于给定阈值时终止计算。

西班牙 SCImago 研究小组统计的期刊 SJR 值排名如图 5-5 所示。

图 5-5 展示了部分期刊的 SJR 值指标排名,以及期刊 H 指数、2016 年和近三年的总文档数量 (Total Docs)、总参考文献数量 (Total Refs)、总被引数量、被引文档数量 (Citable Docs)、被引量与文档数量的比值 (Cites/Doc)、参考文献数量与文档数量的比值 (Ref/Doc)。

第 5 章　信息资源评估指标

	Title	Type	↓ SJR	H index	Total Docs. (2016)	Total Docs. (3years)	Total Refs.	Total Cites (3years)	Citable Docs. (3years)	Cites / Doc. (2years)	Ref. / Doc.	
1	CA - A Cancer Journal for Clinicians	journal	39.285 Q1	131	43	141	3503	11929	118	128.75	81.47	
2	Nature Reviews Genetics	journal	33.238 Q1	292	166	615	8029	7131	183	39.69	48.37	
3	Nature Reviews Immunology	journal	29.692 Q1	316	146	581	7719	8256	195	36.47	52.87	
4	Nature Reviews Molecular Cell Biology	journal	29.656 Q1	352	152	535	9128	8150	214	45.11	60.05	
5	Annual Review of Immunology	journal	27.631 Q1	267	23	72	4155	2513	72	28.83	180.65	

图 5-5　SJR 值排名

4. 期刊 SNIP 指数

期刊 SNIP 指数是来源期刊篇均影响的标准化值 (source normalized impact per paper，SNIP)，是衡量期刊影响力的新工具。它是荷兰莱顿大学科技研究中心 (CWTS) 的 Henk Moed 博士开发出的期刊度量指标。SNIP 是在三年引文窗中某一来源出版物中的每篇论文平均被引次数与该学科领域的"引文潜力"之间的比值，其中"引文潜力"是指一篇文章估计在指定的学科领域中所达到的平均被引次数。它不用考虑期刊分类，依据作者引用其他论文的频次、引用影响的成熟速度和数据库在领域内的文献覆盖率，就可以对不同学科领域的期刊进行直接比较。SNIP 一年更新两次，具有动态发展性。期刊的 SNIP 值可以在网站：http://www.journalindicators.com. 或 http://info.scopus.com/journalmetrics/snip.html 上免费查询，也可在收费的 Scopus Journal Analyzer (www.scopus.com.) 中查到。其来源数据是全球最大的文摘引文数据库 Scopus。

1979 年，Garfield 提出"引用潜力"(citation potential) 的概念，即某一主题领域的篇均参考文献数，依此确定该主题领域文献被引用的可能性 (Garfield，1979)。2010 年，H. Moed 借鉴该指标，提出期刊评价新指标 SNIP，即在三年引文窗口中某一来源出版物中的每篇论文平均被引次数与该学科领域的"引用潜力"之间的比值 (Moed, 2010)。具体来讲，SNIP 的计算公式如下：

$$\text{SNIP} = \frac{\text{RIP}}{\text{RDCP}} \quad (5\text{-}3)$$

式中，RIP（raw impact per paper）为篇均原始影响，即期刊前三年发表的论文在统计年被引用的平均数，其具体的计算方法如公式（5-4）所示；RDCP（relative database citation potential）为数据库的相对引用潜力，其具体的计算方法如式（5-5）和式（5-6）所示。

$$\text{RIP} = \frac{\text{期刊前三年发表的论文在统计年被引用的次数}}{\text{期刊前三年发表的论文总数}} \quad (5\text{-}4)$$

$$\text{RDCP} = \frac{\text{DCP(数年库引用潜力)}}{\text{median(DCP)}} \quad (5\text{-}5)$$

$$\text{DCP} = \frac{r_1 + r_2 + \cdots + r_n}{n} \quad (5\text{-}6)$$

式中，n 代表期刊所在主题领域发表的论文总数；r_i 代表第 i 篇论文的活跃参考文献数量，活跃参考文献是指参考文献属于数据库中统计年前三年发表的文献。SNIP 从篇均引文数的角度，借鉴"引用潜力"和"标准化"的思想修正了不同学科领域间期刊引用行为的差异，可以实现不同学科领域间期刊的直接比较，并在一定程度上达到了较为理想的评价结果（陈卫静和郑颖，2013）。

例如，某期刊在统计年前三年发表的 10 篇文献被用了 80 次，且这 80 篇文献平均每篇有 4 篇活跃参考文献（80 篇文献活跃参考文献总量 320 除以 80），则此期刊的 RIP 为 80/10=8，DCP=320/80=4。设 median（DCP）的值为 2，则此期刊的 RDCP 为 4/2=2，SNIP 为 8/2=4。

5.3 论文评估指标体系

目前论文评价指标体系的研究文献相对较少，早期的论文评价基本上采用同行评议的方式来实现。随着信息时代的到来，论文数量以指数级的速度增长，定性评价指标和偏定性的同行评议方式已无法满足论文评价需求，人们不断探索出一些客观评价指标和定量评价方法来对论文进行评价。本节重点介绍一些经典文献中提出的各类论文评价指标体系。

5.3.1 单篇论文评价指标体系

单篇论文评价以单篇论文为评价的基本单元，以论文发表后生命周期的不同阶段为时间线索，以单篇论文评价指标为计量标准，以各指标赋权后的综合得分为输出结果，以动态调整的单篇论文评价数据库为实践形式。单篇论文评价体系主要由两个部分构成，即单篇论文评价指标体系和单篇论文评价数据库。单篇论文评价指标体系由多种不同类型的评价指标构成，主要包括单篇论文的学术影响力、网络影响力、社会影响力和经济影响力指标（白如江等，2015；刘盛博等，2016；王贤文等，2015）：

(1) 学术影响力指标。涵盖：被引和下载次数，可以通过 Web of Science、Scopus 和 Google Scholar 等网络平台查看。论文下载涵盖 HTML 和 PDF 等格式的下载。

(2) 网络影响力指标。涵盖：社交媒体平台出现次数，例如，被 Facebook、Twitter、微博等平台转发、分享、评论、推荐和点赞的次数；科学网、Mendeley 和 CiteUlike 等平台上的阅读量或读者数。

(3) 社会影响力指标。例如，论文被权威媒体、新闻媒体报道的次数；论文获奖的次数；论文在国际著名学术会议上展示的次数，等等。

(4) 经济影响力指标。例如，论文在百度文库、Web of Science、Scopus 和 Google Scholar 等网络学术平台上面的价格和购买次数。

5.3.2 科技论文的综合评价指标体系

论文由很多要素构成，包含题目、作者、机构、摘要、正文、参考文献等内部知识单元，以及来源期刊、被引频次等外部信息。以上诸多要素，如合作规模（论文作者数量）、正文内容、参考文献等内部要素，以及来源期刊、被引用情况、下载次数等外部要素，都与论文质量、学术水平和影响力有着密切的联系。外部要素是指论文内容之外的信息，如刊载论文的期刊，外界对论文的认可、引用等，对于开放存取论文还包括论文下载次数、浏览次数、评论次数、打印次数等信息。实际上这些信息都是对论文质量的反映。大连理工大学科学学与科技管理研究所林德明和姜磊（2012）综合考虑论文来源期刊和被引频次等外部因素，论文作者和参考文献等内部因素、论文网络影响因素，构建了一套科技论文综合评价指标体系，如表 5-7 所示。

表 5-7 科技论文综合评价指标体系

指标类型	指标名称
外部指标	他引率
	施引文献的平均被引频次
	学科影响因子贡献率
	学科被引频次贡献率
	下载次数

续表

指标类型	指标名称
内部指标	合作规模
	参考文献数量指标
	参考文献期刊指标
	参考文献引用指标
	基金资助情况
网络指标	Nsubject 中论文的度
	Nsubject 中论文的聚类系数
	Nsubject 中论文的介数

1. 外部评价指标

论文在某一期刊发表前都要经过一个评审过程，该过程实际上是编辑与审稿人组成的同行评议过程，主要对论文的科学意义、结果的可信性、与期刊宗旨和方针的相似性以及学术水平等方面进行评议。通过评审的论文表明其能够满足期刊的办刊宗旨，达到了期刊的学术水平。也就是说，来源期刊的质量和影响力（通常用影响因子衡量）是对论文质量的前期控制。此外，被引频次是同行对科技论文的后期评估和引用，因此对论文施加引用的同行或施引文献学术质量也能够衡量论文的学术质量。无论是期刊影响因子还是论文被引频次都受到学科的科研规模、研究方式、引文特点、关注程度等差异性的影响。考虑到学科之间的差异性，作者构建了论文的学科影响因子贡献率指标和学科被引频次贡献率指标。同时构建了施引文献的质量指标。

学科影响因子贡献率指标：

令某一篇论文对所在期刊影响因子的贡献率为

$$期刊影响因子贡献率 = \frac{发表后第二年论文被引频次}{发表后第二年期刊影响因子}$$

另设期刊对学科影响因子的贡献率为

$$学科影响因子贡献率 = \frac{期刊影响因子}{学科影响因子}$$

则该论文对学科的影响因子贡献率为

$$影响因子贡献率 = \frac{发表后第二年论文被引频次}{发表后第二年期刊影响因子} \times \frac{发表后第二年期刊影响因子}{发表后第二年学科影响因子}$$
$$= \frac{发表后第二年论文被引频次}{发表后第二年学科影响因子}$$

被引频次贡献率指标：

一篇论文对所在学科被引频次的贡献率为

$$被引频次贡献率 = \frac{被引频次}{学科篇均被引频次}$$

其中，所在学科的论文可以根据期刊引证报告中的学科划分来确定，选择学科中所有期刊的所有载文，计算其被引频次平均值，可以得到学科篇均被引频次。

施引文献的质量指标：

设某一篇论文有 n 篇施引文献，则施引文献的质量指标为

$$施引文献质量指标 = \frac{施引文献篇均被引频次}{学科篇均被引频次}$$

2. 内部评价指标

论文内部因素中合作规模、基金资助、参考文献的数量质量与论文质量存在着正相关性。合作规模指标的计算公式：

$$合作规模 = \frac{合作学科数 \times 地区数 \times 作者数}{学科平均作者数}$$

基金资助一般都要经过一个同行评议过程，对研究的创新性、科学意义、可行性、预期成果进行评估，因此基金资助情况从一个侧面反映了论文的创新性与科学意义。可将基金项目分为若干等级，然后作为科技论文新颖性和应用价值的一个评价指标。

参考文献的数量和质量主要反映论文吸收外部信息的能力，"站在巨人的肩膀上"能够使研究得以更深入地发展。同时，参考文献也存在着学科的差异性，所以选取参考文献的数量、参考文献期刊影响因子平均值、参考文献篇均被引频次与学科平均值的比例作为论文评价指标。

$$参考文献数量指标 = \frac{参考文献数量}{学科平均参考文献数量}$$

$$参考文献期刊指标 = \frac{参考文献期刊影响因子平均值}{学科影响因子}$$

$$参考文献引用指标 = \frac{参考文献被引频次平均值}{学科平均被引频次}$$

由于一篇论文会参考至少 10 篇文献,因此参考文献期刊指标和引用指标的数据采集和测算过程相对复杂,实现起来较困难。

3. 网络评价指标

构建一篇论文所在学科的共被引网络 $N_{subject}$,考察该论文在 $N_{subject}$ 中的位置,能够评价其在学科中的地位与影响力。将该论文在 $N_{subject}$ 网络中的度、聚类系数和中心性作为评价指标。其中,度是指与该论文形成共被引关系的论文数,说明了论文在学科中的融合能力,度越高说明其越容易与其他论文融合。论文的聚类系数是指学科所有论文中,与该论文共被引的论文形成共被引关系的概率,显示了该论文在学科中的沟通能力。聚类系数高表明,更多的论文可以通过该论文形成共被引,并且有更多的论文聚集到该论文周围。中心性是衡量节点在网络中心位置的指标,一般分为度中心性、接近中心性、中介中心性等。其中的中介中心性(又称介数)是应用较广的中心性指标。论文的中介中心性是指网络中通过该论文最短路径的数量与网络所有最短路径数量的比值。它表明了论文的重要程度,中介中心性越高,表明它在网络中的最短路径上出现得越多,其他论文通过它建立共被引关系的可能性越大,则其他论文的交流渠道与其越密切,它在网络中的影响力和重要程度就越大,在该学科中就能起到越多的引导作用。

5.3.3 类论文金字塔式评价指标体系

中国社会科学院任全娥和郝若扬(2012)综合考虑社会评价、同行评议和文献计量因素,设计了一套反映论文复合层次关系的评价指标体系,本书融合作者的复合层次论文评价指标体系,构建了一套区分论文质量不同层次的类金字塔式评价指标体系,如图 5-6 所示。

如图 5-6 所示,论文质量的金字塔式评价指标体系涵盖最顶层的高被引论文、中层的核心论文、准高被引论文、经典论文、优秀论文和获奖论文,以及底层的普通论文(涵盖低被引论文和零被引论文)。

(1)高被引论文。通常指 ESI 高被引论文。基本科学指标数据库是由世界著名的学术信息出版机构美国科学信息研究所于 2001 年推出的衡量科学研究绩效、跟踪科学发展趋势的基本分析评价工具,是基于汤森路透 Web of Science (SCIE/SSCI) 所收录的全球 11000 多种学术期刊的 1000 多万条文献记录而建立的计量分析数据库,ESI 已成为当今世界范围内普遍用以评价高校、学术机构、国家/地区国际学术水平及影响力的重要评价指标工具之一。ESI 对全球所有高校及科研机构的 SCIE、SSCI 库中近 11 年的论文数据进行统计,按被引频次的高低确定出衡量研究绩效的阈值,分别排出居世界前 1%的研究机构、科学家、研究论文，居世界前 0.1%的热点论文。因此，ESI 高被引论文是指 ESI 数据库中近 11 年期间不同学科领域中被引频次排名位于全球前 1%的论文。

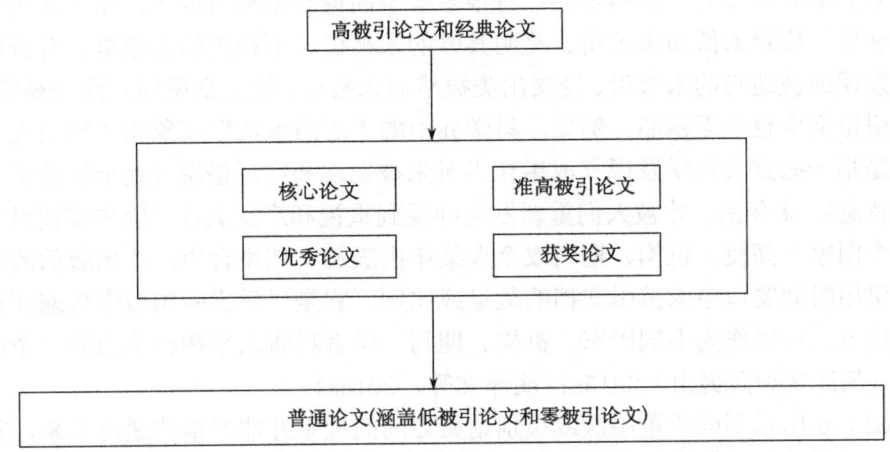

图 5-6　金字塔式评价指标体系

(2) 核心论文。是指进入某一学科核心区的论文，即被这一学科的来源文献引用次数较多的论文。根据二八定律，学科核心区论文为学科所有论文按被引次数降序排列后，排名前 20%的论文。但在金字塔式评价指标体系中，为避免重复，核心论文定义为：学科所有论文按被引次数降序排列后，排名处于 1%~20%的论文。

(3) 准高被引论文。准高被引论文应比高被引论文被引频次低，但仍属于核心论文范畴。因此，准高被引论文定义为：学科所有论文按被引次数降序排列后，排名处于 1%~10%的论文。

(4) 经典论文。也称奠基性文献，是指既是领域高被引论文，同时也是所有领域的高被引论文。经典论文，不仅应该在本学科内具有很强的影响力，而且还对其他学科论文产生了广泛的影响。

(5) 优秀论文。是指不但在文献被引方面表现突出，而且发表在优质期刊上，在全文转载或二次文献传播中影响深远，如《新华文摘》《中国社会科学文摘》《人大复印资料》等。

获奖论文是指由学术委员会和评奖委员会综合考虑各种因素，并充分讨论后，从优秀论文中评选出的高质量论文。

普通论文。指获取引用较少且未被社会广泛认可的论文，如领域被引频次排序后 80%的论文、零被引论文 (Hu and Wu, 2014；胡泽文和武夷山，2015b；胡泽文等，2016b；Hu and Wu, 2018)、低被引论文等。

零被引论文是指一些论文在发表后的引用时间窗口中未被发现、引用和广泛借鉴（处于零被引状态），是引用分布曲线上那个代表"暂时无人关注论文"(misses) 的长尾部分。在科学界，有很多类型的论文零被引现象，如论文太平凡而未被引、质量太低而未被引、莫明其妙的未被引、不相关的未被引、有价值但未被发现或被遗忘的未被引、论文出类拔萃而未被引、论文众所周知而未被引等。零被引论文中也不乏精品。例如，科学界中的"迟滞承认"现象和"睡美人"现象就是指一些重大科学发现和成果在当时未被发现和广泛借鉴（处于低被引或零被引状态），多年后，才被人们重新发现并受到重视和广泛关注。论文零被引率是指一个国家、高校、机构、期刊或个人某年出版的文档集合中，在出版后的某个特定引用时间窗口中未被引文档的数量或比例。它是科学出版领域中普遍存在的一种现象，可以作为不同国家、机构、期刊、学者科研水平和影响力的一个评估指标（胡泽文和武夷山，2015a；胡泽文等，2016a）。

图 5-6 所示不同质量层次或级别论文之间的关系并非严格的递进关系，其概念内涵存在着部分重复与交叉。核心论文、高被引论文与经典论文三者都是从论文的被引情况评价其学术影响。优秀论文在被引的基础上增加了发表期刊与转载情况，属于综合性客观指标评价。获奖论文的评选涉及的因素最为复杂，不仅有论文质量因素，还会有利益平衡因素，评价结果在很大程度上受到评价目标与评价主体的影响。因此，获奖论文必须是优秀论文，可以平衡评价主体利益关系对论文评价结果的影响，限制获奖论文评选中的人为干扰因素。

5.4 专利评估指标体系

本节首先简要综述了国内外专利评估的研究现状，然后选择国内五类具有代表性的专利评估指标体系，分别为：专利综合评估指标体系、专利价值评估指标体系、专利质量评估指标体系、专利计量评估指标体系和专利潜力评估指标体系，以及世界经济合作与发展组织（Organization for Economic Co-operation and Development，OECD）创立的专利质量评估指标，详细描述了每类指标体系中各指标的名称、概念及计算方法，同时分析了各指标的特色之处。

专利是对技术发明给予法律保护的一种制度，专利权与商标权、工业品外观设计等一同构成工业产权，工业产权又与版权一同构成知识产权。专利文献是实行专利制度的国家及国际性专利组织在审批专利过程中产生的官方文件及其出版物的总称。专利文献有狭义和广义之分。狭义的专利文献是指专利说明书、权利要求书、说明书附图、说明书摘要等；广义的专利文献还包括各种专利申请文件、专利公报、专利分类表、专利索引、专利题录、专利文摘、专利证书等。专利文献在传递科技信息和经济信息方面发挥着极为重要的作用。据统计专利文献只占文献的 10%左右，却能提供 40%左右的新产品信息量。全世界新技术的 90%～95%是通过专利文献公之于世的。在专利文献数字化及其服务方面，影响最大的是 Derwent 公司，其网站 URL 为 http://www.derwent.com，实行收费服务。网上免费专利数字资源主要有：

USTPO 美国专利数据库 (http://www.uspto.gov/patft/index.html)
世界知识产权组织网站专利数据库 (http://ipdl.wipo.int)
欧洲专利局网上专利数据库 (http://ep.espacenet.com)
中国知识产权局专利检索系统 (http://www.sipo.gov.cn/zljs/)
加拿大知识产权局网上数据库 (http://patents1.ic.gc.ca/intro-e.html)
日本专利局网站专利数据库 (http://www.ipdl.inpit.go.jp/homepg_e.ipdl) 等

知识经济时代，以创新为驱动的企业经济活动越来越重视专利的产出，与高校联合的产学研合作模式也产出大量专利技术。同时，与之前大量学术成果被"束之高阁"相比，当今的技术创新主体对专利的商业性和经济价值更为看重，以专利奖、科技发明奖等为基础的专利评价活动日趋盛行。专利评估是指评估组织根据特定目的，遵循预先经过科学论证的评估标准 (或称评估指标体系) 和评估方法 (包括同行评议、文献计量或两者相结合的评估方法)，对专利进行价值和实用性评估，以便相关组织对专利进行合理的奖励。

国外对专利评价指标的研究主要以专利量化指标研究为主，以专利引用其他专利信息，以及专利引用非专利文献为维度展开。专利量化指标计算通常以专利资料库作为数据来源，著名的专利资料库，如美国专利商标局专利检索资料库 (USPTO)、欧洲专利局 (EPO) 或日本专利局 (JPO) 等。由于中国专利没有参考文献，无法形成专利的引用关系数据，因此中国知识产权局专利库尚未成为专利指标测度的主要数据来源。专利量化指标主要集中于三大类——专利数量、专利对其他专利信息的引用，以及专利对非专利文献的引用，其中成立于 1968 年的世界著名知识资产分析公司 CHI Research 创立的一系列专利分析指标较具代表性。CHI Research 创立的专利评估指标主要分为专利数量指标、专利质量指标、专利特性指标及专利综合评估指标。此后，世界经济合作与发展组织创立了大量专利质量和技术经济价值方面的评估指标，如三方同族专利 (triadic patent families)、专利范围 (patent scope)、专利家族规模 (patent family size)、专利授权迟延时间 (grant lag)、后向引证数量或回顾性引用 (backward citations)、引用非专利文献数量 (citations to non-patent literature，npl)、权利要求 (claims)、前向引证数量或前瞻性引用 (forward citations)、突破性发明 (breakthrough in ventions)、专利普遍性 (generality index)、专利原创性

(originality index)、专利持续性（patent renewal）等（Squicciarini et al., 2013; Triadic patent families,2017; Indicators of Patent Value, 2017)。

国内专利评价指标研究大多因循了国外研究者的思路和脉络，对国外专利评价指标进行梳理和分类，构建评价指标体系，并根据具体的现实情况进行相应的调整和优化。例如，在对专利实力的监测中，国家知识产权局知识产权发展研究中心从专利的创造、运用、保护、管理及服务 5 个方面设计了一级指标和 34 个二级指标对全国各地区的专利实力进行了测量和分析。具体指标包括专利创造的数量、结构、质量、效率，专利运用的效益，以及专利质押、许可、转让、产业化等运用方式的发展程度，专利行政保护的条款建设、案件调处、执法协作、展会执法、维权援助和专利司法保护情况，专利行政管理能力建设及企业专利管理水平，专利服务业发展状况及公共服务能力等。中国知识产权指数课题组发布的《中国知识产权指数报告 2012》建立了一套专利评估指标体系，包含 4 个一级指标，即知识产权产出水平、知识产权流动水平、知识产权综合绩效、知识产权创造潜力，17 个二级指标、64 个三级指标及 115 个四级指标。中科院上海有机化学研究所的赵英莉以专利申请量为依据，利用模糊数学的方法评价出我国专利技术最活跃的技术领域，并选取中国发明专利申请受理量和发明专利申请年均增长率作为综合评价指标，评价出我国专利技术发展速度最快的技术行业（何燕玲等，2014）。

5.4.1 专利综合评价指标体系

国家知识产权局黄庆等（2004）坚持客观性、科学性、实用性和指导性的设计原则，根据专利从提出申请到权利终止所处的不同阶段和作用，将专利综合评价指标体系分为三类，即数量类、质量类和价值类指标。表 5-8 展示的是专利综合评价指标体系的类别、具体指标名称及指标描述。

表 5-8 专利综合评估指标体系

类别	具体指标名称	指标描述
数量类 a	发明专利申请量 A_p	以相同年为单位统计的发明专利申请量
质量类 b	发明专利授权量 B_p	以相同年为单位统计的发明专利授权量
	发明专利授权率 $\alpha_p = \dfrac{B_p}{A_p}$	以相同年为单位统计的发明专利授权率

续表

类别	具体指标名称	指标描述
价值类 c	发明专利自实施量 E_p	以相同年为单位统计的授权发明专利的自实施量
	发明专利自实施率 $\beta_p = \dfrac{E_p}{B_p}$	以相同年为单位统计的授权发明专利的自实施量占发明专利授权量的比率
	发明专利许可实施量 F_p	以相同年为单位统计的授权发明专利的许可实施量
	发明专利许可实施率 $\gamma_p = \dfrac{F_p}{B_p}$	以相同年为单位统计的授权发明专利的许可实施量占发明专利授权量的比率
广义技术实施类 c1	发明专利权转移量 T_p	以相同年为单位统计的发明专利权转移量
	发明专利权转移率 $\delta_p = \dfrac{T_p}{B_p}$	以相同年为单位统计的发明专利权转移量占发明专利授权量的比率
	发明专利权质押量 H_p	以相同年为单位统计的发明专利权质押量
	发明专利权质押率 $\psi_p = \dfrac{H_p}{B_p}$	以相同年为单位统计的发明专利权质押量占发明专利授权量的比率
	发明专利无效请求量 R_p	以相同年为单位统计的发明专利无效请求量
	发明专利无效请求率 $\varepsilon_p = \dfrac{R_p}{B_p}$	以相同年为单位统计的发明专利无效请求量占发明专利授权量的比率
周期类 c2	第 n 年存活量 S_p	相同年提出的发明专利申请最终获得授权后,以自申请日起第 n 年为单位统计的有效发明专利量
	第 n 年存活率 $\zeta_p = \dfrac{S_p}{B_p}$	相同年提出的发明专利申请最终获得授权后,以自申请日起第 n 年为单位统计的有效发明专利量占发明专利授权量的比率
	发明专利平均寿命 L_p	相同年提出发明专利申请并最终获得授权的发明专利自申请日起平均存活的年数
对外申请类 c3	发明专利对外申请量 AO_p	以相同年为单位统计的我国申请人向国外提出的发明专利申请的数量
	对外申请率 $\eta_p = \dfrac{AO_p}{A_p}$	以相同年为单位统计的我国申请人向国外提出的发明专利申请的数量占国内发明专利申请量的比率

专利综合评价值 $V_p = V_{ap} \times W_{ap} + V_{bp} \times W_{bp} + V_{cp} \times W_{cp}$

其中 V_{ap}、V_{bp} 和 V_{cp} 为数量类、质量类和价值类中各指标值和指标对应权重相乘后的和,而 W_{ap}、W_{bp} 和 W_{cp} 分别为数量类、质量类和价值类指标的类别权重在该指标体系中，数量类指标反映了专利申请的意识和对专利的关注程度，主要用专利申请量来表征。质量类指标反映了专利的技术创新程度和内容质量，主要用专利的授权情况来表征。价值类指标反映了专利在经济和贸易活动中的作用，分成3小类，即广义技术实施类、技术周期类和对外申请专利类，它们分别从无形资产的使用和处置、无形资产拥有时间的长短和我国申请人向外国申请专利的情况等方面表征了专利的价值。

该指标体系中各项指标的权重均由专家小组打分法确定。将得出的专利综合评价值除以研发资金，进一步得出专利产出和专利投入比，该比例表征发明专利研发资金的使用效率。同时，专利综合评价值也可以除以国内生产总值，该比值可以用来表征发明专利对经济的贡献情况。

5.4.2 专利价值评价指标体系

华中科技大学管理学院知识产权系万小丽和朱雪忠（2008）基于专利价值的时效性、不确定性和模糊性，建立了一套专利价值评估指标体系，先用层次分析法计算指标的权重，再用模糊综合评价法得出专利的现时货币价值量，以期为企业专利价值评估提供一种新思路。表5-9是作者提出的专利价值评估指标体系。

表5-9 专利价值评估指标体系

一级指标	二级指标	指标含义
技术指标 U_1	创新度 U_{11}	专利技术对所属技术领域的技术贡献
	技术含量 U_{12}	专利技术复杂、技术含量高，越是尖端技术，价值越高
	成熟度 U_{13}	技术所处阶段（成熟程度）不同，对技术受让方开发周期、开发投资、开发风险影响很大，也直接关系到开发技术的效益
	技术应用范围 U_{14}	专利技术可以应用于什么行业，什么产品
	可替代程度 U_{15}	专利技术被其他技术替代的程度越低，竞争性越强，价值越高
市场价值 U_2	市场化能力 U_{21}	专利技术转化为商品、形成产业、在市场中运营的能力
	市场需求度 U_{22}	市场对专利技术及产品的需求量，或者市场容量
	市场垄断程度 U_{23}	专利产品的市场占有率越高，企业获利越多，技术的价值越高
	市场竞争能力 U_{24}	专利产品与同类产品的竞争能力，竞争能力越强，价值越大
	利润分成率 U_{25}	专利技术物化在产品中，给产品带来的附加值占产品利润的比率
	剩余经济寿命 U_{26}	专利技术具有市场价值和获利能力的剩余期限

续表

一级指标	二级指标	指标含义
权利价值 U_3	专利独立性 U_{31}	该专利的实施是否依赖于其他专利
	专利保护范围 U_{32}	权利要求书所确定的保护范围
	许可实施状况 U_{33}	许可证发放的越多,说明技术越成熟,转化能力越强,市场需求量越大,专利的总价值就越大
	专利族规模 U_{34}	专利族是指具有共同优先权,在不同国家或国际专利组织申请、公布或批准的内容相同或基本相同的一组专利文献。专利族的规模越大,涵盖的地域越广,市场占有能力越强,存活时间越长,价值越大
	剩余有效期 U_{35}	受法律保护的剩余期限
	法律地位稳固程度 U_{36}	专利是否有诉讼历史,是否经历过无效宣告程序

该指标体系分为三类:技术指标、市场指标和权利指标。其中,技术价值是指专利技术本身的性能带来的价值。市场价值是指专利技术在商品化、产业化、市场化过程中带来的预期利益。权利价值是指因法律赋予权利人专有权而产生的价值。尽管作者提出的指标体系较全面,涵盖专利价值的不同方面,但不足的是,这些指标偏定性,量化和数据获取的难度较高。

5.4.3 专利质量评价指标体系

中国科学院国家科学图书馆马廷灿等 (2012) 通过对国内外专利质量评价相关研究的系统调研和梳理,提出一套专利质量评价指标体系,并用于当前战略材料技术领域——稀土永磁领域专利质量的评估实践。研究结果表明,综合利用专利数量指标和质量评价指标,有助于对竞争区域、竞争机构等进行更加全面和科学的评估,有效遴选出重点机构和重点专利,从而提升专利统计分析结果的深度和价值。表 5-10 是专利质量评估指标体系。

表 5-10 专利质量评估指标体系

一级指标	二级指标	指标描述
基于被引的专利质量评价指标	被引次数	专利被引用次数
	总被引次数	某机构自创建以来所申请的全部专利在统计当年被引用的总次数
	被引率	某机构前 5 年申请专利在统计当年被引专利数量除以该机构前 5 年申请专利数量

续表

一级指标	二级指标	指标描述
基于被引的专利质量评价指标	平均被引次数	企业某年度所有专利被后续专利引用的总次数/上企业某年度专利总数
	H 指数	企业至多有 H 个专利分别被引用了至少 H 次。企业 H 指数为 30，表示企业已授权的专利中，每项被引用了至少 30 次的专利总共有 30 项
	即时影响指数（current impact index，CII）	某一公司（当然也可以是某一区域或个人等）前 5 年的所有授权专利在当年的平均被引次数除以该数据库中前 5 年的所有授权专利在当年的平均被引次数
基于引用的专利质量评估指标	参考文献数量	专利参考文献数量
	科学关联度	一个企业（当然也可以拓展到一个区域或个人等）的专利引用科学论文的平均数量
	科学强度	专利数量与科学关联度的乘积
	技术循环周期	一个企业（当然也可以拓展到一个区域或个人等）拥有的专利引用的所有专利年龄的时间中位数
基于技术保护范围的专利质量评价指标	权利要求数量	专利中权利要求的数量
	平均权利要求数量	企业某年度所有专利权利要求的总数量/企业某年度专利总数
	$H_{权利要求数量}$	权利要求数量的 H 指数
	专利宽度	一件专利覆盖的技术范围
	平均专利宽度	企业某年度专利覆盖的总技术范围除以企业某年度专利总数
	$H_{专利宽度}$	专利宽度 H 指数
基于区域保护范围的专利质量评价指标	专利族大小	至少有一个相同优先权、在不同国家或国际专利组织多次申请、多次公布或批准的内容相同或基本相同的一组专利文献的成员数量
	平均专利族大小	企业某年度总专利组大小比上企业某年度专利总数
	$H_{专利族大小}$	专利族大小 H 指数
	保护区域数量	申请保护的区域数量
	平均保护区域数量	企业某年度申请保护的区域总数比上企业某年度专利总数
	$H_{保护区域数量}$	保护区域数量 H 指数
	是否申请了美国专利	是否向美国专利商标局申请专利

续表

一级指标	二级指标	指标描述
基于区域保护范围的专利质量评价指标	美国专利数量	申请了美国专利的专利数量
	是否为三方专利	是否向美国专利商标局、欧洲专利局和日本专利局三方提交申请
	三方专利数量	一个机构或区域的三方专利数量
	是否为PCT申请	是否申请《专利合作条约》
	PCT申请数量	申请了PCT的专利数量
基于有效维持的专利质量评价指标	是否授权	专利是否被授权
	授权专利数量	被授权专利的数量
	专利授权率	授权的专利数量除以专利申请总量
	是否有效	专利是否有效
	有效专利数量	处于有效状态的专利数量
	专利有效率	所有授权专利中，仍处于有效状态的专利比例
	专利寿命	专利有效时间
	平均专利寿命	企业某年度所有专利总寿命比企业某年度专利总数
	$H_{专利寿命}$	专利寿命H指数

从表中可以看出，该指标体系主要有5个部分：

(1) 基于被引的专利质量评价指标。在该类指标中，最基本的指标就是专利被引次数。一般认为，一件专利被引次数越多，表明该专利对后续发明创造的影响越大，专利蕴含的知识越多，潜在的市场价值越高，通常被视为某一技术领域的核心专利。

(2) 基于引用的专利质量评估指标。该类指标主要是基于被评价专利所引用的文献，即参考了哪些科技文献，主要反映该专利技术与最新科技发展研究的关联程度，这类指标比较新颖，在实际专利统计分析中应用也相对较少。

(3) 基于技术保护范围的专利质量评价指标。这类指标主要是基于专利技术内容本身，体现在发明人或专利权人对其专利技术或发明创造是否进行了尽可能宽泛的保护，从本质上来说是最能够直接反映专利质量的一类指标。

(4) 基于区域保护范围的专利质量评价指标。该类指标主要是通过考量专利权人对其专利在全球多少区域内申请了法律保护来评价其专利的质量。

(5) 基于有效维持的专利质量评价指标。一般来说，专利的维持年限越长，表明专利权人对其重视度越高，可以认为其专利质量相对较高。

5.4.4 专利计量评价指标体系

大连理工大学 21 世纪发展研究中心高继平和丁堃（2011）分析了当前国内外主要的专利计量指标，发现：专利指标主要从量、率和质的角度，体现宏观技术领域、中观具体企业和微观专利文献方面的差异。因此，作者将当前主要的专利计量指标划分为宏观、中观和微观三个层次，并就其计算方法和表征意义进行详细介绍。表 5-11、表 5-12 和表 5-13 分别表示宏观计量指标、中观计量指标和微观计量指标。

表 5-11　宏观计量指标

指标	计算方法	表征的意义
历年专利授权量	该技术产业每年授权的专利数量	该技术产业的发明活动情况
技术集中度	该技术产业专利集合中专利数量分布状况	该技术产业的子技术领域分布情况
技术生长率 V	$V=a/A$，其中 a 表示当年发明专利申请量，而 A 为追溯 5 年的发明专利申请累计数	通过连续计算数年，若 V 在递增，则表明该技术正在萌芽或处于生长阶段
技术成熟系数 α	$\alpha = a/(a+b)$。a 为当年发明专利申请量；b 为当年实用新型专利申请量	通过连续计算数年，若 α 在递减，则说明该行业的技术正在日趋成熟
技术衰老系数 β	$\beta = \dfrac{a+b}{a+b+c}$，$a$ 为当年发明专利申请量；b 为当年实用新型专利申请量；c 为当年外观设计获商标申请数	通过连续计算数年，若 β 在递增，则预示该行业的技术正日趋陈旧
技术强度 TS	TS=当年专利数×即时影响指数	通过专利质量指标（即时影响指数）和专利数量指标（专利数）来反映技术创新的程度
美国授权专利量	该技术产业在美国所授权的专利总量	高技术含量的专利数量
三方专利量	在北美、欧洲和日本三方中任何两方以上都申请的专利数量	高技术含量的专利数量
PCT 申请数	国际申请专利数量	PCT 国际申请在一定程度上反映了申请专利所含技术的重要性和申请人所占国际市场的迫切愿望，可以在一定程度上衡量专利质量

上述 9 个指标，历年专利授权量和技术集中度具有普适意义，可以运用到任何技术领域的分析；技术生长率、技术成熟系数和技术衰老系数，则充分反映了

发明、实用新型和外观设计这三类专利间的创新水平差异，这样的指标具有领域依存性，不同行业间的差异比较大；技术强度指标则是取两个指标"专利数"和"即时影响指数"的长处，形成的一个新的指标，在彰显技术领域的技术创新水平方面有较好的应用。至于美国授权专利量、三方专利量和 PCT 申请数，一方面充分考虑了不同国家专利局在权威性方面的差异；另一方面又杜绝了"本土优势"的影响，在显示各技术领域不同国家间的技术实力差异方面，具有更好的效果。

表 5-12 中观计量指标

指标	计算方法	表征的意义
专利授权率 R_n	$R_n = \dfrac{P_1}{P_a}$（n 表示时间；P_1 表示截止时间 n,所授权的专利数量；P_a 表示时间 n 之前所申请的专利数量总和）	反映企业的发明活动水平和创新能力
专利增长率 R	$R = \dfrac{P_a(n) - P_a(n-1)}{P_a(n-1)}$（$P_a(n)$ 表示第 n 年的专利申请数量）	企业技术创新能力的变化程度
即时影响指数	CII = $\dfrac{\text{该企业统计年前5年期间的专利在统计年被引用的均值}}{\text{所有专利被引用的均值}}$	企业的技术实力及其技术领先程度
技术力量	某企业的专利量 × CII	企业的技术创新质量状况
相对研发能力	专利量 × 1 + 专利被引用次数 × 1.2 + 专利自我引用次数 × 0.8	企业间的相对研究水平
企业研发重点 SK	$SK = \dfrac{P_a(K)}{P_a}$（P_a 如上；K 表示技术领域）	衡量特定技术 K 在该企业的重要性
企业活性因子	$IA_{(x,c)} = \dfrac{f(x,c)}{\sum_x f(x,c)}$，其中 x 为具体企业；c 为某一专利分类；$f(x,c)$ 为该企业在某一专利分类中的专利数；$\sum_x f(x,c)$ 为该专利分类中总的专利数	强调企业在某些专利分类中的优劣势
技术独立性	$\dfrac{\text{企业专利自引次数}}{\text{企业专利总被引次数}}$	反映企业的研发自主性水平
专利效率	一定的研发经费支出所创造的专利数量	评估企业在特定时间内专利数量产出的科研能力和成本效率
专利实施率	$\dfrac{\text{企业专利实施量}}{\text{企业专利总量}}$	反映企业技术研发的有效程度

续表

指标	计算方法	表征的意义
技术影响力指标 (TII)	$\dfrac{\text{某年专利位居被引用次数前10%的最具影响力专利件数 / 当年专利量}}{\text{所有专利位居最具影响力的专利件数 / 企业所有专利量}}$	比当前影响指数更能体现一个企业的技术领先程度
平均专利被引用次数	$\dfrac{\text{企业某年度所有专利被后续专利引用的总次数}}{\text{企业某年度所有专利数量}}$	从整体出发评估一个企业某年所发表专利的重要性和受到关注的程度
相对专利被引证率	$\dfrac{\text{企业专利被引用率}}{\text{样本企业专利被引用率}}$	相对于样本企业而言,被分析企业的技术水平
引用频率 (CF)	$CF = \dfrac{\text{企业在}Z\text{技术领域授权专利被引用的总量 / 企业在}Z\text{技术领域专利授权量}}{\text{在}Z\text{技术领域授权专利被引用的总量 / }Z\text{技术领域专利授权量}}$	企业专利申请的技术水平和经济价值
科学关联度	引用科学文献的平均数量	反映企业所涉及的技术领域与科学的联系程度
科学强度	专利数量×科学关联度	一般,科学强度越大,该企业的技术水平越前沿
发明专利率	$\dfrac{\text{企业发明专利量}}{\text{企业所有专利数量}}$	衡量企业的技术发展阶段
专利第 n 年的存活量和存活率	$\dfrac{\text{自申请日起第}n\text{年为单位统计的有效专利量}}{\text{企业的专利授权量}}$	和专利实施率一样,体现企业的研发绩效
专利平均寿命	$\dfrac{\sum_{i=1}^{n} T_i}{n}$ (n 表示授权专利数;T_i 表示授权专利 i 自申请日起的存活年数)	衡量企业整体的研发能力
H 指数	对某企业的专利组合而言,如果有 h 项专利被后来专利至少引用 h 次,则该企业的 H 指数为 h	间接量化企业的技术水平

　　中观层次的计量指标,从专利类型、专利量变、与科学的联系、专利引用、专利被引等多个角度,衡量了企业的科研能力、技术水平、创新程度等,从而更客观地反映了该企业在特定技术领域所处的地位。就具体企业而言,专利授权率、专利增长率、技术力量、企业研发重点、企业活性因子、技术独立性、专利效率等指标所涉及的专利数据,一方面容易获得,另一方面计算方法也易于实现。而相对研发能力、相对专利被引证率、引用频率、科学关联度、H 指数等指标,就

需要借助权威的专利数据库,通过计算竞争企业的对应指标值,在比较的基础上,发掘自身企业的技术优势与劣势,以便为企业制定"跟随型企业战略""防守型企业战略"等提供参考。

表 5-13 微观计量指标

指标	计算方法	表征的意义
科学关联性	专利所引用科学文献的数量	衡量的是专利技术和基础科学研究的关系或影响强弱;若引用科学文献多,则表示该专利属于基础专利,有较高的商业经济价值
技术覆盖范围	专利文件中国际专利分类号的数量	Lerner 以生物技术领域为例,证明了专利被引用次数与其分类号的数量高度正相关
权利要求数	专利权利要求项的总和	有价值的专利表现为专利权要求的数量多而且技术覆盖范围广,遭遇侵权和诉讼的频率也较高
前向引文量	该专利被后期专利引用的次数	衡量该专利对后来技术发展的影响程度
后向引文量	专利申请书前页中引用前人专利文献的数量	反映该专利技术的科学、技术基础
专利名称和摘要		通过对比专利名称和摘要所反映的信息内容,可分析专利申请的技术水平高低
同族专利数量	专利申请书前页中相关专利文献数量	一般衡量发明创造的市场价值和其专利质量
专利申请和授权时间间隔	专利授权日期和申请日期的时差	一般而言,进行专利申请的技术水平越高,审查的时间越长,二者之间的时间间隔就越长
发明人数		较客观地反映了技术发明的复杂程度和创新水平
第一次被其他企业所引用的时间		反映该专利的技术壁垒性

微观层次的专利计量指标,充分结合专利说明书中的主要特征项(分类代码、引文类型、权利要求项、同族专利、申请时间、授权时间、发明人等)间的不同含义及其表征意义,通过分析不同专利间特征项间的差异,辨识专利的质量和创新水平。其中,科学关联性、前向引文量、后向引文量、第一次被其他企业所引用的时间等与专利引文相关的指标,在表征具体专利文献的质量、创新水平方面,具有广泛的应用;技术覆盖范围、权利要求数、同族专利数量和发明人数这四个指标,对于无引文的专利文献而言,是很好的选择。至于指标"专利名称和摘要",在判断专利文献的技术水平、经济价值方面,是比较有效的指标,不过,对该指标的分析要求领域内的专家参与。

5.4.5 专利潜力评价指标体系

专利产业化的影响因素众多，有时产业化潜力是由市场因素决定的，而不单纯由技术本身决定。中国科学院成都文献情报中心朱月仙等（2015）基于专利的内生价值，从专利本身的可转化潜力角度构建了专利潜力评价指标体系，如表 5-14 所示。

表 5-14 专利潜力评价指标体系

维度	评价指标	指标描述
技术	相对被引次数	相对某个专利的被引用次数
	非专利参考文献数量	用一项专利引用的非专利参考文献数量来评估某专利技术创新和科学研究的关系
	国际专利分类（international patent classification, IPC）分类号个数（前 4 位）	用一项专利的 IPC 分类号个数表征专利所涉及的技术领域范围
法律	权利要求数量	权利要求的数量越多，表明对技术的保护越全面，权利越稳定，保护范围也越大
	独立权利要求字数	从专利的保护范围来看，独立权利要求的技术特征越少，专利的保护范围越大，而独立权利要求字数越少，可能意味着技术特征更少
	专利年龄	专利年龄越大，价值越高
市场	专利族大小	用于表征专利保护的地域范围
	授权后第 8 年是否维持	专利被授权 8 年后是否维持

从上表可以看出，朱月仙等根据当前国内外学者对专利产业化潜力的研究，结合专利内生特点，遴选了一系列专利产业化潜力评价指标，并通过实证研究确定了一部分可用于评价专利产业化潜力的指标，包括相对被引次数、非专利参考文献数量、IPC 分类号个数、权利要求数量、专利族大小、专利年龄、授权后第 8 年是否维持等。

5.4.6 OECD 的专利指标

OECD 创立了大量专利质量和技术经济价值方面的评估指标（Squicciarini, Dernis and Criscuolo, 2013）。OECD 的专利质量评估指标的内涵和数据示例如下。

1. 专利范围

专利范围（patent scope）就是国际专利分类代码中，专利文档中所列的专利不同子分类代码（4 位数）的数量。专利范围展示了发明的技术与经济价值，涵盖范围较广的专利具有更高的价值，能够用于培育基础性发明的早期公开。图 5-7 展示了 2007 年全球专利范围指标平均值 TOP10 的技术领域。该指标数据是 OECD 2011 年基于 EPO 欧洲专利局开发的全球专利统计数据库（Worldwide Patent Statistical Database，PATSTAT）统计所得（Source: OECD, calculations based on PATSTAT, EPO, April 2011）。后续的各指标值也是基于该数据库统计所得。

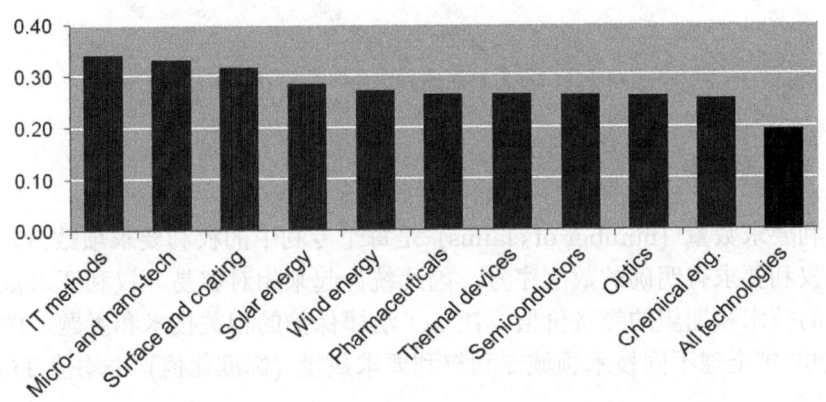

图 5-7　2007 年全球专利范围指标平均值 TOP10 的技术领域

图 5-7 显示，2007 年，IT 方法（IT methods）、微技术和纳米技术（micro- and nano-tech）、表面涂层喷涂技术（surface and coating）领域的专利范围指标平均值位居前三。其他七个技术领域专利范围指标平均值类似。

2. 专利家族规模

专利家族规模（patent family size）是指保护一个专利的专利局数量，由于每个专利局申请和批准专利的法律程序存在差异，因此专利家族相关的指标可能存在及时性问题。该指标可以通过同领域最大专利家族进行标准化处理。专利家族规模与专利的经济价值相关，一些学者已经验证大的国际专利家族产生了非常高的价值（Harhoff et al., 2003）。图 5-8 展示了 2004 年全球专利家族规模平均值 TOP10 的技术领域。

图 5-8 显示，2004 年全球专利家族规模平均值最高的技术领域是微技术和纳米技术（micro- and nano-tech），其次是风能领域（wind energy）。而其他八个技术领域的专利家族规模平均值类似。

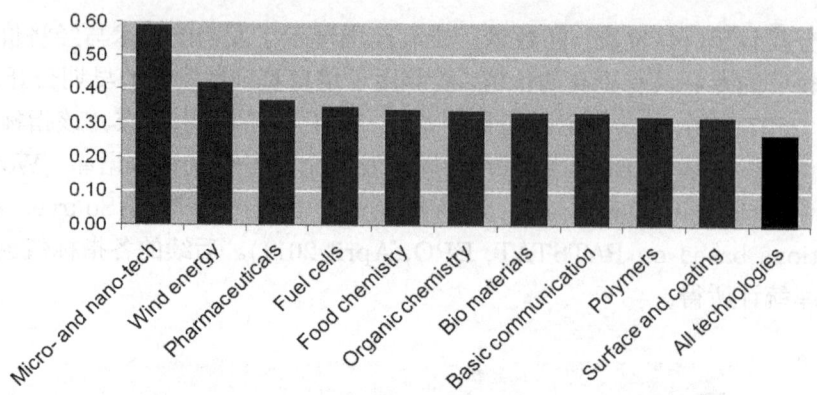

图 5-8 2004 年全球专利家族规模平均值 TOP10 的技术领域

3. 权利要求数量

权利要求数量（number of claims）是每个专利中的权利要求项数量，由于专利中的权利要求有明确的数字序号，因此统计起来相对容易。权利要求数量反映了发明的技术和期望的经济价值，决定了法律保护的相关技术和主题。图 5-9 展示了 2007 年全球不同技术领域专利权利要求数量（标准化值）平均值 TOP10 的技术领域。

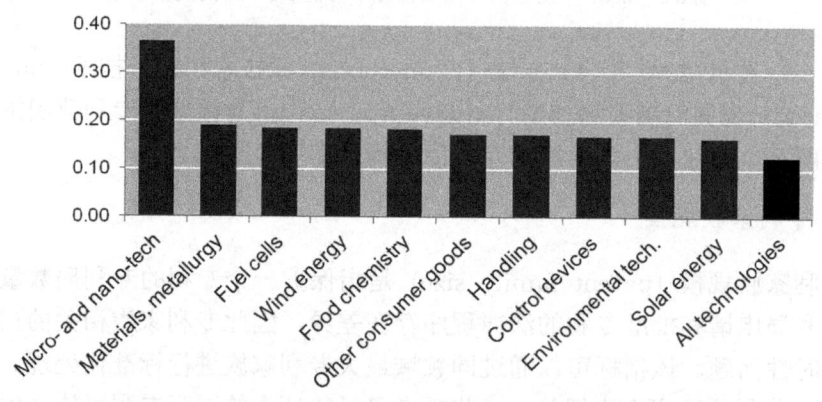

图 5-9 2007 年全球专利权利要求数量平均值 TOP10 的技术领域

图 5-9 显示，2007 年全球专利权利要求数量平均值最高的技术领域是微技术和纳米技术，而其他九个技术领域的专利要求数量平均值类似。

4. 后向引用

后向引用（backward citations）是指一个专利文档引用或参考的专利数量，

包含参考的自己专利（自引）。该指标可以用于评估发明的专利属性，与专利价值呈正相关（Harhoff et al., 2003），能够预示改进的发明。目前这个指标主要用于评估国际专利。国内专利没有参考文献列表，因此尚无法评估国内专利。图 5-10 展示了 2007 年全球不同技术领域专利后向引用（标准化值）平均值 TOP10 的技术领域。

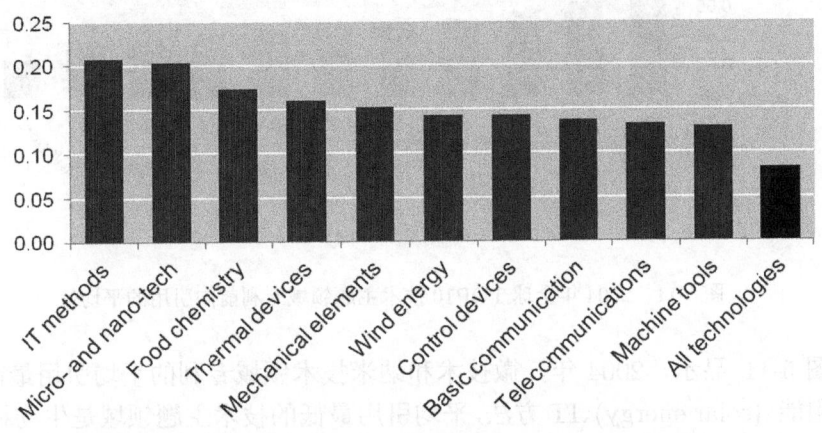

图 5-10　2007 年全球专利后向引用平均值 TOP10 的技术领域

图 5-10 显示，2007 年，IT 方法、微技术和纳米技术领域的专利后向引用平均值类似，位居 TOP2。其他八个技术领域专利后向引用平均值类似。

5. 非专利文献的参考

非专利文献的参考（references to non-patent literature，NPL）是后向引用的一部分，是指一个专利文档引用或参考的文献中，非专利文献的数量。能够反映专利与科学知识的紧密程度。拥有非专利文献的专利包含更复杂和基础性的知识，具有显著高的质量（Branstetter, 2005）。

6. 前向引用

前向引用（forward citations）指标通常被定义为一件专利在其授权后的五年引用窗口中，被该授权年之后其他授权专利引用的次数，包含自引，即被自己专利引用的次数。该指标能够反映专利后面发展的技术重要性，其中自引可能暗示专利技术的延续性和继承性，比外部引用更重要。图 5-11 展示了 2004 年全球 TOP10 技术主题领域专利前向引用的平均值。该指标数据是 OECD 2011 年基于 EPO 欧洲专利局开发的全球专利统计数据库（Worldwide Patent Statistical

Database，PATSTAT）统计所得（来源：OECD, calculations based on PATSTAT, EPO, April 2011)。

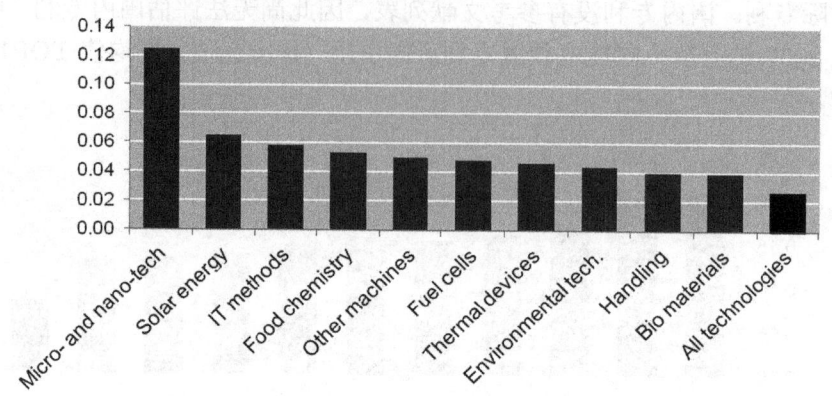

图 5-11　2004 年全球 TOP10 技术主题领域专利前向引用的平均值

图 5-11 显示，2004 年，微技术和纳米技术领域专利的平均引用最高，其次是太阳能（solar energy）、IT 方法，平均引用最低的技术主题领域是生物材料（bio materials）。

7. 突破性发明

突破性发明（breakthrough inventions）被定义为每年各技术领域被引数量 Top1%的专利，引用时间窗口为专利统计年（或授权年）后的 5 年。突破性发明指标预示未来技术发展的基础性和奠基性专利，预示专利具有非常高的技术和经济价值，突破性发明与企业战略相关，出现突破性发明的城市和技术领域，专利数量增长也较快。

图 5-12 展示了 2004 年全球突破性发明数量（标准化后的值）Top10 的技术领域。

图 5-12 显示，2004 年，全球突破性发明数量最高的技术领域是风能和太阳能。其次是燃料电池（fuel cells）及微技术和纳米技术。

8. 专利辐射度指数

专利辐射度指数（radicalness）被定义为一件专利 P 参考或引用的所有专利 j 所涉及的国际 IPC 专利分类码的加权分值计数值（weighted fractional count，WFC）的总和。一件有辐射度的专利是新颖的、独特的，对未来技术有影响的。企业专利的辐射度指数与企业结构有关。

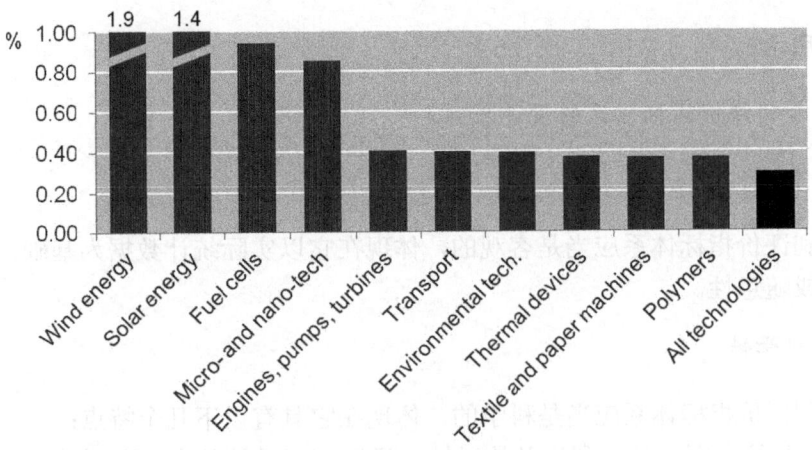

图 5-12　2004 年全球突破性发明数量 TOP10 的技术领域

9. 专利授权滞后指数

专利授权滞后时间是指专利申请与专利授权日期之间相隔的时间周期,揭示申请者对专利申请成功的信心。组织和内容较好的专利文档总是被较快地授权,授权时间也依赖于专利公司和专利局工作人员的努力程度。一件专利被授权得越快,专利授权滞后指标就越高,因此专利授权滞后指数 (grant lag index) 的计算公式:

$$\text{Grant}_{p_i} = 1 - \Delta t / \max(\Delta t_i) \tag{5-7}$$

式中,Grant_{p_i} 指专利 i 的授权滞后指数;Δt 指专利授权滞后时间 (天);$\max(\Delta t_i)$ 指每年专利 i 所在技术领域中的所有专利授权滞后时间中,最长的滞后时间,用于标准化专利授权滞后时间。图 5-13 展示了 2004 年专利授权滞后指数 Top10 的技术领域。

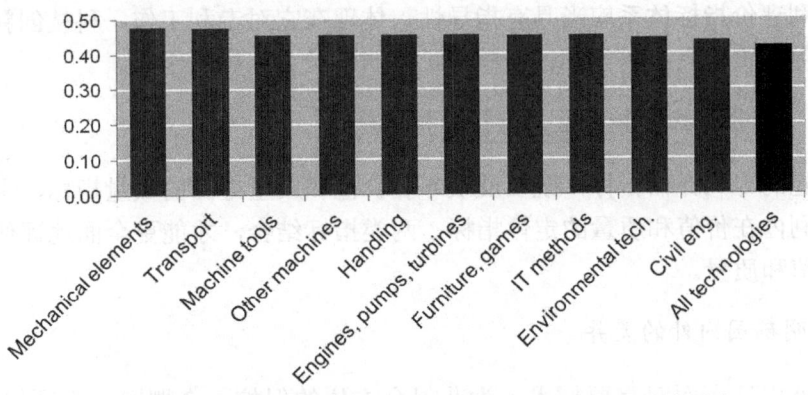

图 5-13　2004 年全球专利授权滞后平均指数 TOP10 的技术领域

5.4.7 启示

1. 专利评价指标体系的设计原则

1) 客观性

专利评价指标体系应当是客观的，体现在它以实际统计数据为基础，避免主观臆断或随意性。

2) 科学性

专利评价指标体系应当是科学的，体现在它具有以下几个特点：

(1) 系统全面。从专利涉及的科技、经济和贸易等几个方面系统全面地考虑各项指标，充分利用国家知识产权局现有数据形成基本专利评价指标体系，并与其他部门合作，在科技、经贸方面进行补充和完善。

(2) 注重质量和作用。以专利的质量（它表征科技创新程度）和专利的价值（它表征专利在经贸活动中的作用）为重点设计整个评价指标体系。

(3) "量"和"率"的合理结合。"量"是指总量，用来评价总体实力情况；"率"用来评价相对强度情况；"量""率"结合，可以形成更为科学的专利评价指标体系。

3) 实用性

专利评价指标体系应当是实用的，体现在它与专利工作、科技创新、经贸活动密切相关，在实际工作中切实可用。

4) 指导性

专利评价指标体系应当具有指导性，体现在它对专利工作、科技创新、经济发展和促进贸易具有科学的评价性、正确的影响力和导向作用。

2. 定性分析指标和定量分析指标相结合

构建的专利评估指标，既要反映专利价值和质量方面的数量指标，也要融入反映专利内在价值和质量的定性指标。两类指标结合，才能更全面地评估专利的科学价值和质量。

3. 明确国内外的差异

国外申请人面对重要技术，为获得全方位的保护，会撰写上百项权利要求；

国内申请人或代理人,由于水平和经验不足,或不想花费过多的权利要求附加费,权利要求项数通常很少,因此很难从权利要求数量去区分专利产业化潜力。国内申请人通常仅在国内进行专利保护,国外布局的比例非常少,因此,无法利用专利家族区分专利产业化潜力。在实际指标构建时,不能太过依赖国外建立的指标,因为国内外在专利申请上有很多差别,所以应该结合国内专利申请的现状,合理借鉴国外的专利评估指标。

4. 根据实际情况灵活选取指标

专利评价指标的种类和数量繁多,而且持续有新的评价指标被提出,在实际的专利统计分析工作中,需要根据所分析技术对象的特点、各种专利评价指标的应用范围以及数据资源的保障情况等,选择合适种类和数量的专利评价指标,不宜盲目贪多求全。例如,专利质量评价指标中,"基于被引的专利质量评价指标"是目前研究最多、最为深入的一类指标,但是目前仅国际专利附有引文,提供专利引文数据也仅限于国际著名专利库,如 DII,此类指标在国内的实际应用中可能会受到可用数据资源的制约。此外,由于引用的滞后性,此类指标也不太适于新兴专利技术的对比分析。"基于技术保护范围的专利质量评价指标",可以从技术本身层面上反映出专利的内在质量,从本质上来说是最能够直接反映专利质量的一类指标,但相关指标的获取也会受到可用资源的制约。

5. 量化分析和专家评议相结合

在构建专利计量指标体系时,尽管专利计量指标可以对技术领域、具体行业或特定专利进行量化分析,但是并不能完全取代专家在专利计量分析中的作用,最好是结合二者的优点,构建以专利计量指标量化分析为主,以专家评议为辅的计量体系。

5.5 网络信息资源评估指标体系

众所周知,因特网是一个包含各种不同信息格式和信息内容的信息混合体,是一个极具价值的信息源。自由、开放的因特网为用户提供了更为方便、快捷和广泛的信息获取渠道,但它在为用户提供浩如烟海的信息的同时,也造成了信息过载和信息污染等问题。网络上信息资源量呈爆炸式增长态势,例如,"互联网实时统计" (Internet Live Stats) 显示,截至 2015 年 9 月 17 日,全球互联网网站数量已超过 10.6 亿,并且这个数字目前还在不断增加。海量的网络信息资源使得人们从中淘取有用信息的难度越来越大。许多网站都提供免费空间供个人发布信息，极大地丰富了网络信息来源的同时也加剧了网络信息质量的分化（袁静，2006）。因特网的松散、开放性等特点，也决定了网络信息空间秩序混乱，网上信息良莠不齐、真伪混杂、整体质量水平下降，人们选择信息更加困难。因此，越来越多的专家开始关注网络信息资源的质量问题，并呼吁对网络信息资源开展类似传统信息环境下评价文献、期刊和图书等类似的质量评价。

网络信息资源评价具有非常重要意义：第一，通过对网络信息资源的评价，了解网上相关学科、专业、主题领域内的学术信息的分布及质量水平等情况，从而为有关信息的取舍提供判断依据；第二，通过对相关学科、专业、主题领域内的网络信息资源的评价，掌握各领域中的优秀网站，网页，日积月累，形成各领域优秀网站、网页群，以便确定本领域（或学科）最常用的"核心网站，网页"。

5.5.1 国内网络信息资源评估指标体系

国内网络信息资源评价的研究始于20世纪90年代后期，例如，蒋颖的"因特网学术资源评价：标准与方法"（蒋颖，1998），认为网络信息资源评价标准包括：信息质量（涵盖：信息的学术水平、可信度、时效性、内容连续性指标）、范围（信息的广度和深度）、易用性（链接速度快、无空链、无死链）和稳定性（如存取速度、内容更新速度的稳定性）等。孙兰和李刚的《试论网络信息资源评价》介绍了国外网络信息资源的定性评价指标（孙兰和李刚,1994）。左艺等（1999）认为可以从6个方面来定性地评价网络信息资源：①信息资源的范围（涵盖：信息资源的广度、深度、时效及格式指标）；②信息资源内容（涵盖信息资源的准确性、权威性、时效性、独特性、精炼性指标）；③信息资源可使用性（涵盖信息资源的用户友好性、可检索性、可浏览性、组织方式及链接稳定性指标）；④信息资源的图形和多媒体设计功能；⑤信息资源的目的及对象；⑥是否有评论功能。

其后，国内陆续发表的相关文献，在介绍国外学者研究成果的同时，提出和构建了一系列网络信息资源评价指标体系。黄奇和郭晓苗（2000）提出了网络信息资源的5类评价标准，涵盖：内容（正确性、权威性、独特性、内容更新速度、目的及目标用户、文字表达）；设计（结构、版面编排、使用界面、交互性、视觉设计）；可用性和可获得性（链接、硬件环境需要、传输速度、检索功能）；安全；其他评价来源。南京大学信息管理学院陈雅和郑建明构建了一套网站评价指标体系，包括：①网站信息内容（包括：网站信息内容的范围、时效性、稳定性、新颖性、独特性、完整性和有序性指标）；②网站概况（包含：网址、网站性质、面向的用户群、安全管理与维护方面的指标）；③网页设计（包含：网页结构与层次、用户界面、版面编排指标）；④网站操作使用（包含：网站可访问性、链接的质量、计算机环境需求指标);⑤网站开放度(包含:提供服务的数量、主动性、交互性指标)等(陈雅和郑建明,2002)。

此外,赵仪等(2002)通过对专业网站分析,提出评价专业网站的四类评价指标,分别为:①网站内容指标(该类指标涵盖:文献信息总量、信息增长率、信息衰率、原创信息量及原创信息率、信息的重复性、信息的真实性、内容的规范化程度、内容的专业覆盖范围、信息的展示方式及检索功能、搜索引擎出现率、超链接的有效率);②网站学术基础指标(涵盖的二级指标包括:发起机构及伙伴机构的信誉度、主要内容创作者的学术地位、内容管理人员的专业素质水平);③网站用户指标(涵盖以下二级指标:用户访问量、注册用户数量、用户在网站的停留时间及浏览的页面数量、用户对网站的参与程度、用户访问来源);④网站技术指标(涵盖的二级指标包括:信息安全性、站点的浏览器兼容性、站点速度、页面设计美观程度)。该体系定量指标占有相当的比例,可操作性较强。

陆宝益(2002)在研究国内外一些评价标准的基础上,认为网络信息资源评价指标体系的建立,既要考虑定性的指标,也要考虑定量的指标。既要全面考虑其外部特征,如网站/网页稳定性、安全性、外观设计,网页信息的文本格式、文字表达、读者对象、作者及引文等,也要深入探究其内部特征,即信息内容属性。并据此提出了定性和定量相结合的评价指标体系,如表 5-15 所示。

表 5-15 网络信息资源评价指标体系

	指 标 名 称	评价网上具体信息 选用 (√)	评价网站/网页 选用 (√)
定性	信息内容涉及主题的深度和广度	√	
	引用数据或事实的准确性	√	
	表达观点的客观性	√	
	创新性	√	√
	稳定性		√
	安全性		√
	导航系统		√
	责任者	√	√
	信息来源或提供商	√	√
	注释或参考文献	√	

续表

指标名称	评价网上具体信息 选用（√）	评价网站/网页 选用（√）
定性		
文字表达效果	√	
创作（办）目的	√	√
用户/读者对象	√	√
文本格式	√	
用户界面友好性		√
外观设计		√
对用户的技术要求		√
社会影响		√
信息媒体形式	√	√
定量指标		
更新频率/最后更新或修改日期	√	√
专业信息比例		√
信息组织层次		√
响应速度		√
价格		√
链接情况		√
被下载或引用次数	√	
被访问次数		

此表涵盖网络信息资源评价的定性指标和定量指标，以及评价网上具体信息可选用的指标，评价网站/网页时可选用的指标。

2006年，曾祥麒根据国内外学者及其研究机构关于网络信息资源评价指标的主要研究成果，在力求遵循科学性、系统性、客观性、发展性、可操作性、实用性及引导性7大原则的基础上，从信息源内容、信息源组织、信息源性能、其他指标4个准则构建了含有16个评价指标的网络信息资源评价指标体系，详见表5-16。

表 5-16 网络信息资源评价指标体系

目标层	一级指标 (准则层)	二级指标 (指标层)	评价指标含义简要说明
网络信息资源评价 A	信息源内容 B1	权威性 C1	信息源主办者权威度、信息源引用资料来源权威度、专业信息比例等
		连续稳定性 C2	网络信息资源的提供是否持续稳定,是否有专业人士维护等
		可获性 C3	信息获取难易程度,也就是使用者获取信息源内容所付出总成本大小
		深广度 C4	信息内容详细程度和涉及主题领域及相关领域的范围
		创新性 C5	信息源内容的原创性、新颖性
		时效性 C6	信息源更新频率、信息源在主流搜索引擎中的快照日期
	信息源组织 B2	结构设计 C7	组织具体信息的层次结构设计是否合理
		导航设计 C8	整个信息源导航分类、菜单功能设计是否科学易用
		用户感知 C9	用户界面的友好度、交互性如何,图形和多媒体感官效果是否良好
	信息源性能 B3	检索性能 C10	信息源检索系统查全率、查准率、操作性、输出效率等
		速度性能 C11	信息源内容展示及网页传输速度、网页间跳转的快慢
		安全性能 C12	信息源开发技术和服务器的安全性能及其信息源自身防木马病毒能力,重要数据是否有专用服务器等
		兼容性 C13	信息源是否良好兼容主流的操作系统和信息浏览软件
	其他方面 B4	链接 C14	有无高质量信息源的传入链接,信息源自身有无死链、错链
		指南设计 C15	是否有完整网站地图、使用指南、常见问题等帮助信息
		先进理念 C16	是否具有先进的网络信息设计理念元素,如 Web2.0 的 RSS 订阅等服务

5.5.2 国外网络信息资源评估指标体系

澳大利亚国立大学从 1994 年起,设计一系列网站评价指标,涵盖:站点权威性、站点内容准确性、站点内容的客观性、站点信息的新颖性、站点的覆盖范围和站点的目标用户等,对网页进行评价 (Webpage evaluation criteria,2017)。Argus Associates 公司制作的信息评价工具 The Argus Cleaninghouse,是一个因特网信息资源指南,评价标准主要有信息资源内容质量、资源作者权威性、资源描述水平、设计水平、组织结构、图像质量、用户界面、元信息水平和导航帮助。该指南按类组织,由专人负责资源的评估工作 (Kaynama, 2015)。

美国图书馆协会 (ALA) 下属专业与协作图书馆机构协会 (Association of Specialized & Cooperative Library Agencies, ASCLA) 提出了评价网络内容可获取性的 15 条评价标准 (Internet and Web-based Content Accessibility Evaluation, 2017)。ALA 下属参考馆员与用户服务协会的参考部 (Machine Assisted Reference Section,MARS) 自 1999 年开始基于一套完整的网站评价指标体系,审核和评价因特网信息资源,并每年评价出最好的网络信息资源供用户参考 (Detailed Criteria for Selection,2017; ETS:Best Free Reference Web Sites Combined Index,2017)。MARS 筛选最佳网站的指标体系涵盖:

(1) 网站内容的质量、深度和可用性指标。该指标涵盖:内容的清晰界定,包含任务预期的偏差;合适的目标人群;提供通向其他网站的合适链接;注重细节;没有语法错误;等等。

(2) 网站可用性指标。涵盖:网站服务器的可靠性和速度指标;满足需求的信息。

(3) 易用性指标。包含:用户友好的网站界面;易用的导航;好的搜索引擎;具有吸引力的内容;用户体验较好的图形设计;简易的输出 (如打印或下载)。

(4) 网站内容的新颖性指标。包含:链接的更新;主题相匹配的更新频率。

(5) 顾客服务指标。涵盖:联系方式的响应性和 E-mail 地址的正确性。

(6) 生产者的权威性指标。包含:清晰界定的权威性和合法性;组织历史和目的的解释。

(7) 内容的独特性;资源作为整体的唯一性;网站内容的创造性;网站参考资源的有用性。

(8) 网站的有效性 (有效性会受到用户网络访问方法的影响,比如,拨号上网毫无疑问是无效率的,评估者应该考虑这些因素)。有效性指标涵盖:图形能够快速载入,或图形不要因增强太多严重影响用户访问速度;任何要求的插件能够简单下载;可靠的服务器。

(9) 网站作为媒介或中介平台的合理使用。涵盖:网站组件 (包括:Audio、Video、Text 等) 的融合性和一体性;即使用户没有任何插件或媒体组件,有用信息仍然是可以使用的;Java 的有效使用和其他更新的技术。

基于上述指标,MARS 筛选的 1999~2016 年期间各年的最佳网站,如图 5-14 所示。

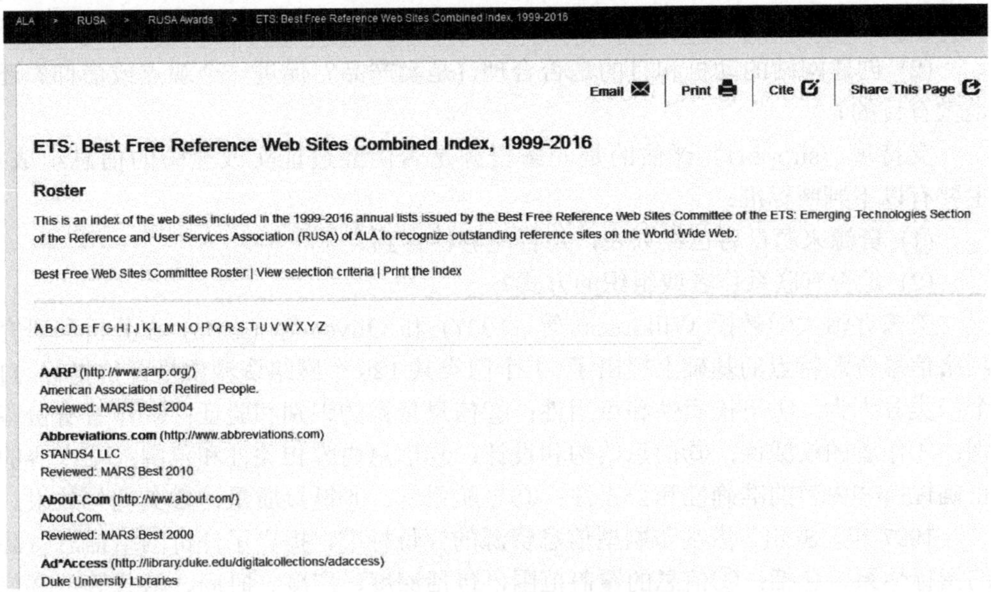

图 5-14 MARS 筛选的 1999~2016 年各年的最佳网站

美国南加州大学 Harris 教授提出了用于网络科研资源评价和检验的"CARS 标准",即可信度(Credibility)、准确性(Qccuracy)、合理性(Reasonableness)和支持度(Support)(Harris,2017; Evaluating Websites,2017)。

可信度(credibility)指标的评估目标是判断一个网络科研资源来源是否被一个了解资源主题和质量的个人或组织创建。主要有以下判断标准:

(1) 资源是否属于一个出版的或赞助的组织?组织是否是资源主题领域的权威者?

(2) 资源是否拥有作者列表?作者是否是资源主题领域的权威者?

(3) 资源是否有拼写和语法错误?是否有无效链接或其他显示资源缺乏质量控制的指标?

准确性(qccuracy)指标的目标是评估一个信息源是否是当前的、完整的和准确的,主要有以下判断标准:

(1) 网站信息与其他信息源是否一致?

(2) 网站信息是否有自相矛盾的地方?

(3) 出版或版权的日期?

(4) 网站近期是否已经更新?

合理性(reasonableness)指标衡量的是资源的真实性和无歧视性,主要基于以下判断标准:

(1) 资源作者、站长、出版者或赞助者是否有歧视性倾向？

(2) 创建网站的动机和目的是否合理（是卖产品？促进一个观点或信仰？还是教育目的？）

支持度（support）评估的是一条资源是否由经过证实或检验的信息组成？主要有以下判断标准：

(1) 资源来源是否已经列表，是否能够核查到？

(2) 是否有联系作者或组织的方式？

美国乔治大学教授 Wilkinson 等（1997）和 Oliver 等（1998）在分析和研究网络信息资源特点的基础上提出了 11 个门类共 125 个网络资源质量评价指标。11 个门类分别为：①可检索性和可用性；②信息资源的识别和验证；③作者身份鉴别；④作者的权威性；⑤信息结构和设计；⑥信息内容相关性和范围；⑦内容的正确性；⑧内容的准确性和公正性；⑨导航系统；⑩链接质量；⑪美观与效果。

1997 年，Smith 借鉴印刷型信息资源的评价标准，提出了评价网络信息资源的指标体系，包括：①信息的覆盖范围，包括深度、广度、时间、格式等；②信息内容，包括准确性、权威性、通用性、独特性、与其他网络资源的链接情况及文本质量等；③图形和多媒体设计；④信息资源设立的目的与用户对象；⑤相关评论；⑥便利性，包括用户界面是否友好、计算机环境、检索、浏览、组织、交互、响应速度等；⑦成本费用。Richmond（1991）提出网络信息资源评价的 10C 原则，即内容（Content）、引文（Citation）、连通性（Connectivity）、可信度（Credibility）、批判性思考（Critical Thinking）、审查制度（Censorship）、范围（Context）、可比性（Comparability）、连续性（Continuity）和版权（Copyright）。

1998 年，Ingwersen 受文献计量学中的期刊影响因子的概念启发，提出评价网站影响力的定量指标：网络影响因子，定义为：指定时间内，指向某一国家或网站的外部入链和内部入链网页数的逻辑与该国家或网站内部的网页数的比值。此后，国内外学者在网络影响因子评价指标的基础上，衍生出一系列网站定量评价指标，如入链数、出链数、网络使用因子和链接倾向。关于网站定量评价指标的概念和计算方法，见第 4 章 "特色评估方法" 的 4.6 节——链接分析法。

Wyatt（1997）构建了测量互联网资源质量和影响的评价指标体系，如表 5-17 所示。

综上所述，国内外学者在进行网络信息资源评价时所设计的指标主要涉及以下几个方面。

表 5-17 互联网资源质量和影响的评价指标体系

	评价指标	评价方法
可靠性、利益冲突	网站的责任者、创办人	考察网站
	网站的作者、凭证	考察网站
网站的结构和内容	信息来源参考	考察网站
	信息的覆盖面和准确性	考察网站
	信息的新颖性	考察网站
	信息的可读性	考察阅读年龄、查阅可读性索引
	与其他网站链接的质量	考察网站，判断链接是否可用
	用户交互的平台	考察网站，判断链接是否可用
网站的功能	通过搜索引擎能否进入该网站	用户实验室测试
	用户概况	网络服务器统计、网上问卷调查
	网站的导航功能	用户实验室测试
网站的影响	对用户的教育影响	实验室测试、分学科领域测试
	临床实验、治疗结果的影响	实验室测试、分学科领域测试

1) 目的和用户群

一个好的网站在建立之初就应确定存在的目的及潜在用户。因此，要考察信息源是否实现了目标，这些信息资源面向哪些用户，能否满足不同层次的用户需要。

2) 信息内容和范围

信息内容和范围包括：

范围的广度和深度指标。广度是指资源主题范围覆盖哪些方面，资源是否集中在较窄的领域，它是否包括相关主题；深度是指提供的资源具体到何种层次。

准确性指标。信息资源的内容是否准确，是否含有意识形态或其他倾向，是否有文字拼写或语法错误。

权威性指标。作者在他的研究领域里是否比较突出；信息资源是否固定可靠；评价机构对站点作出了何种评价。这些评价可以为用户在使用网络信息资源时提供重要的参考。信息资源是否给出引用文献的来源。一般来说，正式的或权威的网络信息资源会给出引用文献的来源，既是对原作者的尊重，也可供用户作进一步研究时使用。

新颖性指标。一是指信息内容是否有创新性；二是指网站所提供的信息在学科范围、形式、手段等方面与其他信息资源相比是否有独到、创新之处。

时效性指标。是动态资源还是静态资源,如是动态资源,多长时间更新一次,是否按声明的日期进行更新?

3) 信息组织

信息组织涵盖:

元信息水平指标。侧重元信息数据的准确性、权威性。

导航设计指标。导航系统是人们进入一个网站查找信息的指示性工具,它反映该网站是怎样组织和分类信息的。

美观与效果指标。网站的总体布局、图案、色彩的搭配是否合理,是否具有欣赏性,有赏心悦目之感,采用的视觉效果是增强了信息内容,还是分散或替代了信息内容;如果有声音、图像、虚拟现实模式或其他手段,那么它们和信息资源的目的是否相一致。

4) 信息利用

信息利用包含:

可获得性指标。信息资源服务器是否可靠地被连接,是否经常因过分拥挤而提供不了服务,用户等待时间是否过长,当地的镜像站点能否连通。

稳定性指标。网站所在的地址 (URL) 是否稳定且容易记,是否出现空链、死链现象,网站资源是否可被稳定地访问。

用户界面的友好性指标。信息资源是否便于用户使用,是否具有用户服务支持系统。

5) 信息影响

网站设计的目的是为用户提供有用信息,增强用户使用满意度,同时扩大网站主体的影响力。网站是否具有广泛的用户群体和影响力,关键衡量标准是网络链接的使用频率、网站之间和网站中网页之间的互相链接、链入和链出规模。

目前国外已经涌现很多网络信息资源评价与服务机构,根据网络信息资源评价标准和指标,对不同领域的海量网络资源,例如,网站进行评价和筛选,为用户提供高质量和高水平的网络资源导航。国际常用的网络信息资源评价与服务平台如下 (Selection criteria for quality controlled information gateways, 2017)。

通用服务 (general services)

- Argus Clearinghouse

- WWW Virtual Library
- Cyberhound
- excite NetDirectory
- Galaxy (no information available)
- Infoseek select sites (no information available)
- Lycos / Point Communications, Top 5% reviews
- Lycos / A2Z
- Magellan's Reviews
- NetFirst
- Webcrawler select
- Yahoo (no information available)

国家或区域服务 (national, regional)
- Jubii (Denmark)
- DINO (Germany)
- SUNET (Sweden)
- UK Web Library (UK)

具体主题服务 (subject specific)
- City.Net
- GeoSurver
- Ei Village

5.6 高校评估指标体系

本节选择七个较具代表性的高校评估实践，对比分析它们在评估时采用的特色指标，并为国内高校评估实践提出一些建议和未来展望。

5.6.1 澳大利亚科研卓越框架

澳大利亚科研卓越框架在对各高校机构进行评估时，将提交的评估材料归类到 8 个学科大类及其子类中。针对不同的学科大类，采用的评估指标及权重也不一样。针对不同类型的指标，科研卓越框架采用的评估方法也各不相同，主要有引用分析、同行评议、定标比对、统计分析和等级排序的方法。表 5-18 展示的是科研卓越框架的指标体系。

表 5-18 澳大利亚科研卓越框架的评估指标体系

一级指标	二级指标	指标描述
科研质量	相对影响力	基于各学科世界论文篇均被引和澳大利亚高校机构论文篇均被引计算出不同高校机构出版物引用的相对影响力值,并根据影响力值的不同区间将相对影响力划分了七个等级
	百分比	各学科世界 TOP1%、TOP5%、TOP10%、TOP25%、TOP50%高被引论文的百分比,以及零被引论文百分比
科研产出(只评议产出的20%)	包括书籍、期刊论文、会议出版物和非传统科研产出	非传统科研产出包括创造性工作的成果,公共展览和大型活动的成果;期刊和会议需要在科研卓越框架的期刊和会议等级列表中
科研收入	科研收入	包括每种收入类别的年度收入和总收入、每个全时当量职工的总收入和平均收入、津贴数量及每个津贴的平均数额
科研荣誉	编辑或校订	著名出版物,如《澳大利亚传记字典》《牛津国家人物传记大辞典》和各类《百科全书》等的编辑或校订者
	会员、奖学金和津贴	当选为澳大利亚著名科学院、协会、委员会和理事会的成员,或争取到了相关机构的奖学金和津贴
科研应用	包括专利、已注册的设计、植物育种产权、指南和科研商业化的收入	指南是指澳大利亚国家健康与医学研究理事会批准的指南

从表 5-18 可以看出,科研卓越框架的指标体系主要分为五大类:科研质量、科研产出、科研收入、科研荣誉和科研应用。对于科研质量类数据,主要采用引用分析的方法进行测算;对于科研产出类数据,主要结合同行评议和定标比对的方法进行测算;对于科研收入和科研应用类数据,主要结合同行评议和统计分析的方法进行测算;对于科研荣誉类材料,主要采用同行评议的方法进行评估。

5.6.2 英国的科研卓越框架

英国科研卓越框架是评估英国高校科研活动质量的一个同行评议过程,由英格兰高等教育资助理事会、苏格兰拨款委员会 (SFC)、威尔士高等教育资助理事会 (HEFCW) 和北爱尔兰就业与学习部 (DEL) 联合发起和管理。科研卓越框架的评估结果是上述四大资助机构确定资助对象和资助金额多少的衡量标准 (REF, 2014)。

科研卓越框架设置的指标及其权重如表 5-19 所示。

表 5-19　科研卓越框架的评估指标及其权重

指标	指标描述	权重
科研产出	包括至少 4 项所有类型科研和所有形式的科研产出	65%
科研影响	包括高校各部门使职工当前和未来科研成果产生广泛和重大影响的途径、策略和计划，以及相关的案例	20%
科研环境	科研环境的活力和可持续性，以及它们对更广泛学科或研究基地活力和可持续的贡献。包括实现科研战略目标的科研战略规划、职工安置和职工发展策略、科研文化建设、博士研究生培养的有效性和可持续性、说明研究生科研文化活力和融洽性的事实、科研收入、基础设施设备、学科或研究基地中跨学科研究和协作研究的情况等	15%

从表 5-19 中发现：科研卓越框架比较注重对科研影响的评估，设置 20%的权重。在科研影响评估方面，科研卓越框架更加注重对科研重大经济和社会影响及其实现途径、策略和计划的评估。比如，在内容提交方面，科研卓越框架明确要求高校提交他们使其科研成果产生影响的途径和在评估期间获得影响的具体例子，这一点在科研评鉴中未做要求。科研卓越框架各评估专家委员会分别基于成果原创性 (originality)、重要性 (significance) 和严谨性 (rigour) 三个标准，同时参考国际科研质量标准，对科研产出的质量进行评估；基于参与高校提交的优秀科研成果对经济、社会和文化等领域产生影响的广泛性和重要性标准对科研影响的卓越性进行评估，同时对他们使研究成果产生影响的途径进行评估；基于科研环境的活力和可持续性标准，以及它们对更广泛学科或研究基地活力和可持续的贡献对科研环境的质量进行评估。评估结果的描述与科研评鉴的一样。

5.6.3　《美国新闻与世界报道》的美国最佳大学排名

《美国新闻与世界报道》(U. S. News & World Report) 自 1987 开始每年发布美国最佳大学排名，涵盖"美国最佳大学"排名和"最佳研究生院"排名 (Best Colleges, 2012)。其中"美国最佳大学"排名将大学分为研究型大学、文理学院、综合性大学以及硕士型大学等分别进行排名。"最佳研究生院"排名按学科分类对不同细分学科专业的最佳研究生院进行排名。如法律最佳研究生院 (耶鲁大学最好)、医学最佳研究生院 (哈佛大学最好)、图书情报学最佳研究生院 (伊利诺伊大学厄尔巴拿—香槟分校最好)等。并且各学科的"最佳研究生院"排名还会告诉您该学科中具体专业的最佳研究生院排名，例如，图书情报学专业：信息系统方向的最佳研究生院排名 (雪城大学排第一)、文档与保存的最佳研究生院排名 (得克萨斯大学奥斯汀分校排第一) 和数字图书馆的最佳研究生院排名 (北卡罗来纳大学教堂山分校排第一)。《美国新闻与世界报道》在对不同类型大学、不同学科和不同学科专业的研究生院进行排名时所使用的评估指标体系各不相同。

比如，图书情报学研究生院的排名仅基于2008年一个调查问卷的结果；医学和法律的研究生院排名所采用的指标比较多，并且医学研究生院排名与医学一个具体专业：初级护理的研究生院排名所采用的指标及其权重也不相同。医学和法律研究生院排名所采用的指标及权重如表5-20和表5-21所示。

表5-20　2012年医学研究生院排名所采用的指标及其权重

一级指标	二级指标	指标描述	权重
科研质量	同行评价分	基于调查问卷（李克特五分量表法）获得的评价分	20%
	住院医主任（residency directors）的评价分	基于调查问卷（李克特五分量表法）获得的评价分	20%
科研活动	科研活动总量	按美国国家卫生研究院2010~2011年对医学研究生院及其附属医院资助的总金额进行测算	15%
	每个教职工的平均科研活动量	按美国国家卫生研究院2010~2011年对医学研究生院及其附属医院中每个全时当量教职工资助的金额进行测算	15%
学生认可程度	医学院平均入学考试分	各医学院2011年录取学生的平均入学考试分	13%
	平均GPA成绩	各医学院2011年录取学生的平均GPA成绩	6%
	入学率	入学申请人数量与被接受入学人数之间的比例	1%
师资力量		按2011年科学和临床方面的全时当量教职工数量与全时当量医学博士或硕士之间的比例	10%

表5-21　2012年法律研究生院排名所采用的指标及其权重

一级指标	二级指标	指标描述	权重
科研质量	同行评价分	基于调查问卷获得的评价分	25%
	律师和法官的评价分	基于调查问卷获得的评价分	15%
学生认可程度	法学院平均入学考试分	各法学院2011年录取学生的平均入学考试分	12.5%
	学生本科成绩平均积点的中间值	2011年法学院新收全职和在职博士的本科成绩平均积点的中间值	10%
	入学率	2011年法学院新收全职和在职博士人数与申请人数量之间的比例	2.5%
成功就业	博士毕业生的就业率	毕业时的就业率	4%
		毕业后9个月的就业率	14%
	律师考试通过率		2%

一级指标	二级指标	指标描述	权重
师资力量	每个学生的平均开支	学生指导、图书馆和后勤服务的平均花费	9.75%
		所有其他支出项目，包括助学金	1.5%
	师生比	学生与教职工之间的比例	3%
	图书馆资源	2011财年末法学图书馆的图书总量	0.75%

从表 5-20 和表 5-21 可以看出，针对不同学科及专业的研究生院，《美国新闻与世界报道》设计了不同的评估指标及权重。例如，医学研究院的科研活动较多，并且美国国立卫生研究院对这类科研活动的资助力度较大，因此采用了科研活动指标，并设置了 30% 的权重；而法学研究生院没有这样的资助单位，并且法学学科的实践性更强，科研活动相对较少，因此没有设置科研活动指标，而是设置了成功就业指标，赋予 20% 的权重，这是很多排名指标所没有的。另外，两个排名都非常重视科研质量，都赋予 40% 的权重；同时也比较重视学生对学校认可程度的评估，分别占 20% 和 25% 的权重。

5.6.4 《亚洲周刊》的最佳大学排名

《亚洲周刊》是国际上较有影响的刊物，从 1997 年开始进行亚洲最佳大学的评比活动，排名采用调查分析和同行评议的方式对亚洲综合类和理工科类院校进行评估和排名 (Casal et al.,2007; Asiaweek, 2012)。《亚洲周刊》最佳大学排名采用的指标及权重如表 5-22 所示。

表 5-22 《亚洲周刊》最佳大学排名采用的指标及权重

一级指标	二级指标	指标描述	权重
学术声誉	学术声誉	同行评价的平均分	20%
学生认可度	预期入学率	同意接收的学生数量与总申请数之比	25%
	实际入学率	入学的学生数与同意接收的学生数之比	
	入学成绩中值	国家或大学入学测试成绩的中值	
师资资源	博士学位教师和研究人员数量	博士学位的全时当量教师或研究人员	25%
	硕士和博士学位教师或研究人员数量	硕士和博士学位的全时当量教师或研究人员	
	师生比	入学申请人数量与被接收入学人数之间的比例	
	薪酬与花费	职员薪酬的中值和每个职员的平均花费	

一级指标	二级指标	指标描述	续表 权重
科研	论文被引频次	ISI 收录期刊论文的被引频次	20%
	论文和书籍数量	论文包括期刊和会议论文	
	科研资助		
	研究生数量		
财政资源	每个学生的总花费和图书花费		10%
	互联网带宽大小		
	公共计算机和接入点数量		

从表 5-22 可以看出,与其他排名指标不同的是,《亚洲周刊》比较重视高校学术声誉的评估,设置了 20% 的权重。此外,单独设置一个包括学生总花费和图书花费、互联网带宽大小、公共计算机和接入点数量的财政资源指标也是《亚洲周刊》特色指标。与《美国新闻与世界报道》的排名指标相比,两者都较重视学生对学校认可程度指标的评估。不过《亚洲周刊》更重视对师资力量的评估,设置了 20% 的权重,并且评估的内容较多,包括教师薪酬与花费,而《美国新闻与世界报道》对这项指标考核相对较少,设置不到 15% 的权重。此外,《亚洲周刊》对科研指标不够重视,总共设置了 20% 的总权重,不过考核的内容较多,除了论文被引频次和数量外,还包括图书发表量、科研资助和研究生数量。

5.6.5 《泰晤士高等教育》与 QS 公司合作的 THE-QS 排名

《泰晤士高等教育》(Times Higher Education,THE) 与 QS 公司合作推出的 THE-QS 世界大学排名起止时间是 2004~2009 年 (Baty, 2010)。在 2010 年两个机构终止合作,分别推出各自的排名。《泰晤士高等教育》开始与汤森路透集团合作,基于教学 (teaching,占 30%)、研究 (research,占 30%)、论文引用 (citation,占 32.5%)、企业经费 (industry income,占 2.5%) 和国际化程度 (international mix,占 5%) 5 个大项和 13 个具体指标,推出新的世界大学排名。QS 公司继续沿用原来 THE-QS 世界大学排名的指标及权重,使用学者调查 (权重 40%)、企业雇主调查 (10%)、外籍教授比例 (5%)、留学生比例 (5%)、师生比 (20%) 和师均论文引用 (20%) 6 项评比指标,单独推出全球大学排名。2009 年 THE-QS 世界大学排名的指标及其权重如表 5-23 所示。

表 5-23　2009 年 THE-QS 世界大学排名的指标及其权重

一级指标	二级指标	指标描述	权重
科研质量	学术同行评价	学术同行评价结果的综合得分	40%
	师均论文引用	2004～2008 年教师科研表现得分的平均值（基于 Scopus 数据库）	20%
毕业生就业能力	企业雇主评价	基于招聘人员的评价结果计算得分	10%
教学质量	师生比	学生与教师的比例	20%
国际化	外籍教师比例	外籍教师占总教师数量的比例	5%
	留学生比例	留学生占总学生数的比例	5%

从表 5-23 可以看出：THE-QS 世界大学排名比较重视科研质量，它的指标权重达到 60%；在评估科研质量时，更多的是采用同行评议，权重占 40%，这也是该排名引起众多争议的原因；除了重视科研质量，该排名也考虑到了毕业生就业能力和高校国际化程度的评估，两项指标的权重分别占 10%，不过，像中国和印度这样的发展中大国，教育国际化程度肯定较低，而欧洲小国的国际化程度肯定较高，因此用突出国际化的指标来评价中国和印度这样的发展中国家就不合适；另外，该排名统计教师人均论文引用次数指标时，是基于 Scopus 数据库，这与其他排名基于 Web of Science 数据库有所不同。

5.6.6　世界大学科研论文表现排名

世界大学科研论文表现排名（Performance Ranking of Scientific Papers for World Universities, 2012），又称"世界大学科研论文质量评比"（Performance Ranking of Scientific Papers for World Universities）是由中国台湾财团法人高等教育评比中心基金会发布的年度论文数据统计排名，自 2007 年开始。排名的量化数据来自国际上两大著名的科学引文数据库和社会科学引文数据，数据按照大学职员数量和高校规模进行标准化。排名所有的指标及其权重如表 5-24 所示。

表 5-24　世界大学科研论文表现排名的指标及权重

一级指标	二级指标	权重
学术生产力	过去 11 年发表的国际论文总量	10%
	当年发表的国际论文总量	10%

一级指标	二级指标	权重
		续表
学术影响力	过去 11 年所发论文的总被引量	10%
	过去 2 年所发论文的总被引量	10%
	过去 11 年所发论文的平均被引量	10%
学术卓越性	过去 2 年的"H 指数"	20%
	过去 11 年高被引论文的总量	15%
	当年在国际高影响学术期刊上发表的论文总量	15%

从表 5-24 可以看出，排名使用的指标高度强调科研质量（占科研绩效分的 80%）和短期科研表现（占绩效分的 55%）。由于人们对排名结果的争议较大，中国台湾已经宣布不再支持中国台湾财团法人高等教育评比中心基金会做 2012 年世界大学科研论文表现的排名。从表 5-24 可以看出，中国台湾财团法人高等教育评比中心基金会采用的评估指标体系既考虑流量指标（如当年指标值），又考虑存量指标（过去 11 年的指标值），并且非常重视学术卓越的评估，例如，将学术卓越性指标的权重设置为 50%。不过该排名在数据收集上困难较大，主要因为世界上很多高校有不同的名称（多个曾用名和现名），各种不同的附属单位（不同的附属实验室、附属医院等）。

5.6.7 上海交通大学世界一流大学研究中心的"世界大学学术排名"

上海交通大学世界一流大学研究中心（Center for World-Class Universities, CWCU）基于第三方公开数据，采用客观透明的评价指标体系和排名方法，对世界一流大学进行排名，自 2003 年开始，每年都会发布世界大学学术排名。由于其评价体系的客观透明、评价指标的独特和国际可比性，以及数据的公开性，引领了国际大学排名的浪潮，确立了大学评价的中国话语体系，在世界各地得到了广泛报道和引用。"世界大学学术排名"包括世界一流大学的总排名、分领域排名和分学科排名。上海交通大学世界一流大学研究中心采用的排名指标及其权重（Ranking Methodology, 2012），如表 5-25 所示。

表 5-25 "世界大学学术排名"的指标及权重

一级指标	二级指标	代码	权重
教育质量	获诺贝尔奖和菲尔兹奖的校友折合数	Alumni	10%
教师质量	获诺贝尔科学奖和菲尔兹奖的教师折合数	Award	20%
	各学科领域被引用次数最高的科学家数量	HiCi	20%

续表

一级指标	二级指标	代码	权重
科研成果	在 *Nature* 和 *Science* 上发表论文的折合数	N&S	20%
	被 SCIE 和 SSCI 收录的论文数量	PUB	20%
师均表现	上述五项指标得分的师均值	PCP	10%

从表 5-25 可以看出，上海交通大学世界一流大学研究中心采用的指标都是硬指标，具有国际可比性，并且从开始到现在，它的评估指标及其权重从未变过，任何评估个体和评估组织都可以根据这些指标及权重进行核查，同时可以基于每年的排名结果看出高校学术质量的变化，到底是进步了还是退步了。不过欧美国家高校在这些指标上占有较大优势，比如，欧美国家几乎垄断了所有诺贝尔奖和菲尔兹奖，并且在 *Nature*、*Science*、SCI 和 SSCI 收录期刊上发表论文较多。而非英语系发展中国家在这些指标上几乎全无优势，例如，中国目前仅有一个诺贝尔文学奖得主，其他大部分非英语系发展中国家都没有诺贝尔奖和菲尔兹奖获得者，因此，诺贝尔奖和菲尔兹奖这个指标似乎过严了。

5.6.8 启示

1. 应该考虑到不同学科或专业的差异

高校排名实践应该考虑到不同学科或专业的差异，并且不同的评估单元应该有不同的评估指标及权重。比如，理工科发表 SCI 和 SSCI 论文比较容易，而人文学科在这方面不占优势，其更倾向于出版富有影响力的论著和本土期刊论文。如果使用同一套指标及权重去评估所有对象，势必会引起争议。像中国和印度这样的发展中大国，教育国际化程度肯定较低，而欧洲小国的国际化程度肯定较高，THE-QS 世界大学排名用突出国际化的指标来评价中国和印度这样的发展中国家就不太合适。上海交通大学世界一流大学研究中心的世界大学排名用获得诺贝尔奖和菲尔兹奖的校友和教师折合数作为一个指标，也引起很多争议。而《美国新闻与世界报道》的美国最佳大学排名对美国大学进行整体排名和分专业排名，并且整体排名和不同专业排名使用不同的评价指标及权重，这应该是值得借鉴之处。

2. 应注重科研商业化活动的评估

科研商业化活动能够为高校带来一笔不小的收入，在一定程度上可以缓解高校科研经费紧张的问题。因此，高校评估时应该设置科研商业化活动方面的量化指标，如高校专利数及其商业化活动带来的收入额，项目成果转化带来的收益等，这样可以促使高校向这方面努力，出台鼓励政策提升高校专利、项目和成果的商业化水平。然而，从上述各高校排名指标可以看出，各高校排名组织对科研成果应用与商业化评估方面尚不够重视，未发现这方面的指标。

3. 量化评估应与同行评议相结合

量化评估虽然客观，但无法从内容上评估科研成果的质量。再说，论文数量及被引频次也偶尔会出现人为操作的现象。同行评议虽然能够从内容上评估科研成果质量，但也存在缺陷，比如，主观性过强，同行的知识面不能涵盖所评估的所有领域和一些交叉学科领域，有些同行对被评估人员的研究领域了解不太深等。因此，量化评估与同行评议融合起来能够克服两者的缺陷，形成更加科学合理、公正和富有激励作用的评估体系，不过权衡设置两者的权重较难。比如，THE-QS世界大学排名在评估科研质量时，将量化指标（师均论文引用）和同行评议（学术同行评价得分）结合起来，并且毕业生就业能力的评估也采用雇主评价的方式，不过同行评议指标的权重过高，也使它每年的排名结果变化较大，引起很大争议。

4. 高校科研评估应该考虑市场化因素

学生对高校的认可度、高校人才培养与就业、科研成果应用与商业化是反映高校市场认可、社会责任和贡献的一个重要方面。目前国际上一些评估组织在对高校进行评估时考虑了这个因素。例如，《美国新闻与世界报道》和《亚洲周刊》大学排名实践非常重视学生对高校认可程度的评价，设置了20%~25%的权重。另外，为推动高校人才培养与就业，《美国新闻与世界报道》设置了20%权重的成功就业指标；THE-QS世界大学排名也设置了10%权重的毕业生就业能力指标。

5. 应同时考虑存量指标和流量指标

目前高校科研评估对流量指标的考虑较多，而对存量指标的考虑较少，而恰恰是存量指标最能反映科研水平和实力的积累。比如，中国台湾财团法人高等教育评比中心基金会采用的所有评估指标既考虑流量指标（如当年指标值），又考虑存量指标（过去11年的指标值）。这一做法值得倡导。

6. 高校评估应考虑一些负面指标、平衡指标和经济效益类指标

目前的高校排名指标中，高被引或高影响力、成功就业、学生认可和学术声誉等正面指标都被考虑在内，而一些负面指标（胡泽文，2014；胡泽文和武夷山，2012a，2015b），如零被引、造成恶劣社会影响的事件（如学术论著中的严重抄袭

和造假)、代写代发论文数量、极不受学生欢迎的教师数等都被忽略，这应该值得注意。负面指标的引入能够让高校看到自己不好的一面，有当头棒喝之效，促使其改进，起到的效果绝不亚于正面评估指标。此外，高校评估时，还应该考虑平衡指标（如经费额度、学校性质和规模的差异对高校排名的影响）和经济效益类指标（如科技成果的转化及其产生的经济效益）。比如，一所高校的科技投入非常高，专利产出也非常高，但如果专利的转让率、许可率及其产生的经济效果非常差，那么该高校的科技投入是否合理和有价值？

7. 高校评估应考虑高校的行业性质和定位

上述高校排名指标，都是世界一流或最佳大学的评估指标，对于国内争创世界一流的高校极具借鉴意义，评估此类高校时更应该注重学术科研和基础应用研究类指标（如 ESI 论文数量和质量、国际一流人才数量和质量、国际化程度、*Nature* 和 *Science* 上发表论文数、诺贝尔奖和菲尔兹奖获得者数量、各领域被引次数最高的科学家数、优越的科研环境等）。这样更可能促使此类高校培养出世界一流的领军人才和产出世界一流的重大理论成果。如果他们能够培养出一个诺贝尔奖获得者，则此高校极有可能会晋级为世界一流高校行列。而对于一些行业特色类高校，承担着培养行业领军技术人才、服务于行业振兴与发展的重任，更应该注重技术类和工程类指标（比如，专利数量和质量；专利转让率、许可率及其产生的经济效果；培养的高水平技师、专业技术人员和工程师数量和质量等）。

思 考 题

(1) 试构建网络图书的定量评价指标体系，并任选 5 本图书，进行评价排名。

(2) 假设一本期刊 2013 年出版了 30 篇论文，在 2015 年被引了 60 次；2014 年出版了 40 篇论文，在 2015 年被引了 50 次；2015 年发表了 50 篇论文，在 2015 年被引了 40 次。计算期刊 2015 年的影响因子、即年指标和来源文献量指标。

(3) 解释并对比分析影响因子、即时指标和五年影响因子之间的异同，任选 5 本期刊，计算它们 2016 年的影响因子、即时指标和五年影响因子。

(4) 举例说明期刊 Eigenfactor Score 和 SJR 指数的计算方法，并说明两个指标的意义。

(5) 举例说明被引半衰期和引用半衰期的计算过程，并对比分析两个指标在概念、计算过程、应用和意义方面的异同。

(6) 根据期刊 H 指数的计算方法，任选 5 本期刊，举例说明它们 2016 年的 H 指数的计算过程和结果。

(7) 举例说明如何构建期刊的引证网络，计算期刊的度中心性指标。

(8) 比较分析论文评估与期刊评估在指标设置方面的异同。

(9) 从表 5-9 偏定性的专利价值评估指标中，任选三个定性指标，阐述如何将它们定量化，或如何将它们转换成相似的定量指标。

(10) 比较分析专利价值指标、专利计量指标和专利质量指标之间的异同，并任选五个定量指标，阐述指标的数据来源、采集方法和指标计算方法。

(11) 对比分析网络信息资源与网站评估指标体系的异同。

(12) 列举出美国图书馆协会下属专业与协作图书馆机构协会关于网络内容可获取性的 15 条评价标准。

(13) 分别列举出一套国内网站的评估指标体系和一套国外网站评估指标体系。

(14) 举例说明美国乔治大学教授 Wilkinson 等 (1997) 和 Oliver 等 (1998) 11 个门类中的 125 个网络资源质量评价指标。

(15) 阐述目前常用的网站评价服务平台及其评价标准。

(16) 阐述双一流大学排名指标、方法及排名结果。

第 6 章　信息资源评估实践

本章提要：本章从信息资源的评估指标设计、评估方法选择、评估过程和评估结果分析四个方面，对图书、期刊、网站和专利的评估实践进行典型案例分析和解读。

主要知识点：
(1) 图书、期刊、专利和网站的评估指标设计和数据采集；
(2) 图书、期刊、专利和网站的评估方法和评估过程。

信息资源评估主要是指评估机构或评估人员通过确定评价对象和评估指标，收集和处理指标数据，确定指标权重，对评价对象进行单指标评价或综合评价，形成评价对象的排行榜或评估报告，为图书和期刊出版者、读者、科研人员、专利机构和代理人、高校政策制定者和教师、网站建设者和其他评估报告使用者等提供情报服务和决策支持服务。本章融合不同评估方法，重点分析了图书、期刊、专利和网站的评估实践案例，以期为相关研究人员、评估实践者和用户提供一定的评估理论与实践指导。

6.1　期刊评估实践

学术期刊作为一类以传播学研究为主的学术理论期刊，在科学研究和发展中具有重要的地位和作用，为促进学术期刊得以发挥重要的载体和导向作用，越来越多的期刊评价实践得以运用，TOPSIS 法期刊评估是这些评估实践中重要的一种。传统的 TOPSIS 法主观确定指标权重方法的不确定性以及不能完全反映出各方案优劣性的问题，因此一些学者使用改进的 TOPSIS 法，或结合使用两种方法，结果显示改进的 TOPSIS 法对于核心学术期刊评价更具有客观性和合理性，为学术期刊的评价提供新的方式和途径。本节主要以任选的三本学术性期刊：《情报学报》《高技术通讯》《数字图书馆论坛》为评估对象，基于 TOPSIS 法和改进的 TOPSIS 法对三本期刊进行评估排名，目的是阐释 TOPSIS 法期刊评估实践的具体过程和结果。

6.1.1 评价对象选择与指标设计

从《2012版中国科技期刊引证报告扩展版》中任选3本图书情报学领域的核心期刊：《情报学报》《高技术通讯》《数字图书馆论坛》作为评估对象，从期刊引证报告中选取以下六种主要评价指标：总被引频次（X_1）、影响因子（X_2）、即年指标（X_3）、被引半衰期（X_4）、基金论文比（X_5）、引用半衰期（X_6）。6种评估指标的定义如下：

总被引频次（X_1）：该期刊自创刊以来所登载的全部论文在统计当年被引用的总次数。

影响因子（X_2）：影响因子为该刊前两年发表论文在统计当年被引用的总次数与该刊前两年发表论文总数的比例。期刊的影响因子越大，它的学术影响力和作用就越大。

即年指标（X_3）：期刊的即年指标是指期刊当年发表的论文在当年被引用的情况。

被引半衰期（X_4）：该期刊在统计当年被引用的全部次数中，较新一半是在多长一段时间内发表的。

基金论文比（X_5）：来源期刊中各类基金资助的论文占全部论文的比例，是衡量期刊论文学术质量的重要指标。

引用半衰期（X_6）：该期刊引用的全部参考文献中，较新一半是在多长一段时间内发表的。

6.1.2 基于TOPSIS法的期刊评估过程

1. TOPSIS法的基本原理

TOPSIS法的基本原理是基于归一化后的原始数据矩阵，找出有限方案中的最优方案和最劣方案（分别用最优向量和最劣向量表示），然后分别计算诸评价对象与最优方案和最劣方案的距离，获得各评价对象与最优方案的相对接近程度，以此作为评价优劣的依据。

2. 获取评估指标数据

首先获取三本期刊的六个评估指标数据，其原始数据如表6-1所示。

其中，总被引频次、影响因子、即年指标、基金论文比属于高优指标，被引半衰期和引用半衰期属于低优指标。高优指标是指高效优质的目标体系，是收入型指标，越高越好。而低优指标与高优指标相反，是支出型指标，数值越低越好。

表 6-1　三本期刊的六个评估指标数据

期刊名称	总被引频次（X_1）	影响因子（X_2）	即年指标（X_3）	被引半衰期（X_4）	基金论文比（X_5）	引用半衰期（X_6）
情报学报（X_1）	389	0.312	0.023	5	0.82	6.1
高技术通讯（X_2）	610	0.099	0.005	7.6	1	6.6
数字图书馆论坛（X_3）	40	0.065	0.066	2.1	0.4	3

3. 构建多目标矩阵

对于有 n 个评价对象，m 个评价指标的期刊评估体系（若 m 个指标中有逆向指标或适度指标，则将其正向化），形成多目标 X 矩阵如下：

$$X = X_{ij} = \begin{bmatrix} X_{11} & X_{12} & \cdots & X_{1j} \\ X_{21} & X_{22} & \cdots & X_{2j} \\ \vdots & \vdots & & \vdots \\ X_{i1} & X_{i2} & \cdots & X_{ij} \end{bmatrix}_{n \times m} \tag{6-1}$$

式中，X_{ij} 为第 i 个评价对象第 j 个评价指标的指标值，$i=1,2,\cdots,n$；$j=1,2,\cdots,m$。

表 6-1 显示，本节有三个评价对象，六个评价指标，因此构建 3×6 的多目标评价矩阵 X 如下：

$$X = X_{ij} = \begin{bmatrix} 389 & 0.312 & 0.023 & 5 & 0.82 & 6.1 \\ 610 & 0.099 & 0.005 & 7.6 & 1 & 6.6 \\ 40 & 0.065 & 0.066 & 2.1 & 0.4 & 3 \end{bmatrix}$$

4. 构建标准化矩阵

对多目标决策矩阵高优、低优指标分别进行同向化、归一化变换处理，得到矩阵 Z_{ij}：

$$Z = \begin{bmatrix} Z_{11} & Z_{12} & \cdots & Z_{1j} \\ Z_{21} & Z_{22} & \cdots & Z_{2j} \\ \vdots & \vdots & & \vdots \\ Z_{i1} & Z_{i2} & \cdots & Z_{ij} \end{bmatrix}_{n \times m} \tag{6-2}$$

式中，$Z_{ij} = \dfrac{X_{ij}}{\sqrt{\sum_{i=1}^{n} X_{ij}^2}}$，$Z_{ij} = \dfrac{1/X_{ij}}{\sqrt{\sum_{i=1}^{n}(1/X_{ij})^2}}$，$i=1,2,\cdots,n;\ j=1,2,\cdots,m$。

由于高优指标无须进行同向化，因此通过对高优指标归一化，低优指标同向化和归一化变换，从而得到同向化和标准化的指标数据。

高优指标的归一化公式 (6-3) 如下：

$$Z_{ij} = \dfrac{X_{ij}}{\sqrt{\sum_{i=1}^{n}\sum_{j=1}^{m} X_{ij}^2}} \tag{6-3}$$

式中，Z_{ij} 代表第 i 本期刊的第 j 个指标，i 取值 $[1,n]$，j 取值 $[1,m]$，本节中，$n=3$，代表第 3 本期刊，$m=6$，代表第 6 个指标。

例如，情报学报的高优指标 X_1 的归一化公式及计算如下：

$$Z_{11} = \dfrac{X_{11}}{\sqrt{\sum_{i=1}^{n} X_{i1}^2}} = \dfrac{389}{\sqrt{389^2 + 610^2 + 40^2}} = 0.5369$$

情报学报的低优指标 X_4 的同向化和归一化公式及计算如下：

$$Z_{14} = \dfrac{1/X_{14}}{\sqrt{\sum_{i=1}^{n}\left(\dfrac{1}{X_{i4}}\right)^2}} = \dfrac{0.2}{\sqrt{0.2^2 + 0.1316^2 + 0.4762^2}} = 0.2841$$

式中，$1/X_{14}$ 为指标 X_4 的同向化公式。同理，通过上述方式对 3 本期刊的其他高优指标进行归一化，低优指标进行同向化和归一化，计算得到评价指标的标准化矩阵：

$$Z^* = \begin{bmatrix} 0.5369 & 0.9349 & 0.3282 & 0.7041 & 0.6058 & 1.0186 \\ 0.8419 & 0.2967 & 0.0714 & 0.4632 & 0.7387 & 0.9414 \\ 0.0552 & 0.1948 & 0.9419 & 1.6763 & 0.2955 & 2.0711 \end{bmatrix}$$

从标准化矩阵中三本期刊的每项指标中选择最优指标和最劣指标，构建最优指标向量 Z^+ 和最劣指标向量 Z^-：

$$Z^+ = \begin{pmatrix} 0.8419 & 0.9349 & 0.9419 & 1.6763 & 0.6058 & 1.0186 \end{pmatrix}$$

$$Z^- = \begin{pmatrix} 0.0522 & 0.1948 & 0.0714 & 0.4632 & 0.2955 & 0.9414 \end{pmatrix}$$

然后分别计算三个评价对象与理想解最优指标向量和负理想解最劣指标向

量的距离 D_{ij}^+ 与 D_{ij}^-，如式 (6-4) 和式 (6-5) 所示：

$$D_{ij}^+ = \sqrt{\sum_{j=1}^{m}(Z_{\max j}^+ - Z_{ij})^2} \tag{6-4}$$

$$D_{ij}^- = \sqrt{\sum_{j=1}^{m}(Z_{\min j}^- - Z_{ij})^2} \tag{6-5}$$

第一个评价对象与最优方案的距离：$D_{1j}^+ = \sqrt{\sum_{j=1}^{m}\left(Z_{\max j} - Z_{1j}\right)^2} = 1.593\ 847$

第一个评价对象与最劣方案的距离：$D_{1j}^- = \sqrt{\sum_{j=1}^{m}\left(Z_{\min j} - Z_{1j}\right)^2} = 1.004\ 419$

第二个评价对象与最优方案的距离：$D_{2j}^+ = \sqrt{\sum_{j=1}^{m}\left(Z_{\max j} - Z_{2j}\right)^2} = 1.978\ 131$

第二个评价对象与最劣方案的距离：$D_{2j}^- = \sqrt{\sum_{j=1}^{m}\left(Z_{\min j} - Z_{2j}\right)^2} = 0.911\ 264$

第三个评价对象与最优方案的距离：$D_{3j}^+ = \sqrt{\sum_{j=1}^{m}\left(Z_{\max j} - Z_{3j}\right)^2} = 1.167\ 523$

第三个评价对象与最劣方案的距离：$D_{3j}^- = \sqrt{\sum_{j=1}^{m}\left(Z_{\min j} - Z_{3j}\right)^2} = 1.872\ 354$

最后根据公式 $C_i = \dfrac{D_i^-}{D_i^+ + D_i^-}$ 计算每个评价对象与最优方案的接近程度：

第一个评价对象与最优方案的接近程度 $C_1 = \dfrac{D_1^-}{D_1^+ + D_1^-} = 1.634\ 604$

第二个评价对象与最优方案的接近程度 $C_2 = \dfrac{D_2^-}{D_2^+ + D_2^-} = 1.483\ 002$

第三个评价对象与最优方案的接近程度 $C_3 = \dfrac{D_3^-}{D_3^+ + D_3^-} = 3.476\ 053$

通过比较各个评价对象与最优方案的接近程度，得到三本期刊的排名结果，如表 6-2 所示。

表 6-2　三本期刊的 TOPSIS 法排名结果

评价对象	D_i^+	D_i^-	C_i	排名情况
情报学报	1.593 847	1.004 419	1.634 604	2
高技术通讯	1.978 131	0.911 264	1.483 002	3
数字图书馆论坛	1.167 523	1.872 354	3.476 053	1

通过总被引频次、影响因子、即年指标、被引半衰期、基金论文比、引用半衰期六个指标对三种学术期刊的综合影响力进行排名比较,得到综合排名结果,结果显示:数字图书馆论坛＞情报学报＞高技术通讯。

6.1.3　基于改进 TOPSIS 的学术期刊评估

1. 改进 TOPSIS 法的基本原理

改进 TOPSIS 法主要通过对原指标进行熵值加权的方法实现。熵值是对不确定性的一种度量。信息量越大,不确定性就越小,熵也就越小;信息量越小,不确定性越大,熵也就越大。同样,根据熵的特性,可以用熵值来判断某个指标的离散程度,指标的离散程度越大,该指标对综合评价的影响越大。

加权方法的基本过程如下:

首先设第 j 个评价指标的熵值为 e_j,差异系数为 h_j,如式 (6-6) 和式 (6-7) 所示。

$$e_j = -K\sum_{i=1}^{n} Z_{ij} \ln Z_{ij} \tag{6-6}$$

式中,k 为玻尔兹曼常数,$k = \dfrac{1}{\ln m}$。

$h_j = 1 - e_j$;$i=1,2,3,\cdots,n$,为第 i 个评价对象;$j=1,2,3,\cdots,m$,为第 j 个评价指标;h_j 为差异系数,为指标 j 数据离散程度的相对指标。

$$W_j = \dfrac{h_j}{\sum_{j=1}^{m} h_j} \tag{6-7}$$

W_j 为评价指标的权重,其中,$\sum_{j=1}^{m} W_j = 1$。

然后对标准化的决策矩阵 $Z = \left(Z_{ij}\right)_{nm}$ 进行 W_j 加权,求得标准化的加权决策

矩阵 $V = (W_j Z_{ij})_{nm}$。

$$V = (W_j Z_{ij})_{nm} = \begin{bmatrix} \omega_1 Z_{11} & \omega_2 Z_{12} & \omega_3 Z_{13} & \cdots & \omega_m Z_{1m} \\ \omega_1 Z_{21} & \omega_2 Z_{22} & \omega_3 Z_{23} & \cdots & \omega_m Z_{2m} \\ \omega_1 Z_{31} & \omega_2 Z_{32} & \omega_3 Z_{33} & \cdots & \omega_m Z_{3m} \\ \vdots & \vdots & \vdots & & \vdots \\ \omega_1 Z_{n1} & \omega_2 Z_{n2} & \omega_3 Z_{n3} & \cdots & \omega_m Z_{nm} \end{bmatrix} \tag{6-8}$$

矩阵 V 中各列最大值和最小值构成的最优和最劣向量分别为

$$V^+ = (\omega_1 Z_{\max 1} \quad \omega_2 Z_{\max 2} \quad \cdots \quad \omega_m Z_{\max m})$$

$$V^- = (\omega_1 Z_{\min 1} \quad \omega_2 Z_{\min 2} \quad \cdots \quad \omega_m Z_{\min m})$$

第 i 个评价对象与最优、最劣方案的距离分别为

$$D_{ij}^+ = \sqrt{\sum_{j=1}^m (V_{\max j}^+ - V_{ij})^2} \tag{6-9}$$

$$D_{ij}^- = \sqrt{\sum_{j=1}^m (V_{\min j}^- - V_{ij})^2} \tag{6-10}$$

2. 基于改进 TOPSIS 法的学术期刊评价实践

基于改进 TOPSIS 法的学术期刊评价实践基本过程：

(1) 计算玻尔兹曼常数 $k = \dfrac{1}{\ln 3} = 0.9102$。

(2) 计算期刊六个指标的熵值：

$$\begin{aligned} e_1 = -k \sum_{i=1}^n Z_{i1} \ln Z_{i1} = &-0.9102 \\ &\times \big(0.5369 \times \ln 0.5369 + 0.8419 \times \ln(0.8419) + 0.0552 \times \ln(0.0552)\big) = 0.5814 \end{aligned}$$

$$\begin{aligned} e_2 = -k \sum_{i=1}^n Z_{i2} \ln Z_{i2} = &-0.9102 \\ &\times \big(0.9349 \times \ln(0.9349) + 0.2967 \times \ln(0.2967) + 0.1948 \times \ln(0.1948)\big) = 0.6754 \end{aligned}$$

同理 $e_3 = 0.5556$、$e_4 = -0.2389$、$e_5 = 0.8079$、$e_6 = -1.3379$。

(3) 计算六个指标的差异系数：

$$h_1 = 1 - e_1 = 0.4186, \qquad h_2 = 1 - e_2 = 0.3246$$

$h_3 = 1 - e_3 = 0.4444$, $\quad h_4 = 1 - e_4 = 1.2389$

$h_5 = 1 - e_5 = 0.1921$, $\quad h_6 = 1 - e_6 = 2.3379$

(4) 计算六个指标的权重：

$$W_1 = \frac{h_1}{h_1 + h_2 + h_3 + h_4 + h_5 + h_6} = 0.0845$$

$$W_2 = \frac{h_2}{h_1 + h_2 + h_3 + h_4 + h_5 + h_6} = 0.0655$$

$$W_3 = \frac{h_3}{h_1 + h_2 + h_3 + h_4 + h_5 + h_6} = 0.0897$$

$$W_4 = \frac{h_4}{h_1 + h_2 + h_3 + h_4 + h_5 + h_6} = 0.2500$$

$$W_5 = \frac{h_5}{h_1 + h_2 + h_3 + h_4 + h_5 + h_6} = 0.0734$$

$$W_6 = \frac{h_6}{h_1 + h_2 + h_3 + h_4 + h_5 + h_6} = 0.4717$$

(5) 标准化加权决策矩阵。标准化加权决策矩阵 $V = (W_j Z_{ij})_{nm}$

$$V = \begin{bmatrix} 0.0453 & 0.0612 & 0.0294 & 0.1760 & 0.0444 & 0.4805 \\ 0.0711 & 0.0194 & 0.0064 & 0.1158 & 0.0542 & 0.4441 \\ 0.0047 & 0.0128 & 0.0844 & 0.4190 & 0.0217 & 0.9769 \end{bmatrix}$$

加权矩阵的最优向量和最劣向量分别为

$$V^+ = \begin{pmatrix} 0.0711 & 0.0612 & 0.0844 & 0.4190 & 0.0542 & 0.9769 \end{pmatrix}$$

$$V^- = \begin{pmatrix} 0.0047 & 0.0128 & 0.0064 & 0.1158 & 0.0217 & 0.4441 \end{pmatrix}$$

(6) 计算各评价对象与最优方案和最劣方案的距离。

第一个评价对象与最优方案的距离：$D_{1j}^+ = \sqrt{\sum_{j=1}^{m}(V_{\max j} - V_{1j})^2} = 0.5562$

第一个评价对象与最劣方案的距离：$D_{1j}^- = \sqrt{\sum_{j=1}^{m}(V_{\min j} - V_{1j})^2} = 0.1000$

第二个评价对象与最优方案的距离：$D_{2j}^+ = \sqrt{\sum_{j=1}^{m}(V_{\max j} - V_{2j})^2} = 0.6195$

第二个评价对象与最劣方案的距离：$D_{2j}^- = \sqrt{\sum_{j=1}^{m}(V_{\min j} - V_{2j})^2} = 0.0743$

第三个评价对象与最优方案的距离：$D_{3j}^+ = \sqrt{\sum_{j=1}^{m}(V_{\max j} - V_{3j})^2} = 0.0884$

第三个评价对象与最劣方案的距离：$D_{3j}^- = \sqrt{\sum_{j=1}^{m}(V_{\min j} - V_{3j})^2} = 0.6181$

(7) 计算评价对象与最优方案的接近程度。

第一个评价对象与最优方案的接近程度 $C_1 = \dfrac{D_1^-}{D_1^+ + D_1^-} = 0.279\,827$

第二个评价对象与最优方案的接近程度 $C_2 = \dfrac{D_2^-}{D_2^+ + D_2^-} = 0.194\,162$

第三个评价对象与最优方案的接近程度 $C_3 = \dfrac{D_3^-}{D_3^+ + D_3^-} = 7.606\,815$

根据评价对象与最优方案的接近程度进行比较排序得到的排名结果，如表 6-3 所示。

表 6-3　基于改进 TOPSIS 法的三本期刊排名结果

评价对象	D_i^+	D_i^-	C_i	排名情况
情报学报	0.5522	0.1000	0.279 827	2
高技术通信	0.6195	0.0743	0.194 162	3
数字图书馆论坛	0.0884	0.6181	7.606 815	1

通过采用传统 TOPSIS 法和改进 TOPSIS 法对情报学报、高技术通讯、数字图书馆论坛三种核心学术期刊进行排序比较得到相同的期刊评价结果：数字图书馆论坛>情报学报>高技术通讯。但这无法说明三种核心期刊中，数字图书馆论坛的质量是最好的，相反，在图书情报学领域学者心中，情报学报是领域最权威的期刊。出现这种偏差的原因可能与本评估实践选择的指标不全有关，另外，不同评估方法也会影响期刊的评估结果。

6.1.4 基于灰色系统的学术期刊评估实践

1. 灰色系统的基本原理

灰色关联分析是用灰色关联度来描述因素间关系的强弱、大小和次序。如果样本数据反映出两因素变化的态势（方向、大小、速度等）基本一致，则它们之间的关联度较大；反之关联度较小。通过设定最优因素为比较标准或参考序列，通过比较其他因素与最优因素的关联度来评估其他各因素优劣次序。灰色关联分析方法使用关联度来评价对象与标准对象的接近程度，关联分析是指通过计算比较序列与参考序列的关联度来定量分析二者间的接近程度。

设系统有 m 个行为序列，每个序列有 n 个数据点：

$$Y_0 = \{y_0(1), y_0(2), \cdots, y_0(n)\}$$
$$Y_1 = \{y_1(1), y_1(2), \cdots, y_1(n)\}$$
$$Y_2 = \{y_2(1), y_2(2), \cdots, y_2(n)\}$$
$$\cdots\cdots$$
$$Y_m = \{y_m(1), y_m(2), \cdots, y_m(n)\}$$

式中，Y_0 为参考序列，Y_1, $\cdots$, Y_m 为比较序列。行为序列可以是时间序列和指标序列等。

构造原始数据矩阵：

$$Y = \begin{bmatrix} y_{01} & y_{02} & \cdots & y_{0n} \\ y_{11} & y_{12} & \cdots & y_{1n} \\ \vdots & \vdots & & \vdots \\ y_{m1} & y_{m2} & \cdots & y_{mn} \end{bmatrix} \tag{6-11}$$

其中

$$y_{ij} = y_i(j) \quad (i=0,1,2,\cdots,m; j=1,2,\cdots,n)$$

然后，将各序列数据标准化。

数据标准化的方法有：

$$x_{ij} = \frac{y_{ij}}{y_{i1}} \quad (i=0,1,2,\cdots,m; j=1,2,\cdots,n) \tag{6-12}$$

2. 灰色系统的学术期刊评估过程

(1) 设有 m 个评价对象，每个评价对象有 n 个评价指标，第 i 个评价对象的第 j 个指标为 $y_{ij}\,(i=1,2,\cdots,m;j=1,2,\cdots,n)$，即

$$y_{ij} = \begin{bmatrix} y_{11} & y_{12} & \cdots & y_{1n} \\ y_{21} & y_{22} & \cdots & y_{2n} \\ \vdots & \vdots & & \vdots \\ y_{m1} & y_{m2} & \cdots & y_{mn} \end{bmatrix} \tag{6-13}$$

灰色系统期刊评估实践的样本为表 6-1 所示三本期刊的六个评估指标，即

$$y_{36} = \begin{bmatrix} y_{11} & y_{12} & \cdots & y_{16} \\ y_{21} & y_{22} & \cdots & y_{26} \\ \vdots & \vdots & & \vdots \\ y_{31} & y_{32} & \cdots & y_{36} \end{bmatrix} = \begin{bmatrix} 389 & 0.312 & 0.023 & 5 & 0.82 & 6.1 \\ 610 & 0.099 & 0.005 & 7.6 & 1 & 6.6 \\ 40 & 0.065 & 0.066 & 2.1 & 0.4 & 3 \end{bmatrix}$$

(2) 确定最优指标集：

$$Y_0 = \begin{pmatrix} y_{01} & y_{02} & \cdots & y_{0n} \end{pmatrix} = \begin{pmatrix} 610 & 0.312 & 0.066 & 2.1 & 1 & 3 \end{pmatrix}$$

关于最优指标集的说明：

最优指标值可以是某种确定的标准，也可以是评估者公认的最优值，还可以简单地采用

$$y_{0j} = \text{optimum}\,(y_{ij}) \quad (i=1,2,\cdots,m) \tag{6-14}$$

来确定最优指标集。即如果指标值越大越好，则以该指标在各方案中的最大值为最优标准；如果指标值越小越好，则以该指标在各方案中的最小值为最优标准。

(3) 构造原始矩阵。最优指标集和评价对象的指标构成原始矩阵

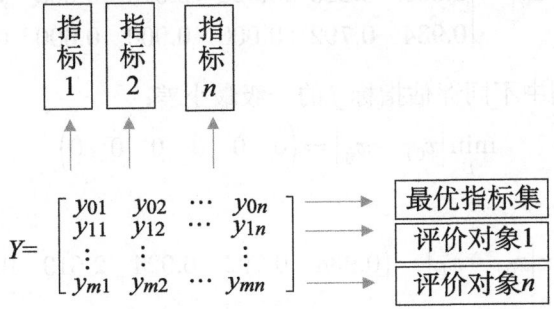

即 $Y = \begin{bmatrix} 610 & 0.312 & 0.066 & 2.1 & 1 & 3 \\ 389 & 0.312 & 0.023 & 5 & 0.82 & 6.1 \\ 610 & 0.099 & 0.005 & 7.6 & 1 & 6.6 \\ 40 & 0.065 & 0.066 & 2.1 & 0.4 & 3 \end{bmatrix}$

(4) 数据无量纲化处理。无量纲化的方法有：数据均值化、数据初值化、数据极差化、数据标准化。常用的有数据均值化和数据初值化。此节仅采用数据初值化对矩阵 Y 进行无量纲化。

将矩阵 Y 的每列所有数据除以该列的第一个数据，得到无量纲矩阵 Y^*

$$Y^* = \begin{bmatrix} 1.000 & 1.000 & 1.000 & 1.000 & 1.000 & 1.000 \\ 0.638 & 1.000 & 0.348 & 2.381 & 0.820 & 2.033 \\ 1.000 & 0.317 & 0.076 & 3.619 & 1.000 & 2.200 \\ 0.066 & 0.208 & 1.000 & 1.000 & 0.400 & 1.000 \end{bmatrix}$$

(5) 确定评价矩阵。以最优指标集为参考序列，各评价对象的指标为比较序列，计算第 i 个评价对象与第 j 个最优指标的灰色关联系数。

$$r_{ij} = \frac{\min\limits_{i}\min\limits_{j}|x_{0j} - x_{ij}| + \xi \max\limits_{i}\max\limits_{j}|x_{0j} - x_{ij}|}{|x_{0j} - x_{ij}| + \xi \max\limits_{i}\max\limits_{j}|x_{0j} - x_{ij}|} \quad (i=1,2,\cdots,m; j=1,2,\cdots,n)$$

(6-15)

式中，$\xi \in [0,1]$ 为分辨系数，常取 $\xi = 0.5$；$\min\limits_{i}\min\limits_{j}|x_{0j} - x_{ij}|$ 为两级最小差，$\max\limits_{i}\max\limits_{j}|x_{0j} - x_{ij}|$ 为两级最大差。

基于无量纲矩阵 Y^*，计算参考序列与比较序列各指标差的绝对值，即

$$|x_{0j} - x_{ij}| = \begin{bmatrix} 0.362 & 0.000 & 0.652 & 1.381 & 0.180 & 1.033 \\ 0.000 & 0.683 & 0.924 & 2.619 & 0.000 & 1.200 \\ 0.934 & 0.792 & 0.000 & 0.000 & 0.600 & 0.000 \end{bmatrix}$$

得出比较序列中不同评估指标 j 的一级最小差：

$$\min\limits_{j}|x_{0j} - x_{ij}| = \begin{pmatrix} 0 & 0 & 0 & 0 & 0 & 0 \end{pmatrix}$$

和一级最大差：

$$\max\limits_{j}|x_{0j} - x_{ij}| = \begin{pmatrix} 0.934 & 0.792 & 0.924 & 2.619 & 0.600 & 1.200 \end{pmatrix}$$

计算出不同评估指标 j 的两级最小差和两级最大差：

$$\min\limits_{i}\min\limits_{j}|x_{0j} - x_{ij}| = \begin{pmatrix} 0 \end{pmatrix}$$

$$\max_i \max_j |x_{0j} - x_{ij}| = (2.619)$$

计算第 i 个评价对象与第 j 个最优指标的灰色关联系数，形成评价矩阵：

$$r_{ij} = \begin{bmatrix} 1.382 & 1.000 & 1.990 & 0.487 & 1.159 & 0.559 \\ 1.000 & 2.089 & 3.399 & 0.333 & 1.000 & 0.522 \\ 3.491 & 2.529 & 1.000 & 1.000 & 1.846 & 1.000 \end{bmatrix}$$

(6) 确定各评价指标的权重矩阵。

视各指标的重要程度为其赋予相应权重

$$W = \begin{pmatrix} w_1 & w_2 & \cdots & w_n \end{pmatrix}$$

各权重满足非负性条件和归一化条件

$$w_j \geqslant 0 \quad \left(j = 1, 2, \cdots, n; \quad \sum_{j=1}^{n} w_j = 1 \right)$$

本节采用"6.1.3 基于改进 TOPSIS 的学术期刊评估"部分融合熵值和指标差异系数测算出的指标权重。即

$$W = \begin{pmatrix} w_1 & w_2 & \cdots & w_n \end{pmatrix} = \begin{pmatrix} 0.0845 & 0.0655 & 0.0897 & 0.2500 & 0.0734 & 0.4717 \end{pmatrix}$$

(7) 计算评价结果。

灰色关联度矩阵

$$A = W \times R^{\mathrm{T}} = \begin{pmatrix} 0.831 & 0.929 & 1.408 \end{pmatrix}$$

其中，各评价对象的灰色关联度

$$a_i = \sum_{j=1}^{n} w_j \times \left(r_{ij} \right)^{\mathrm{T}} \quad (i = 1, 2, \cdots, m) \tag{6-16}$$

由此计算出三个评价对象的灰色关联度矩阵：

$$A = W \times R^{\mathrm{T}} = \begin{pmatrix} 0.831 & 0.929 & 1.408 \end{pmatrix}$$

灰色关联度越大，说明其相应的评价对象越接近于最优指标，据此便可排出各评价对象的优劣顺序。由三个评价对象的灰色关联度矩阵可以得出三种核心学术期刊（情报学报、高技术通讯、数字图书馆论坛）的评价结果：情报学报<高技术通讯<数字图书馆论坛。本排名结果与三本期刊的影响因子排名结果（情报学报>高技术通讯>数字图书馆论坛）出入很大，可见评估方法使用过程中，指标选取是否齐全、数据无量纲化是否合理、权重确定是否科学等都会影响评估结果。

6.1.5 结论

通过三种方法的比较可以看出，传统 TOPSIS 法在多目标综合决策中，由于权重确定、距离公式的选择而导致评价结果缺乏客观性和合理性的不足。改进的 TOPSIS 法采用了熵值法确定指标权重，消除了主观因素的影响，增强了评价指标间的对比分析，采用改进的相对接近度算法，避免评价的期刊出现距理想解最近，但与负理想解也近的情况，提高了传统 TOPSIS 法的科学性和合理性。改进的 TOPSIS 法应用于核心学术期刊质量综合评价，可以科学和直观地反映出学术期刊的整体质量、综合性及权威性。改进的 TOPSIS 法充分利用了评价指标原始数据提供的信息，指标权数的确定排除了主观因素的影响。灰色系统评价方法可以借鉴使用层次分析法和改进 TOPSIS 法测算的指标权重，从而实现多方法融合视角下的信息资源评估实践。

6.2 图书评估实践

图书评价是根据一定的标准和方法，对图书文献的内在质量、外部影响和发展特点等方面进行评估和分析。科学合理的图书评估实践能实现图书价值的最大化利用，保证我国图书出版整体品质，增强图书传播的广度与深度，更好地实现图书的科学价值和社会功用。本节在前述章节对评估方法和图书评估指标梳理和详解的基础上，构建了图书评估指标体系，首先引入融合指数标度的改进型层次分析法对图书评估指标进行权重量化和权重总排名，然后模糊综合评估法对东南大学图书馆总榜 Top 5 的图书进行评估排名和比较，构建优化图书评价体系。

6.2.1 图书评估理论基础

对于图书评价的研究，相比日趋成熟的期刊论文评价指标与评价体系，由于图书资源分布极其广泛，其出版数量巨大，图书内容篇幅长，耗时，且缺少大量明确的数据统计等原因，在理论和实践应用方面，均处于比较薄弱和滞后的局面。我国目前的图书评价实践主要表现为图书评奖活动、图书评论系统和排行榜系统。从图书评价的实际情况和现有方法来看，由于评价指标的多样性，且评价角度各不相同，因而若想建立一个综合图书评价体系，是十分复杂且具有综合性的，如何把指标具体化也是图书评价的难点与重点。目前国内的图书评价模型主要表现为出版社角度、图书馆角度和网络角度的评价模型。图书评估方法主要有单指标评价法，包括发行量法、同行评议法和引文分析法，以及全评价法。

1. 图书评估模型

1) 出版社角度

出版社是对图书进行输出的主要部门和渠道，对于图书质量掌控的重要作用和地位不容忽视。李雁翎等分析了相关评价模型的特点及利弊，并在此基础上，从作者、出版社、图书馆、销售和网络舆情五个方面来源的图书信息进行全面综合评价，提出了五维图书评价体系及分析模型（李雁翎等，2013）。邢红梅和吕先竞指出，出版社常用的图书评估模型是 PDCA 循环评估模型，即"Plan—Do—Cheek—Action"（计划—实施—检查—处理）的评估工作循环模型简称（邢红梅和吕先竞，2014）。

2) 图书馆角度

在客户关系管理中，RFM 模型是根据一个客户的近期购买行为、购买的总体频率以及花了多少钱三项指标来描述和评估该客户的价值状况。而张海营基于读者借阅行为，将营销学上常用的 RFM 模型引入图书评估领域中，将其重新定义为图书最近被借阅时间（R）、被借阅次数（F）、被借阅总时间（M）。然后通过 Z 分数对 RFM 三维指标进行标准化处理，将三个指标整合成图书评价因子，构建图书评价指标系统（张海营，2012）。

3) 网络角度

随着数字出版技术、碎片化阅读和电子阅读的飞速发展，读者通过网络和移动电子设备来进行的图书阅读活动越来越多，网络图书评价的主要目的是为了计算出公平合理的图书评价指数，给消费者提供网络图书推荐服务。图书排行榜主要是从市场受欢迎的程度来对图书进行评价，虽然很好地反映了读者对图书的喜好，但是存在较大的主观因素，仍需继续完善。针对网络图书，彭陶利用文献计量学理论，以当当网图书排行榜为对象，深入分析榜排名的影响因素，探讨各个因素之间的关系，为更加全面地评价图书等提供参考。路永和等提出基于关联规则综合评价的图书推荐模型，首先基于支持度、置信度、兴趣度和吸引度，运用熵权法和相对比较法确定模型中指标的权重，并对模型的算法进行研究，较好地解决了网络书店图书的评价与推荐（彭陶，2012）。

2. 评价方法

1) 发行量法

发行量法首先要统计各种类别图书在出版社中的发行数量,从而能够根据这些真实的数据,获取到读者的需求状况,掌握市场对图书的认同程度。它的主要表现形式为各类图书排行榜。依据统计数据的来源进行分类,可分为实体书店图书排行榜,网络书店图书排行榜和综合性来源图书排行榜三类 (邢红梅和吕先竞, 2014)。

2) 同行评议法

同行评议最开始的雏形可以追溯到 17 世纪中叶,英国皇家学会刊物的创刊时期。同行评议是指某一或若干领域的专家采用一种评价标准,共同对涉及上述领域的一项事物进行评估的活动。目前同行评议在国内学术界主要应用于成果评奖、项目鉴定、职称评定等活动。学术图书评价方面,同行评议方法的主要问题在于评价标准、成本、评价主体的主观随意性难以控制等,仅在国内的一些图书评奖中采用 (邢红梅和吕先竞, 2014)。

3) 引文分析法

在期刊评价研究中,引文分析法应用最广泛且发展最成熟。引文分析法是利用各种数学及统计的方法,以及比较、归纳、抽象和概括等逻辑方法,从引文入手,对科学期刊、论文、图书、著者等各种分析对象的引证与被引证现象进行分析,以便揭示其数量特征和内在规律的一种文献计量分析法 (张艳丽, 2015)。近年来,这个方法同样适用于图书评价实践。例如,南京大学与中国图书评论学会合作建设的中文学术图书引文索引 (Chinese Book Citation Index, CBkCI),收录了 1992 年以来国内出版的中文人文社会科学原创学术专著,并与南京大学在 1998 年建设的"中文社会科学引文索引"进行整合,共同构建成为涵盖学术期刊、学术集刊、学术专著等多重出版形态的符合学术规范和科学评价需求的大数据平台。目前数据库已覆盖人文、社会科学的 21 个学科,收录了根据严格标准和程序遴选的学术图书近 5000 种。项目组根据入选书目进行了学术图书的电子化和引文加工,共摘录章节 5.2 万余条,引文 220 万余条,并对章节、引文数据进行了规范,现已全部入库。引文,就是通常所说的参考文献。文献的相互引证直接反映学术研究之间的交流与联系,通过引文检索可查找相关研究课题早期、当时和最近的学术文献,可以了解文献之间的内在联系,同时也可以评估文献的质量和外部影响力。借助 CBkCI 和 CSSCI 两大平台关于图书及图书引文的统计数据,可以确定各学科被引用最多的图书，析出影响人文社会科学研究的重要图书，并据此向学界推荐各学科最有学术影响力的图书。

4) 全评价法

全评价法属于多指标综合评价法，可以融合定性与定量的评价方法，从多个角度和层面评价图书内容、图书价值。南京大学信息管理学院叶继元 (2013) 提出全评价理论，将评价从二元定性和定量扩充为内容、效用和形式评价，认为评价体系应包括评价目的、评级主体、评价客体、评价方法、评价标准与指标、评价制度六大要素。温晋和闻捷 (2003) 等对科技精品图书的评价从三个方面展开，即图书内容评价、图书编辑制作评价、图书的社会认可程度评价。

6.2.2 基于改进层次分析法的图书评估实践

改进的层次分析法主要针对传统层次分析法中的 1～9 标度存在的缺陷，根据心理学上韦伯-费希纳定律，引入指数标度对层次分析法进行改进并将其应用到图书评价中，计算出各评价指标的权重系数。

1. 层次分析法

层次分析法是将与决策有关的元素分解成目标、准则、方案等层次，在此基础之上进行定性和定量分析的决策方法。层次分析法主要用于判断评估对象指标的相对重要性和权重，主要实现步骤如图 6-1 所示。

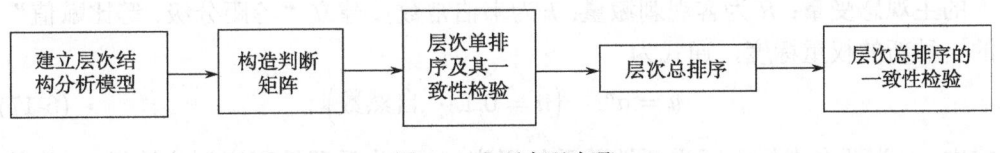

图 6-1 主要实现步骤

2. 指数标度

构造判断矩阵时，需要对评价指标进行比较，使用的尺度标准度量要尽可能地避免不同性质的因素之间相互比较的困难。传统 AHP 中 1～9 标度存在部分缺陷，容易导致评定结果出现逆序、判断矩阵一致性与思维一致性相脱节等问题，如表 6-4 所示，当 A 比 B 稍微重要时，1～9 标度给出的结果是 A 与 B 的权重比为 0.75：0.25，权重之间的间隔是 0.50，间隔太大，与人们的心理预期相差太远。而指数标度测算出的权重比为 0.63：0.37，间隔是 0.26，基本符合人们的心理预期。随着重要程度的增加，1~9 标度给出的权重之差迅速缩小，例如，明显重要 A 与 B 的权重间隔是 0.66，强烈重要 A 与 B 的权重间隔是 0.74，可以看出明显重要与强烈重要权重间隔的差距特别小，这也与人们的心理感觉不符。相比之下，用指数标度给出的权重则合理得多。吕跃进对指数标度和 1~9 标度进行了系统的比较分析，指出两者的不相容性，得出 1~9 标度可能与心理预期不符，导致决策失误（吕跃进等，2003）。

表 6-4　指数标度和层次分析法 1~9 标度重要性程度的排序权重

A 比 B 重要程度	同等重要	稍微重要	明显重要	强烈重要	极端重要
A 与 B 的权重比（指数标度）	0.50∶0.50	0.63∶0.37	0.75∶0.25	0.84∶0.16	0.90∶0.10
A 与 B 的权重比（1~9 标度）	0.50∶0.50	0.75∶0.25	0.83∶0.17	0.87∶0.13	0.90∶0.10

鉴于 AHP 的实用性较强、简明易懂，如对其权重标度进行改进仍是一种较好的方法。舒康等依据心理学上的韦伯-费希纳定律，提出的指数标度较好地解决了思维一致性与判断矩阵一致性相脱节问题（舒康和梁镇韩，1990）。如今，改进后的基于指数标度的层次分析法已在经济、工业、军事等多个领域中得到良好应用。

指数标度是依据心理学上的韦伯-费希纳定律，即 $S = k \cdot \lg R$ 或 $R = 10^{S/k}$（S 为人的主观感受量；R 为客观刺激量；k 为韦伯常数），建立"等距分级，等比赋值"的一种新的权重标度，通式为

$$u = a^n \quad (n = 0, 1, \cdots, 自然数) \tag{6-17}$$

式中，u 为两个指标之间重要性关系的极度值；n 为重要性程度划分等级；a 为待定参数。

对于参数 n 与 a 的确定，从心理学上考虑，人们对两个事物差别程度的辨别区分通常至多 9 级，超过 9 级时的判断极易产生混乱与模糊不清。因此，一般情况下重要性程度等级分为 9 级为宜，即 $n = 8$。考虑到两两比较中的因素重要性程度应当在同一数量级上才容易比较，所以，一般认为 9 是重要性之比的极限（孙东生等，2010），则改进后的指数标度公式变为

$$u = a^n = 1.316^n \quad (n = 0, 1, \cdots, 8) \tag{6-18}$$

式中，参数 a 值可通过公式 $a^8 = 9 (n = 8), a = \sqrt[8]{9}$，确定 $a = 1.316$，与张群会

(1999) 通过心理调查得到的 a 相同。从而确定改进指数标度中 1~9 级对应的权重标度见表 6-5。

表 6-5 改进指数标度中 1~9 级相对重要性对应的权重标度

n	0	1	2	3	4	5	6	7	8
标度 u_{ij}	1.000	1.316	1.732	2.279	3.000	3.947	5.194	6.836	9.000
A 比 B 重要程度	同等重要		稍微重要		明显重要		强烈重要		极端重要
中间插值	$n=1,3,5,7$,表示上述两相邻判断的中值,按照 1.316^n 计算								

注:若因素 i 与因素 j 的重要性之比为 u_{ij},那么因素 j 与因素 i 的重要性之比为 $u_{ji}=1/u_{ij}$

由于指数标度具有良好的心理学依据,克服了 1~9 标度思维一致性与判断矩阵一致性不一致的矛盾,并且引入到数学结构中,具有良好的有界封闭性、自治性、一致性。

3. 基于改进层次分析法的图书评估实践过程

1) 构造图书评估指标体系

判断矩阵是指在评估指标体系的模型中,针对上一层指标中的某个元素而言,本层与之相连的有关元素之间的相对重要性的比较。

本节的图书评估指标体系是根据资料数据、专家的意见和图书馆工作人员的经验得出的,图书评估指标体系的具体层次如下:

目标层为国内学术图书评价 A;

指标层 A~B:内容评价 B1、形式评价 B2、效用评价 B3;

准则层 B1~C:覆盖的学科范围 C1、同行评价 C2、价值性 C3、新颖性 C4;

B2~D:版本 D1、印刷质量 D2、资源网络化 D3;

B3~E:借阅量 E1、引用率 E2、书评 E3。

2) 构建判断矩阵

根据上述指标体系中,B 层三个指标对于目标层 A 的相对重要性,利用表 6-5 所示改进指数标度中 1~9 级所示指标间相对重要性的权重标度,构造评定 B 层指标两两判断矩阵 A~B,如表 6-6 所示;第三层指标 C1~C4 相对于 B1 层的两两判断矩阵 B1~C,如表 6-7 所示;D1~D3 指标相对于 B2 层的两两判断矩阵 B2~D,如表 6-8 所示;E1~E3 指标相对于 B3 层的两两判断矩阵 B3~E,如表 6-9 所示。

表 6-6　判断矩阵 A～B

A	B1	B2	B3
B1	1.000	1.732	0.439
B2	0.577	1.000	0.193
B3	2.279	5.194	1.000

表 6-7　判断矩阵 B1～C

B1	C1	C2	C3	C4
C1	1.000	0.333	0.333	1.732
C2	3.000	1.000	1.000	3.947
C3	3.000	1.000	1.000	3.947
C4	0.577	0.253	0.253	1.000

表 6-8　判断矩阵 B2～D

B2	D1	D2	D3
D1	1.000	1.732	0.333
D2	0.577	1.000	0.146
D3	3.000	6.836	1.000

表 6-9　判断矩阵 B3～E

B3	E1	E2	E3
E1	1	1/3	1/3
E2	3	1	1
E3	3	1	1

3) 计算各评价指标的层次单排序及其一致性检验

一致性检验目的是确定本层次与上层次中某元素有联系的各元素重要性次序的权重值。计算评价指标的层次单排序权重可归结为计算判断矩阵的特征根和特征向量问题。对判断矩阵 F，计算满足 $FW = \lambda_{\max} W$ 的特征根与特征向量。$\lambda_{\max}$ 为 F 矩阵的最大特征根。W 为对应于 $\lambda_{\max}$ 的经归一化的特征向量。最大特征根 $\lambda_{\max}$ 和特征向量 W 近似计算方法的和积法步骤如下:

将判断矩阵每一列归一化：

$$\overline{b_{ij}} = b_{ij} / \sum_{i=1}^{n} b_{ij} \quad (i=1,2,\cdots,n) \tag{6-19}$$

对按列归一化的判断矩阵，再按行求和：

$$\overline{w_i} = \sum_{j=1}^{m} \overline{b_{ij}} \quad (j=1,2,\cdots,m) \tag{6-20}$$

将向量 $\overline{w} = \left[\overline{w_1}, \overline{w_2}, \cdots, \overline{w_n}\right]^{\mathrm{T}}$ 归一化：

$$w_i = \overline{w_i} / \sum_{i=1}^{n} \overline{w_i} \quad (i=1,2,\cdots,n) \tag{6-21}$$

则 $w = [w_1, w_2, \cdots, w_n]^{\mathrm{T}}$ 为所求的特征向量。

计算最大特征根：

$$\lambda_{\max} = \sum_{i=1}^{n} \frac{(AW)_i}{NW_i} \tag{6-22}$$

一致性指标 CI 可通过公式 CI=$\frac{\lambda_{\max} - n}{n-1}$ 来计算，由表 6-10 中查找与判断矩阵相同阶数的平均随机一致性指标 RI，根据 CR=CI/RI 计算一致性比率 CR。当 CR<0.1 时，认为判断矩阵具有满意的一致性，可以接受；当 CR≥0.1 时应该对判断矩阵作适当修正。

表 6-10 平均随机一致性指标

阶数	1	2	3	4	5	6	7	8	9	10	11	12	13	14	15
RI	0	0	0.58	0.9	1.12	1.24	1.32	1.41	1.45	1.49	1.52	1.54	1.56	1.58	1.59

例如，首先对矩阵 A～B 进行按列归一化，并按行求和，得到归一化后的判断矩阵和初始指标权重 $\overline{w_i}$，如表 6-11 所示。

然后，对权重向量 $\overline{w_i} = (0.747, 0.394, 1.859)^{\mathrm{T}}$ 进行归一化，获得归一化后的权重向量，即判断矩阵的特征向量：$W_i = (0.249, 0.131, 0.620)^{\mathrm{T}}$。然后基于特征向量求解最大特征根。首先求解：

表 6-11　归一化的判断矩阵 A~B

A	B1	B2	B3	$\overline{w_i}$
B1	0.259	0.219	0.269	0.747
B2	0.150	0.126	0.118	0.394
B3	0.591	0.655	0.613	1.859
$\lambda_{\max}$=3.008		RI=0.36	CI=0.004	CR=0.012

$$AW = \begin{bmatrix} 1.000 & 1.732 & 0.439 \\ 0.577 & 1.000 & 0.193 \\ 2.279 & 5.194 & 1.000 \end{bmatrix} \times \begin{bmatrix} 0.249 \\ 0.131 \\ 0.620 \end{bmatrix} = \begin{bmatrix} 0.748 \\ 0.394 \\ 1.869 \end{bmatrix}$$

$$\lambda_{\max} = \sum_{i=1}^{n} \frac{(AW)_i}{NW_i} = \frac{1}{3}\left(\frac{0.748}{0.249} + \frac{0.394}{0.131} + \frac{1.869}{0.620}\right) = 3.008$$

然后求出：RI=0.36，CI=0.004，CR=0.012。

依次类推，分别求出判断矩阵 B1~C、B2~D 和 B3~E 的指标特征向量、最大特征根、一致性指标 CI、平均随机一致性指标 RI 和一致性比率 CR，分别如表 6-12~表 6-14 所示。

表 6-12　判断矩阵 B1~C

B1	C1	C2	C3	C4	W
C1	1.000	0.333	0.333	1.732	0.138
C2	3.000	1.000	1.000	3.947	0.385
C3	3.000	1.000	1.000	3.947	0.385
C4	0.577	0.253	0.253	1.000	0.092
$\lambda_{\max}$=4.001		RI=0.58	CI=0.003		CR=0.005

表 6-13　判断矩阵 B2~D

B2	D1	D2	D3	W
D1	1.000	1.732	0.333	0.208
D2	0.577	1.000	0.146	0.110
D3	3.000	6.836	1.000	0.682
$\lambda_{\max}$=3.001		RI=0.36	CI=0.004	CR=0.012

表 6-14 判断矩阵 B3～E

B3	E1	E2	E3	W
E1	1	1/3	1/3	0.143
E2	3	1	1	0.429
E3	3	1	1	0.429
$\lambda_{\max}=3$		RI=0.36	CI=0	CR=0

上述各判断矩阵的计算结果显示，各层的 CR 指标均小于 0.1，证明判断矩阵构造成功，一致性检验通过。

4) 层次总排序表

计算同一层次所有因素对于最上层相对重要性的排序权值，称为层次总排序，这一过程是由最高层次到最低层次逐层进行的。例如，本节需要计算最低层 C 层相对于最上层 A 层的总权重，可以通过计算 C 层各指标相对于 B 层各指标的权重乘以 B 层各指标权重获得。

例如，C1 相对于 A 层的合成权重计算方法：

首先计算出 C1 相对于 B1 的权重 0.138 乘以 B1 相对于目标 A 的权重 0.249，得出为 C1-B1-A 的合成权重为 0.034。

依次类推，C1 相对于 B2 和 B3 的权重 o，分别乘以 B2 和 B3 相对于目标 A 的权重 0.131 和 0.620，得出 C1-B2-A 的合成权重 o 和 C1-B3-A 的合成权重 o，然后进行求和，得出 C1 的层次总排序权重为 0.034，依次类推，得到 C2-C4、D1-D3、E1-E3 对于目标层 A 的总排序权重。各指标层次总权重及排序情况如表 6-15 所示。

表 6-15 各指标层次总权重及优先顺序

B 层次 子层次	B1 2 0.249	B2 3 0.131	B3 1 0.620	层次总权重	优先顺序
C1	0.138			0.034	7
C2	0.385			0.096	3
C3	0.385			0.096	3
C4	0.092			0.023	9

B 层次 子层次	B1 2 0.249	B2 3 0.131	B3 1 0.620	层次总权重	优先顺序
D1		0.208		0.027	8
D2		0.110		0.014	10
D3		0.682		0.090	5
E1			0.143	0.089	6
E2			0.429	0.266	1
E3			0.429	0.266	1

由此得出各指标的权重为

$A=$ (0.034, 0.096, 0.096, 0.023, 0.027, 0.014, 0.090, 0.089, 0.266, 0.266)

通过评估对象各指标的权重乘以各指标值，并求和，可以得出各评估对象的综合评估值。

6.2.3 基于模糊评价法的图书评估实践

1. 模糊评价法

模糊综合评判法能很好地处理多指标评价的问题，它是以模糊数学为基础，应用模糊关系合成的原理，将一些边界不清、不易定量的因素定量化，从多个因素对被评价事物隶属等级状况进行综合性评价的一种方法，适用于评价定性指标，可以将招标中用模糊语言描述的定性属性或信息定量化，较好地克服信息的模糊性。

2. 模糊综合评判法的评估过程

1) 构建因素集和评语集

设影响评价对象的因素（或称指标）有 m 个，它们组成的集合称为因素集 $X=\{x_1, x_2, \cdots, x_m\}$。然后设所有可能出现的评语有 n 个，它们组成的集合称为评语集（评价集）$V=\{v_1, v_2, \cdots, v_n\}$。

2) 单因素评价

对因素集 X 中的单个因素 x_i ($i=1,2,\cdots,m$) 作评价，确定该事物对评语 V_j

($j=1, 2, \cdots, n$) 的隶属度 r_{ij}, r_{ij} ($0 \leqslant r_{ij} \leqslant 1$)。从而得出第 i 个因素 x_i 的单因素评价集 $r_i = (r_{i1}, r_{i2}, \cdots, r_{in})$，它是 V 上的模糊集。

3) 构造综合评价矩阵

把 m 个单因素评价集作为行得到一个总的评价矩阵（称为综合评判矩阵）：

$$R = \left(r_{ij}\right)_{m \times n} = \begin{bmatrix} r_{11} & r_{12} & \cdots & r_{1n} \\ r_{21} & r_{22} & \cdots & r_{2n} \\ \vdots & \vdots & & \vdots \\ r_{m1} & r_{m2} & \cdots & r_{mn} \end{bmatrix} \tag{6-23}$$

4) 确定因素重要程度模糊集

在因素论域 X 上给出一个模糊集 $A = \{a_1, a_2, \cdots, a_m\}$，$a_i$ 为各因素 x_i ($i=1, 2, \cdots, m$) 在总体评价中的重要程度或影响程度，也称因素或指标的权重）。

5) 求出模糊综合评价集

根据上述因素重要程度模糊集 A 和综合评判矩阵 R，选择适当的广义模糊合成运算 $\oplus$，得到模糊综合评价集 $B = A \oplus R = (b_1, b_2, \cdots, b_n)$。根据最大隶属度原则，选择模糊综合评价集 $B = (b_1, b_2, \cdots, b_n)$ 中最大 b_j 所对应的评语 v_j 作为综合评价的结果。

运算 $\oplus$ 有多种模型，如 $(\wedge, \vee)$，$(\cdot, \vee)$ 等。具体应用哪一种模型可根据评价对象的特点加以选用。

模型 I：$M(\wedge, \vee)$ ——主因素决定型

$$b_j = \vee\left\{\left(a_j \wedge r_{ij}\right), 1 \leqslant i \leqslant n\right\} \quad (j=1, 2, \cdots, m) \tag{6-24}$$

由于综合评判结果 b_j 的值仅由 a_i 与 r_{ij} ($i=1, 2, \cdots, n$) 中的某一个确定（先取小，后取大运算），着眼点是考虑主要因素，其他因素对结果影响不大，这种运算有时出现决策结果不易分辨的情况。

3. 模糊综合评判法的应用过程

1) 选取图书信息

首先选取了 2016 年位于东南大学图书馆总榜 Top5 的图书信息，如表 6-16 所示。

表 6-16　2016 年位于东南大学图书馆总榜 Top5 的图书信息

排名	书名	作者	出版社	借阅量
1	北大清华名师演讲录	"两校名师讲堂"编委会编	北京大学出版社（2004）	1073
2	你的脑袋几斤几两？	（英）米克·奥海尔著	陕西师范大学出版社（2007）	1015
3	中国经学	主编彭林	广西师范大学出版社（2005）	771
4	一生的读书计划	邓鹏飞编著	现代出版社（2004）	753
5	红楼梦	读图时代·华文图景联合企划	中国轻工业出版社（2007）	601

2) 构建因素集和评语集

为每本图书建立模糊评判矩阵，因素集 $X=\{x_1$ (学科范围)，x_2 (同行评议)，x_3 (价值性)，x_4 (新颖性)，x_5 (版本)，x_6 (印刷质量)，x_7 (资源网络化)，x_8 (借阅量)，x_9 (引用率)，x_{10} (书评) \}，并设立评判集 $V=\{v_1$ (优)，v_2 (良)，v_3 (中)，v_4 (差) \}。

3) 单因素评价

以每本图书因素集 X 中的单个因素 x_i ($i=1,2,\cdots,m$) 作为评估对象，确定该因素对评语 V_j ($j=1,2,\cdots,n$) 的隶属度 r_{ij} ($0 \leqslant r_{ij} \leqslant 1$)。从而得出每本图书第 i 个指标 x_i 的单因素评价集 $r_i=(r_{i1},r_{i2},\cdots,r_{in})$，它是 V 上的模糊集。由一本图书 m 个因素（或称指标）的单因素评价集组成这本图书因素集的隶属度矩阵 R。

4) 构造综合评价矩阵

根据读者和专家意见，判断得出第一本图书各指标对评语集 V 的隶属度矩阵 R_1：

$$R_1 = \begin{bmatrix} 0.1 & 0.4 & 0.5 & 0 \\ 0.3 & 0.4 & 0.3 & 0 \\ 0.5 & 0.2 & 0.8 & 0 \\ 0 & 0 & 0.8 & 0.2 \\ 0 & 0.2 & 0.5 & 0.3 \\ 0 & 0 & 0.1 & 0.9 \\ 0 & 0 & 0 & 0 \\ 1 & 0 & 0 & 0 \\ 0 & 0.3 & 0.5 & 0.2 \\ 0.6 & 0.4 & 0 & 0 \end{bmatrix}$$

依次类推,根据读者和专家意见,判断出第二本至第五本图书各指标对评语集 V 的隶属度矩阵 $R_2 \sim R_5$:

$$R_2 = \begin{bmatrix} 0.1 & 0.4 & 0.5 & 0 \\ 0.2 & 0.4 & 0.3 & 0 \\ 0.2 & 0.3 & 0.3 & 0.2 \\ 0.1 & 0.3 & 0.4 & 0.2 \\ 0 & 0.3 & 0.5 & 0.2 \\ 0 & 0.3 & 0.5 & 0.2 \\ 0 & 0 & 0.2 & 0.8 \\ 0.9 & 0.1 & 0 & 0 \\ 0 & 0.1 & 0.3 & 0.6 \\ 0.3 & 0.2 & 0.3 & 0.2 \end{bmatrix} \quad R_3 = \begin{bmatrix} 0 & 0.3 & 0.5 & 0.2 \\ 0.4 & 0.4 & 0.2 & 0 \\ 0.6 & 0.3 & 0.1 & 0 \\ 0.1 & 0.4 & 0.4 & 0.1 \\ 0 & 0.2 & 0.6 & 0.3 \\ 0 & 0.3 & 0.4 & 0.3 \\ 0 & 0.3 & 0.4 & 0.3 \\ 0.8 & 0.2 & 0 & 0 \\ 0 & 0.4 & 0.3 & 0 \\ 0.5 & 0.3 & 0.1 & 0.1 \end{bmatrix}$$

$$R_4 = \begin{bmatrix} 0.3 & 0.4 & 0.3 & 0 \\ 0.3 & 0.4 & 0.2 & 0.1 \\ 0.3 & 0.3 & 0.3 & 0.1 \\ 0.2 & 0.3 & 0.4 & 0.1 \\ 0 & 0.2 & 0.5 & 0.4 \\ 0 & 0.3 & 0.4 & 0.3 \\ 0.2 & 0.5 & 0.3 & 0 \\ 0.8 & 0.2 & 0 & 0 \\ 0.3 & 0.4 & 0.3 & 0 \\ 0.3 & 0.3 & 0.2 & 0.2 \end{bmatrix} \quad R_5 = \begin{bmatrix} 0 & 0.3 & 0.5 & 0.2 \\ 0.2 & 0.4 & 0.3 & 0.1 \\ 0.5 & 0.3 & 0.2 & 0 \\ 0.1 & 0.5 & 0.3 & 0.1 \\ 0 & 0.2 & 0.6 & 0.3 \\ 0 & 0.3 & 0.4 & 0.3 \\ 0.2 & 0.5 & 0.3 & 0 \\ 0.7 & 0.3 & 0 & 0 \\ 0 & 0.4 & 0.4 & 0.3 \\ 0.5 & 0.3 & 0.1 & 0.1 \end{bmatrix}$$

5) 确定因素重要程度模糊集

在因素论域 X 上给出一个模糊集 $A = \{a_1, a_2, \cdots, a_m\}$,$a_i$ 为各因素 x_i ($i=1, 2, \cdots, m$) 在总体评价中的重要程度或影响程度,也称因素或指标的权重。由于第三部分已经根据改进型层次分析法计算出图书各因素的层次排序总权重,即 $A =$ (0.034, 0.096, 0.096, 0.023, 0.027, 0.014, 0.090, 0.089, 0.266, 0.266)。

6) 求出模糊综合评价集

根据上述图书指标重要程度模糊集 A 和每本图书的综合评判矩阵 $R_1 \sim R_5$,选择适当的广义模糊合成运算 $\oplus$,得到每本图书的模糊综合评价集 $B_k = A \oplus R = (b_1, b_2, \cdots, b_n)$,$k$ 指图书序号,本节取值为 1~5。根据最大隶属度原则,选择模糊

综合评价集 $B = (b_1, b_2, \cdots, b_n)$ 中最大 b_j 所对应的评语 v_j 作为图书综合评价的结果。本节利用应用加权平均模型 $M(\cdot, +)$：$B_k = \sum A \oplus R = \sum a_i \times r_{ij}$ （$i = 1, 2, \cdots, m; j = 1, 2, \cdots, n$），求出每本图书的加权综合评估值，分别为：$B_1 = 0.328045$，$B_2 = 0.203437$，$B_3 = 0.381475$，$B_4 = 0.320507$，$B_5 = 0.282081$。模型 $M(\cdot, +)$ 对所有因素依权重大小均衡兼顾，适用于考虑各因素起作用的情况。

根据五本图书的加权综合评估值，得出五本图书的模糊综合评估排名，如表 6-17 所示。

表 6-17　五本图书的模糊综合评价结果

排名	图书
1	中国经学
2	北大清华名师演讲录
3	一生的读书计划
4	红楼梦
5	你的脑袋几斤几两

4. 结论

根据层次总排序表，可以得出引用率和书评对一本学术图书的评价来说是最为重要的指标，也是效用评价里最为看重的指标。其次是同行评价和价值性，同样也是内容评价 4 个指标里最受人关注的。印刷质量是所有指标里权重最低的，值得注意的是，资源网络化指标是形式评价里权重最高的，同时占据所有指标的中间位置。资源网络化是信息技术的快速发展，图书电子化和网络化环境下的新指标。评估对象的综合判断矩阵数值可以根据资料数据、专家的意见和图书馆工作人员的经验和调查得出，主要目的是通过这种形式，为评价学术图书提供一个模式，不同的图书馆可以根据自身的特点对评估指标权重和模型做出修改并进行评价。后续可以更多地从读者角度出发，制作调查问卷进行统计之后，得出新的判断矩阵。

应用模糊综合评价法对东南大学图书馆 Top5 图书进行评价后，新的榜单与原榜单不符，主要原因是原来的 Top5 仅仅是依据其借阅量这一个指标，而本节从三个层次 10 大指标构建了更为完整的图书评价体系。此外，读者和专家对指标相对重要性和指标——评语隶属度的给值也会存在误差。

层次分析法可以将定性和定量方法有机地结合在一起，但由于它仅仅得出权重，会显得有点单薄，本例将其与模糊评价法相融合得到了很好的应用，未来的研究中，可以将其与 TOPSIS 法、灰色理论等方法相结合，构成更为有价值的综合评价方法。

6.3 网站评估实践

本节重点介绍一种基于改进 TOPSIS 法的电子商务网站评估实践。传统的 TOPSIS 法在多目标综合决策中由于权重确定、距离公式的选择而导致评价结果缺乏客观性和合理性的不足，本书根据改进的 TOPSIS 法基本原理，建立改进的基本评价模型，对电子商务网站综合竞争力与综合实力进行实证研究。结果表明，改进的 TOPSIS 法应用于电子商务网站综合评价，可以更加科学和直观地反映电子商务网站整体实力与综合竞争力。

6.3.1 评价对象选择与指标设计

本节选取了目前用户常用的五大电子商务网站，分别以淘宝、京东、亚马逊、唯品会、聚美优品作为评价对象。为了客观、科学地评价电子商务网站在访问量、吸引能力、提供信息和服务的质量、技术能力以及网站的应用普及程度等方面的竞争力，本节参考前述 5.5 节对国内外网站评价指标的综述，选取了能够客观反映电子商务网站综合实力和竞争力的 5 个评价指标：网站域名年龄、网站响应时间、网页浏览量、用户访问量、被链接数量。指标解释如下。

网站域名年龄：一个网站的创办时间或者是年龄。

网站响应时间：完成 DNS 域名解析、建立连接、服务器计算和下载内容所需的时间。

网页浏览量：每个 IP 访客浏览的页面总数。

用户访问量：不同的 IP 访问的客户量，每个访客可以访问多个网页。

被链接数量：被别的网站链接的数量。

6.3.2 基于 TOPSIS 法的电子商务网站评估

首先从爱站网（www.aizhan.com，2016-10-19）上获取评估对象的五个指标数据，并经过处理后得到的五大电子商务网站的评估指标数据，如表 6-18 所示。

其中，域名年龄、网页浏览量、用户访问量、被链接数量为高优指标，网站响应时间为低优指标。高优指标是指高效优质的目标体系，是收入型指标，数值越高越好；低优指标与高优指标相反，是支出型指标，数值越低越好。根据原始数据构造原始矩阵如下：

表 6-18　五大电子商务网站的评估指标数据

网站名称	域名年龄	网站响应时间/s	浏览量	访问量	链接量
淘宝网	11.1	21.863	35.2	106.96	396
京东	21.8	16.675	29.0	95.25	298
亚马逊	11.2	56.386	19.7	65.7	234
唯品会	19.9	43.314	22.0	75.89	296
聚美优品	8.4	50.394	23.0	78.56	181

$$X = X_{ij} = \begin{bmatrix} 11.1 & 21.863 & 35.2 & 106.96 & 396 \\ 21.8 & 16.675 & 29.0 & 95.25 & 298 \\ 11.2 & 56.386 & 19.7 & 65.7 & 234 \\ 19.9 & 43.314 & 22.0 & 75.89 & 296 \\ 8.4 & 50.394 & 23.0 & 78.56 & 181 \end{bmatrix}$$

分别对高优指标、低优指标进行同向化、归一化处理。

高优指标：

$$Z_{12} = \frac{X_{12}}{\sqrt{\sum_{i=1}^{n} X_{ij}^2}} = \frac{21.8}{\sqrt{11.1^2 + 21.8^2 + 11.2^2 + 19.9^2 + 8.4^2}} = 0.631\,83$$

低优指标：

$$Z_{21} = \frac{1/X_{21}}{\sqrt{\sum_{i=1}^{n} \left(\frac{1}{X_{ij}}\right)^2}} = \frac{0.046}{\sqrt{0.046^2 + 0.060^2 + 0.018^2 + 0.023^2 + 0.020^2}} = 0.5495$$

通过上式对低优指标、高优指标进行归一化处理，计算并得到标准化矩阵如下：

$$\begin{bmatrix} 0.3217 & 0.5495 & 0.5966 & 0.5579 & 0.6105 \\ 0.6318 & 0.7204 & 0.4915 & 0.4968 & 0.4594 \\ 0.3246 & 0.2130 & 0.3339 & 0.3427 & 0.3607 \\ 0.5768 & 0.2773 & 0.3729 & 0.3958 & 0.4563 \\ 0.2435 & 0.2384 & 0.3898 & 0.4097 & 0.2790 \end{bmatrix}$$

通过公式，根据标准化矩阵计算得出最优向量和最劣向量如下：

$$Z^+ = \begin{pmatrix} 0.6318 & 0.7204 & 0.5966 & 0.5579 & 0.6105 \end{pmatrix}$$
$$Z^- = \begin{pmatrix} 0.2435 & 0.2130 & 0.3339 & 0.3427 & 0.2790 \end{pmatrix}$$

通过公式计算第 i ($i=1, 2, 3, 4, 5$) 个评价对象与最优、最劣方案的距离，例如，

第 1 个评价对象与最优方案的距离：$D_1^+ = \sqrt{\sum_{j=1}^{m}(Z_{\max 1} - Z_{i1})^2} = 0.3541$

第 1 个评价对象与最劣方案的距离：$D_1^- = \sqrt{\sum_{j=1}^{m}(Z_{\min 1} - Z_{i1})^2} = 0.5869$

第 2 个评价对象与最优方案的距离：$D_2^+ = \sqrt{\sum_{j=2}^{m}(Z_{\max 2} - Z_{i2})^2} = 0.1939$

第 2 个评价对象与最劣方案的距离：$D_2^- = \sqrt{\sum_{j=2}^{m}(Z_{\min 2} - Z_{i2})^2} = 0.6996$

根据公式 $C_i = \dfrac{D_i^-}{D_i^+ + D_i^-}$ 计算每个评价对象与最优方案的接近程度：

第 1 个评价对象与最优方案的接近程度 $C_1 = \dfrac{D_1^-}{D_1^+ + D_1^-} = 0.6237$

第 2 个评价对象与最优方案的接近程度 $C_2 = \dfrac{D_2^-}{D_2^+ + D_2^-} = 0.7830$

第 3 个评价对象与最优方案的接近程度 $C_3 = \dfrac{D_3^-}{D_3^+ + D_3^-} = 0.1366$

第 4 个评价对象与最优方案的接近程度 $C_4 = \dfrac{D_4^-}{D_4^+ + D_4^-} = 0.4153$

第 5 个评价对象与最优方案的接近程度 $C_5 = \dfrac{D_5^-}{D_5^+ + D_5^-} = 0.1085$

通过计算接近程度，将评价对象进行排名，结果如表 6-19 所示。

表 6-19 评价对象排名

网站名称	D^+	D^-	C_j	排序
淘宝网	0.6289	0.2497	0.2842	2
京东	0.5640	0.2754	0.3281	1
亚马逊	0.5369	0.1514	0.2200	4
唯品会	0.5141	0.1762	0.2552	3
聚美优品	0.2494	0.6302	0.7164	5

通过域名年龄、网站响应时间、网页浏览量、用户访问量、被链接数量5个评价指标对五大电子商务网站的综合实力和竞争力进行比较，根据每个评价对象与最优方案的接近程度大小可以得出排名，排名结果为：京东＞淘宝网＞唯品会＞亚马逊＞聚美优品。

6.3.3 基于改进 TOPSIS 的电子商务网站评估

1. 改进的 TOPSIS 法的基本原理

设评价指标的熵值 e_j 及差异系数 h_j

$$e_j = -k\sum_{i=1}^{n} Z_{ij}\ln Z_{ij} \tag{6-25}$$

式中，k 为玻尔兹曼常数，$k = \dfrac{1}{\ln n}$。

$h_j = 1 - e_j$，$j=1,2,3,\cdots,n$，h_j 为差异系数，是指数据离散程度的相对指标。

$$W_j = \frac{h_j}{\sum_{j=1}^{m} h_j} \tag{6-26}$$

W_j 为评价指标的权重，其中 $\sum_{j=1}^{m} W_j = 1$。

标准化加权决策矩阵 $Z = \left(Z_{ij}\right)_{nm} = \left(W_j Z_{ij}\right)_{nm}$

加权矩阵的最优向量和最劣向量分别为

$$Z^+ = (Z_{\max 1} \quad Z_{\max 2} \quad \cdots \quad Z_{\max m})$$

$$Z^- = (Z_{\min 1} \quad Z_{\min 2} \quad \cdots \quad Z_{\min m})$$

第 i 个评价对象与最优、最劣方案的距离分别为

$$D_i^+ = \sqrt{\sum_{j=1}^{m}\left(Z_{\max j} - Z_{ij}\right)^2} \tag{6-27}$$

$$D_i^- = \sqrt{\sum_{j=1}^{m}\left(Z_{\min j} - Z_{ij}\right)^2} \tag{6-28}$$

2. 基于改进 TOPSIS 法的电子商务网站评价实践

玻尔兹曼常数 $k = \dfrac{1}{\ln 5} = 0.6213$。

熵值：

$$e_1 = -k\sum_{i=1}^{n} Z_{i1}\ln Z_{i1} = -0.6213 \times \big(0.3217 \times \ln 0.3217 + 0.6318 \times \ln 0.6318 \\ + 0.3246 \times \ln 0.3246 + 0.5768 \times \ln 0.5768 + 0.2435 \times \ln 0.2435\big) = 1.0447$$

$$e_2 = -k\sum_{i=1}^{n} Z_{i2}\ln Z_{i2} = -0.6213 \times \big(0.5495 \times \ln 0.5495 + 0.7204 \times \ln 0.7204 \\ + 0.213 \times \ln 0.213 + 0.2773 \times \ln 0.2773 + 0.2384 \times \ln 0.2384\big) = 0.9892$$

同理 $e_3 = 1.0926$，$e_4 = 1.1013$，$e_5 = 1.0814$。

差异系数：$h_1 = 1 - e_1 = -0.0447$，$h_2 = 1 - e_2 = 0.0108$，$h_3 = 1 - e_3 = -0.0926$，$h_4 = 1 - e_4 = -0.1013$，$h_5 = 1 - e_5 = -0.0814$。

权重：

$$W_1 = \dfrac{h_1}{h_1 + h_2 + h_3 + h_4 + h_5} = 0.1447, \quad W_2 = \dfrac{h_2}{h_1 + h_2 + h_3 + h_4 + h_5} = -0.0348$$

$$W_3 = \dfrac{h_3}{h_1 + h_2 + h_3 + h_4 + h_5} = 0.2994, \quad W_4 = \dfrac{h_4}{h_1 + h_2 + h_3 + h_4 + h_5} = 0.3275$$

$$W_5 = \dfrac{h_5}{h_1 + h_2 + h_3 + h_4 + h_5} = 0.2663$$

标准化加权决策矩阵 $Z = (Z_{ij})_{nm} = (W_j Z_{ij})_{nm}$。

加权矩阵如下：

$$\begin{bmatrix} 0.0465 & -0.0191 & 0.1786 & 0.1827 & 0.1607 \\ 0.0914 & -0.0251 & 0.1472 & 0.1627 & 0.1209 \\ 0.0470 & -0.0074 & 0.1000 & 0.1122 & 0.0950 \\ 0.0834 & -0.0097 & 0.1116 & 0.1296 & 0.1201 \\ 0.0352 & -0.0083 & 0.1167 & 0.1342 & 0.0735 \end{bmatrix}$$

最优最劣向量分别为

$$Z^+ = (0.0914 \quad -0.0074 \quad 0.1786 \quad 0.1827 \quad 0.1607)$$

$$Z^- = (0.0352 \quad 0.0251 \quad 0.1000 \quad 0.1122 \quad 0.0735)$$

接近程度 C_1=1.016 96，C_2=1.017 45，C_3=1.009 02，C_4=1.003 28，C_5=1.001 81。通过得到的数据进行排序，见表 6-20。

表 6-20　基于改进 TOPSIS 法的排序

网站名称	D^+	D^-	C_j	排序
淘宝网	0.002 15	0.018 93	1.016 96	1
京东	0.003 28	0.010 19	1.017 45	2
亚马逊	0.017 45	0.000 91	1.009 02	4
唯品会	0.009 02	0.005 18	1.003 28	5
聚美优品	0.016 96	0.001 04	1.001 81	3

排名结果为：淘宝网＞京东＞聚美优品＞亚马逊＞唯品会。

综合评价结果表明，电子商务网站的被链接数量、网页浏览量和用户访问网站数量 3 项指标是影响网站排名的关键指标，同时也是网站运营实力和竞争力的综合反映，因此，电子商务网站建设在整体思路上应从数量扩张型向质量提升型进行转变。在功能上应增强有效性、特殊性等完备性功能，满足用户多样化的需求，吸引更多的用户访问网站并在网上从事相关的交易，以此提高网站用户访问量和网页浏览量；在技术性能上应加强信息的实用性、广度、深度和可靠性，加快网页下载速度，提升网站的影响力和知名度，以扩大网站被链接的范围和数量，提高其普及程度（王知津和李明珍，2006）。因此，电子商务网站应在提升网站营销效率、客户服务水平、商务模式与体系建设等方面加大管理力度，以扩大网站影响，增强网站的吸引能力，从而才能整体提高电子商务网站的经营实力和竞争能力（张小栓等，2007）。同时，应从技术安全、消费者权益、消费者信息安全等方面提供全面的安全保障机制，给用户提供一个安全放心的购物环境，增强用户对网站的信任，消除用户在购物过程中的担忧（左艺等，1999）。

6.3.4　结论

针对传统 TOPSIS 法在多目标综合决策中由于距离公式、权重确定的选择而导致评价结果缺乏客观性和合理性的不足，对传统 TOPSIS 法进行改进，通过计算熵值来确定指标权重，来增强评价指标间的对比分析，消除主观因素的影响。采用改进的相对接近度算法，提高传统 TOPSIS 法的科学性和合理性。

将改进的 TOPSIS 法应用于电子商务网站综合评价，可以科学和直观地反映电子商务网站整体实力和综合竞争力。该方法原理简单,算法清晰,评价客观;同时,该方法充分利用了评价指标原始数据提供的信息,确定指标权数时排除了主观因素的影响,既可用于不同电子商务网站之间的评价比较,又可用于同一网站不同时期的比较分析,是一种有效的电子商务网站综合评价方法,具有一定的科学性和可行性,为电子商务网站评价提供了新的评价方法和研究思路。

6.4 专利评估实践

专利实力是一个国家和地区科技实力的重要表现,是科技资产的核心,是影响经济、社会发展的决定性因素。对区域专利综合实力做出科学的比较和评价,对区域科技发展发展不平衡的状况进行客观分析,了解专利综合实力在全国所处的位置和历史发展变化情况,找出专利综合实力的影响因素和存在的问题,对于正确制定区域专利战略,明确区域专利发展的目标、方向、任务、重点,具有重要的现实意义。

本节重点介绍了基于主成分分析的区域专利评价研究(叶春明等,2010),即选取有代表性的专利评价指标,构建区域专利评价指标体系,在此基础上运用主成分分析方法对我国 31 个省市区的专利能力差异和能力级别进行了评价和分析。

6.4.1 我国区域专利评价指标体系

1. 我国区域专利评价指标体系

我国区域专利评价指标体系如表 6-21 所示。

表 6-21 我国区域专利评价指标体系

一级指标	二级指标
专利申请类 (数量类) (Q_1)	专利申请量 (Q11)
	专利对外申请量 (Q12)
	发明专利申请量 (Q13)
专利授权类 (质量类) (Q_2)	专利授权量 (Q21)
	专利授权率 (Q22)
	发明专利授权量 (Q23)
	每万人专利授权量 (Q24)
专利绩效类 (Q_3)	技术市场成交额 (Q31)
	技术市场成交额占当地 GDP 的比重 (Q32)

2. 评价指标的说明

1) 专利申请类指标

这类指标主要反映一个区域对专利的关注程度，用以下三个指标来表征。

(1) 专利申请量：以相同年为单位统计的发明、实用新型和外观设计三类专利的申请数量。按中国《专利法》规定，取得专利权必须向国家专利行政部门提出申请；虽有部分专利申请被撤回，但该指标较好地反映了一个地区的技术创新活跃程度，并被国内外有关部门视为知识产权创新能力的重要指标之一。

(2) 专利对外申请量：以相同年为单位统计的向国外及港澳台地区申请的专利的数量。该指标较好地反映了一个地区的技术创新在国外及港澳台地区的活跃程度。

(3) 发明专利申请量：以相同年为单位统计的发明专利申请数量。发明专利申请要经过实质审查才能获得授权，所以发明专利的技术含量和权利稳定性都最高，是技术创新的核心指标。

2) 专利授权类指标

这类指标主要反映一个区域专利技术创新程度，用以下四个指标来表征。

(1) 专利授权量：以相同年为单位统计的发明、实用新型和外观设计三类专利的授权数量。专利的授权数量在较大程度上反映了一个区域的科技实力。

(2) 专利授权率：以相同年为单位统计的专利的授权数量/专利申请数量。其中，发明专利申请获得授权一般晚于其申请 2 年左右，该指标可反映专利申请中获得授权的比重，也在一定程度上能够反映专利申请文件的撰写质量和技术的新颖性、创造性、实用性。

(3) 发明专利授权量：以相同年为单位统计的发明专利授权数量。发明专利是三类专利中经过实质审查确权的，是最重要的一种专利，所以这里把发明专利授权量单独列为一个指标。

(4) 每万人专利授权量：平均每万人拥有的专利授权量。国内三种专利年申请量/区域常住人口数。该指标从人均的角度反映城市专利技术创新活跃程度。

3) 专利实施类指标

这类指标主要反映专利的市场转化程度。

(1) 专利实施量：以相同年为单位统计的专利自实施、许可实施、转移的数量。

(2) 专利实施率：以相同年为单位统计的专利实施量/专利授权量。

4) 专利绩效类指标

这类指标主要反映专利实施的贡献程度。

技术市场成交额：以相同年为单位统计的技术市场成交合同金额。技术市场成交额占当地生产总值的比重：以相同年为单位统计的技术市场成交合同金额在当地生产总值中占的比重。

6.4.2 主成分分析方法

主成分分析方法作为统计学中一种对于多元问题的数据处理方法，已在综合指标评价中得到广泛的应用。

1. 基本思想和原理

主成分分析是设法将原来众多具有一定相关性的指标（如 P 个指标）线性组合成一组新的互相无关的综合指标来代替原来的指标。最经典的做法就是用 F_1 的方差来表达，一般用 F_1 表示第一主成分，F_1 方差最大，包含的信息最多。如果 F_1 不足以表达原来 P 个指标的信息，则选取第二主成分 F_2，为了有效地反映原来信息，F_1 已有的信息就不必再出现在 F_2 中。依此类推可以构造出第三、第四······第 P 个主成分（朱建平，2006）。

主成分模型：

$$F_1 = a_{11} X_1 + a_{21} X_2 + \cdots + a_{p1} X_p \tag{6-29}$$

$$\cdots\cdots$$

$$F_p = a_{1m} X_1 + a_{2m} X_2 + \cdots + a_{pm} X_p \tag{6-30}$$

式中，$a_{1i},\cdots,a_{pi}$ $(i=1,\cdots,m)$ 为 X 的协差阵 R 的特征值所对应的特征向量，$X_1,\cdots,X_p$ 是原始变量经过标准化处理的值向量。

2. 主成分分析法步骤

(1) 对样本数据进行标准化处理。

(2) 计算原始指标数据的相关系数矩阵 R。R 可以发现各测评指标间的相关状况，从而能够看出指标间的信息重叠程度。

(3) 计算 R 的特征值 λ、方差贡献率、累积方差贡献率 Q 和因子载荷矩阵 A，A 是刻画主成分经济意义的重要指标，设第 i 个变量（因子）对第 j 个主成分的载荷量为 a_{ij}，则 $a_{ij}=u_{ij}\sqrt{\lambda_i}$ $(i=1,2,\cdots,p; j=1,2,\cdots,m)$。

(4) 选择 m 个主成分，计算相应的单位特征向量 $u_1,\cdots,u_m$。

确定 m 有两种方法，一是选取特征值 $\lambda > 1$ 的主成分；二是用累积方差贡献率 Q 确定，一般 $Q \geqslant 80\%$。一般 $1 \leqslant m \leqslant 3$，在各种数据确定的情况下，若 m/p 的值越小，则该资料使用主成分分析方法越合适。

3. 运用主成分分析方法进行评价

评估数据采用 2002~2004 年《中国统计年鉴》的原始数据，取其平均值，所得出相关指标数据如表 6-22 所示。

表 6-22 31 个省、直辖市和自治区专利指标数据 (2002~2004 年平均值)

指标地区	专利申请量 X_1	专利授权量 X_2	专利授权率 X_3	发明专利申请量 X_4	发明专利授权量 X_5	专利对外申请量 X_6	每万人专利授权量 X_7	技术市场成交额 X_8/万元	技术市场成交额占当地生产总值的比重 X_9
广东	43 246.3	27 814	64.3%	6031	1082	236	3.5	687 637.6	0.50%
浙江	21 340.7	13 376.7	62.7%	2724	467.3	54	2.9	500 418.5	0.53%
上海	20 938.3	11 330.3	54.1%	5547	969.3	119.3	6.7	1 448 974.5	2.27%
江苏	18 333.3	9588.3	52.3%	3214	662	88.7	1.3	752 630.2	0.59%
北京	16 415.7	7866	47.9%	7408.7	2179.3	311.7	5.4	3 038 429.0	8.17%
山东	15 679.3	8697.7	55.5%	2502.7	563.3	41	1	541 394.0	0.42%
辽宁	12 697	5318.7	41.9%	2370	646.7	25.7	1.3	627 114.3	1.03%
福建	7085.3	4712	66.5%	736.3	120	5.3	1.4	145 720.5	0.27%
四川	6900	3961.3	57.4%	1435.3	385.3	28	0.5	123 950.1	0.22%
天津	6859.3	2303.3	33.6%	3137	258.3	19.7	2.3	411 182.0	1.66%
湖北	6518.3	2786.7	42.8%	1493.3	452	16	0.5	407 613.8	0.73%
湖南	6202	2934.3	47.3%	1413	313.3	22	0.4	367 002.5	0.75%
河北	5553.3	3444	62.0%	951.3	274	5.3	0.5	67 031.2	0.09%
河南	5340	2956.3	55.4%	1038	237	8	0.3	191 467.8	0.26%
黑龙江	4761	2562	53.8%	1138.3	231	0.3	0.7	122 330.2	0.27%
重庆	4300.7	2748.3	63.9%	496.3	107.7	18.3	0.9	520 234.1	2.27%
吉林	3779	1780.7	47.1%	1074.7	280.3	12	0.7	92 704.4	0.36%
陕西	3056	1713.3	56.1%	991.3	258	6.7	0.5	152 901.4	0.63%
安徽	2643.7	1545.3	58.5%	519	129.3	1.7	0.2	84 685.8	0.21%

指标地区	专利申请量 X_1	专利授权量 X_2	专利授权率 X_3	发明专利申请量 X_4	发明专利授权量 X_5	专利对外申请量 X_6	每万人专利授权量 X_7	技术市场成交额 X_8/万元	技术市场成交额占当地生产总值的比重 X_9
江西	2385.3	1150.3	48.2%	628.7	88.3	4.3	0.3	79 958.5	0.27%
广西	2126.3	1219	57.3%	442.3	85.3	5.3	0.3	59 056.3	0.21%
云南	1959.3	1201.7	61.3%	587.3	163.7	0	0.3	20 7923.0	0.81%
山西	1774	1099.3	62.0%	508	244	1.7	0.3	43 741.6	0.17%
新疆	1401.3	723.7	51.6%	247.3	70.3	5.7	0.4	118 154.8	0.62%
内蒙古	1350.7	775.7	57.4%	254.3	80.3	0.3	0.3	90 244.8	0.41%
贵州	1329.3	691.7	52.0%	396.3	101.7	5.3	0.2	14 969.5	0.11%
甘肃	884	461.7	52.2%	295	93.7	2	0.2	83 944.3	0.63%
海南	455.3	257.7	56.6%	129.3	23.3	5	0.3	7665.9	0.11%
宁夏	447.7	282.3	63.1%	98.3	40.7	2	0.5	10 456.8	0.27%
青海	149.3	81.7	54.7%	53	17.3	0.3	0.2	11 152.5	0.28%
西藏	33.7	15.3	45.4%	9.3	2.7	0	0.1	0	0

第一，将表 6-22 中的原样本数据用 SPSS 软件标准化。数据表中的 9 项指标专利申请量、专利授权量、专利授权率（%）、发明专利申请量、发明专利授权量、专利对外申请量、每万人专利授权量、技术市场成交额、技术市场成交额占 GDP 的比重（%），分别用 X_1，X_2，X_3，X_4，X_5，X_6，X_7，X_8，X_9 来表示。

第二，计算相关系数矩阵，特征值、方差贡献率、累积方差贡献率。因子相关系数矩阵 R 如表 6-23 所示。

表 6-23 相关系数矩阵

	X_1	X_2	X_3	X_4	X_5	X_6	X_7	X_8	X_9
X_1	1.000	0.990	0.125	0.838	0.697	0.769	0.711	0.538	0.267
X_2	0.990	1.000	0.23	0.775	0.626	0.732	0.657	0.455	0.191
X_3	0.125	0.230	1	−0.156	−0.139	−0.009	−0.05	−0.184	−0.219
X_4	0.838	0.775	−0.156	1	0.99	0.125	0.838	0.697	0.769
X_5	0.697	0.626	−0.139	0.99	1	0.23	0.775	0.626	0.732
X_6	0.769	0.732	−0.009	0.125	0.23	1	−0.156	−0.139	−0.009

续表

	X_1	X_2	X_3	X_4	X_5	X_6	X_7	X_8	X_9
X_7	0.711	0.657	−0.05	0.838	0.775	−0.156	1	0.936	0.924
X_8	0.538	0.455	−0.184	0.697	0.626	−0.139	0.936	1	0.941
X_9	0.267	0.191	−0.219	0.769	0.732	−0.009	0.924	0.941	1.000

从表 6-23 中可以看出，9 个因子之间或多或少都有一定的相关性，相关系数越大表明因子之间相关性较强，因子之间重叠的信息也较多。所以，应该提取主成分来有效地综合所有因子的信息。相关系数矩阵 R 的特征值、方差贡献率和累积方差贡献率如表 6-24 所示。

表 6-24 R 的特征值、特征值贡献率和累积贡献率表

主成分	特征值 λ	贡献率 $Q/\%$	累积贡献率 $TQ/\%$
1	6.298	69.983	69.983
2	1.570	17.446	87.429
3	0.759	8.431	95.860
4	0.244	2.711	98.571
5	0.058	0.642	99.214
6	0.046	0.509	99.723
7	0.016	0.176	99.899
8	0.008	0.094	99.993
9	0.001	0.007	100.000

第三，确定主成分的个数，根据主成分的因子载荷矩阵计算相应的单位特征向量。从表 6-24 可以看出，前两个主成分的累积贡献率为 87.429%，已经大于 80%，而且也符合主成分特征值大于 1 的原则，所以，取前两个主成分即可，即 $m=2$，并用 F_1，F_2 来表示。前两个主成分的因子载荷矩阵 A 如表 6-25 所示。

表 6-25 因子载荷矩阵 A

	主成分	
	F_1	F_2
$Z(X_1)$	0.814	0.515
$Z(X_2)$	0.758	0.612

续表

	主成分	
	F_1	F_2
$Z(X_3)$	−0.076	0.709
$Z(X_4)$	0.983	0.015
$Z(X_5)$	0.962	−0.147
$Z(X_6)$	0.962	0.018
$Z(X_7)$	0.904	−0.001
$Z(X_8)$	0.918	−0.334
$Z(X_9)$	0.761	−0.542

因子 $Z(X_1) \sim Z(X_9)$ 是原样本因子 $X_1 \sim X_9$ 数据标准化后的对应值。从因子载荷矩阵 A 中可以看出，F_1 中第 1、2、4、5、6、7、8 项的载荷量比较大，说明 F_1 是从总体上反映专利的"量"类状况的综合指标，因为这 7 项指标中不仅有专利申请量和授权量、发明专利的申请量和授权量、PCT 申请量、每万人专利授权量这些专利数量指标，还有技术市场成交额（代表专利产生的收益量指标）；F_2 中第 3 项的载荷量比较大，说明 F_2 是反映专利"授权率"的指标。总体上看，F_1 和 F_2 从"量和率相结合"的角度对原有指标信息做了比较完善的综合。

根据因子载荷矩阵 $a_{ij} = u_{ij}\sqrt{\lambda_i}$（$i = 1,2,\cdots,p; j = 1,2,\cdots,m$），求得主成分得分系数矩阵（主成分的单位特征向量矩阵），如表 6-26 所示。

表 6-26 主成分得分系数矩阵

	主成分单位特征向量	
	u_1	u_2
$Z(X_1)$	0.324	0.411
$Z(X_2)$	0.302	0.488
$Z(X_3)$	−0.030	0.566
$Z(X_4)$	0.392	0.012
$Z(X_5)$	0.383	−0.117
$Z(X_6)$	0.383	0.014
$Z(X_7)$	0.360	−0.001
$Z(X_8)$	0.366	−0.267
$Z(X_8)$	0.303	−0.433

可得主成分 F_1 和 F_2 的表达式如下：

$$F_1 = 0.324Z(X_1) + 0.302Z(X_2) - 0.03Z(X_3) + 0.392Z(X_4) + 0.383Z(X_5)$$
$$+ 0.383Z(X_6) + 0.36Z(X_7) + 0.366Z(X_8) + 0.303Z(X_9) \quad (6-31)$$

$$F_2 = 0.411Z(X_1) + 0.488Z(X_2) + 0.566Z(X_3) + 0.012Z(X_4) - 0.117Z(X_5)$$
$$+ 0.014Z(X_6) - 0.001Z(X_7) - 0.267Z(X_8) - 0.433Z(X_9) \quad (6-32)$$

由 F_1、F_2 及其方差贡献率 Q_1、Q_2 构造综合评价函数：

$$F = 0.69983F_1 + 0.17446F_2 \quad (6-33)$$

基于综合评价函数，得到 31 个地区的综合评价值 F，按 F 由大到小排序如表 6-27 所示。

表 6-27　我国 31 个地区专利综合水平排名

地区	F_1	F_2	F	排名
北京	9.12	−3.52	5.77	1
广东	5.92	4.24	4.89	2
上海	5.03	0.17	3.55	3
浙江	1.89	2.06	1.68	4
江苏	1.88	0.65	1.43	5
山东	0.99	0.85	0.84	6
辽宁	0.97	−0.85	0.53	7
天津	0.64	−1.97	0.11	8
四川	−0.45	0.47	−0.24	9
重庆	−0.38	0.02	−0.26	10
福建	−0.72	1.26	−0.28	11
湖北	−0.19	−1.04	−0.31	12
湖南	−0.36	−0.66	−0.37	13
河北	−0.94	0.79	−0.52	14
河南	−0.88	0.15	−0.59	15
黑龙江	−0.89	0	−0.62	16
陕西	−0.93	−0.1	−0.67	17
吉林	−0.84	−0.64	−0.7	18
云南	−1.2	0.14	−0.81	19
山西	−1.38	0.41	−0.89	20
安徽	−1.4	0.23	−0.94	21

续表

地区	F_1	F_2	F	排名
广西	−1.46	0.11	−1	22
江西	−1.36	−0.59	−1.05	23
新疆	−1.4	−0.54	−1.07	24
内蒙古	−1.52	−0.03	−1.07	25
宁夏	−1.7	0.4	−1.12	26
甘肃	−1.49	−0.53	−1.14	27
贵州	−1.56	−0.32	−1.15	28
海南	−1.74	−0.03	−1.23	29
青海	−1.79	−0.26	−1.3	30
西藏	−1.87	−0.87	−1.46	31

6.4.3 评价结果分析

1. 专利综合水平状况等级分析

把我国 31 个区域专利发展状况划分为四个等级：优、良、中、差。从表 6-27 中可以看出，北京、广东、上海是我国专利发展最好的 3 个地区，等级为优；浙江、江苏、山东、辽宁、天津的专利发展状况等级为良；从四川、重庆到排名 21 的安徽专利发展状况等级为中；其余的地区专利发展状况为差。

2. 专利综合水平排名与专利申请量排名对比分析

由于构建的区域专利评价指标体系比较完善，从申请类到授权类再到绩效类，贯穿了专利工作的整个活动过程，因此在这两种排名对比分析中，大体上是相同的，排名差异一般不超过 2 个名次。但是，同时也正是由于指标体系的完善，才出现了个别地区的排名有较大不同，从而弥补了单纯按专利申请量排名定位问题。专利申请量排名见表 6-22。

比如，北京 (按专利申请量排名第 5 位，按专利综合水平排名第 1 位)；重庆 (按专利申请量排名 第 16 位，按专利综合水平排名第 10 位)；江西 (按专利申请量排名第 20 位，按专利综合水平排名第 23 位)；宁夏 (按专利申请量排名第 29 位，按专利综合水平排名第 26 位)。

上述排名结果说明，其他指标，如专利授权率、发明专利的申请量和授权量、专利对外申请量、每万人专利授权量、技术市场成交额及其占地区生产总值的比重同样对专利综合水平的评价有着不可忽视的作用。

思 考 题

(1) 如何融合层次分析法与模糊综合评价法,进行信息资源的综合评估?

(2) 列举评估指标权重的定性测算方法和定量测算方法,并说明两者的优劣势。

(3) 针对层次分析法中1~9标度存在的问题,阐述如何通过指数标度对1~9标度进行改进。

(4) TOPSIS法改进的方法和步骤。

(5) 以网站评估为例,说明网站选择、网站指标体系构建及指标数据采集与处理过程,选择至少两个评估方法进行网站评估实践,并对评估结果进行简要分析。

参 考 文 献

白如江, 杨京, 王效岳. 2015. 单篇学术论文评价研究现状与发展趋势. 情报理论与实践, 38 (11)：11-17.
包昌火, 谢新洲. 2000. 网络竞争情报源. 北京：华夏出版社.
别立谦, 何峻. 2012. 近三十年我国核心期刊研究综述. 大学图书馆学报, 30 (3)：100-105.
布朗, 杜奎德. 2003. 信息的社会层面. 王铁生, 葛立成译. 北京：商务印书馆：13.
陈关胜. 2013. 基于灰色关联度分析法的电子商务网站评价研究. 南昌：江西财经大学.
陈光祚. 1984. 科技文献检索. 武汉：武汉大学出版社.
陈卫静, 郑颖. 2013. 期刊引文评价指标 SNIP 与 SNIP2 的对比分析. 情报杂志, 32 (12)：121-126.
陈雅, 郑建明. 2002. 网站评价指标体系研究. 中国图书馆学报, 28 (5)：57-60.
崔国平. 2000. 也谈学术期刊的分级问题. 编辑学报, (1)：41-42.
崔宇红. 2013. 从文献计量学到 Altmetrics：基于社会网络的学术影响力评价研究. 情报理论与实践, 36 (12)：17-20.
戴维·诺克, 杨松. 2012. 社会网络分析. 2 版. 李兰译. 上海：上海人民出版社：103-104.
丹·格罗根. 1990. 科技文献概论. 彭桂源, 等译. 北京：化学工业出版社.
邓聚龙. 1987. 灰色系统基本方法. 武汉：华中理工大学出版社.
邓中华, 孙建军, 李江. 2008. 国外链接指标研究综述. 情报科学, 26 (7)：1116-1120.
丁学东. 1993. 文献计量学基础. 北京：北京大学出版社.
董敏红. 2010. 基于主成分分析的图书情报类核心期刊评价指标有效性研究. 情报科学, (11)：1670-1672.
段宇锋, 邱均平. 2005a. 基于链接分析的网站评价研究. 中国图书馆学报, 31 (4)：19-23.
段宇锋, 邱均平. 2005b. 中美大学网站评价的比较研究. 中国图书馆学报, 31 (5)：22-28.
范并思. 2000. 信息分析与研究 (讲纲). 上海：华东师范大学信息学讲义.
冯璐, 冷伏海. 2006. 共词分析方法理论进展. 中国图书馆学报, (2)：88-92.
傅向华, 马兆丰, 何明, 等. 2005. 一种个性化的主题提取和层次发现算法. 西安交通大学学报, 39 (2)：119-122.
傅祖芸. 2001. 信息论——基础理论与应用. 北京：电子工业出版社.
盖红波. 2006. 构建中国特色的学术期刊科学评价体系. 情报学报, 25 (6)：749-754.
高继平, 丁堃. 2011. 专利计量指标研究述评. 图书情报工作, 55 (20)：40-43.
高锡荣, 杨娜. 2017. 基于社会网络分析方法的论文评价指标体系构建. 重庆邮电大学, 35 (4)：97-102.

高小强, 赵星, 陶乃航. 2009. 网络中心度用于期刊引文测评的有效性研究. 大学图书馆学报, (5): 61-65.
高琰, 谷士文, 唐琎. 2006. 基于链接分析的 Web 社区发现技术的研究. 计算机应用研究, 23 (7): 183-185.
贡金涛, 刘钟美. 2010. 社会网络关系分析在学科评估中的应用初探——以美国 28 所图书情报院校为例. 新世纪图书馆, (1): 86-88.
何峻, 蔡蓉华. 2016. 中文图书评价体系研究. 大学图书馆学报, 34 (3): 51-58.
何燕玲, 袁杰, 林艺文, 等. 2014. 基于专利奖励的国内外专利评价指标及运用研究综述. 科技管理研究, (16): 136-139.
贺德方, 等. 2006. 数字时代情报学理论与实践——从信息服务走向知识服务. 北京: 科学技术文献出版社.
侯集体. 2009. 开放存取期刊质量评价指标研究. 图书情报工作, 53 (12): 140-143.
侯立宏, 朱庆华. 2006. 网络信息资源评价方法研究综述. 情报学报, 25 (5): 523-530.
侯素芳, 汤建民. 2014. 国内期刊评价研究综述和评估: 1998—2011. 情报科学, (1): 150-156.
胡晓进. 2010. 《美国新闻与世界报道》的大学与法学院排名. 高教发展与评估, 26 (6): 15-18.
胡永宏. 2002. 对 TOPSIS 法用于综合评价的改进. 数学的实践与认识, 32 (4): 572-575.
胡泽文. 2014. 论文零被引率的演变规律及其影响因素研究. 南京: 南京大学.
胡泽文, 武夷山. 2012a. 论文代写代发现象之研究. 中国软科学, (7): 78-89.
胡泽文, 武夷山. 2012b. 科技产出影响因素分析与预测研究——基于多元回归和 BP 神经网络的途径. 科学学研究, 30 (7): 992-1004.
胡泽文, 武夷山. 2015a. 国外高校科研评估实践. 高教发展与评估, (4): 57-69.
胡泽文, 武夷山. 2015b. 零被引研究文献综述. 情报学报, 34 (2): 213-224.
胡泽文, 武夷山, 袁军鹏. 2016a. 典型的高校排名做法与借鉴意义. 高教发展与评估, 32 (2): 27-37.
胡泽文, 武夷山, 袁军鹏. 2016b. 零被引研究文献的知识图谱分析——历史发展脉络、主体和高频主题. 情报科学, 36 (3): 85-91.
黄河胜. 2000. 学术期刊分级评定的指标体系. 中国科技期刊研究, 11 (4): 219-222.
黄奇, 郭晓苗. 2000. Internet 上网站资源的评价. 情报科学, 18 (4): 350-352.
黄奇, 李伟. 2001. 基于链接分析的学术性 WWW 网络资源评价与分类方法. 情报学报, 20 (2): 186-192.
黄庆, 曹津燕, 瞿卫军, 等. 2004. 专利评价指标体系 (一) ——专利评价指标体系的设计和构建. 知识产权, 14 (5): 25-28.
姜春林. 2011. 基于知识图谱的我国期刊评价研究评述. 情报科学, (7): 1109-1113.
蒋颖. 1998. 因特网学术资源评价: 标准和方法. 图书情报工作, (11): 27-31.
教育信息. 1985. 美国高校评估. 中华医学教育杂志, (12): 32.
阚阅. 2009. 英国高等教育科研评估: 政策, 实践与反思. 高等教育研究, (9): 104-109.

李超. 2012. 引用质量加权影响因子评价学术期刊研究——以 CSSCI 图书情报学期刊评价为例. 大学图书馆学报, 30 (1): 29-34.
李怀祖. 2004. 管理研究方法论. 2 版. 西安: 西安交通大学出版社.
李明珍, 曲长生, 马克芬. 2007. 中文图书采购招标评价指标体系权重的设置. 大学图书馆学报, 25 (3): 11-14.
李武. 2005. 开放存取出版的两种主要实现途径. 大学图书馆学报, 23 (4): 58-63.
李兴国. 2007. 信息管理学. 北京: 高等教育出版社: 9-11.
李雁翎, 孙晓慧, 陈玖冰. 2013. 五维图书评价体系及分析模型的建构. 情报科学, (8): 77-80.
李云霞. 2008. 我国期刊评价研究现状的文献计量学分析. 中国科技期刊研究, 19 (6): 973-976.
李长玲, 郭凤娇. 2013. 几种中心性分析方法的学科期刊评价效果比较研究——以 19 种图书情报类核心期刊为例. 情报杂志, 32 (5): 115-120.
李长玲, 纪雪梅, 支岭, 等. 2012a. 社会网络分析方法在科技评价中的应用研究. 科学与管理, 32 (4): 78-82.
李长玲, 支岭, 纪雪梅. 2012b. 基于中心性分析的学科期刊地位评价——以情报学等 3 学科为例. 情报理论与实践, 35 (6): 49-53.
李志义, 肖炯恩. 2012. 基于网络隐社区反链接挖掘的企业战略情报分析. 图书情报工作, 56 (16): 85-90.
林德明, 姜磊. 2012. 科技论文评价体系研究. 科学学与科学技术管理, 33 (10): 11-17.
刘婧. 2004. 文献作者分布规律研究——对近十五年来国内洛特卡定律、普赖斯定律成果综述. 情报科学, 22 (1): 123-128.
刘盛博, 王博, 丁堃. 2016. 科技论文评价研究综述. 情报理论与实践, 39 (6): 126-130.
刘新燕, 武夷山. 2008. 我国期刊评价研究文献的计量分析. 中国科技期刊研究, (4): 564-569.
刘雁书. 2001. 链接关系在网络信息评价中的应用研究. 图书情报工作, (12): 80.
刘洋. 2004. 专利评价指标体系 (三) ——运用专利评价指标体系进行的地区评价. 知识产权, 14 (5): 35-38.
刘宇, 卫军朝, 杨柳. 2016. 国外期刊评价的知识图谱研究——基于 web of science 数据库 (1940~2015 年) 的计量分析. 大学图书馆学报, 34 (1): 35-46.
刘宇, 魏瑞斌, 方向明. 2015. 国内期刊评价知识图谱研究——基于 cssci (1998~2014 年) 的计量分析. 图书与情报, (5): 81-91.
刘宇, 张云中, 魏瑞斌, 等. 2014. 图书情报学研究进展述评: 2010—2013. 图书馆杂志, (12): 38-48.
刘志强, 曾红卫. 2013. 基于专家可信度和灰色关联度方法的科技期刊评价系统. 南京师大学报 (自然科学版), 36 (1): 142-147.
卢泰宏. 1998. 信息分析. 广州: 中山大学出版社.
陆宝益. 2002. 网络信息资源的评价. 情报学报, 21 (1): 71-76.
栾明香. 2011. 英国高校科研评估政策及其借鉴意义. 北京行政学院学报, (3): 107-110.

罗林波, 陈绮, 吴清秀. 2010. 基于 Shark-Search 和 Hits 算法的主题爬虫研究. 计算机技术与发展, 20 (11) : 76-79.

吕淑仪. 2004. 灰色关联度综合评价法在科技期刊评价中的应用. 情报科学, 22 (3) : 327-331.

吕跃进. 2006. 指数标度判断矩阵的一致性检验方法. 统计与决策, (18) : 31-32.

吕跃进, 张维, 曾雪兰. 2003. 指数标度与 1-9 标度互不相容及其比较研究. 工程数学学报, (8) : 77-81.

马费成. 2004. 信息资源开发与管理. 北京: 电子工业出版社.

马凤, 武夷山. 2009. 引用认同——一个值得注意的概念. 图书情报工作, 53 (16) : 27-30, 115.

马合成. 2005. 对《中国科技期刊引证报告》评价指标的注解. 学报编辑论丛, (13) : 308-309.

马建光, 姜巍. 2013. 大数据的概念、特征及其应用. 国防科技, 34 (2) : 10-17.

马廷灿, 李桂菊, 姜山, 等. 2012. 专利质量评价指标及其在专利计量中的应用. 图书情报工作, 56 (24) : 89-95.

迈克·塞沃尔. 2009. 链接分析: 信息科学的研究方法. 孙建军, 李江, 张煦, 等译. 南京: 东南大学出版社.

倪贤贵, 蔡明. 2008. 基于链接结构和内容相似度的聚焦爬虫系统. 计算机工程与设计, 29 (7) : 1709-1714.

潘燕桃. 2009. 信息检索通用教程. 北京: 高等教育出版社.

潘云涛. 2007. 中国科技期刊评价研究. 数字图书馆论坛, (3) : 42-46.

庞景安, 马峥. 2001. 《中国科技期刊引证报告》的研制与应用. 情报学报, 20 (4) : 495-503.

庞景安, 张玉华. 2000. 中国科技期刊综合评价指标体系的研究. 中国科技期刊研究, (4) : 217-219.

彭陶. 2012. 网络图书排行榜评价指标探析——以当当网图书畅销榜为例. 图书馆学研究, (14) : 60-65.

祁洪全. 2001. 综合评价的多元统计分析方法. 长沙: 湖南大学.

钱学森. 1983. 科技情报工作的科学技术. 情报理论与实践, 6 (6) : 3-10.

乔晓东, 田瑞强, 姚长青. 2014. 从单篇论文评价视角看学术期刊的首篇文章. 编辑学报, 26 (4) : 307-311.

邱均平. 1988. 文献计量学. 北京: 科学技术文献出版社.

邱均平. 2007. 信息计量学. 武汉: 武汉大学出版社.

邱均平, 程妮. 2009. 中国重点大学的网络影响力评价研究. 科学学研究, 27 (2) : 190-195.

邱均平, 段宇锋. 2005. 网络信息计量学研究 (III) ——大学网站链接特征指标的计量分布规律. 情报学报, 24 (4) : 407-413.

邱均平, 李江. 2008. 链接分析与引文分析的比较. 中国图书馆学报, 34 (1) : 60-64.

邱均平, 张荣, 赵蓉英. 2004. 期刊评价指标体系及定量方法研究. 现代图书情报技术, 20 (7) : 23-26.

任全娥, 郝若扬. 2012. 基于文献引证关系的人文社会科学论文评价. 大学图书馆学报, (3) :

111-118.

任冰. 1991. 试论包装情报及其对策. 包装与食品机械, (4): 49-59.

任胜利. 2009. 特征因子 (Eigenfactor): 基于引证网络分析期刊和论文的重要性. 中国科技期刊研究, 20 (3): 415-418.

若干国家的国家级学术评价计划. 2012. http://blog.sciencenet.cn/blog-1557-432144.html [2012-10-30].

沈固朝. 2002. 信息检索 (多媒体) 教程. 北京: 高等教育出版社.

舒康, 梁镇韩. 1990. AHP 中的指数标度法. 系统工程理论与实践, 10 (1): 6-8.

斯坦利·沃瑟曼, 凯瑟琳·福斯特. 2012. 社会网络分析: 方法与应用. 陈禹, 孙彩虹译. 北京: 中国人民大学出版社.

苏新宁. 2000. 中国社会科学引文索引设计. 情报学报, 19 (4): 290-295.

苏新宁. 2004. 信息检索理论与技术. 北京: 科学技术文献出版社.

苏新宁. 2006. 人文社会科学期刊评价指标体系研究. 图书馆论坛, 26 (6): 59-65, 182.

苏新宁. 2008. 构建人文社会科学学术期刊评价体系. 东岳论丛, 29 (1): 35-42.

孙东生, 朱懿, 周水兴. 2010. 基于指数标度的层次分析法在桥梁评定中的应用. 重庆交通大学学报 (自然科学版), 29 (6): 867-870.

孙建军. 2014. 链接分析: 知识基础、研究主体、研究热点与前沿综述——基于科学知识图谱的途径. 情报学报, 33 (6): 659-672.

孙建军, 胡泽文, 蒋婷. 2016. 链接分析研究热点与前沿综述. 情报学报, 35 (4): 432-441.

孙兰, 李刚. 1999. 试论网络信息资源评价. 图书馆建设, (4): 66-68.

孙明娟. 2010. 俄罗斯高等教育质量评估体系透视. 国家教育行政学院学报, (4): 92-95.

孙晓慧. 2014. 图书综合评价指标体系构建的研究. 长春: 东北师范大学.

谭晓琳, 康浩, 孟虎, 等. 2011. 低碳模式下确定评价向量权重的方法研究——基于层次分析 (AHP) 法. 交通标准化, (9): 104-107.

陶乃航. 2010. 社会网络分析方法在国内学术期刊评价中的应用研究. 重庆: 重庆大学.

田锋. 2014. 我国重点大学建设世界一流大学的奋斗方向研究——基于两个著名世界一流大学排行榜的视角. 江苏高教, (1): 52-54.

田昊, 贾玉文. 2007. 4 种期刊评价工具的比较研究. 情报理论与实践, 30 (6): 821-824.

涂子沛. 2013. 大数据. 桂林: 广西师范大学出版社: 57.

万锦堃. 2004. 中国学术期刊网络计量测试报告. 北京: 清华大学中国学术期刊 (光盘版) 电子杂志社.

万小丽, 朱雪忠. 2008. 专利价值的评估指标体系及模糊综合评价. 科研管理, 29 (2): 185-191.

王崇德. 1988. 图书情报学方法论. 北京: 科学技术文献出版社.

王崇德. 1990. 文献计量学教程. 天津: 南开大学出版社.

王国龙. 2004. SSCI 源期刊概述. 中国索引, 2 (2): 20-25.

王国龙, 李佩. 2004. SCI 源期刊与 JCR. 上海交通大学学报, (增刊): 287-290.

王珊, 萨师煊. 2014. 数据库系统概率. 5 版. 北京: 高等教育出版社: 4.
王贤文, 方志超, 王虹茵. 2015. 连续、动态和复合的单篇论文评价体系构建研究. 科学学与科学技术管理, 36 (8): 37-48.
王旭, 赵俊芳. 2006. 英国高等教育的科研评估. 现代大学教育, (3): 80-84.
王引斌. 1998. 测定核心期刊的新方法——主成分分析法. 情报学报, (5): 395-398.
王知津. 2009. 工程信息检索教程. 北京: 机械工业出版社.
王知津, 李明珍. 2006. 网站评价指标体系的构建方法与过程. 图书与情报, (3): 45-52.
维纳. 1978. 人有人的用处. 陈步译. 北京: 商务印书馆: 16.
温晋, 闻捷. 2003. 精品图书及其评价原则. 科技与出版, (6): 4-5.
吴楠, 刘非. 2012-09-21. 首个"中文图书引文索引·人文社会科学"示范数据库发布. 中国社会科学报, A02.
武书连. 2012. 加州理工学院在中国能排第几名?——复中国科学技术大学大学评价课题组. 高教发展与评估, 28 (5): 10-22.
武夷山, 梁立明, 潘云涛. 2014. 中国科技期刊发展之路. 北京: 科学技术文献出版社.
向欣, 罗煜, 程红胜. 2014. 基于层次分析法和模糊综合评价的沼气工程技术筛选. 农业工程学报, (18): 205-212.
辛督强. 2012. 基于主成分分析的 13 种力学类中文期刊综合评价. 中国科技期刊研究, 23 (2): 224-227.
邢红梅, 吕先竞. 2014. 图书评价及其模型研究现状的分析. 四川图书馆学报, (3): 29-32.
熊霞, 高凡, 郭丽君. 2016. 外文电子图书学术影响力评价方法探讨——基于 BKCI、Scopus Article Metrics、Bookmetrix 的实例比较. 现代情报, 36 (10): 118-122.
须一平, 沈兆南. 1986. 专利指南. 上海: 上海科学技术出版社.
许甜. 2012. 国外大学排名中的学术声誉评价理念及方法. 中国高教研究, (9): 52-58.
严怡民. 1994. 情报学概论. 武汉: 武汉大学出版社.
严怡民, 等. 1996. 现代情报学理论. 武汉: 武汉大学出版社.
杨宇航, 赵铁军, 郑德权, 等. 2007. 基于链接分析的重要 Blog 信息源发现. 中文信息学报, 21 (5): 68-72.
杨玉圣, 张保生. 2004. 学术规范导论. 北京: 高等教育出版社.
叶春明, 耿文龙, 陆静. 2010. 基于主成分分析的我国区域专利评价研究. 科技管理研究, 30 (19): 128-132.
叶继元. 2007. 正确看待 CSSCI 来源期刊. 重庆大学学报 (社会科学版), (4): 61-62.
叶继元. 2013. 图书馆学期刊质量"全评价"探讨及启示. 中国图书馆学报, 39 (4): 83-92.
叶继元, 等. 2005. 学术规范通论. 上海: 华东师范大学出版社.
叶鹰. 2003. 面向学生的推荐书目. 图书馆杂志, 22 (4): 19-20.
叶鹰. 2004. 信息检索: 理论与方法. 北京: 高等教育出版社.
叶鹰. 2007. h 指数和类 h 指数的机理分析与实证研究导引. 大学图书馆学报, (5): 2-5.

叶鹰. 2009. 中外经典导读与欣赏——代表人类知识与文化的名著和名作精选. 杭州: 浙江大学出版社.

叶鹰. 2010. 科学化图书情报学探索. 北京: 国家图书馆出版社.

叶鹰, 等. 2010. h 指数和 h 型指数研究. 北京: 科学出版社.

叶鹰, 武夷山. 2012. 情报学基础教程. 2 版. 北京: 科学出版社.

尹玉吉. 1994. 学术期刊级别划分问题探讨. 中国人民大学学报, (4): 116-118.

尹玉吉. 2009. 关于期刊分级问题的全方位考察. 山东理工大学学报(社会科学版), (2): 75-85.

俞立平, 潘云涛, 武夷山. 2009a. 基于因子分析的学术期刊评价指标分类研究. 图书情报工作, 53 (8): 146-148.

俞立平, 潘云涛, 武夷山. 2009b. 学术期刊评价中主成分分析法应用悖论研究. 情报理论与实践, 32 (9): 84-87.

俞立平, 潘云涛, 武夷山. 2011. 基于结果一致度的学术期刊组合评价研究. 中国科技期刊研究, 22 (1): 59-64.

袁静. 2006. 网络信息资源评价指标研究的回顾及相关问题的思考. 图书馆论坛, 26 (5): 280-282.

袁毅. 2005. 链接分析用于学术网站评价存在的问题及解决办法. 情报学报, 24 (5): 585-593.

曾建勋, 宋培元. 2007. 我国科技期刊评价工作的现状与走向. 编辑学报, 19 (4): 241-244.

曾祥麒. 2006. 网络信息资源评价指标体系研究. 南昌: 江西财经大学.

查先进, 陈明红. 2009. 信息资源质量评估研究. 中国图书馆学报, 36 (186): 46-55.

翟希东, 齐莉丽, 付强. 2010. 基于灰色理论的社会保障信息网站评价. 天津工程师范学院学报, 20 (1): 49-52.

张东华, 索传军. 2007. 基于线性回归法的网络信息资源评价模型研究. 情报杂志, 26 (3): 12-14.

张海萱. 2012. 基于 RFM 模型的图书馆图书评价系统研究. 图书馆, (3): 60-62.

张弘, 赵惠祥, 刘燕萍, 等. 2008. 基于主成分分析法的科技期刊评价方法. 编辑学报, 20 (1): 87-90.

张建勇. 2006. 中国科学计量指标: 论文与引文统计.

张进. 2008. 信息检索可视化的主流路径. 图书情报知识, (9): 24-27.

张群会. 1999. AHP 逆序研究. 系统工程理论与实践, (7): 94-96, 101.

张小栓, 高明, 张健, 等. 2007. 电子商务网站评价方法研究综述. 情报杂志, (6): 2-5.

张艳丽. 2015. 学术图书质量评价方法与评价指标研究评述. 出版发行研究, (12): 18-21.

张洋, 邱均平, 文庭孝. 2004. 网络链接分析研究进展. 图书情报知识, (6): 3-8.

张英杰, 冷伏海. 2011. 基于社会网络分析的科技网群影响力评价. 图书情报工作, 55 (12): 56-60.

张玉, 潘云涛, 袁军鹏, 等. 2015. 论多维视角下中文科技图书学术影响力评价体系的构建. 图书情报工作, 59 (7): 69-76.

章仁彪, 樊秀娣. 1999. 参加国际高校排名榜调查: 利多弊少. 中国高等教育, (4): 23.
赵惠祥, 张弘, 刘燕萍, 等. 2008. 科技期刊评价指标的属性分类及选用原则. 编辑学报, 20 (2): 179-182.
赵敏. 2003. 英国高校 2001 年科研水平评估及其对我们的启示. 南京理工大学学报 (社会科学版), 16 (2): 78-88.
赵晓冬. 2014. 大学评价研究的检验——检验《基于公信力视角的大学排名研究》的结论. 高教发展与评估, 30 (2): 29-41.
赵星. 2009. 期刊引文测评新指标 Eigenfacto 的特性研究——基于我国期刊的实证. 情报理论与实践, 32 (8): 53-56.
赵星, 高小强, 郭吉安, 等. 2009a. 基于主题词频和 g 指数的研究热点分析方法. 图书情报工作, 53 (2): 31-34.
赵星, 高小强, 唐宇. 2009b. SJR 与影响因子 h 指数的比较及 SJR 的扩展设想. 大学图书馆学报, 2: 80-84.
赵仪, 赵熊, 张成昱. 2002. 专业网站的评价指标分析. 现代图书情报技术, 18 (4): 43-45.
郑德俊. 2011. 期刊评价中的关键指标评析及相关性研究. 图书情报工作, 55 (4): 143-147.
郑彦宁, 化柏林. 2011. 数据、信息、知识与情报转化关系的探讨. 情报理论与实践, 34 (7): 1-4.
中国科学技术大学大学评价课题组. 2012. 基于公信力视角的大学排名研究——对《2010 中国大学评价》指标体系及算法的质疑. 中国高教研究, (5): 5-11.
钟义信. 1996. 信息科学原理. 北京: 北京邮电大学出版社.
周廷勇, 王保华. 2011. 关于高校分类评估的几个理论问题. 高等教育研究, (4): 37-41.
周屹, 李艳娟. 2013. 数据库原理及开发应用. 2 版. 北京: 清华大学出版社: 2.
朱建平. 2006. 应用多元统计分析. 北京: 科学出版社.
朱庆华. 2004. 信息分析基础、方法及应用. 北京: 科学出版社.
朱月仙, 张娴, 李姝影, 等. 2015. 国内外专利产业化潜力评价指标研究. 图书情报工作, 59 (1): 127-133.
左艺, 魏良, 赵玉虹. 1999. 国际互联网上信息资源优选与评价研究方法初探. 情报学报, 18 (4): 342-345.
Bertalanffy. 1987. 一般系统论: 基础、发展和应用. 林康义, 魏宏森译. 北京: 清华大学出版社.
Garfield. 2004. 引文索引法的理论及应用. 侯汉清, 等译. 北京: 北京图书馆出版社.
Ingwersen P, Järvelin K. 2007. 转折: 在情境中集成信息查询与检索. 张新民译. 北京: 科学技术文献出版社.
K. 沙布拉曼亚姆. 1988. 科技情报源. 王季敏, 高衡宝译. 北京: 科学技术文献出版社.
Lancaster F W. 1984. 情报检索系统: 特性、试验与评价. 陈光祚译. 北京: 书目文献出版社.
Phil Baty. 2010. THE "世界大学排名" 的新方法. 国际高等教育, 3 (4): 124-126.
Wiener. 1963. 控制论. 2 版. 郝季仁译. 北京: 科学出版社.
Abraham R H. 1997. Webometry: Measuring the complexity of the world wide web. World

Futures, 50 (1-4) : 785-791.

Aguillo I F, Bar-llan J, Levene M, et al. 2010. Comparing university rankings. Scientometrics, 85 (1) : 243-256.

Almind T, Ingwersen P. 1997. Informetric analyses on the World Wide Web: Methodological approaches to "webometrics". Journal of Documentation, 53: 404-426.

Almpanidis G, Kotropoulos C, Pitas I. 2007. Combining Text and Link Analysis for Focused Crawling-an Application for Vertical Search Engines. Information Systems, 32 (6) : 886-908.

Asiaweek. 2012. http://edition.cnn.com/ASIANOW/asiaweek/features/universities 2000/index.html[2012-12-6]

Baeza-Yates R, Ribeiro-Neto B. 1999. Modern Information Retrieval. New York: ACM Press.

Bailar J C. 1965. The evaluation of research from the viewpoint of the university professor. Research Management, 8 (3) : 133-137.

Bailón-Moreno R, et al. 2005. The unified scientometric model. fractality and transfractality. Scientometrics, 63 (2) : 231-257.

Barjak F, Li X M, Thelwall M. 2007. Which factors explain the web impact of scientists' personal homepages. Journal of the American Society for Information Science and Technology, 58 (2) : 200-211.

Barreto P D. 2013. University Rankings Could Bias Funding. Science, 339 (6125) : 1274-1275.

Bergstrom C. 2007. Eigenfactor: Measuring the value and prestige of scholarly journals. College & Research Libraries News, 68 (5) : 314-316.

Best Colleges. 2012. http://www.usnews.com/rankings[2012-12-6].

Betsy Richmond. 1991. Ten C's for Evaluating Internet Resources. Retrieved from http://services.juniata.edu/library/linkswebeval/10cswebeval.pdf[2017-10-25].

Björk B C. 2004. Open access to scientific publications - an analysis of thebarriers to change. Information Research, 9 (2) : Open access at https://helda.helsinki.fi/bitstream/handle/10227/647/bjork.pdf?sequence=1[2017-12-11].

Bollen J, Rodriquez M A, van de Sompel H. 2006. Journal status. Scientometrics, 69 (3) : 669-687.

Bonnevie-Nebelong E. 2006. Journal citation identity, journal citation image and internationalisation: methods for journal evaluation. Scientometrics, 66 (2) : 411-424.

Bonnevie-Nebelong E, Frandsen T F. 2006. Journal citation identity and journal citation image: a portrait of the journal of documentation. Journal of Documentation, 62 (1) : 30-57.

Bookstein A. 1990. lnformetric distributions. Journal of the American Society for Information Science, 41 (5) : 368-386.

Bradford S C. 1950. Documentation. Washington D. C.: Public Affairs Press.

Branstetter L. 2005. Exploring the link between academic science and industrial innovation. Annals of Economics and Statistics, 79/80: 119-142.

Braun T, Glänzel W, Schubert A. 2006. A Hirsch-type index for journals. Scientometrics, 69 (1) : 169-173.

Brin S, Page L. 1998. The anatomy of a large scale hypertextual web search engine. Computer Networks and ISDN Systems, 30 (1-7) : 107-117.

Brookes B C. 1977. Theory of Bradford's Law. Journal of Documentation, 33 (3) : 180-209.

Brooks T A. 2004. The nature of meaning in the age of Google. Information Research, 9 (3) : 180.

Butler D. 2008. Free journal-ranking tool enters citation market. Nature, 451 (7174) : 6.

Casal G B, Martínez O G, Sánchez M P B, et al. 2007. Comparative study of international academic rankings of universities. Scientometrics, 71 (3) : 349-365.

Cover T M, Thomas J A. 1991. Elements of Information Theory. John Wiley & Sons.

de Solla Price D J. 1965. Networks of scientific papers. Science, 149 (3683) : 510-515.

de Solla Price D J. 1976. A general theory of bibliometric and other cumulative advantage processes. Journal of the American Society for Information Science, 27 (5) : 292-306.

Detailed Criteria for Selection. 2017. Retrieved from https: //www. rusaupdate. org/awards/best-free-reference-websites/[2017-10-05].

Ding Y, Cronin B. 2011. Popular and/or prestigious? Measures of scholarly esteem. Information Processing & Management, 47 (1) : 80-96.

Egghe L. 2005. Power Laws in the Information Production Process: Lotkaian informetrics. Oxford: Elsevier.

Egghe L. 2006. Theory and practise of the g-index. Scientometrics, 69 (1) : 131-152.

Egghe L, Rousseau R. 1990. Introduction to Informetrics. Amsterdam: Elsevier.

Egghe L, Rousseau R. 1995. Generalized success-breeds-success principle leading to time-dependent lnformetric distributions. Journal of the American Society for Information Science, 46 (6) : 426-445.

Egghe L, Rousseau R. 1996. Stochastic processes determined by a general success-breeds-success principle. Mathematical and Computer Modelling, 23 (4) : 93-104.

Egghe L, Rousseau R. 2003. Size-frequency and rank-frequency relations, power laws and exponentials: a unified approach. Progress in Natural Science, 13 (6) : 478-480.

ETS: Best Free Reference Web Sites Combined Index, 1999—2016. 2017. Retrieved from http: //www. ala. org/rusa/awards/etsbestindex[2017-10-05].

Evaluating Websites. 2017. Retrieved from http: //andyspinks. com/evaluating- websites/ [2017-10-05].

External and internal evaluation. 2012. http://www2.rgu.ac.uk/celt/pgcerttlt/evaluating/eval4.htm[2012-10-24].

Fairthorne R. 1969. Empirical hyperbolic distributions (Bradford-Zipf-Mandelbrot) for bibliometric description and prediction. Journal of Documentation, 25 (4) : 319-343.

Freeman L C. 2008. Centrality in social networks conceptual clarification. Social Networks, 1 (3) : 215-239.

Frické M. 2009. The knowledge pyramid: a critique of the DIKW hierarchy. Journal of Information Science, 35 (2) : 131-142.

Garfield E. 1955. Citation indexes for science: A new dimension in documentation through association of ideas. Science, 122 (3159) : 108-111.

Garfield E. 1972. Citation analysis as a tool in journal evaluation. Science, 178 (4060) : 471-479.

Garfield E. 1976. On the literature of the social sciences and the usage and effectiveness of the Social Science Citation Index. Current Contents.

Garfield E. 1976. Significant journals of science. Nature, 264 (5587) : 609-615.

Garfield E. 1979. Citation Indexing: Its Theory and Applications in Science, Technology, and Humanities. New York: Wiley.

Garfield E. 1980. Bradford's law and related statistical patterns. Current Contents, (19) : 5-12.

Garfield E. 2006. The history and meaning of the journal impact factor. The Journal of the American Medical Association, 295 (1) : 90-93.

Garfield E. 2015. Publication Counting vs Citation Counting in evaluating research. http://www.garfield.library.upenn.edu/essays/V1p179y1962-73.pdf[2015-7-16].

Garfield E, Sher I H. 1963. New factors in the evaluation of scientific literature through citation indexing. American Documentation, 14 (3) : 195-201.

Glänzel W, Schubert A, Braun T. 2002. A relational charting approach to the world of basic research in twelve science fields at the end of the second millennium. Scientometrics, 55 (3) : 335-348.

Glänzel W, Moed H F. 2002. Journal impact measures in bibliometric research. Scientometrics, 53 (2) : 171-193.

Gross P L K, Gross E M. 1927. College libraries and chemical education. Science, 66 (1713) : 385-389.

Harhoff D, Scherer F M, Vopel K. 2003. Citations, family size, opposition and the value of patent rights. Research Policy, 32 (8): 1343-1363.

Harris. Robert. 2017. Evaluating Internet Research Sources. http://www.virtualsalt.com/evalu8it.htm[2017-10-05].

Hernández-Borges A A, Macías-Cervi P, Gaspar-Guardado M A, et al. 1999. Can examination of WWW usage statistics and other indirect quality indicators distinguish the relative quality of medical web sites. Journal of Medical Internet Research, 1 (1).

Hirsch J E. 2005. An index to quantify an individual's scientific research output. Proceedings of the National Academy of Sciences of the USA, 102 (46): 6569-16572.

Horton F W. 1979. Information Resources Management: Concept and Cases. Cleveland, OH: Association for Systems Management Publisher.

How To Evaluate Books. 2017. https://lib2. colostate. edu/howto/evalbk. html[2017-10-05].

Hu Z W, Wu Y S. 2014. Regularity in the time-dependent distribution of the percentage of never-cited papers: An empirical pilot study based on the six journals. Journal of Informetrics, 8 (1): 136-146.

Hu Z W, Wu Y S. 2018. A probe into causes of non-citation based on survey data. Computer Science, 57 (6).

Huang M H, Chang H W, Chen D Z. 2006. Research evaluation of research-oriented universities in Taiwan from 1993 to 2003. Scientometrics, 67 (3): 419-435.

Hudson J, Laband D N. 2013. Using and interpreting journal rankings: Introduction. The Economic Journal, 123 (570): 199-201.

Indicators of Patent Value. 2017. http://www.oecd-ilibrary.org/docserver/download/ 9209021ec009. pdf?expires=1507050789&id=id&accname=guest&checksum=2DECA8 EECEC45FBD8461041EA70AF84E[2017-10-04]

Ingwersen P. 1998. The calculation of web impact factors. Journal of Documentation, 54 (2): 236-243.

Internet and Web-based Content Accessibility Evaluation. 2017. http: //www. ala. org/ascla/ asclaprotools/thinkaccessible/webeval[2017-10-05].

Judit Bar-llan. 2000. Evaluating the stability of the search tools hotbot and snap: a case study, Online Information Review, 24 (6): 439.

Kaynama S A. 2015. A Conceptual Model To Measure Service Quality Of Online Companies: E-qual// Proceedings of the 2000 Academy of Marketing Science (AMS) Annual Conference. Springer International Publishing: 46-51.

Kleinberg J M. 1999. Authoritative sources in a hyperlinked environment. Journal of the ACM, 46 (5): 604-632.

Legall L C, Masli H, Kulas C J. 1999. Integrated search of electronic program guide, internet and other information resources. US Patent 6005565.

Leimkuhler F F. 1967. The bradford distribution. Journal of Documentation, 23 (3): 197-207.

Levin J R, Peterson P L, Pressley M, ct al. 1978. University productivity rankings: a psychologist by any other name. American Psychologist, (33): 694-695.

Leydesdorff L. 2007. Visualization of the citation impact environments of scientific journals:

An online mapping exercise. Journal of the Association for Information Science and Technology, 58 (1) : 25-38.

Leydesdorff L. 2008. Caveats for the use of citation indicators in research and journal evaluations. Journal of the American Society for Information Science and Technology, 59 (2) : 278-287.

Leydesdorff L, Bornmann L. 2011. Integrated impact indicators compared with impact factors: an alternative research design with policy. Journal of the American Society for Information Science and Technology, 62 (11) : 2133-2146.

Leydesdorff L, Rafols I. 2011. Indicators of the interdisciplinarity of journals: Diversity, centrality, and citations. Journal of Informetrics, 5 (1) : 87-100.

Leydesdorff L, Bornmann L, Mutz R, et al. 2011. Turning the tables on citation analysis one more time: Principles for comparing sets of documents. Journal of the American Society for Information Science and Technology, 62 (7) : 1370-1381.

Liebowitz S J, Palmer J P. 1984. Assessing the Relative Impacts of Economics Journals. Journal of Economic Literature, 22 (1) : 77-88.

Lotka J A. 1926. The frequency distribution of scientific productivity. Journal of Washington Academy Sciences, 16: 217-223.

Mandelbrot B B. 1982. The Fractal Geometry of Nature. Freeman Co.

Marshakova-Shaikevich I. 1973. System of document connectionism based on references. Nauchn-TchnInform, 2 (6) : 3-8.

McKiernan G. 1996. Automated Categorization of Web Resources: A Profile of Selected Projects, Research, Products, and Services. New Review of Information Networking.

Moed H F. 2010. Measuring contextual citation impact of scientific journals. Journal of Informetric, (4) : 265-277.

Moed H F, De Bruin R E, van Leeuwen T N. 1995. New bibliometric tools for the assessment of national research performance: database description, overview of indicators and first applications. Scientometrics, 33 (3) : 381-422.

Moed H F, Colledge L, Reedijk J, et al. 2012. Citation-based metrics are appropriate tools in journal assessment provided that they are accurate and used in an informed way. Scientometrics, 92 (2) : 367-376.

Nederhof A J. 2006. Bibliometric monitoring of research performance in the Social Sciences and the Humanities: A Review. Scientometrics, 66 (1) : 81-100.

Newman M E J. 2005. Power laws, Pareto distributions and Zipf's law. Contemporary Physics, 46 (5) : 323-351.

Newman M E J. 2010. Network: An Introduction. Oxford: Oxford University Press.

Noruzi A. 2006. The web impact factor: a critical review. The Electronic Library, 24 (4) :

490-500.

Oliver K M, Wilkinson G L, Bennett L T. 1998. Evaluating the Quality of Internet Information Sources. http://files.eric.ed.gov/fulltext/ED412927.pdf[2017-10-05].

Opthof T, Leydesdorff L. 2010. Caveats for the journal and field normalizations in the CWTS ("Leiden") evaluations of research performance. Journal of Informetrics, 4 (3): 423-430.

Page L, Brin S, Motwani R, et al. 1999. The PageRank citation ranking: Bringing order to the web. Stanford Digital Libraries Working Paper, 9 (1): 1-14.

Pendlebury D A. 2009. The use and misuse of journal metrics and other citation indicators. Archivum Immunologiae Et Therapiae Experimentalis, 57 (1): 1-11.

Performance Ranking of Scientific Papers for World Universities. http://en.wikipedia.org/wiki/Performance_Ranking_of_Scientific_Papers_for_World_Universities[2012-12-6].

Pinski G, Narin F. 1976. Citation influence for journal aggregates of scientific publications: Theory, with application to the literature of physics. Information Processing & Management, 12 (5): 297-312.

Polonsky M J, Jones G, Kearsley M J. 1999. Accessibility: An alternative method of ranking marketing journals. Journal of Marketing Education, 21 (3): 181-193.

Purser R E, Pasmore W A, Tenkasi R V. 1992. The influence of deliberations on learning in new product development teams. Journal of Engineering and Technology Management, 9(1): 1-28.

Ranking Methodology. 2012. http://www.arwu.org/ARWUMethodology2009.Jsp [2012-11-6].

REF. 2014. Reearth Excellence Framework. http://www.ref.ac.uk[2015-1-13].

Rousseau R. 1990. Relations between continuous versions of bibliometric laws. Journal of the American Society for Information Science, 41 (3): 197-203.

Rousseau R. 1992. Category theory and informetrics: Information production processes. Scientometrics, 25 (1): 77-87.

Rousseau R. 1997. Sitations: An exploratory study. Cybermetrics. http://www.cindoc.csic.es/cybermetrics/articles/v1i1p1.html[2017-10-05].

Rousseau R. 2002. Journal evaluation: Technical and practical issues. Library Trends, 50 (3): 418-439.

Rousseau R. 2010a. Bibliographic Coupling and Co-citation as Dual Notions. The Janus Faced Scholar: A Festschrift in Honour of Peter Ingwersen, ISSI: 173-183.

Rousseau R. 2010b. Informetric Laws. Encyclopedia of Library and Information Sciences, 3rd edition, 1: 1, 2747-2754.

Rowley J. 2007. The wisdom hierarchy: representations of the DIKW hierarchy. Journal of Information Science, 33 (2): 163-180.